卫生职业教育数字化创新教材

供高等职业教育护理、助产等医学相关专业使用

儿科护理

（第3版）

主　编　熊杰平

副主编　孙殿凤　林秀芝　周　密

编　者　（按姓氏汉语拼音排序）

陈　晓（宜春职业技术学院）
杜艳丽（深圳职业技术学院）
金蓬勃（郑州卫生健康职业学院）
林秀芝（沧州医学高等专科学校）
毛　霞（岳阳职业技术学院）
蒙　娟（毕节医学高等专科学校）
孙殿凤（滨州职业学院）
熊杰平（宜春职业技术学院）
徐淑芹（上海健康医学院）
杨艳婷（梧州职业学院）
张　菡（长沙卫生职业学院）
张园园（南阳医学高等专科学校）
郑国燕（四川卫生康复职业学院）
周　密（重庆三峡医药高等专科学校）

科学出版社

北　京

内 容 简 介

本教材紧密结合了护理专业人才培养目标及岗位需求，落实立德树人根本任务。教材内容分为理论知识和实训指导两部分，理论知识部分包括17章，涵盖了全国护士职业资格考试的疾病。实训指导部分包括儿科常见的护理操作。教材强调思想性、科学性、先进性、启发性以及实用性，在服务学生专业学习的同时，注重对学生的职业道德和职业能力的培养。

本教材供高等职业教育护理、助产等医学相关专业学生使用，也可供其他层次的护理专业学生及临床护理工作者使用及参考。

图书在版编目（CIP）数据

儿科护理 / 熊杰平主编. —3版. —北京：科学出版社，2023.8

卫生职业教育数字化创新教材

ISBN 978-7-03-075560-5

Ⅰ. ①儿… Ⅱ. ①熊… Ⅲ. ①儿科学－护理学－职业教育－教材 Ⅳ. ① R473.72

中国国家版本馆 CIP 数据核字（2023）第 084337 号

责任编辑：谷雨擎 / 责任校对：周思梦

责任印制：赵 博 / 封面设计：涿州锦晖

科学出版社 出版

北京东黄城根北街16号

邮政编码：100717

http://www.sciencep.com

北京市金木堂数码科技有限公司印刷

科学出版社发行 各地新华书店经销

*

2013年5月第 一 版 开本：850×1168 1/16

2023年8月第 三 版 印张：14

2025年8月第十九次印刷 字数：423 000

定价：55.00元

（如有印装质量问题，我社负责调换）

前　言

《儿科护理》(第3版)以高职高专护理职业教育的培养目标为依据，认真贯彻《中共中央关于认真学习宣传贯彻党的二十大精神的决定》，将党的二十大精神编进教材，落实立德树人根本任务，遵循"德技并修"原则，在第2版的基础上对教材内容进行了精选和更新，强调教材的思想性、实用性与先进性，突出学生的职业道德和职业能力培养。

在编写结构上，教材内容分为理论知识和实训指导两部分。根据最新护士执业资格考试大纲，每章后均附有自测题。在编写体例上，本教材采用"以儿童及其家庭为中心，以临床案例为引导，以链接和医者仁心为拓展"的模式，提出相关问题，将护理程序有机贯穿于其中，使理论与实践相结合，以启迪学生临床思维，提高临床观察、分析、判断问题、解决问题的能力和人文情怀。本教材充分利用科学出版社的"中科云教育"平台，以视频、多媒体等数字化形式展示，丰富教材内容，推进教育数字化，以提高学生的学习兴趣和积极性。

本教材在编写过程中，得到了科学出版社、各编者单位的大力支持，在此谨一并致以衷心的感谢！由于水平有限，教材中可能存在不足之处，恳请广大读者批评、指正，以便教材进一步完善。

编　者

2023年4月

配 套 资 源

欢迎登录“中科云教育”平台，**免费**数字化课程等你来！

“中科云教育”平台数字化课程登录路径

电脑端

- 第一步：打开网址 http://www.coursegate.cn/short/IFBDG.action
- 第二步：注册、登录
- 第三步：点击上方导航栏“课程”，在右侧搜索栏搜索对应课程，开始学习

手机端

- 第一步：打开微信“扫一扫”，扫描下方二维码
- 第二步：注册、登录
- 第三步：用微信扫描上方二维码，进入课程，开始学习

PPT 课件，请在数字化课程中各章节里下载！

目　录

第1章 绪 论

第1节 儿科护理的任务和范围

儿科护理是一门研究儿童生长发育、儿童保健、疾病防治、康复与护理，以促进儿童身心健康和提高儿童生命质量的学科。儿科护理的研究对象是自胎儿至青春期的儿童，他们在各方面具有不同于成人的特征和需要。

一、儿科护理的任务

儿科护理的任务是充分利用先进的医学理论和技术，从体格、智能、社会适应能力、心理发展、认知能力等方面研究和保护儿童，对其提供"以儿童及其家庭为中心"的整体护理，以增强儿童体质，提高和改善儿童的社会适应能力和认知能力，降低儿童疾病的发病率和死亡率，提高疾病治愈率，提高儿童生命质量，促进和保障儿童健康。

二、儿科护理的范围

凡涉及儿童时期的健康和卫生问题都属于儿科护理的研究范围，包括儿童生长发育、儿童身心方面的保健、儿童疾病的防治与护理等，并与儿童心理学、预防医学、产科学、社会学、教育学等多门学科有着广泛联系。因此，多学科协作共同处理问题是儿科护理发展的必然趋势。

随着医学和护理学研究的不断深入，儿科护理的研究范围和任务也在不断扩大，已由单纯的儿童疾病护理发展为以儿童及其家庭为中心的身心整体护理；由单纯对患儿护理扩展到包括所有儿童的生长发育、疾病预防与护理及促进儿童身心健康的全方位研究；由单纯的医疗保健机构承担其任务逐渐发展为全社会都参与儿童疾病的防治、保健和护理工作。因此，必须将科学育儿知识普及到每一个家庭、社区和学校，取得社会各方面的支持，儿科护理才能达到促进和保障儿童健康的目的。

链 接 儿童疾病的三级预防

一级预防（primary prevention）：也称基础预防，是疾病发生前的干预和促进性措施，如健康教育、营养指导、预防接种、心理支持、环境保护等。

二级预防（secondary prevention）：是疾病早期的干预措施，即早发现、早诊断、早干预和早治疗，避免发生严重后果。包括生长监测、定期体格检查、疾病早期筛查、产检等。

三级预防（tertiary prevention）：即疾病后期的干预措施，防止并发症和后遗症，减少死亡、减轻残疾，争取全面康复。包括家庭护理、心理治疗、促进功能恢复等。

第2节 儿科护理的特点

儿童从出生开始一直到长大成人，整个阶段都处于不断生长发育的过程中，其在解剖、生理、病理、免疫、疾病诊疗、心理社会状况等方面均与成人不同，且各年龄段的儿童之间也存在差异，在护理上有各自的独特之处。因此，在学习儿科护理时绝不可将儿童看作是成人的缩影。

一、儿童身体功能特点

（一）解剖特点

随着不断地生长发育，儿童的外观不断变化，身体各部分比例明显与成人不同，各器官的发育亦有所不同，如身高、体重、头围、胸围、腹围等的增长，牙齿的萌出等。要做好儿童保健和护理工作，必须熟练掌握儿童的正常发育规律。例如，新生儿和小婴儿的头部相对较重，颈部肌肉和颈椎的发育相对滞后，故在抱婴儿时应注意保护头部；儿童骨骼比较柔软且富有弹性，不易折断，但若长期受压则容易变形；儿童髋关节附近的韧带较松，髋臼较浅，护理中应动作轻柔，避免过度牵拉，以免造成脱臼及损伤；儿童皮肤黏膜薄嫩，易发生损伤和感染等。

（二）生理特点

儿童生长发育迅速，代谢旺盛，对营养物质和能量的需要量相对比成人多，但胃肠消化功能尚未发育成熟，故极易引起营养缺乏和消化紊乱；婴儿代谢旺盛而肾功能较差，故比成人更易发生水和电解质紊乱。此外，不同年龄的儿童有不同的生理、生化正常值，如呼吸、心率、血压、血常规等。掌握这些生理生化特点对做出正确的判断和处理有重要意义。

（三）免疫特点

儿童淋巴系统发育不成熟，特异性免疫功能不健全，防御能力差。新生儿可从母体获得IgG，故生后6个月内患某些感染性疾病的机会较少，但6个月后，来自母体的IgG浓度明显下降，而其自身产生IgG的能力一般要到6～7岁时才达到成人水平；母体IgM不能通过胎盘，故新生儿血清中IgM浓度低，易患革兰氏阴性菌感染；婴幼儿期也缺乏SIgA，故易患呼吸道及消化道感染；其他体液因子（趋化因子、补体、调理素等）的活性及白细胞吞噬能力也较低。因此，护理中应特别注意做好消毒隔离措施。

二、儿科临床特点

（一）病理特点

机体对病原体的反应因年龄不同而不同，同一致病因子在不同的年龄段会引起不同的病理过程及变化。例如，肺炎链球菌所致的肺部感染在婴幼儿期常表现为支气管肺炎，在年长儿或成人则多表现为大叶性肺炎；缺乏维生素D时，儿童易发生佝偻病，而成人则多是骨软化症、骨质疏松。

（二）疾病特点

儿童的疾病种类及临床表现与成人有很大区别，不同年龄段儿童疾病的种类也有相当大的差异。例如，新生儿以先天性疾病、遗传性疾病多见，婴幼儿以感染性疾病多见，心血管系统疾病方面儿童以先天性心脏病多见，而成人则多是高血压、冠心病等。儿童患感染性疾病时，常起病急骤，来势凶猛，发展迅速，易发展为败血症，病情严重时常伴有呼吸、循环衰竭，以及水电解质紊乱等严重表现。儿童病情发展常变化多端，反复波动，故应密切观察病情变化，及时发现和处理问题。

（三）诊治特点

不同年龄阶段儿童患病有其独特的临床表现，故在诊断中应重视年龄因素。以惊厥为例，发生在新生儿期，应多考虑产伤、缺氧缺血性脑病、颅内出血等；婴儿有热性惊厥时，除可能为高热惊厥外，还应考虑中枢神经系统感染；婴儿无热性惊厥首先考虑维生素D缺乏性手足搐搦症，年长儿无热惊厥则应考虑癫痫。儿童由于语言表达能力有限，常不能主动反映或准确诉说病情，多由家长或其照顾者代为表述，其传达信息的可靠性与代述者的既往经验及其与患儿的亲密程度有关。学龄期儿童虽能简单陈述病情，但其时间和空间知觉尚未发育完善，陈述的可靠性较低；部分儿童可能因害怕打针、吃药而隐瞒病情，少数儿童为逃避上学、寻求家长关注而假报或夸大病情，使病史和健康史的可靠性受到干扰。因此，在诊治过程中，除应向家长详细询问病史、健康史，还须仔细观察儿童姿势、表情、动作并结合全面的体格检查和必要的辅助检查进行综合分析，才能做出确切的诊断和处理。

（四）预防特点

儿童自身免疫功能低下，防御能力差，加强预防工作是降低儿童发病率和死亡率的重要措施。近年来，我国计划免疫和传染病的管理工作的持续开展，已使许多儿童传染病的发病率和死亡率明显下降；同时，由于公共卫生和社区保健工作的深入推进，科学育儿知识得以广泛推广和普及，我国儿童腹泻、贫血、营养不良、肺炎、佝偻病等常见病、多发病的发病率和病死率也显著下降。提倡科学喂养，加强体格锻炼，可预防儿童肥胖症。同时，对进入成年后出现的一些心血管系统疾病也能起到积极的预防作用。由此可见，儿童时期的预防工作非常重要。

（五）预后特点

儿童处于生长发育的过程中，组织修复能力强，患病时虽有来势凶猛、进展迅速的特点，但如发现及时，治疗和护理得当，疾病治愈好转也快，后遗症也较成人少。但年幼体弱或重病的患儿，病情变化迅速，应严密监护、积极处理。

三、儿童心理社会特点

儿童身心尚未发育成熟，缺乏适应能力，依赖性较强，合作性较差，需特别的照顾和保护；儿童好奇、好动、缺乏经验，易发生各种意外，同时儿童心理发育过程也受家庭、社会环境的影响。在护理中应以儿童及其家庭为中心实施整体护理，与儿童家庭成员特别是父母、幼教工作者、学校教师等共同合作，根据不同年龄阶段儿童的心理发育特征和需求，提供相应的护理措施，促进其身心健康发展。

第3节　儿童年龄分期及各期特点

儿童生长发育是一个连续、动态的过程，不应该被人为地进行分割，但是随着儿童年龄的增长，在不同的年龄段，其在解剖、生理、心理等方面也确实表现出与年龄有关的规律性，因此，根据其各阶段的特点将儿童年龄分为七个时期。

一、胎　儿　期

从受精卵形成至胎儿娩出为胎儿期（fetal period），约40周（280d），其周龄称胎龄，或称妊娠龄。临床上将胎儿期分为3个阶段。①妊娠早期：为受精后前12周，是胎儿生长发育的关键时期，如受到外界不利因素影响，使胚胎发育受阻，可导致流产、畸形甚至早夭。同时此期胎儿器官已基本形成，可辨别性别。②妊娠中期：第13～28周，此期胎儿各组织、器官迅速成长，功能也逐渐成熟，但肺仍未发育好，如早产成活率低。③妊娠晚期：第29～40周，此期胎儿肌肉和脂肪增长迅速，体重增加快，对营养需求量高。

此期的特点是胎儿完全依靠母体生存，孕母的健康、生活习惯、营养状况、用药、工作条件、情绪等对胎儿的生长发育影响极大，故此期应重视孕期保健工作。

二、新生儿期

从胎儿娩出脐带结扎至生后28d为新生儿期（neonatal period）。按年龄划分，新生儿期实际包含在婴儿期内。由于此期在生长发育和疾病等方面具有非常明显的特殊性，发病率和死亡率高，故将这一特殊时期单列为新生儿期。

此期的特点是胎儿脱离母体开始独立生存，体内外环境发生巨大变化，由于自身生理调节和适应能力不够成熟，易发生窒息、体温不升、感染等，死亡率高，占婴儿死亡率的60%～70%。因此，此期应特别加强护理，如保暖、合理喂养、清洁卫生、消毒隔离等。

胎龄满28周至出生后7d，称围生期，又称围产期，此期包括了妊娠晚期、分娩过程和新生儿早期3个阶段，是儿童经历巨大变化和生命遭受最大危险的时期，死亡率最高。须重视优生优育，加强围生期保健。

三、婴　儿　期

从出生至满1周岁之前为婴儿期（infant period），又称乳儿期，为儿童出生后生长发育最快的时期，因此对能量和营养素的需要量相对较大，尤其是蛋白质。但此期儿童消化吸收功能尚未发育完善，易发生消化紊乱和营养缺乏性疾病，故提倡母乳喂养和给予科学的营养指导十分重要。婴儿6个月后，因从母体获得的被动免疫逐渐消失，而自身免疫功能尚不成熟，易患各种感染性疾病，要有计划地接受预防接种，预防各种感染，并重视良好卫生习惯的培养和注意消毒隔离。

四、幼　儿　期

从1周岁到满3周岁之前为幼儿期（toddler period）。此期生长发育速度较前减慢，但活动范围扩大，接触周围事物的机会增多，智能发育较前突出，语言、思维和社会活动能力增强，自主性和独立性不断发展，但对危险的识别和自我保护能力有限，应注意加强看护，防止发生意外和中毒；此期由于活动范围广，而自身免疫力仍较低，感染性疾病和传染性疾病发病率仍较高，防病仍为保健重点。此期消化功能仍不完善，营养的需求量仍然较高，但断乳和添加辅食均在此期进行，因此要注意科学喂养，防止营养缺乏和消化功能紊乱。

五、学龄前期

从3周岁至6～7岁入小学前为学龄前期（preschool period）。此期儿童体格发育稳步增长，智能发育更趋完善，好奇、好问、好模仿，语言和思维能力进一步发展，自理能力和社交能力增强。因此期儿童可塑性较大，是性格形成的关键时期，要加强早期教育，培养其良好的道德品质和生活习惯，为入学作好准备。学龄前期儿童防病能力虽有所增强，传染病发生率有所下降，但因接触面广，仍然容易发生各种意外，也易患急性肾小球肾炎、风湿热等免疫性疾病。应根据此期特点，做好预防保健工作。

六、学　龄　期

从6～7岁入小学起至青春期前为学龄期（school-age period）。此期的特点是儿童体格发育仍稳步增长，除生殖系统外，其他系统器官的发育已基本接近成人水平，智能发育更成熟，理解、分析、综合控制力较前增强，是接受系统科学文化知识教育的重要时期，也是儿童心理发展上的一个重大转折时期，应加强儿童德、智、体、美、劳的全面教育，促进其全面发展。此期儿童感染性疾病的发病率较前降低，但要注意预防近视、龋齿、姿势、精神、情绪等方面的问题，养成规律的生活、学习习惯，保证充足的营养和休息，关注儿童心理和行为等方面的问题。

七、青 春 期

从第二性征出现至生殖功能基本发育成熟、身高停止增长为青春期（adolescence period）。一般女孩从11～12岁至17～18岁，男孩从13～14岁至18～20岁。此期特点为生长发育明显加快，出现第二个生长高峰，生殖系统发育加速并趋于成熟。此期儿童的患病率和死亡率相对较低，但由于接触面广，遇到许多新的问题，外部环境对其影响越来越大，常出现心理、行为、精神等方面的问题。因此，此期除了要保证供给足够营养以满足生长发育加速所需外，还应加强体格锻炼和注意充分休息，同时要及时进行生理、心理、性知识及法制教育，使其树立正确的人生观和养成优良的道德品质，建立健康的生活方式。

第4节　儿科护士的角色与素质要求

一、儿科护士的角色

随着护理学科的发展，护士的角色有了更大范围的扩展，儿科护士作为一个有专门知识的独立的实践者，面对一群特殊的服务对象，不仅担负着促进其身心健康发展的重任，还承担着对儿童及其家长进行健康教育的责任，因此被赋予多元化角色。

（一）专业照护者

儿科护士最重要的角色是在促进儿童身心健康发展的过程中，为儿童及其家庭提供直接的照护，如摄取营养、预防感染、给予药物、心理支持、健康指导等，以儿童身心发展需求为基础，结合儿童不同阶段生长发育的个体差异性，用专业的知识和扎实的技术为儿童提供最佳的服务，以满足儿童身、心两方面的需要。

（二）护理计划者

为促进儿童身心健康发展，护士必须用专业的知识和技能，对患儿及其家长进行全面的评估，了解儿童的健康状况及其家庭在面临疾病和伤害时所产生的反应，找出健康问题，并根据儿童在不同阶段生长发育的特点，制订系统的、全面的、切实可行的护理计划，积极采取有效的护理措施，以减轻儿童的痛苦，帮助儿童适应医院、社区和家庭的生活。

（三）健康教育者

在照护儿童的过程中，护士应依据各年龄阶段儿童理解水平和接受能力，有效地向儿童解释疾病治疗和护理过程，帮助他们建立自我保健意识，帮助他们培养良好的生活习惯，纠正其不良行为习惯。同时向儿童家长宣传科学育儿知识，帮助家长了解诊断和治疗过程，教会家长如何进行病情观察和给予儿童全面的照护，逐渐培养他们的健康行为和习惯，以达到预防疾病、促进健康的目的。

（四）健康协调者

护士要与其他有关人员保持密切联系才能为儿童提供更优质、更全面的护理，形成并维持一个有效的沟通网，使与儿童有关的工作，如预防保健、疾病的诊断与治疗、救助等得以互相协调、配合，保证儿童获得最适宜的整体性医护照顾。例如，护士与医生联系讨论有关治疗和护理方案；护士与营养师联系讨论有关膳食的安排；护士还需与儿童及其家长进行有效的沟通，让家庭参与并积极配合儿童的护理过程，以保证护理计划的有效执行。

（五）健康咨询者

护士通过倾听儿童及其家长的倾诉、关心儿童及其家长在医院环境中的感受、抚摸和陪伴儿童，解答他们的问题、为其提供有关治疗和护理的信息、进行健康指导等，消除儿童及其家长对疾病和与健康有关问题的疑惑，使其能够以积极有效的方法去应对压力，找到满足生理、心理、社会需要的最适宜和有效的方法。

（六）儿童及其家庭代言人

护士是儿童及其家庭权益的维护者，护士有责任维护儿童及其家庭的权益不受侵犯或损害。护士还需评估对儿童健康有碍的问题和事件，提供给有关行政部门，作为提高医疗服务质量或拟定相关卫生政策和计划的参考。

（七）护理研究者

护士应在工作的同时积极进行护理研究工作，通过研究来验证、扩展护理理论和知识，研发护理新技术，指导、改进护理工作，提高儿科护理质量，促进专业发展。同时，护士还需探讨隐藏在儿童症状及表面行为下的真正问题，以便更实际、更深入地帮助他们。

二、儿科护士的素质要求

1. 思想道德素质 热爱护理事业，有高度的责任心和同情心，有严谨的工作态度，关爱儿童，具有为儿童健康服务的奉献精神；具有诚实的品格、较高的慎独修养、高尚的道德情操。以理解、友善、平等的心态，为儿童及其家庭提供帮助；具有正视现实、面向未来的目光，追求崇高的理想，忠于职守，救死扶伤，廉洁奉公，谨奉人道主义精神。

2. 科学文化素质 具备一定的文化素养，熟悉自然科学、社会科学、人文科学等多学科知识；掌握基本的计算机使用方法和一门外语及现代科学发展的新理论、新技术。

3. 专业素质 具有比较系统完整的专业理论知识和较强的实践技能，操作规范、准确，技术精湛；具有敏锐的观察力和较强的综合分析判断能力，有整体护理观念，能用护理程序解决儿童的健康问题；具有开展护理教育和护理科研的能力，勇于创新进取。

4. 其他素质 具有乐观、开朗、稳定的情绪和健康的心理，宽容豁达的胸怀。有健康的身体和良好的言行举止；具有较强的适应能力、良好的忍耐力及自我控制力，聪慧敏捷，有较强的随机应变能力；具有强烈的进取心，不断学习、丰富和完善自己；具有良好的人际沟通能力和语言表达能力，同仁间相互尊重，团结协作。

医者仁心

把青春和梦想献给热爱的事业

王荃，首都医科大学附属北京儿童医院急诊科主任，从医二十余年，王荃把青春和梦想献给了自己热爱的儿科急重症事业。北京儿童医院急诊科每年接诊来自全国各地的患儿近20万人次，每年抢救急危重症患儿超过2万人次。一次次挑战成功的背后，来源于一心为患儿的情怀，来源于“真刀真枪”的实战与实力，来源于团队的协力合作。王荃在一次次化险为夷中和患儿一道战胜了病魔，挽救了患儿，更挽救了其背后的家庭。在急诊科，每天都有患儿健康地出院，也有些生命在这里永远地画上句号。王荃常常叮嘱团队：“患者不易，我们要换位思考。很多患者来到北京儿童医院是为了寻找最后的希望，这对医生提出了更高的要求，但更要将这份责任担当起来。”

自 测 题

A_1型题

1. 根据儿童各年龄段的特点，将儿童年龄分为（ ）
   A. 5个时期　B. 6个时期
   C. 7个时期　D. 4个时期
   E. 8个时期
2. 幼儿期是指（ ）
   A. 生后29d至1周岁　B. 1～3周岁
   C. 2～5周岁　D. 3～5周岁
   E. 4～6周岁
3. 不属于儿科护士角色内容的一项是（ ）
   A. 护理研究者
   B. 患儿及家长的批评监督者
   C. 儿童及其家庭的代言人
   D. 专业照护者
   E. 健康协调者
4. 儿童死亡率最高的时期是（ ）
   A. 围生期　B. 新生儿期
   C. 婴儿期　D. 幼儿期
   E. 学龄前期
5. 不同年龄儿童对肺炎链球菌引起的肺部感染病理改变不同，婴儿最常发生的是（ ）
   A. 支气管炎　B. 支气管肺炎
   C. 大叶性肺炎　D. 肺脓肿
   E. 间质性肺炎
6. 以下描述符合儿童解剖特点的是（ ）
   A. 新生儿和小婴儿头部相对较小
   B. 儿童骨骼柔软，所以易于发生骨折
   C. 新生儿和小婴儿头部相对较重，颈部肌肉和颈椎发育相对落后
   D. 儿童髋关节附近韧带虽松弛，但髋臼窝较深，不易发生髋关节的脱臼
   E. 儿童身体各部位的比例基本与成人相同
7. 新生儿易患革兰氏阴性细菌感染的原因是（ ）
   A. 缺乏分泌型IgA　B. 缺乏IgG
   C. 缺乏IgM　D. 缺乏IgE
   E. 以上都是

（蒙 娟）

第2章
生长发育

儿童生长发育处在动态变化之中，且每个儿童生长发育模式不尽相同，但却遵循共同的规律。生长是指儿童身体各器官、各系统的长大和形态的变化；发育是指细胞、组织、器官分化逐渐完善和功能上的成熟。认识儿童生长发育规律有助于对儿童生长发育状况进行正确的评价和指导。

第1节　生长发育的规律及影响因素

一、生长发育的规律

（一）连续性与阶段性

在整个儿童时期，儿童的生长发育在不断进行，呈一连续的过程，但生长速率呈阶段式。例如，在婴儿期，儿童的体重和身长增长很快，为第一个生长高峰，之后速率逐渐减慢，到青春期又迅速加快，为第二个生长高峰。

（二）不平衡性

儿童各系统器官的发育快慢不同，各有先后。例如，神经系统发育较早；生殖系统发育较晚；淋巴系统在儿童期发育迅速，于青春期前达高峰，以后逐渐衰退至成人水平。

（三）顺序性

儿童生长发育通常遵循由上到下、由近到远、由粗到细、由简单到复杂、由低级到高级的规律。例如，先抬头，后抬胸，再会坐、立、行（由上到下）；先抬肩伸臂再双手握物，先会控制腿再到控制脚的活动（由近到远）；先会用全手掌抓握物品，再发展到能用手指拾取物品（由粗到细）；先会画直线，进而能画圆、画人（由简单到复杂）；先会看、听和感觉事物，认识事物的表面属性，再发展到记忆、思维、分析和判断事物等（由低级到高级）。

（四）个体差异性

儿童生长发育虽然具有一定规律，但在一定范围内由于受其遗传、营养、环境等内外因素影响，会存在较大的个体差异性，每个人生长的“轨迹”不完全相同。

二、影响生长发育的因素

遗传、营养、疾病、孕母情况、性别、生活环境等因素均能影响儿童的生长发育，其中遗传因素和生活环境因素是最基本的两个因素。遗传因素决定了生长发育的潜力，这种潜力又受到一系列生活环境因素的作用和调节，两方面相互作用，决定了每个儿童的生长发育水平。

（一）遗传

儿童生长发育的特征、潜力、趋向等都受到父母双方遗传因素的影响，如肤色、头发的颜色、脸型特征、身材高矮、性成熟的早晚等。

（二）营养

营养是儿童生长发育的物质基础，年龄越小受营养的影响越大。如果近期营养不良可影响儿童体重，长期营养不良不但影响体重，还可影响其身高的增长甚至使机体的免疫、内分泌和神经系统等调节功能低下，从而最终影响智力、心理和社会能力的发展。

（三）疾病

疾病影响儿童生长发育非常明显。例如，急性感染常使儿童体重减轻；慢性疾病则影响儿童身高与体重的增长；内分泌疾病常引起儿童的骨骼生长和神经系统发育迟缓；先天性疾病，如先天性心脏病时常伴随生长迟缓。

（四）孕母情况

母亲在妊娠期间的生活环境、营养、情绪、疾病、接受放射性照射及药物等各方面的因素，均会影响胎儿的宫内发育。例如，孕母吸烟超过6个月，则极有可能产下低出生体重儿；宫内营养不良不仅使儿童体格生长落后，还会严重影响其大脑的发育。

（五）性别

女孩的青春期比男孩约早2年，但男孩青春期持续的时间长，所以在青春期末男孩的身高、体重高于同龄女孩。因此在评价儿童生长发育时应按性别进行评价。

（六）生活环境

外界环境、心理因素、社会因素、运动及父母的育儿态度与习惯，对儿童生长发育也有一定的影响。创造良好的居住环境，选择健康的生活方式、科学的护理与教养，为儿童安排规律的生活制度和适合年龄特点的体格锻炼，以及完善的医疗保健服务设施等，是保证儿童体格、神经、心理发育达到最佳状态的重要因素。

第2节 体格生长发育及评价

一、体格生长常用指标

（一）体重

体重是儿童身体器官、系统、体液的总重量。体重的变化最能显示儿童的营养状况，是衡量儿童体格生长的最灵敏指标，也是决定临床补液量和给药量的重要依据。

新生儿出生体重与胎次、胎龄、性别及在孕母宫内的营养状况有关。2022年国家卫生健康委员会发布7岁以下儿童生长标准显示，男婴平均出生体重为（3.5±0.4）kg，女婴为（3.3±0.4）kg。

儿童年龄越小体重增长越快。生后第1年是体重增长最快的时期，为第一个生长高峰。生后3～4个月时体重约为出生时的2倍，1岁时约为出生时的3倍。生后第2年体重增加2.5～3.0kg，2岁后至青春前期每年增长2～3kg。进入青春期后体格生长再次加快，出现第二个生长高峰。因个体差异，儿童体重可在±10%的正常范围内波动。各年龄儿童体重正常值及估算公式见表2-1。

表2-1 各年龄儿童体重正常值及估算公式

年龄	体重（kg）
出生时	3.3
3～12个月	［年龄（月）+9］/2
1岁	10
1～6岁	年龄（岁）×2+8
7～12岁	［年龄（岁）×7–5］/2

注：生后前3个月的增长约等于后9个月的增长。

体重测量应在空腹、排尿、排便后脱去衣服、鞋袜进行；室温低或体质弱的儿童可先测体重，再减去衣物重量。新生儿及婴儿用婴儿体重秤，精确计数到10g；儿童用载重50kg的体重秤，精确计数到50g。

（二）身高（长）

身高（长）指从头顶至足底的垂直距离，包括头部、躯干（脊柱）和下肢3部分的长度，是

表2-2 各年龄儿童身高（长）正常值及估算公式

年龄	身高（长）(cm)
出生时	50
1岁	75
2岁	85～87
2～6岁	年龄（岁）×7+75
7～10岁	年龄（岁）×6+80

反映骨骼发育的重要指标。3岁以下儿童仰卧位测量，称身长；3岁以后立位测量，称身高。身高（长）的增长规律与体重相似，也是生后第1年增长最快，也出现婴儿期和青春期两个生长高峰。出生后第2年增长速度减慢，平均增长10～12cm，2～6岁平均每年增长6～8cm，此后到青春前期稳步增长，平均每年增长5～7cm，至青春期出现第二个生长高峰。各年龄儿童身高（长）正常值及估算公式见表2-2。

身体各部分的发育速度并不一致，头部生长最快，躯干次之，下肢较晚。因此，临床上常通过测量上部量（从头顶至耻骨联合上缘的长度）和下部量（从耻骨联合上缘至足底的长度），以确定其比例关系。新生儿上、下部量之比为3：2，中点在脐上；2岁时中点在脐下；6岁时中点移至脐与耻骨联合上缘之间；12岁时上、下部量相等，中点在耻骨联合上缘。胎儿时期至成人身体各部比例见图2-1。

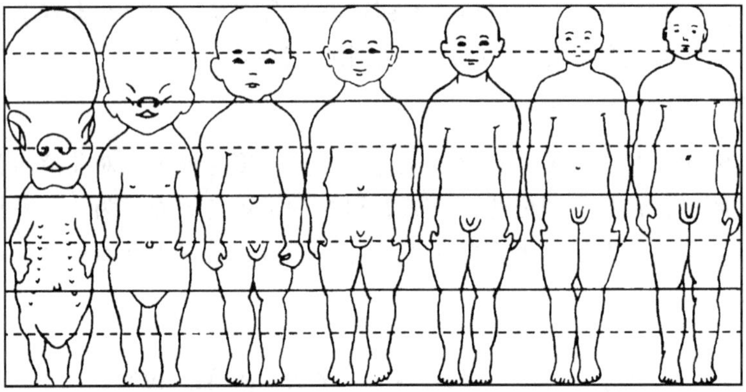

图2-1 胎儿时期至成人身体各部比例

测量身高（长）时，3岁以下儿童用量板取卧位测量。脱帽、鞋、袜及外衣，仰卧于量板中线上，头顶接触头板，按直儿童膝部，使其双下肢伸直紧贴底板，移动足板使紧贴足底，并与底板相互垂直后读数，记录至0.1cm。3岁以上可用立位测量器或有身高测量杆的磅秤进行测量。儿童脱帽、鞋，直立，两眼正视前方，足跟靠拢，足尖分开约60°，足跟、臀部、两肩胛、枕骨粗隆均同时接触量杆。测量者移动身高计与儿童头顶接触，头板呈水平位时读立柱上数字，记录至0.1cm。

（三）坐高

坐高是指从头顶至坐骨结节的长度，3岁以下仰卧位测量称顶臀长。坐高代表头颅与脊柱的发育水平。坐高占身高的比例随年龄增加而降低，由出生时的67%降至14岁时的53%。此百分比显示了身体上、下部比例的改变，反映了身材的匀称性，比坐高绝对值更有意义。

（四）头围

头围是指自眉弓上缘经枕后结节绕头一周的长度，反映脑和颅骨的发育。正常新生儿头围平均为33～34cm；1岁时约为46cm；2岁时约为48cm；5岁时约为50cm；15岁时头围接近成人，为54～58cm。头围测量在2岁以内最有价值，头围过小常提示脑发育不良，头围过大或增长过快常提示脑积水。测量者将软尺0点固定于头部一侧眉弓上缘，将软尺紧贴头皮绕枕骨结节最高点及另一侧眉弓上缘回至0点，记录读数至0.1cm。

（五）胸围

胸围是平乳头下缘绕胸一周的长度，其大小反映肺和胸廓的发育。正常新生儿胸围比头围小

1～2cm，约32cm；1岁时胸围与头围大致相等，约为46cm；1岁以后胸围超过头围，其差数（cm）约等于其岁数减1。

测量时取卧位或立位。儿童两手自然平放或下垂，测量者将软尺0点固定于一侧乳头下缘（乳腺已发育的女孩，固定于胸骨中线第4肋间），将软尺紧贴皮肤，经两侧肩胛骨下缘回至0点，取平静呼气、吸气时的中间读数，记录读数至0.1cm。

（六）上臂围

上臂围是指沿肩峰与尺骨鹰嘴连线中点水平绕上臂一周的长度，代表儿童上臂骨骼、肌肉、皮下脂肪和皮肤的发育水平。常用以评估儿童的营养状况。1～5岁儿童上臂围评估标准：＞13.5cm时为营养良好；12.5～13.5cm为营养中等；＜12.5cm为营养不良。

二、与体格生长有关的其他系统发育

（一）骨骼的发育

1. 颅骨的发育 颅骨随脑的发育而增长。可根据头围大小、骨缝及前后囟门闭合的迟早来衡量颅骨的发育。颅骨骨缝出生时尚未闭合，于3～4个月时闭合；前囟为顶骨和两额骨交界处形成的菱形间隙（图2-2），测对边中点连线的距离，出生时为1.5～2.0cm，一般1～1.5岁时闭合，最迟于2岁闭合；后囟为枕骨和两顶骨交界处形成的三角形间隙，出生时部分婴儿已闭合或很小，最迟于出生后6～8周闭合。

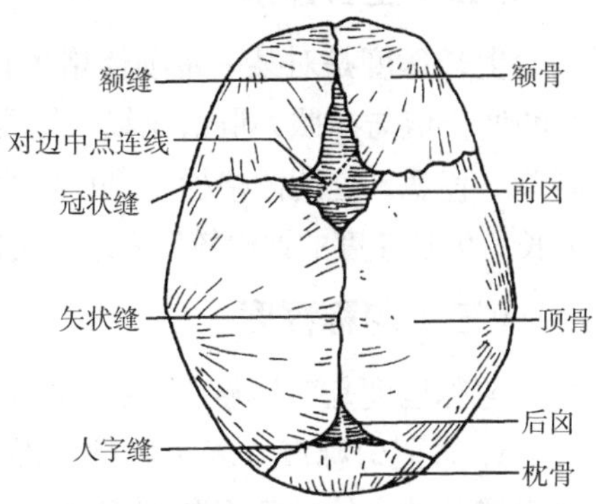

图2-2 儿童囟门

前囟检查在临床上很重要，其大小及张力的变化均提示某些疾病的可能。前囟饱满提示颅内压增高，前囟凹陷则见于脱水或极度消瘦者；前囟迟闭、过大见于佝偻病、甲状腺功能减退等，而前囟早闭或头围过小则提示脑发育不良、小头畸形。

2. 脊柱的发育 脊柱的增长反映脊椎骨的发育。出生后第一年脊柱增长快于四肢，1岁以后四肢增长快于脊柱。出生时脊柱仅轻微后凸，3个月左右随抬头动作的发育出现颈椎前凸，此为脊柱第1个弯曲；6个月后会坐时出现胸椎后凸，为脊柱第2个弯曲；1岁左右开始行走时出现腰椎前凸，为脊柱第3个弯曲。至6～7岁时3个生理弯曲逐渐被韧带固定。

3. 长骨的发育 长骨的生长和成熟与体格生长密切相关。随年龄的增长，长骨干骺端的软骨次级骨化中心按一定的顺序和骨解剖部位有规律地出现，10岁时出全，共10个。1～9岁腕部骨化中心的数目约为其周岁数加1。

（二）牙齿的发育

牙齿的发育与骨骼发育有一定的关系。人的一生有两副牙齿，即乳牙（共20颗）和恒牙（28～32颗）。一般生后4～10个月开始萌出乳牙，3岁前出齐，13个月后仍未萌牙者为萌牙延迟，2岁以内乳牙的数目约为月龄－(4～6)。

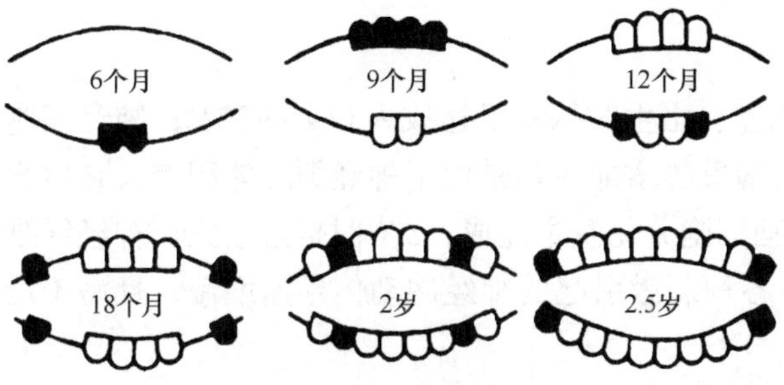

图2-3 乳牙萌出顺序

乳牙萌出顺序一般为下颌先于上颌，自前向后（图2-3）。恒牙的骨化从新生儿时期开始，6岁左右开始出第一颗恒牙即第一磨牙，长于第二乳磨牙之后；6～12岁乳牙按萌出先后逐个脱落代之以恒牙，其中第一及第二前磨牙代替第一及第二乳磨牙；12岁左右出第二磨牙；18岁以后出第三磨牙（智齿），但也有人终生不出。恒牙一般于20～30岁出齐。

三、体格生长评价

正确评价儿童体格生长状况，必须采用准确的测量用具及统一的测量方法，定期纵向观察。同时有可用的参照人群值，参照人群值的选择将决定评价的结果。2022年国家卫生健康委员会发布的7岁以下儿童生长标准或2015年中国九大城市儿童的体格生长数据可作为中国儿童参照人群值。

儿童体格生长发育评价包括生长水平、生长速度及匀称程度三个方面。

（一）生长水平

将某一年龄时点所获得的某一项体格生长指标测量值（横断面测量）与参照人群值比较，得到该儿童在同质人群中所处的位置，即为此儿童该项体格生长指标在此年龄的生长水平，通常以等级表示结果。所有单项体格生长指标，如体重、身高（长）、头围、胸围、上臂围等均可进行生长水平评估。生长水平评估可反映所测量群体儿童的体格状况，但对于个体儿童仅表示该儿童已达到的水平，不能说明过去存在的问题，也不能预示生长趋势。

（二）生长速度

生长速度是对某一单项体格生长指标定期连续测量（纵向观察），将获得的该项指标在某一年龄阶段的增长值与参照人群值比较，得到该儿童该项体格生长指标的生长速度。以生长曲线表示生长速度最简单、直观，定期体格检查是评价生长速度的关键。儿童年龄小、生长较快，故定期检查间隔时间不宜太长。生长速度的评价较发育水平更能真实地反映儿童的生长状况，生长速度正常的儿童生长基本正常。

（三）匀称程度

匀称程度是对体格生长指标之间关系的评价。

1. 体型匀称度 表示体型（形态）生长的比例关系。可以反映出一定身高的相应体重增长范围，也间接反映身体的密度与充实度。将实际测量值与参照人群值比较，结果常以等级表示。

2. 身材匀称度 以坐高/身高（长）的值反映下肢生长状况。按实际测量计算结果与参照人群值计算结果比较。结果以匀称、不匀称表示。

第3节 神经心理发育及评价

在儿童成长过程中，其神经心理发育与体格生长具有同等重要的意义。神经心理发育情况大量反映为日常的行为，包括感知、运动、语言、记忆、思维、情感和性格等方面，故此期的发育也称为行为发育。儿童神经心理发育的基础是神经系统的发育，尤其是脑的发育。与体格生长一样，神经心理发育的异常可能是某些系统疾病的早期表现，因此，了解儿童神经心理发育规律有助于疾病的早期诊断。

一、神经心理发育

（一）神经系统的发育

在胚胎时期神经系统首先形成，脑的发育最为迅速。出生时脑重已达成人脑重的25%，神经细胞数目已与成人相同，但其树突与轴突少而短。出生后脑重的增加主要是由于神经细胞体积增大和树突的增多、加长，以及神经髓鞘的形成和发育。3岁时脑细胞分化基本完成，8岁时接近成人。神经纤维髓鞘化到4岁时才完成，在此之前，尤其在婴儿期，各种刺激引起的神经冲动传导速度慢，且易于泛化；不易形成兴奋灶，易疲劳而进入睡眠状态。

脊髓在出生时发育已比较成熟，脊髓的成长与运动功能的发育相平行，随年龄增长而增重、加长。

在胎儿期，脊髓下端在第2腰椎下缘，4岁时上移至第1腰椎，故婴幼儿腰椎穿刺位置宜低，以第4～5腰椎间隙为宜，4岁后与成人相同。

出生时儿童即具有觅食、吸吮、吞咽、拥抱和握持等非条件反射及对强光、寒冷、疼痛等的反应。其中有些非条件反射如吸吮、握持、拥抱等反射会随年龄的增长和大脑皮质的发育而逐渐消退，否则将影响动作发育。儿童生后2周左右即可形成第1个条件反射，即抱起喂奶时出现吸吮动作；2个月开始逐渐形成与感知觉相关的条件反射；3～4个月开始出现兴奋性和抑制性条件反射；皮质抑制功能从2～3岁开始至7～14岁发育成熟并达到一定强度。随着条件反射的形成和累积，儿童综合能力和智力发展也逐渐提升和完善。

（二）感知觉的发育

1. 视感知 新生儿已有视觉感应功能，瞳孔有对光反应，但因视网膜视黄斑区发育不全和眼外肌协调能力较差，故只能看清15～20cm内的物体，在清醒和安静状态下可短暂注视和追随近处缓慢移动的物体；至2个月起可协调地注视物体，头跟随移动的物体在水平方向转动90°；3～4个月时爱看自己的手，头眼协调较好；5～7个月时目光可随上下移动的物体在垂直方向转动；8～9个月时开始出现视深度的感觉，能看到小物体；18个月时能区别各种形状；2岁时可区别垂直线和横线；5岁时能区别颜色；4～5岁时视深度已充分发育。

2. 听感知 新生儿出生时因鼓室无空气，听力差；3～7d后听觉已相当良好；3～4个月时头可转向声源（定向反应），听到悦耳声音时会微笑；7～9个月时能确定声源，区别言语的意义；13～16个月可寻找不同响度的声源；2岁时能听懂简单命令；4岁时听觉发育完善。

3. 味觉和嗅觉 新生儿出生时味觉和嗅觉已发育完善。新生儿对不同味道如甜、酸、苦等可产生不同反应；3～4个月时能区别气味；添加辅食能够帮助婴儿逐步适应不同食物，促进味觉发育。

4. 皮肤感觉 包括触觉、痛觉、温度觉和深感觉。触觉是引起某些反射的基础，新生儿触觉很灵敏，尤其是眼、口周、手掌及足底等，触之即有瞬目、张口、缩回手足等反应，但前臂、大腿、躯干的触觉则较迟钝。新生儿出生时温度觉很灵敏，但新生儿对痛觉的反应比较迟钝，2个月后才对刺激表示出痛苦。到6个月左右皮肤有触觉的定位能力。

5. 知觉 是人对事物各种属性的综合反应。知觉的发育与听、视、触等感觉的发育密切相关。儿童在6个月之前，主要是通过感觉认识事物；6个月后，随着动作尤其手眼协调动作的发育，能对物体的形状、大小、质地及颜色等产生初步的综合性知觉；1岁开始有空间和时间知觉的萌芽；3岁能辨上下；4岁能辨前后；5岁能辨自身左右；儿童时间知觉发育较晚，一般4～5岁时有早上、晚上、白天、明天、昨天的时间概念；5～6岁时能区别前天、后天、大后天；6～8岁时对与学习、生活密切相关的时间概念能较好地掌握；一般10岁时能掌握秒、分、时、月、年等概念。

（三）运动功能的发育

运动功能的发育可分为大运动（包括平衡）和细运动两大类。运动发育遵循自上而下、由近至远、从不协调到协调、先正向动作后反向动作的规律。

1. 平衡与大运动

（1）抬头 因为颈后肌发育先于颈前肌，所以新生儿俯卧位时能抬头1～2s；2个月直立位及俯卧位时能抬头；3个月时抬头较稳；4个月时抬头很稳并能自由转动。

（2）坐 新生儿腰肌无力，4个月时扶着髋部时能坐；6个月时能双手向前撑住独坐；8个月时能坐稳。

（3）翻身、爬 儿童7个月时已能用手支撑胸腹，使上身离开床面或桌面，能有意识地从仰卧位翻身至俯卧位，或从俯卧位到仰卧位；8个月时会用上肢向前爬。学习爬的动作有助于胸部及智力的发育。

（4）站、走、跳 儿童5～6个月扶立时双下肢可负重，并能上下跳动；9个月时可扶物站立；11

个月时可独自站立片刻；12个月时能走；15个月时可独自走稳；2岁时能并足跳；3岁时能跑；4岁时能爬梯子；5岁时能单足跳。

2. 细动作 新生儿两手握拳很紧，3～4个月时握持反射消失，可自行玩手，开始有意识地取物；6～7个月时能独自摇摆或玩弄小物体，出现换手与捏、敲等探索性动作；9～10个月时可用拇指、示指取物；12～15个月时学会将圆圈套在木棍上，会叠1块方积木；18个月时能叠2～3块方积木；2岁时能一页一页地翻书，能用勺子吃饭；3岁时能在他人的帮助下穿衣服；4岁时基本能自己穿、脱简单衣服；5岁时能系鞋带。

（四）语言的发育

语言是人类特有的高级神经活动，用以表达思维、观念等心理过程，是儿童全面发育的标志。语言的发育除受语言中枢控制外，还需要正常的听觉和发音器官。语言的发育需要经过准备、理解和表达3个阶段。

1. 语言准备阶段 正常新生儿从出生第一声啼哭起，就已具备了发育语言的先决条件，哭是儿童最早表现出来的沟通方式。婴儿于1～2个月时能发出喉音；3～4个月时咿呀发音；7～8个月时能发“爸爸”“妈妈”等双音；8～9个月时喜欢模仿成人的口唇动作练习发音。

2. 语言理解阶段 婴儿在发音过程中逐渐理解语言。6～7个月时儿童能听懂自己的名字；9个月时能理解一些比较复杂的词句，如“再见”“把手给我”等。

3. 语言表达阶段 在理解的基础上，儿童学会语言表达。先会说单词，然后会组成句子；先会用名词，之后才会用动词、形容词、介词等。一般1岁开始会说单词，如“再见”、“没了”；2岁时能讲2～3个字构成的句子；3岁时能说短歌谣，数几个数；4岁时能唱歌，以后不断发展、完善。

（五）心理活动的发展

1. 注意力的发展 注意力是人的心理活动集中于一定的人或物。注意力分无意注意力和有意注意力，前者为自然发生，后者为自觉的有目的的行为，是人的认知过程的开始。婴儿期以无意注意力为主，随着儿童年龄的增长逐渐出现有意注意力，但幼儿时期注意力的稳定性差，易分散和转移，到5～6岁后儿童能较好地控制自己的注意力。

2. 记忆的发展 记忆是将所获得信息“贮存”和“读出”的神经活动过程，分为感觉、短暂记忆和长久记忆3个阶段。婴幼儿时期的记忆特点是时间短、内容少，易记忆带有欢乐、愤怒、恐惧等情绪的事情，且以机械记忆为主，精确性差。随着年龄的增长和思维、理解、分析能力的提高，儿童有意识的逻辑记忆逐渐增强，记忆内容越来越丰富，记忆时间越来越长。

3. 思维的发展 思维是人运用理解、记忆和综合分析能力来认识事物的本质和掌握其发展规律的一种精神活动，是心理活动的高级形式。1岁以后的儿童开始产生思维；在3岁以前只有最初级的形象思维；3岁以后开始有初步抽象思维；6～11岁以后儿童逐渐学会综合分析、分类比较等抽象思维方法，独立思考能力有了进一步提高。

4. 想象的发展 想象是对感知过的事物进行思维加工、改造，创造出现实中从未有过的事物形象的思维活动。新生儿无想象能力；1～2岁儿童仅有想象的萌芽；学龄前期儿童仍以无意想象及再造想象为主；学龄期儿童有意想象和创造性想象迅速发展。

5. 情绪、情感的发展 情绪是个体生理或心理需要是否得到满足时的心理体验和表现。新生儿因生后不易适应宫外环境，较多处于消极情绪中，表现为不安、啼哭，而哺乳、抱、摇、抚摸等则可使其情绪愉快。婴幼儿情绪表现特点常为时间短暂、反应强烈，易冲动和反应不一致。随年龄的增长，儿童对不愉快因素的耐受性逐渐增加，能够有意识地控制自己，情绪趋向稳定。情感是在情绪的基础上产生的对人、对物关系的体验，属高级复杂的情绪。幼儿期儿童已有高级情绪初步发展，可区分好与不好、喜欢与不喜欢；随年龄的增长与周围人交往的增加，儿童对客观事物的认识逐步深化，情感日益增加、分化和完善，可产生信任感、安全感、同情感、友谊感和荣誉感等。

6. 性格的发展 性格是个体在客观现实中形成的稳定态度和习惯化的行为方式。婴儿时期由于一切生理需要均依赖成人，逐渐建立对亲人的依赖性和信任感。幼儿时期已能独立行走，能说出自己的需要，故有一定自主感，但又未脱离对亲人的依赖，常出现违拗言行与依赖行为互相交替的现象。学龄前期儿童生活基本能自理，主动性增强，但主动行为失败时易出现失望和内疚。学龄期开始正规学习生活，重视自己勤奋学习的成就，如不能发现自己的学习潜力，将产生自卑心理。青春期体格生长和性发育开始成熟，社交增多，心理适应能力增强，但容易波动，在感情问题、伙伴问题、职业选择、道德评价和人生观等问题上处理不当时易发生性格变化。性格一旦形成即相对稳定。

7. 社会行为 是各年龄阶段心理行为发展的综合表现。2～3个月时儿童以笑、停止啼哭等行为为主，以眼神和发音表示认识父母；3～4个月的婴儿开始出现社会反应性的大笑；7～8个月的儿童可表现出认生、对发声玩具感兴趣等；9～12个月时看见熟人会手伸出来要人抱，逐渐开始与人合作；12～13个月的儿童喜欢玩变戏法和躲猫猫游戏；18个月时逐渐有自我控制能力，成人在附近时可独立玩耍很久；2岁时不再认生，易与父母分开；3岁以后可与小朋友做游戏。

二、神经心理发育评价

儿童神经心理发育的水平表现在感知、运动、语言和心理过程等各种能力及性格方面，对这些能力和特征的检查称为心理测验。心理测验仅能判断儿童神经心理发育的水平，没有诊断疾病的意义。常采用的儿童心理测验方法有筛查性测验和诊断性测验两大类。

（一）能力测验

1. 筛查性测验 ①丹佛发育筛查测验（DDST），主要用于6岁以下的儿童智能筛查。共104个项目，将人的神经心理发育分为应人能、细动作-应物能、语言能、粗动作能4个方面。最后评定结果为正常、可疑、异常与无法测定。可疑或异常者应进一步做诊断性检查。②图片词汇测验，适用于4～9岁儿童的一般智能筛查。共有120张图片，每张有黑白线条画4幅，测试者讲一个词语，要求儿童指出其中相应的一幅图。此法测试时间短，方法简便，尤其适用于言语或运动障碍者。③绘人测验，适用于5～9岁儿童。要求儿童根据自己想象在一张白纸上用铅笔画全身人像，然后根据身体及各部比例和表述方式等进行评分。此法不需言语交流，可用于不同语言地区。

2. 诊断性测验 测试范围广，内容详细，所需时间较长，可得出发育商或智商。常用的测验方法有以下几种。①格塞尔（Gesell）发育量表：适用于4周龄至3岁的婴幼儿。从大运动、细动作、个人-社会、语言和适应性行为5个方面测验，结果以发育商（DQ）表示。②贝利（Bayley）婴儿发育量表：适用于2～30个月的婴幼儿。内容包括精神发育量表（163项）、运动量表（81项）和婴儿行为记录等。③斯坦福-比奈（Stanford-Binet）智力量表：适用于2～18岁的儿童、青少年。测试内容包括幼儿的具体智能（感觉、认知、记忆）和年长儿的抽象智能（思维、逻辑、数量、词汇），用以评价儿童学习能力和对智能迟滞者进行诊断及程度分类，结果以智商（IQ）表示。④韦克斯勒（Wechsler）幼儿智力量表（WPPSI）：适用于4～6.5岁的儿童。测试内容包括词语类及操作类两部分，得分综合后可提示儿童的全面智力才能，客观反映学前儿童的智能水平。⑤韦氏（Wechsler）儿童智力量表修订版（WISC-R）：适用于6～16岁儿童。内容与评分方法同WPPSI。

（二）适应性行为测试

智力低下的诊断与分级必须结合适应性行为的评定结果。国内现多采用日本S-M社会生活能力检查表，即婴儿-初中生社会生活能力量表。此量表适用于6个月至15岁儿童社会生活能力的评定。全量表共132项，包括6种行为能力：①独立生活能力，包括进食、脱穿衣服、料理大小便、修剪指甲等。②运动能力，包括走路、上台阶、认识交通标志等。③作业操作能力，包括抓握物品、玩象棋、系鞋带、做菜等。④交往能力，包括遵守礼节、说话、打电话、写信等。⑤参加集体活动，包括值日、郊游、参加文体活动等。⑥自我管理，包括良好的饮食习惯、合理规划零花钱、控制自己不提无理要求等。

自 测 题

A_1型题

1. 儿童生长发育最快的时期是（　　）
   A. 婴儿期　　B. 幼儿期
   C. 学龄前期　　D. 学龄期
   E. 新生儿期
2. 正常1周岁儿童，其体重约为出生体重的（　　）
   A. 1倍　　B. 2倍
   C. 3倍　　D. 4倍
   E. 5倍

A_2型题

3. 一健康儿童，体重4.5kg，前囟1.5cm × 1.5cm，后囟0.2cm，能微笑，头不能竖立，最可能的年龄是（　　）
   A. 1个月以内　　B. 1～2个月
   C. 3～4个月　　D. 5～6个月
   E. 7～8个月
4. 患儿1周岁，出牙4颗，妈妈不知道孩子的乳牙什么时候出齐。请你告诉她，乳牙出齐时间为（　　）
   A. 1岁　　B. 1～1.5岁
   C. 1.5岁　　D. 1.5～2岁
   E. 3岁前
5. 患儿10个月，妈妈带其来体检，你如何为该宝宝测量头围（　　）
   A. 自枕后到额部中央绕头一周的长度
   B. 自枕后沿两耳到眉间绕头一周的长度
   C. 自枕后结节到眉间绕头一周的长度
   D. 自眉弓上缘经枕后结节绕头一周的长度
   E. 自眉弓上2cm处到枕后结节绕头一周的长度
6. 患儿，女，体重8.5kg，前囟1.0cm×1.0cm，出牙4颗，能扶床栏站立，并会发声“爸爸”“妈妈”，最可能的月龄是（　　）
   A. 3个月　　B. 5个月
   C. 8个月　　D. 10个月
   E. 12个月
7. 患儿，女，10个月。因畏食来院做体格检查，护士应首先为儿童检查的项目是（　　）
   A. 体重　　B. 身长
   C. 乳牙　　D. 骨化中心
   E. 坐高
8. 患儿，男，18个月。体格、智能发育正常，此期儿童心理发展的特征是（　　）
   A. 与父母建立良好的依赖关系
   B. 表现出明显的自主性
   C. 具有丰富的想象力及进取精神
   D. 能很好地发展勤奋的个性
   E. 能确认自我认同感
9. 患儿，男，体重6.5kg，前囟1.5cm×1.5cm，刚出牙1颗，能喃喃发声及伸手取物，不会爬，最可能的月龄是（　　）
   A. 3个月　　B. 5个月
   C. 8个月　　D. 9个月
   E. 12个月
10. 患儿，男，3岁。由其家长陪同来儿童保健门诊接受健康咨询，护士进行健康指导时应注意重点强调（　　）
    A. 训练定时排便　　B. 预防溢乳窒息
    C. 保证每日睡眠15h　　D. 室温保持在22～24℃
    E. 鼓励儿童拿杯子饮水

A_3/A_4型题

（11～14题共用题干）

患儿，男，营养发育中等，身长是87cm，头围是49cm，能独立走稳并双足跳。

11. 该儿童的年龄可能是（　　）
    A. 6个月　　B. 12个月
    C. 16个月　　D. 18个月
    E. 24个月
12. 按标准体重公式计算，该儿童的体重应是（　　）
    A. 6kg　　B. 10kg
    C. 12kg　　D. 13kg
    E. 15kg
13. 该儿童应萌出的乳牙数为（　　）
    A. 10～12颗　　B. 12～14颗
    C. 14～16颗　　D. 16～18颗
    E. 18～20颗
14. 下列不属于此年龄阶段护理重点的是（　　）
    A. 合理母乳喂养
    B. 加强安全照护，避免发生意外
    C. 培养良好的生活习惯
    D. 培养良好的性格
    E. 注意消毒隔离，预防疾病的发生

（郑国燕）

第3章 儿童营养与喂养

第1节 能量与营养素的需要

（一）能量的需要

儿童所需要的能量主要来自食物中的宏量营养素。宏量营养素在体内产能分别为蛋白质16.8kJ/g（4kcal/g）、脂肪37.8kJ/g（9kcal/g）、糖类（碳水化合物）16.8kJ/g（4kcal/g）。它们提供的能量，是维持儿童健康的必要前提。能量缺乏与过剩均对身体健康不利。儿童总的能量消耗包括基础代谢率、食物热力作用、活动消耗、生长所需和排泄消耗5个方面。[注：能量是以千卡（kcal）或千焦耳（kJ）为单位，1kcal=4.184kJ，或1kJ=0.239kcal]。

1. 基础代谢率 婴幼儿基础代谢率较成人高，依年龄不同而发生变化。婴幼儿时期，基础代谢的能量需要占总能量的50%～60%。婴儿平均每日约需能量230kJ/kg（55kcal/kg），以后随年龄增长、体表面积增加而逐渐减少，7岁时每日需184kJ/kg（44kcal/kg），12岁时的需要最接近成人，每日需126kJ/kg（30kcal/kg）。此外，由于儿童年龄不同，各器官在基础代谢中所占比例也存在差异。例如，脑代谢在婴儿时期占全部基础代谢的30%，而成人则只占25%。

2. 食物热力作用 是指人体摄取食物而引起的机体能量代谢的额外增多，主要用于食物消化、吸收、转运、代谢和储存。三大营养素中以蛋白质的热力作用最高，为本身产生能量的30%。婴儿摄入的食物中蛋白质多，食物热力作用占总能量的7%～8%；年长儿膳食为混合食物，其食物热力作用占总能量的5%。

3. 活动消耗 儿童活动所需能量与其身体大小、活动强度、活动持续时间、活动类型有关，好哭多动的婴幼儿比年龄相仿的安静孩子所需能量高3～4倍，故活动所需能量波动较大，并随年龄增加而增加。当能量摄入不足时，儿童首先表现为活动减少，以此节省能量，保证机体基本功能和满足重要脏器的代谢需要。

4. 生长所需 生长发育消耗的能量为儿童时期所特需，与儿童生长的速度成正比，即随年龄增长逐渐减少。婴儿生长最快，生长所需占总能量的25%～30%。6个月以内婴儿每日需要量高；1岁以后儿童生长速度趋于平稳，能量需要随之减少，至青春期体格发育再次加速，亦增加了能量的需要量。

5. 排泄消耗 正常情况下未经消化吸收的食物排泄至体外所损失的能量约占总能量的10%以内，当腹泻或消化功能紊乱时可成倍增加。

上述5项能量的总和为儿童所需的总能量，年龄越小所需总能量越多。1岁以内婴儿平均每日所需总能量约为418.4kJ/kg（100kcal/kg）。

（二）营养素的需要

1. 宏量营养素

（1）糖类　主要来源于谷类食物，为机体供能的主要来源。2岁以上儿童膳食中糖类所产生的能量应占总能量的55%～65%。保证充分糖类的摄入，提供合适比例的能量来源是重要的，如糖类产能＞80%或＜40%都不利于健康。

（2）脂类　包括脂肪和类脂，是人体细胞的重要组成成分，是必需脂肪酸的来源和脂溶性维生素的载体，主要来源于乳制品、畜禽肉、鱼及各种植物油等，是机体第二供能营养素，6个月内婴儿脂类所提供的能量占40%，至年长儿为总能量的20%～30%。

（3）蛋白质　是构成人体组织、细胞的基本物质，也是体液、酶、激素的重要组成部分，其次还有供能作用，所供的能量占每日总能量的8%～15%。主要来源于乳制品、蛋、畜禽肉、鱼及豆类等，6个月至1岁儿童蛋白质的推荐摄入量为20g/d，优质蛋白质应占50%以上，其主要来源于动物和大豆。

2. 微量营养素

（1）矿物质　人体内除去碳、氢、氧、氮以外的所有化学元素称为矿物质，包括常量元素和微量元素。矿物质中，占人体总重量0.01%以上者称为常量元素；占体重0.01%以下者称微量元素。

1）常量元素：包括钙、磷、镁、钠、钾、氯、硫7种，其中钙和磷接近人体总重量的6%，两者参与构成人体的牙齿、骨骼等组织，婴儿期钙的沉积高于生命的任何时期，2岁以下每日钙在骨骼增加约200mg。乳制品是钙的最好来源，大豆是钙的较好来源。

2）微量元素：包括碘、锌、硒、铜、钼、铬、钴、铁、锰、镍、硅、锡、钒、氟14种元素。微量元素在体内含量很少，需通过食物摄入，是酶、维生素必需的活性因子，参与激素的作用及核酸代谢，具有十分重要的生理功能。其中铁、碘、锌缺乏症是全球最主要的微量营养素缺乏病。

常见矿物质的来源和作用见表3-1。

表3-1　常见矿物质的来源和作用

种类	来源	作用
钙	乳制品、豆类、绿色蔬菜	为凝血因子，能降低神经肌肉兴奋性，是构成骨骼、牙齿的主要成分
磷	乳制品、肉类、谷类、豆类	是骨骼、牙齿、细胞核蛋白、各种酶的主要成分，协助糖类、脂肪、蛋白质代谢，参与缓冲系统，维持酸碱平衡
铁	肝、血、蛋黄、肉类、豆类、绿色蔬菜	是血红蛋白、肌红蛋白、细胞色素和其他酶系统的主要成分，协助氧的运输
锌	贝类、肉类、内脏、坚果、麦胚	为多种酶的成分
镁	谷类、豆类、坚果、肉类、乳制品	是构成骨骼、牙齿的成分，激活糖代谢酶，与神经肌肉兴奋性有关，为细胞内阳离子，参与细胞代谢过程
碘	海带、紫菜、海鱼等海产品	为甲状腺激素的主要成分

（2）维生素　是调节机体新陈代谢、维持正常生理功能所必需的营养素，因体内不能合成或合成不足，必须由食物供给。按其溶解性可分为：①脂溶性维生素，包括维生素A、维生素D、维生素E、维生素K，可储存于体内，无须每日供给，因排泄较慢，缺乏时症状出现较迟，过量易中毒；②水溶性维生素：包括维生素B族和维生素C，易溶于水，从尿中排泄迅速，不易在体内储存，必须每日供给，缺乏时症状出现较快，过量不易中毒。各种维生素的来源和作用见表3-2。

表3-2　各种维生素的来源和作用

种类	来源	作用
维生素A	动物肝脏、牛乳、鱼肝油、深绿色或红黄橙色水果和蔬菜	促进生长发育，维持上皮组织的完整性，为形成视紫质所必需的成分，促进免疫功能
维生素D	日光照射皮肤合成、鱼肝油、动物肝脏、蛋黄	调节钙磷代谢，促进肠道对钙的吸收，维持血钙浓度，有利骨骼钙化
维生素E	麦胚油、豆类、蔬菜	促进细胞成熟与分化，是一种有效的抗氧化剂
维生素K	动物肝脏、蛋、豆类、青菜、肠内细菌合成	合成凝血酶原和凝血因子Ⅱ、Ⅶ、Ⅸ、Ⅹ

续表

种类	来源	作用
维生素B_1	米糠、麦麸、豆类、花生、瘦肉、酵母、肠内细菌合成	构成脱羧辅酶的主要成分，为糖代谢所必需，维持神经心肌活动功能，调节胃肠蠕动，促进生长发育
维生素B_2	动物肝脏、蛋、鱼、乳制品、蔬菜、酵母	为辅黄酶的主要成分，参与体内氧化过程
维生素B_6	各种食物、肠内细菌合成	为氨基转移酶和氨基酸脱羧酶的组成成分，参与神经、氨基酸及脂肪代谢
维生素B_{12}	动物肝脏、肾、畜禽肉、蛋、鱼等动物性食物	参与核酸的合成，促进四氢叶酸的形成及细胞的成熟，对造血和神经组织代谢有重要作用
叶酸	绿叶蔬菜、水果、动物肝脏、肾、酵母	四氢叶酸参与核苷酸的合成，有造血作用
维生素C	新鲜蔬菜、各种水果	参与羟化和还原过程，对胶原蛋白、细胞-基质黏合分子、神经递质的合成及类固醇的羟化、氨基酸代谢、抗体和红细胞的生成等均有重要作用

3. 其他膳食成分

（1）膳食纤维　指一般不易被消化的食物营养素，主要来自植物的细胞壁，至少包括5种构成物，即纤维素、半纤维素、果胶、树脂和木质素。主要功能为吸收大肠水分、软化大便、增加大便体积，促进肠蠕动等。膳食纤维在大肠被细菌分解，产生短链脂肪酸，降解胆固醇，改善肝功能，防止肠萎缩。婴幼儿可从谷类、新鲜蔬菜、水果中获得一定量的膳食纤维。

（2）水　为人体不可缺乏的物质，参与体内所有的新陈代谢及体温调节活动。儿童水的需要量与能量摄入、食物种类、肾功能成熟度、年龄等因素有关。婴儿新陈代谢旺盛，水的需要量相对较多，为150ml/（kg·d），以后每3年减少约25ml/（kg·d）。

第2节　婴儿喂养

案例 3-1

妈妈抱6个月的彤彤来医院儿保门诊进行常规体检。妈妈觉得喂母乳的彤彤没有邻居吃奶粉的孩子长得胖，想停掉母乳喂养改为奶粉喂养。

问题： 1. 请你对该家长进行母乳喂养方面的正确指导。

2. 请你对该家长进行辅食添加方面的指导。

婴儿喂养的方法有母乳喂养、部分母乳喂养及人工喂养3种，其中以母乳喂养最为理想。

一、母乳喂养

母乳是婴儿最适宜的天然食品，母乳喂养可以满足6个月以内婴儿全部液体、能量和营养素的需要。

（一）母乳的成分

分娩后7d以内的乳汁为初乳，量少（15～45ml），质稠、色呈淡黄色，蛋白质含量高而脂肪含量低，维生素A、牛磺酸、矿物质及免疫活性物质丰富；7～14d的乳汁为过渡乳，脂肪多，蛋白质和矿物质逐渐减少；14d以后的乳汁为成熟乳，每天达700～1000ml。

链接　乳汁分泌量是否充足的判断

1. 婴儿每天能够得到8～12次较为满足的母乳喂养；哺喂时，婴儿有节律地吸吮，并可听见明显的吞咽声。

2. 出生后最初2d，婴儿每天至少排尿1～2次；如果有粉红色尿酸盐结晶的尿，应在生后第3d消失；从出生后第3d开始，每24h排尿应达6～8次。

3. 出生后每24h至少排便3～4次，每次大便应多于1大汤匙。出生第3d后，每天可排软、黄便达4（量多）～10次（量少）。

（二）母乳喂养的优点

1. 营养丰富，易消化吸收 ①三大营养素比例适宜：蛋白质、脂肪、糖类比例为1∶3∶6，适合婴儿生长发育的需要；②蛋白质优点：以乳清蛋白为主，在胃中形成乳凝块小，易消化吸收，含有较多的必需氨基酸；③脂肪优点：含不饱和脂肪酸较多，脂肪颗粒小，含有脂肪酶，易消化吸收；④乳糖优点：含量高，以乙型乳糖为主，利于乳酸杆菌和双歧杆菌生长，抑制大肠埃希菌生长，减少腹泻发生；⑤矿物质优点：含量低，缓冲力小，对胃酸中和作用弱，有利于消化；钙磷比例适宜（2∶1），有利于钙的吸收，较少发生低血钙；含微量元素锌、铜、碘较多，铁含量与牛乳相似，但母乳中铁的吸收率（49%）高于牛乳（4%），婴儿较少发生缺铁性贫血。

2. 增强婴儿免疫力 母乳中含有SIgA、乳铁蛋白、巨噬细胞、淋巴细胞、溶菌酶、双歧因子等免疫活性物质，能增强婴儿免疫力，减少疾病发生。

3. 增进母婴感情 婴儿与母亲直接接触，可增进母婴感情，使婴儿获得安全、舒适及愉快感，有利于婴儿心理健康发育。

4. 方便经济 乳汁温度适宜，母亲直接哺喂不易污染，既方便又经济。

5. 促进母亲健康 哺乳可促进子宫收缩，加快子宫复原；可推迟月经复潮；可减小乳腺癌和卵巢癌的发生率。

（三）母乳喂养的护理

1. 做好产前准备 ①身心准备：保证孕母合理营养，使孕期体重增加适当，贮存足够脂肪供哺乳能量的消耗；孕母应充分了解母乳喂养的优点，树立母乳喂养的信心；②乳头保健：孕母在妊娠后期每日用清水擦洗乳头，使乳头能耐受吸吮而不易发生皲裂；乳头内陷者用两手拇指从不同角度按乳头两侧并向周围牵拉，每日1至数次。

2. 指导哺乳技巧

（1）尽早开奶，顺应喂养 产后应尽早开始母乳喂养（生后1h内），将新生儿裸体置于母亲胸前进行皮肤接触，并让新生儿吸吮母亲双侧乳房，尽快建立诱导缩宫素（催产素）分泌的条件反射。母乳喂养应顺应婴儿胃肠道成熟和生长发育过程，从按需喂养模式到规律喂养模式递进。对婴儿发出的进食需求，及时做出喂养回应。

（2）促进母乳分泌 ①乳房保健：哺乳前让母亲先湿热敷乳房2～3min，然后从外侧边缘向乳晕方向轻拍或按摩乳房，促进乳房感觉神经的传导和泌乳；②交替哺乳：两侧乳房应交替进行哺乳，每次哺乳都应让乳汁排空，以防泌乳抑制和乳腺炎的发生；③合理营养：保证乳母的合理营养，多进食高脂肪、高蛋白的汤菜，可促进泌乳；④心情愉快：泌乳受情绪影响很大，乳母应保持心情愉快、睡眠充足，可促进泌乳。

（3）正确的哺乳技巧 母亲哺乳前先清洗双手，清洁乳头和乳晕；哺乳时母亲可采取坐位，一手怀抱婴儿，使其头、肩枕于母亲哺乳侧肘弯部，另一手拇指和其余四指分别放在乳房上、下方，手掌托住乳房，使婴儿含住乳头和大部分乳晕，奶流过急时可采取示、中指轻夹乳晕两旁的“剪刀式”哺乳，两侧乳房交替进行，吸空一侧再吸另一侧；哺乳后应将婴儿竖抱靠在母亲肩部，轻拍其背部将空气排出，然后取右侧卧位，以防溢乳引起窒息。若母亲乳头皲裂时应暂停直接哺乳，可用吸乳器将乳汁吸出经消毒后喂哺，并用鱼肝油涂抹乳头；若有乳汁淤积或发生乳房硬块者，应进行湿热敷，并用吸乳器将乳汁吸尽，防止发生乳腺炎。

3. 掌握哺乳禁忌 母亲感染HIV、患有严重疾病如活动性肺结核、癌症以及严重的心、肾疾病等不宜哺乳。乙型肝炎病毒的母婴传播主要发生在临产或分娩时，是通过胎盘或血液传递的，因此乙型肝炎病毒携带者并非哺乳禁忌，但这类婴儿应在出生后24h内给予特异性高效乙肝免疫球蛋白，继之接受乙肝疫苗免疫接种。新生儿患有某些疾病，如半乳糖血症，是母乳喂养的禁忌证。

4. 指导正确断乳 婴儿6个月内应纯母乳喂养，无须添加水、果汁等液体食物。从满6个月起，必须添加辅食，及时引入多样化食物。世界卫生组织（WHO）建议母乳喂养可持续至2岁及以上。

二、部分母乳喂养

同时采用母乳与配方奶或动物乳喂养婴儿的方法为部分母乳喂养，也称混合喂养。

（一）补授法

补授法指用配方奶或动物乳补充母乳量不足的方法。母乳喂养次数不变，每次先哺母乳，将两侧乳房吸空后再以配方奶或动物乳补足母乳不足部分。

（二）代授法

代授法指用配方奶或动物乳代替一次或数次母乳喂养的方法。每日母乳喂养次数不应少于3次，以防母乳分泌减少。

三、人工喂养

6个月以内婴儿因各种原因不能进行母乳喂养时，完全采用配方奶或动物乳（如牛乳、羊乳、马乳等）来喂养的方式，称为人工喂养。

（一）常用代乳品

1. 配方奶粉 是参照母乳成分，以牛乳为基础改造的奶制品。其营养成分主要变化是：①降低酪蛋白和无机盐的含量；②添加乳清蛋白、不饱和脂肪酸、乳糖等营养素；③强化婴儿生长所需的微量营养素，如核苷酸、维生素A、维生素D、β-胡萝卜素、铁、锌等。配方奶粉营养接近母乳，较鲜牛乳和全脂奶粉更易消化吸收，营养更平衡全面，即冲即食，应用方便，故在人工喂养和婴儿断乳时首选配方奶粉。

链 接 配方奶粉的种类

1. 早产儿配方奶粉 是为适应早产儿胃肠消化吸收功能不成熟、需较多能量和特殊营养素所调配的奶粉。

2. 婴儿配方奶粉 是对牛乳进行改造的奶制品，营养接近母乳，但不具备母乳的其他优点。

3. 脱敏奶粉 又称“黄豆配方奶粉”，因不含乳糖，适用于先天缺乏乳糖酶、慢性腹泻导致肠黏膜表层乳糖酶流失、哮喘及患有皮肤病的婴儿。

4. 水解蛋白奶粉 又称“腹泻奶粉”，适用于急性或长期腹泻的婴儿。其提供的营养可完全满足婴儿的需求，只是营养成分已经事先水解过，进食后不必经胃肠消化即可直接吸收。

5. 免疫奶粉 通过生物科技研制的含有活性生理因子、特殊抗体及奶类营养成分的奶粉。

6. 其他奶粉 强化铁奶粉、强化维生素D奶粉、苯丙酮尿症奶粉等。

---

2. 牛乳 人工喂养时常用牛乳，但成分不适合婴儿。

（1）牛乳的特点 母乳的优点即是牛乳的缺点，两者特点比较见表3-3。

表3-3 母乳与牛乳的特点比较

	母乳的特点	牛乳的特点
蛋白质	以清蛋白为主，在胃中形成乳凝块小，易消化吸收	以酪蛋白为主，在胃中形成乳凝块大，难消化吸收
脂肪	含不饱和脂肪酸较多，含有脂肪酶，脂肪颗粒小，易消化吸收	含不饱和脂肪酸较少，缺乏脂肪酶，脂肪颗粒大，难消化吸收
乳糖	含量高，以乙型乳糖为主，利于乳酸杆菌和双歧杆菌生长，抑制大肠埃希菌生长，减少腹泻	含量低，以甲型乳糖为主，利于大肠埃希菌生长，易患腹泻
矿物质	含量低，肾负荷小，利于消化	含量高（比母乳多3～3.5倍），肾负荷大，不利于消化
钙磷比例	2∶1，利于钙的吸收，较少发生低血钙	1.2∶1，钙的吸收少，较易发生低血钙
铁的吸收率	高，较少发生缺铁性贫血	低，易发生缺铁性贫血
免疫活性物质	较多，可增强免疫力，减少感染性疾病	缺乏，易患感染性疾病
是否易污染	否	是

（2）全牛乳的家庭改造　采用牛乳喂养婴儿时，不宜直接喂养，必须经过改造。①稀释：降低牛乳中矿物质、蛋白质浓度，减轻婴儿消化道、肾脏负荷；稀释奶仅用于新生儿，生后不满2周者可采用2∶1乳（即2份牛乳加1份水），以后逐渐过渡到3∶1或4∶1乳，满月后即可用全乳；②加糖：改变宏量营养素的比例，利于吸收，软化大便；一般每100ml牛乳加5～8g蔗糖；③煮沸：既达到灭菌要求，又使蛋白质变性，使之在胃中不易形成大块。

3. 其他乳制品　①羊乳：营养价值与牛乳接近，酪蛋白含量低于牛乳，乳凝块较牛乳细软，脂肪颗粒大小与母乳相似；羊乳中叶酸含量少，长期喂哺易发生营养性巨幼细胞贫血。②马乳：蛋白质和脂肪含量少，能量低，不宜长期喂哺。

（二）奶量摄入估算

1. 配方奶粉摄入量估算　一般市售婴儿配方奶粉100g供能约2029kJ（500kcal），婴儿所需能量为418kJ/（kg·d）[100kcal/（kg·d）]，故婴儿配方奶粉约20g/（kg·d）可满足需要。

2. 全牛乳摄入量估算　牛乳、糖及水的需要量按每日所需总能量和总液量来估算。100ml全牛乳供能约280kJ（67kcal），100ml 8%糖牛乳供能约418kJ（100kcal），婴儿所需总能量为418kJ/（kg·d），故每日需8%糖牛乳100ml/kg。应在两次喂乳之间补充牛乳以外的需水量，使总液量达到150ml/（kg·d）。

例题：某3个月婴儿，体重5kg，采用人工喂养。请问：每日需8%糖牛乳多少毫升？牛乳中每日需加糖多少克？除牛乳外每日需加水多少毫升？

每日需总能量　100kcal/kg×5kg＝500kcal

设每日需8%糖牛乳的量为x ml　100kcal∶100ml＝500kcal∶x　　x＝500ml

牛乳中每日需加糖量　8% g/ml×500ml＝40g

每日需总液量　150ml/kg×5kg＝750ml

除牛乳外每日需加水量　750ml–500ml＝250ml

8%糖牛乳配制总结如下：每日需8%糖牛乳100ml/kg（全牛乳100ml/kg+糖8g/kg），除牛乳外需加水50ml/kg。

（三）人工喂养的护理

1. 选用适宜奶嘴　奶嘴软硬度应适宜，奶嘴孔的大小以奶瓶倒置时液体呈滴状连续滴出为宜。

2. 测试乳液温度　乳液温度应与体温相似。喂哺前先将乳液滴在成人手腕掌侧测试温度，以不感到过热为宜。

3. 避免空气吸入　喂哺时将奶瓶斜置，使乳液充满奶瓶的前半部；喂毕，竖抱婴儿并轻拍其后背，促使吞下的空气排出，然后保持右侧卧位，以防溢乳引起窒息。

4. 加强乳具消毒　若无冷藏条件，乳液应分次配制，每次配乳及食用后的乳具均应洗净、消毒。

5. 及时调整乳量　婴儿食量存在个体差异，应注意观察婴儿食欲、体重及粪便性状，随时调整乳量。

四、婴儿食物转换

婴儿满6月龄起，随着生长发育的逐渐成熟，需要进入由纯乳类向固体食物转换的转乳期。除母乳或配方乳（动物乳）外，为过渡到成人固体食物所添加的富含能量和各种营养素的泥状食物（半固体食物）为换乳期食物，也称辅助食品。

（一）不同喂养方式婴儿的食物转换

纯母乳喂养婴儿的食物转换是逐渐用配方奶完全替代母乳，同时引入其他食物；部分母乳喂养和人工喂养婴儿的食物转换是逐渐引入其他食物。

（二）食物转换的原则

婴儿食物转换应循序渐进，从少到多，从稀到稠，从细到粗，从一种到多种，逐渐过渡到固体食物。天气炎热和婴儿患病时应暂停引入新食物。食物转换时应先选择既易于婴儿消化吸收，又能满足其生长需要，同时又不易引发过敏的食物。

（三）食物转换的顺序

应根据婴儿的发育状况和消化系统成熟程度，按一定顺序引入换乳期食物，引入食物的时间和过程应适合婴儿的接受能力（表3-4）。

表3-4　换乳期食物的引入

月龄	食物形状	引入的食物	餐数		
			主餐	辅餐	进食技能
满6～8月龄	泥状食物	含铁配方米粉、配方奶、蔬菜泥、水果泥、蛋黄、肉泥、肝泥、稠粥等	母乳喂养为主	1～2次	用勺喂
9～12月龄	碎食物	禽肉（鸡肉、鸭肉等）、畜肉（猪肉、牛肉、羊肉等）、鱼、动物肝脏和动物血等	继续母乳喂养	2～3餐饭 1～2次加餐	抓食 自用勺

第3节　儿童膳食安排

一、幼儿膳食

（一）进食特点

1. 体格生长发育的影响　幼儿体格生长速度相对减慢并逐渐平稳，进食相对稳定，食欲较婴儿略有下降。

2. 心理行为的影响　幼儿神经心理发育迅速，好奇心强，表现出探索性行为，进食时也表现出强烈的自我进食欲望。应允许儿童参与进食，满足其自我进食欲望，培养其独立进食能力。

3. 家庭成员的影响　家庭成员进食的行为和对食物的反应可作为幼儿的榜样。由于学习与社会的作用，幼儿的进食过程形成了以后接受食物的类型。若幼儿是在积极的社会环境下（如奖励，或与愉快的社会行为有关）进食，其对食物的偏爱会增加；相反，强迫进食可使幼儿厌恶食物。

4. 进食技能发育状况 幼儿的进食技能发育状况与婴儿期的训练有关，错过训练吞咽、咀嚼的关键期，长期食物过细，幼儿期会表现出不愿吃固体食物。

5. 食欲波动 进食过程中幼儿有能力判断自己食物摄入量，可在一餐中或连续几餐表现出来。如幼儿可能一日早餐进食量多，次日早餐却几乎没进食；或一天中早餐进食少，但中餐进食较多、晚餐进食较少。进食量的波动提示幼儿有调节进食的能力。研究显示幼儿餐间摄入的差别可达40%，但一日的能量摄入比较恒定，差别在10%左右波动。

（二）膳食安排

幼儿膳食中各种营养素和能量的摄入需满足其生理需要。蛋白质每日25g左右，其中优质蛋白（动物性蛋白质和豆类蛋白质）应占总蛋白的1/2。膳食安排需合理，以每日3主餐，加餐2次为宜。要注意培养幼儿良好的生活习惯和进食技能，每餐进食时间应控制在半小时内，从喂食、抓食过渡到自己独立进食，不允许边吃边玩。

二、学龄前儿童膳食

（一）进食特点

1. 消化功能 口腔功能已较成熟，消化功能逐渐接近成人，可进食家庭成人食物。家庭食物可照顾儿童的特点，不必为其专门做餐，养成共同进餐的好习惯。

2. 食物结构 基本与成人相同。注意营养平衡，品种多样化，蛋白质、脂肪、糖类的比例要适宜，保证有足够的维生素、矿物质、膳食纤维的摄入。

3. 营养素供给 这个阶段的儿童生长发育相对平稳，但仍然需要充足的营养素，除总热量足够以外，尤其要注意蛋白质和各种微量营养素的供给。

4. 进食技能 培养良好的饮食习惯是保证儿童保持旺盛食欲的关键。应开始学习遵守进餐礼仪，注意口腔卫生，参与家庭劳动。

（二）膳食安排

1. 餐次 除三餐主食外，可增加1～2次点心，保证早餐丰富，切不可不吃早餐，空腹上学。幼儿园一般晚餐比较早，儿童常常进食不足，或者容易在晚间产生饥饿感。为预防儿童夜间和晨起发生低血糖，建议在家中补充晚餐量或睡前1h进食牛奶。

2. 进食安排 保证乳制品每天400～500ml，食物种类多样化，供给畜禽肉、蛋、鱼、豆制品、水果和蔬菜。

三、学龄期儿童、青少年膳食

1. 营养素供给 学龄期儿童很快将进入第二个生长高峰，青少年正值第二个生长高峰，加上学习任务重，运动量比较大，应该尽可能为他们提供含有丰富营养的食物和足够的膳食纤维，保证乳制品不少于300ml/d，最好课间能提供点心。青少年，尤其是女性，要注意补充铁剂和钙质，保证身体发育的需要。

2. 培养健康饮食习惯 青少年营养需求有个体差异，应进行个体化管理。要避免和预防总热量过多造成的超重和肥胖。也要防止青春期少女为追求“身材”而减少进食，影响身体发育。青春期儿童已经开始自行选择自己喜欢的食物，故要提早进行营养知识和健康知识的普及，懂得如何选择有营养的食物和健康食物，进食适宜，养成良好的进餐习惯，平衡饮食，不挑食，不偏食。一日三餐正餐对青少年期儿童很重要，切不可用零食代替正餐。父母要重视正餐时间和饮食搭配，向儿童示范餐桌礼仪、社交谈话技巧。家庭氛围是儿童健康的重要保证。

自 测 题

A_1型题

1. 6个月以内儿童最理想的食品是（ ）
   A. 母乳 B. 牛乳
   C. 羊乳 D. 全脂奶粉
   E. 乳儿糕
2. 下列哪一项不是儿童所需能量消耗（ ）
   A. 基础代谢率 B. 学习
   C. 食物热力作用 D. 生长发育
   E. 排泄消耗

A_2型题

3. 满6月龄的男孩，明明，家长开始给他添加辅食，选择下列哪项食品最为合适（ ）
   A. 水果汁、鱼肝油 B. 鱼泥、米糊
   C. 烂面、肉末 D. 软饭
   E. 馒头片

A_3/A_4型题

（4、5题共用题干）

新生儿思思，经顺产出生，现在妈妈身边进行观察。

4. 何时给予新生儿母乳喂养（ ）
   A. 出生后0.5h B. 出生后2h
   C. 出生后6h D. 出生后12h
   E. 出生后24h
5. 母乳喂养的优点，下列哪项除外（ ）
   A. 母乳营养丰富
   B. 母乳喂养可降低婴幼儿感染性疾病的发生风险
   C. 母乳喂养可促进新生儿免疫系统发育
   D. 母乳喂养可增进母子感情
   E. 母乳喂养的孩子不如配方奶喂养的孩子壮实

（杜艳丽）

第4章
儿童保健

第1节　各年龄期儿童保健

案例 4-1

宝宝出生后5d，足月顺产分娩。今天妈妈接到社区医生的电话，医生约下午到家中访视。

问题： 1. 新生儿访视一般在什么时间进行？

2. 新生儿访视的内容有哪些？

（一）胎儿期保健

此期保健重点为孕母的保健，通过对孕母的保健来保证胎儿的健康发育。

1. 预防遗传性疾病　应大力提倡和普及婚前检查及遗传咨询，禁止近亲结婚，减少遗传性疾病发生。

2. 预防先天性畸形　采取有效措施，预防先天性畸形发生。例如，孕早期预防病毒和弓形虫感染；避免接触放射线和铅、苯、汞、有机磷农药等化学毒物；避免吸烟、酗酒；患有心肾疾病、糖尿病、甲状腺功能亢进、结核病等慢性疾病的孕母应在医生指导下用药。

3. 保证充足营养　妊娠后期应加强铁、锌、钙、维生素D等营养素的补充，但也要防止营养摄入过多而导致胎儿体重过重，影响分娩和健康。

4. 给予良好的生活环境　避免环境污染，保持心情愉快，注意劳逸结合。

5. 避免妊娠期合并症　对高危孕妇加强随访，预防流产、早产、异常分娩的发生。

（二）新生儿期保健

新生儿期发病率和死亡率最高，尤其在生后第1周内，故保健重点应放在生后第1周。

1. 出生时保健　产房室温保持在25～26℃；新生儿娩出后迅速清除口、鼻腔内黏液，保证呼吸道通畅；严格消毒、结扎脐带；擦干全身皮肤，用包被包裹；立即快速评估，记录出生时Apgar评分、体温、呼吸、心率、体重、身长。评估后正常新生儿即与母亲同室，尽早母乳喂养，高危儿送入新生儿重症监护室。新生儿出院前应进行先天性遗传代谢病筛查和听力筛查。

2. 家庭访视　家庭访视能早期发现问题，早期干预，从而降低新生儿疾病发生率或减轻疾病严重程度。一般访视4次，包括出院回家后1～2d的初访、生后5～7d的周访、生后10～14d的半月访和生后27～28d的满月访。访视内容有：①询问新生儿出生情况及出生后生活状态、预防接种、喂养与护理等情况。②观察居住环境及新生儿一般情况，重点注意有无产伤、黄疸、畸形、皮肤与脐部感染等。③体格检查，包括头颅、前囟、心肺、腹部、四肢、外生殖器；测量头围、体重等；进行视力、听力筛查。④指导及咨询，如喂养、日常护理。在访视中，发现问题严重者应立即就诊。

3. 注意保暖　新生儿房间应阳光充足，通风良好，温度保持在22～24℃，相对湿度为55%～65%。冬季注意保暖，预防寒冷损伤综合征。注意随气温变化，调节居住环境温度、增减衣被，防止体温过高或过低。

4. 合理喂养 提倡母乳喂养，指导母亲正确的哺乳方法。如确实母乳不足或无法进行母乳喂养者，则指导采取科学的人工喂养方法。

5. 日常护理 ①日常观察：指导家长观察新生儿的精神状态、面色、体温、呼吸和大小便等情况。②皮肤护理：新生儿皮肤娇嫩，应给予沐浴，保持皮肤清洁，注意保持脐部清洁干燥；勤换尿布，每次便后用温水清洗臀部，以防尿布性皮炎。③衣着选择：选用浅色、柔软、吸水性强的棉布制作衣服、被褥和尿布，衣服式样宜简单宽松，易于穿脱。

6. 早期教养 鼓励家长多与婴儿说话、唱歌，抚摸和拥抱婴儿，有利于情感交流和智力发育。

7. 预防疾病和意外 ①避免交叉感染：新生儿食具专用，用后要消毒；母亲在哺乳和护理前应洗手；尽量减少亲友探视和亲吻新生儿，皮肤病、呼吸道和消化道感染及传染病患者不能接触新生儿。②预防疾病：按时接种乙肝疫苗和卡介苗，以预防相应传染病；出生2周后应口服维生素D，以预防佝偻病。③预防意外：注意防止因包被蒙头过严、哺乳姿势不当及乳房堵塞新生儿口鼻而导致窒息。

链 接 捂热综合征

捂热综合征，又称“婴儿蒙被缺氧综合征”，是由于过度保暖、捂闷过久引起婴儿高热、缺氧、大汗、脱水、抽搐、昏迷，乃至呼吸、循环衰竭的一种冬季常见急症，好发于每年11月至次年4月。婴儿体温调节中枢尚未发育完善，排汗散热功能弱，反应能力较差。包盖过紧、过严、过厚时，婴儿无力摆脱不利环境，出现高热、大汗淋漓，严重者会造成脱水和电解质紊乱，甚至循环衰竭。此时，若室内通风不良或空气污浊，还将引起婴儿呼吸困难，甚至呼吸衰竭、惊厥或昏迷。若抢救不及时，很快出现休克乃至死亡，侥幸存活的患儿，可能出现智力低下、运动障碍、聋哑、癫痫等严重后遗症。

（三）婴儿期保健

婴儿期生长发育最迅速，需要大量各种营养素满足其生长发育的需要，而消化吸收功能尚未成熟，故易发生消化功能紊乱和营养缺乏性疾病。婴儿从母体获得的IgG逐渐消失，而自身的免疫功能尚未成熟，故易患肺炎等感染性疾病和传染病。

1. 合理喂养 6个月以内婴儿提倡纯母乳喂养，部分母乳喂养或人工喂养儿则首选配方奶粉。

2. 日常护理 ①清洁卫生：每日给婴儿擦洗或沐浴，勤换衣裤，保持皮肤清洁。②衣着选择：婴儿衣着应简单、宽松、少接缝，以避免摩擦皮肤，便于穿脱及四肢活动；衣服上宜用带子替代纽扣，以免婴儿误食或误吸。③保证睡眠：生后即培养良好的睡眠习惯，居室光线应柔和，睡前避免过度兴奋，保证充足的睡眠。④户外活动：家长应每日带婴儿进行户外活动，进行空气浴和日光浴，以增强体质和预防佝偻病。⑤牙齿保健：4～10个月乳牙萌出后，指导家长用软布清洁婴儿齿龈和乳牙，并给较大婴儿一些较硬的饼干、烤面包片、馒头片等食物咀嚼，使其感到舒适。

3. 早期教育 指导家长对婴儿进行大小便训练，如会坐后可以练习坐便盆大小便。对婴儿进行视觉、听觉、动作及语言能力训练。

4. 预防疾病和意外 ①预防疾病：按计划免疫程序完成基础免疫，预防传染病；定期体检，进行生长发育监测并及时纠正，以预防营养不良、佝偻病、缺铁性贫血等疾病发生。②预防意外：注意防止异物吸入、窒息、中毒、触电、跌伤、烫伤、溺水等意外发生。

（四）幼儿期保健

幼儿期社会心理发育最为迅速，对周围环境产生好奇、乐于模仿，行走和语言能力增强，但识别危险的能力差，免疫功能仍不健全，故意外伤害发生率增加，感染性和传染性疾病发病率仍较高。

1. 合理营养 供给足够的能量和优质蛋白，保证各种营养素充足且均衡。食物应软、烂、细，且多样化、菜色美观，以增进食欲。培养良好的饮食习惯和进餐礼仪，不挑食、不偏食、吃饭时不讲话等。

2. 日常护理 ①衣着选择：应颜色鲜艳便于识别，应保暖、宽松、轻便，利于穿脱与活动。②保证睡眠：每晚睡10～12h，白天睡1～2h。③口腔保健：尚不能自理时，家长可用软布或软毛牙刷清洁幼儿牙齿表面；2～3岁后幼儿应在家长指导下自己早晚刷牙，并饭后漱口，少吃易致龋齿的食物，定期进行口腔检查。④体格锻炼：坚持户外活动，可以做简单的体操和游戏。

3. 早期教育 ①大小便训练：大便训练常较小便训练先完成，1～2岁幼儿能够控制肛门和尿道括约肌并能够表达便意，2～3岁幼儿已能控制膀胱排尿；②动作的发展：根据不同年龄选择合适的玩具，如球类、积木、拖拉玩具等，促进动作的发展；③语言的发展：重视与幼儿的语言交流，通过讲故事、唱歌、做游戏等促进幼儿语言的发育；④卫生习惯的培养：培养幼儿养成饭前便后洗手、不喝生水、不随地吐痰和大小便、不乱扔瓜果纸屑等习惯；⑤品德教育：培养幼儿学会与人分享、诚实友爱、尊敬长辈、礼貌待人等。

4. 预防疾病和意外 ①预防疾病：继续进行预防接种，每3～6个月健康检查1次，进行生长发育监测，预防近视、龋齿、缺铁性贫血等疾病；②预防意外：注意预防异物吸入、中毒、烫伤、跌伤、溺水、触电等意外事故。

5. 防治常见心理行为问题 幼儿常见的心理行为问题包括违拗、发脾气和破坏性行为等，家长应针对原因采取有效措施。

（五）学龄前期保健

学龄前儿童活动范围扩大，智力发展迅速，自理能力和机体抵抗力增强，是性格形成的关键时期。

1. 合理营养 学龄前儿童饮食接近成人，食物制作要多样化，荤素、粗细搭配合理。注意培养儿童健康的饮食习惯和良好的进餐礼仪。

2. 日常护理 ①日常自理：协助并鼓励儿童自己完成进食、洗脸、刷牙、穿衣、如厕等日常活动；②保证睡眠：每日保证11～12h的睡眠时间，常需要成人的陪伴；③体格锻炼：多进行户外活动、三浴锻炼，选择滑梯、跑步等方式进行锻炼。

3. 早期教育 ①品德教育：培养儿童养成讲卫生、讲礼貌的良好习惯和爱集体、爱劳动的道德品质；②智力发展：以游戏的方式，增强儿童思维能力和动手能力，促进智力发展。

4. 预防疾病和意外 ①预防疾病：每年对儿童进行1～2次健康检查，继续生长发育监测，按免疫程序进行加强免疫，预防龋齿、近视、缺铁性贫血、寄生虫病及免疫性疾病；②预防意外：加强安全教育，预防溺水、外伤、中毒、交通事故等意外发生。

5. 防治常见心理行为问题 学龄前儿童常见的心理行为问题包括吮拇指和咬指甲、遗尿、手淫、攻击性或破坏性行为等，家长应针对原因采取有效措施。

（六）学龄期保健

学龄期儿童理解、分析能力增强，认知和社会心理发展非常迅速，是接受科学文化教育的重要时期。

1. 合理营养 膳食要营养充分而均衡，重视早餐和课间加餐，早餐保证质和量，同时注意补充铁强化食品。

2. 日常护理 养成按时睡眠和起床的习惯，每日睡眠时间9～10h，夏季应午睡。注意牙齿的清洁和用眼卫生。每日进行户外活动和体格锻炼。

3. 加强教育 培养不吸烟、不饮酒、不随地吐痰等良好习惯。培养良好的学习习惯和性情，加强素质教育，培养良好的个性和品格，培养兴趣以陶冶高尚情操。

4. 预防疾病和意外 ①预防疾病：注意口腔卫生，养成早晚刷牙、餐后漱口的习惯，预防龋齿；保持正确的坐、立、行、读、写等姿势，预防近视眼、驼背、脊柱侧弯等；按时预防接种，定期健康检查，积极预防传染病。②预防意外：加强安全防范知识学习，预防车祸、溺水、外伤、骨折等意外伤害。

5. 防治常见心理行为问题 学龄期儿童常见的心理行为问题包括上学时焦虑、恐惧或拒绝上学。家长应查明原因，采取相应措施，同时学校和家长应相互配合，帮助儿童适应学校生活。

（七）青春期保健

青春期是体格发育的第二个高峰，是生殖系统发育成熟的时期，也是体格、体质、心理、智力发育和发展的关键时期。

1. 合理营养 青春期生长发育迅速，应供给充足的营养，增加蛋白质、维生素及矿物质的摄入。

2. 加强教育 ①健康教育：保证充足的睡眠和休息，以满足迅速生长的需求；培养良好的卫生习惯，重点加强少女的经期卫生指导；养成健康的生活方式，不吸烟、不饮酒、不吸毒、不沉迷网络等；通过交谈、宣传手册、上卫生课等方式对青少年进行性教育。②法制和品德教育：青少年需要接受系统的法制教育，学习助人为乐、勇于上进的道德风尚，自觉抵制腐化堕落思想的影响。

3. 预防疾病和意外 ①预防疾病：定期健康检查，重点防治结核病、风湿病、沙眼、龋齿、近视、痤疮、缺铁性贫血、肥胖、月经不调、脊柱弯曲等疾病。②预防意外：加强安全教育，防止运动创伤、溺水、车祸、打架斗殴所致损伤等意外发生。

第2节 免疫规划

案例 4-2

妈妈带男孩明明到社区医院做满月体检。医生说按照国家免疫规划疫苗儿童免疫程序，要给孩子接种疫苗，并告诉妈妈，明明出生的时候已经接种了两种疫苗。

问题： 1. 孩子出生时候接种了哪两种疫苗？

2. 接下来，明明还需要接种哪些疫苗？

3. 接种疫苗后，有哪些注意事项？

免疫规划（planned immunization）是根据疫情监测和人群免疫状况分析，按照规定的免疫程序，有计划、有组织地利用疫苗进行预防接种，以提高人群的免疫水平，达到控制乃至最终消灭相应传染病目的的方法。

一、免疫规划方式及常用制剂

（一）主动免疫及常用制剂

1. 主动免疫（active immunity） 是指机体对抗原刺激产生特异性应答所建立的免疫。主动免疫是通过给易感者接种特异性抗原，刺激机体产生特异性抗体，从而获得免疫力。这是预防接种的主要内容。主动免疫制剂在接种后经过一定期限才能产生抗体，抗体可持续1～5年，故还要适时加强免疫，以巩固免疫效果。

2. 常用制剂 ①灭活疫苗：即死疫苗，接种后不能感染机体和生长繁殖，但仍保持相应的免疫原性，具有安全、易于保存和运输的优点，如伤寒、霍乱、百日咳、甲肝和乙脑疫苗等；②减毒活疫苗：即活疫苗，接种后可生长繁殖，但丧失致病性，产生免疫力持久且效果好，具有有效期短、需冷藏、死后失效的特点，如卡介苗、脊髓灰质炎疫苗、麻疹疫苗、腮腺炎疫苗等；③类毒素：用细菌所产生的外毒素加入甲醛，使其变成无毒性而仍有抗原性的制剂，如破伤风和白喉类毒素等。

（二）被动免疫及常用制剂

1. 被动免疫（passive immunity） 是指机体通过获得外源性免疫效应分子（如抗体等）或免疫效应细胞而获得相应免疫力。未接受主动免疫的易感者接触传染源后，给予相应的抗体而立即获得免疫力。由于免疫持续时间短暂（一般约3周），故被动免疫主要用于应急预防和治疗。如给未注射麻疹疫苗的麻疹易感儿注射丙种球蛋白以预防麻疹，受伤时注射破伤风抗毒素以预防破伤风等。

2. 常用制剂 包括特异性免疫血清（如抗毒素、抗菌血清、抗病毒血清）、丙种球蛋白、胎盘球蛋白等。此类制剂来源于动物血清，对人体是一种异型蛋白，注射后容易引起过敏反应或血清病，尤其是重复使用时更应注意。

二、免疫规划程序

目前，我国国家卫生健康委员会要求，通过相应疫苗的接种，做好12种传染病的预防。它们分别是乙型病毒性肝炎、结核病、脊髓灰质炎、百日咳、白喉、破伤风、麻疹、甲型病毒性肝炎、流行性脑脊髓膜炎、流行性乙型脑炎、风疹、流行性腮腺炎。详见表4-1。

三、免疫接种的准备及注意事项

（一）免疫接种的准备

1. 环境准备 接种场所光线明亮，空气新鲜，温度适宜，接种及急救用品摆放有序。

2. 心理准备 做好解释、宣传工作，消除儿童及家长的紧张、恐惧心理；接种不宜空腹进行。

（二）免疫接种的注意事项

1. 接种前准备 仔细解释，消除恐惧和紧张心理，取得儿童及家长的合作，接种不宜在空腹、疲劳时进行。严格掌握禁忌证。

2. 严格执行免疫程序 掌握接种的剂量、次数、间隔时间和不同疫苗的联合免疫方案。及时记录及预约，交待接种后的注意事项及处理措施。

3. 严格执行查对制度 检查制品标签，包括名称、批号、有效期及生产单位，并做好登记；检查安瓿有无裂痕，药液有无发霉、异物、凝块、变色或冻结等，若发现药液异常，立即停止使用。仔细核对儿童姓名和年龄。

4. 严格执行无菌操作原则 用2%碘酊及75%乙醇或0.5%碘伏（聚维酮碘）消毒皮肤，待干后注射；接种活疫苗（如麻疹疫苗）时只用75%乙醇消毒。要求每人一个无菌注射器、一个无菌针头，准确抽取所需剂量；抽吸后剩余药液放置不能超过2h。接种后剩余活菌苗应烧毁。

5. 其他 ①2个月以上婴儿接种卡介苗前应做结核菌素试验，阴性才能接种；②脊髓灰质炎疫苗应冷开水送服或含服，且服后1h内禁饮热饮；③接种麻疹疫苗前1个月及接种后2周应避免使用丙种球蛋白和胎盘球蛋白；④接种疫苗前应特别注意向家长询问儿童近期有无发热情况。

四、免疫接种的反应及处理

（一）一般反应

1. 局部反应 接种后数小时至24h左右，注射局部出现红、肿、热、痛，有时可伴有局部淋巴结肿大，一般持续2～3d。红肿直径≤2.5cm为弱反应，2.6～5.0cm为中等反应，＞5cm为强反应。接种活疫苗后局部反应出现晚、持续时间长。局部反应较重者可用干净毛巾湿热敷。

2. 全身反应 接种后24h内出现体温升高，多为低、中度发热，持续1～2d。发热≤37.5℃为弱反应，37.6～38.5℃为中等反应，＞38.5℃为强反应。此外，可伴有头晕、恶心、呕吐、腹痛、腹泻、全身不适等症状。注意休息，多饮水，若高热持续不退应到医院诊治。

表4-1 国家免疫规划疫苗儿童免疫程序表（2021版）

可预防疾病	疫苗种类	接种途径	剂量	英文缩写	接种年龄														
					出生时	1月	2月	3月	4月	5月	6月	8月	9月	18月	2岁	3岁	4岁	5岁	6岁
乙型病毒性肝炎	乙肝疫苗	肌内注射	10或20μg	HepB	1	2					3								
结核病[1]	卡介苗	皮内注射	0.1ml	BCG	1														
脊髓灰质炎	脊灰灭活疫苗	肌内注射	0.5ml	IPV			1	2											
	脊灰减毒活疫苗	口服	1粒或2滴	bOPV					3								4		
百日咳、白喉、破伤风	百白破疫苗	肌内注射	0.5ml	DTaP				1	2	3				4					
	白破疫苗	肌内注射	0.5ml	DT															5
麻疹、风疹、流行性腮腺炎	麻腮风疫苗	皮下注射	0.5ml	MMR								1		2					
流行性乙型脑炎[2]	乙脑减毒活疫苗	皮下注射	0.5ml	JE-L								1			2				
	乙脑灭活疫苗	肌内注射	0.5ml	JE-I								1、2			3				4
流行性脑脊髓膜炎	A群流脑多糖疫苗	皮下注射	0.5ml	MPSV-A							1		2						
	A群C群流脑多糖疫苗	皮下注射	0.5ml	MPSV-AC												3			4
甲型病毒性肝炎[3]	甲肝减毒活疫苗	皮下注射	0.5或1.0ml	HepA-L										1					
	甲肝灭活疫苗	肌内注射	0.5ml	HepA-I										1	2				

1. 主要指结核性脑膜炎、粟粒性肺结核等。
2. 选择乙脑减毒活疫苗接种时，采用两剂次接种程序。选择乙脑灭活疫苗接种时，采用四剂次接种程序；乙脑灭活疫苗第1、2剂间隔7～10天。
3. 选择甲肝减毒活疫苗接种时，采用一剂次接种程序。选择甲肝灭活疫苗接种时，采用两剂次接种程序。

（二）异常反应

1. 过敏性休克 于注射后数秒或数分钟内出现烦躁不安、面色苍白、口周青紫、呼吸困难、脉搏细速、四肢湿冷、血压下降、恶心呕吐、惊厥、大小便失禁甚至昏迷。应立即让患儿平卧，头稍低，注意保暖，吸氧，皮下或静脉注射1：1000肾上腺素0.5～1.0ml，必要时可重复注射。病情稍稳定后，应尽快转至医院继续治疗。

2. 晕针 个别儿童常由于空腹、疲劳、室内闷热、紧张或恐惧等原因，在接种时或接种后数分钟内，出现面色苍白、头晕、心慌、出冷汗、手足发凉、心跳加快等症状，严重者意识丧失、呼吸减慢。应立即让患儿平卧，头稍低，保持安静，饮少量温开水或糖水，短时间内即可恢复正常。数分钟后不能恢复正常者，可针刺人中穴，皮下注射1：1000肾上腺素0.5～1.0ml。

3. 过敏性皮疹 以荨麻疹最多见，一般于接种后数小时至数天内出现，经服用抗组胺药物可痊愈。

4. 全身感染 有严重原发性免疫缺陷或继发性免疫功能受损者，接种活疫苗后可扩散为全身感染，应积极抗感染及对症处理。

第3节 体格锻炼与游戏

一、体格锻炼

体格锻炼是促进儿童生长发育、增强体质的积极措施。通过体格锻炼能够提高机体对外界环境的耐受力和抵抗力，培养儿童坚强的意志和品格，促进儿童各方面全面发展。

（一）户外活动

户外活动一年四季均可进行，可增强儿童体温调节功能及对外界气温变化的适应能力，促进儿童生长发育及预防佝偻病的发生。儿童出生后应尽早进行户外活动，呼吸新鲜空气，户外活动时间由开始每天1～2次，每次10～15min，逐渐延长到1～2h；年长儿除恶劣天气外，应多在户外玩耍。

（二）体育运动

1. 体操 体操可促进肌肉、骨骼的生长，增强呼吸、循环功能，从而达到增强体质、预防疾病的目的。

（1）婴儿被动操 适合于2～6个月婴儿，由成人给婴儿做四肢伸屈运动，每日1～2次。被动操可促进婴儿大运动发育，改善全身血液循环。

（2）婴儿主动操 适合于7～12个月婴儿，在成人的适当扶持下，婴儿可以进行爬、坐、仰卧起身、扶站、扶走、双手取物等动作训练。主动操可以扩大婴儿视野，促进其智力发育。

（3）幼儿体操 适合于13～18个月的幼儿，在成人的扶持下进行有节奏的活动，主要锻炼走、前进、后退、平衡、扶物过障碍等动作。18个月以后至3岁的幼儿可配合儿歌或音乐做模仿操。

（4）儿童体操 适合于3～6岁的儿童，如广播体操、健美操等，为中等强度的运动刺激，对提高肢体各关节的灵敏性，增强肌肉力量，促进循环、呼吸系统和神经传导系统功能具有重要作用。在集体儿童机构中，最好每天按时进行广播体操，让儿童养成经常锻炼的习惯。

2. 田径及球类 年长儿可利用器械如木马、滑梯等进行锻炼，还可进行各种田径、球类、跳绳等活动。

二、游　　戏

游戏是儿童生活中的一个重要组成部分，是儿童与他人进行沟通的一种重要方式。通过游戏，儿童能够识别自我及外界环境，发展智力及动作的协调性，初步建立社会交往模式，学会解决简单的人际关系问题等。

（一）各年龄期游戏的特点

1. 婴儿期 多为单独性游戏。婴儿自己的身体往往就是游戏的主要内容，玩手脚、翻身、爬行和学步等身体动作带给他们极大的乐趣，他们喜欢用眼、口、手来探索陌生事物，对一些颜色鲜艳、能发出声响的玩具感兴趣。

2. 幼儿期 多为平行性游戏。即幼儿与其他小朋友一起玩耍，但没有联合或合作性行动，相互之间偶有语言的沟通和玩具的交换，主要是独自玩耍，如看书、搭积木、奔跑等。

3. 学龄前期 多为联合或合作性游戏。许多儿童共同参加一个游戏，彼此能够交换意见并相互影响，但游戏团体没有严谨的组织、明确的领袖和共同的目标，每个儿童可以按照自己的意愿去表现。绘画、搭积木、剪贴和做模型等复杂性、技巧性明显增加。

4. 学龄期 多为竞赛性游戏。儿童在游戏中制订一些规则，彼此遵守，并进行角色分工，以完成某个目标。游戏的竞争性和合作性高度发展，并出现游戏的中心人物。此期儿童希望有更多的时间与同伴一起玩耍。

5. 青春期 青少年的游戏内容因性别而差异很大。女孩一般对社交活动感兴趣；男孩则喜欢运动中的竞争及胜利感。青少年对父母的依赖进一步减少，主要从朋友处获得认同感。

（二）游戏的功能

1. 促进儿童的感觉运动发育 通过看、听、触、爬、走、跑、跳以及捉迷藏、骑车、踢球等活动，儿童的感觉功能及运动能力得到大力发展，动作的协调性越来越好，复杂性越来越高。

2. 促进儿童的智力发育 通过游戏，儿童可以学习识别物品的大小、形状、颜色及用途，理解数字的含义，了解时间和空间等抽象概念，增进语言表达能力及技巧，获得解决简单问题的能力。

3. 促进儿童的社会化及自我认同 婴幼儿可通过游戏探索自己的身体，并把自己与外界环节分开。通过一些集体游戏，儿童学会与他人分享，关心集体，认识自己在集体中所处的地位，并能适应自己的社会角色，同时，儿童在游戏中能够测试自己的能力，逐渐调整自己的行为举止，遵守社会所接受的各种行为准则，建立一定的社会关系，并学习解决相应的人际关系问题。

4. 促进儿童的创造性 在游戏中，儿童可以充分发挥自己的想象，发明新的游戏方法，塑造新的模型，绘制新的图案等。成人对他们的想法或试验经常给予鼓励，将有助于其创造力的发展。

5. 治疗性价值 对于住院患儿来说，游戏还有一定的辅助治疗作用。患儿可通过游戏发泄不良情绪、缓解其紧张或压力；护士可通过游戏观察患儿病情变化，了解患儿对疾病的认识程度，向患儿解释治疗和护理过程、进行健康教育等。

第4节　意外伤害预防

事故伤害（unintentional injury）是指因各种因素综合作用而引起的人体损伤。它已成为威胁儿童健康和生命的主要问题，是5岁以下儿童死亡的首位原因。事故伤害是可预防的，可通过4E（education教育、engineering工程、enforcement执行、economics经济）干预避免事故的发生。

（一）异物吸入与窒息

1. 窒息的原因

（1）小婴儿窒息　窒息是3个月内婴儿较常见的事故，多发生于冬季。例如，婴儿包裹过严，床上的大毛巾等物品不慎盖在婴儿脸上，或因母亲与婴儿同床，熟睡后误将身体或被子捂住婴儿的脸部而导致婴儿窒息等。另外，婴儿易发生溢奶，如家长未能及时发现，奶液或奶块可呛入气管引起窒息。

（2）气管异物导致窒息　婴幼儿好奇心重，在玩耍时，可能会将小物品如豆类、塑料小玩具、硬币、纽扣等塞入鼻腔、外耳道或放入口内，多见于1～5岁儿童。呼吸道异物则多见于学龄前儿童。儿童将果冻、瓜子、花生等放入口中，因哭闹、嬉笑或突然的惊吓而引起深吸气，使异物进入呼吸道。异物进入气管后，因气管黏膜受异物刺激而引起剧烈的呛咳，可伴有呕吐、口唇发绀和呼吸困难。如果异物较大，阻塞了喉头或气管，可立即引起窒息。

2. 预防措施

（1）看护婴幼儿时，必须做到放手不放眼。对易发生事故的情况有预见性。

（2）婴儿与母亲分床睡，婴儿床上无杂物。

（3）儿童在进餐时成人切勿惊吓、逗乐、责骂儿童，以免儿童大笑、大哭而将食物吸入气管。

（4）培养儿童良好的饮食习惯，细嚼慢咽，以免将鱼刺、骨头或果核吞入。

（5）不给婴幼儿整粒的瓜子、花生、豆子及带刺、带骨、带核的食品。

（6）不给儿童玩体积小、锐利、带有毒性物质的玩具及物品，如小珠子、纽扣、棋子、别针、图钉、硬币、小刀、剪刀等，以免塞入耳、鼻或放入口中误吞，造成耳、鼻、气管及食管异物，刺伤、割伤及中毒等。

（二）中毒

引起儿童中毒的物品较多，常见的物品包括有毒动植物、医疗药物、工农业化学药品等。儿童中毒的预防措施有以下几点。

1. 保证儿童食物的清洁和新鲜，防止食物在制作、储备、运输、出售过程中因处理不当导致食物中毒；腐败变质及过期的食品不能食用；生吃蔬菜瓜果要洗净。

2. 教育儿童勿随便采集植物及野果，避免食用有毒的植物，如毒蘑菇、苦杏仁、桃仁、李仁、白果仁（白果二酸）等，尤其是家庭盆栽植物。

3. 口服药物及日常使用的灭虫、灭蚊、灭鼠等剧毒物品应放置在儿童拿不到的地方，使用时应充分考虑儿童的安全；家长喂药前要认真核对药瓶标签、用量及服法，切勿提供变质、标签不清的药物。WHO建议，立法对药品和有毒物质进行儿童防护式包装；包装内容物不得达到致死剂量。

4. 冬季室内使用煤炉或烤火炉时应注意室内通风，并定期清扫管道，避免管道阻塞。经常检查煤气是否漏气，以免一氧化碳中毒。

（三）外伤

常见的外伤有骨折、关节脱位、灼伤及电击伤等。儿童外伤的预防措施有以下几点。

1. 婴幼儿居室的窗户、楼梯、阳台、睡床等都应设有合适的栏杆，防止发生坠床或跌伤。家具边缘最好是圆角，以减少碰伤。

2. 儿童最好远离厨房，避免被沸水、热油、热汤等烫伤；热水瓶、热锅应放在儿童不能触及的地方；指导家长正确使用热水袋。

3. 妥善存放易燃、易爆、易损品，如鞭炮、玻璃器皿等。教育年长儿不可随意玩火柴、打火机、煤气等危险物品。

4. 室内电器、电源应有防止触电的安全装置；雷雨天气时，勿在大树下、电线杆旁或高层的墙檐下避雨。

5. 大型玩具如滑梯、跷跷板、攀登架等，应符合安全标准并专门为儿童设计，定期检查，及时维修；儿童玩耍时，应有成人在旁照顾。

6. 户外活动场地应平整无碎石、泥沙，最好有草坪；室内地面宜用地板或铺有地毯。

（四）溺水和交通事故

溺水和交通事故都是很常见的事故伤害。儿童溺水与交通事故的预防措施有以下几点。

1. 托幼机构应远离公路、河塘等。在农村，水缸、粪缸均应加盖，以免儿童失足跌入。游泳池四周设立护栏。

2. 教育儿童不可去无安全措施的池塘、江河玩水或游泳；正确使用救生衣。绝不可将婴幼儿单独留在澡盆中。

3. 教育儿童遵守交通规则，识别红绿灯，走人行道；勿在马路上玩耍。家长做好儿童接送工作。

4. 教育儿童骑车时佩戴头盔。坐汽车时，系上安全带或使用儿童约束装置。

自测题

A_1型题

1. 下列哪种不是国家免疫规划程序规定的疫苗（　　）
   A. 乙肝疫苗
   B. 十三价肺炎疫苗
   C. 卡介苗
   D. 脊髓灰质炎疫苗
   E. 麻风疫苗

A_2型题

2. 足月女婴，生后3d，已按时完成疫苗接种，体格检查正常，准备出院，家长询问第二次乙肝疫苗的接种时间，护士回答正确的是（　　）
   A. 1个月　　B. 2个月
   C. 3个月　　D. 4个月
   E. 5个月

3. 给婴儿口服脊髓灰质炎减毒活疫苗时，正确的做法是（　　）
   A. 用温热水送服　　B. 用热开水送服
   C. 用冷开水送服　　D. 用热开水溶解后服用
   E. 服后半小时可饮用热牛奶

4. 患儿男，因早产住院治疗。现患儿3个月，需补种卡介苗。正确的做法是（　　）
   A. 立即接种
   B. 结核菌素试验阴性再接种
   C. 4个月后再接种
   D. 与百白破疫苗同时接种
   E. 结核菌素试验阳性再接种

A_3/A_4型题

（5、6题共用题干）

妈妈带男孩明明到预防保健科进行满月体检。

5. 按照国家免疫规划程序，满1个月时需要接种下列哪种疫苗（　　）
   A. 乙肝疫苗　　B. 乙脑疫苗
   C. 卡介苗　　D. 脊髓灰质炎疫苗
   E. 麻风疫苗

6. 按照国家免疫规划程序，满2个月时，妈妈需要带明明接种哪种疫苗（　　）
   A. 乙肝疫苗　　B. 乙脑疫苗
   C. 卡介苗　　D. 脊髓灰质炎疫苗
   E. 麻风疫苗

（杜艳丽）

第5章 住院患儿的护理

第1节 儿童医疗机构的设置及护理管理

目前，我国儿童医疗机构可分为以下三类：综合医院的儿科、妇幼保健院及专门的儿童医院。不同的医疗机构以及规模和等级不同，其设置布局也有所不同，其中以专门的儿童医院的设置最为全面，包括儿科门诊、儿科急诊和儿科病房。

一、儿科门诊

（一）儿科门诊的设置

儿科门诊与一般门诊设置类似，根据医疗机构的规模和儿科就诊对象的特殊性，儿科门诊的设置可缩减合并，但应布局合理、安全，设置醒目标志，室内布局应符合儿童的生理、心理特点。

1. 预诊处 儿科门诊由于陪伴就诊人员多，人员流动量大，预诊主要是护士通过简明扼要的病史询问和必要的体格检查，在较短的时间内对就诊患儿的病情做出初步判断，可以协助患儿家长准确选择就诊科室，节约就诊时间；检出传染病患儿，及时隔离，减少交叉感染；识别患儿病情的急、重、缓、轻，并给予适当安排，如遇危重患儿可直接护送至急诊室抢救，为抢救赢得时机。预诊处应设在医院内距大门最近处，设置两个出口，一个通向儿科门诊的候诊室，一个通往传染病室，方便转运。

2. 挂号处 儿童经过预诊后，方可挂号就诊。

3. 候诊处 应宽敞、明亮、空气流通，并设置足够的候诊座位数。环境布置尽量生活化、儿童化，并设置具有儿科特点的便民设施，可播放儿童影视节目，以减轻患儿的陌生感和恐惧感。

4. 检查室 可根据具体情况设置多个诊室，以减少就诊患儿之间的干扰。室内设检查桌、椅、诊查床、屏风、玩具及洗手设备等。

5. 其他 为方便患儿及家长，还应设置相应的化验室、检查室、药房、治疗室等。另外，根据医院规模及具体情况还可设儿科输液中心、采血中心、留观室、母婴室等。

（二）护理管理

儿科门诊一名就诊患儿一般有多名家长陪同，人员多、流动量大，而且患儿家长焦虑程度较高。针对以上情况，儿科门诊在护理管理上应着重做好以下几方面的工作。

1. 保证就诊秩序有条不紊 安排经验丰富的护理人员做好就诊前的准备、诊查中的协助及诊后的解释工作，提高就诊速度和质量。

2. 密切观察患儿病情 儿童病情变化快，护理人员应加强巡视，对高热、呼吸困难、剧痛、惊厥、体温不升新生儿及其他危重症患儿应及时联系医生提前诊治。

3. 预防院内交叉感染 患儿抗病能力差，极易引起交叉感染。因此，严格遵守无菌技术操作规程，做好消毒隔离，定期做细菌培养检查及清洁消毒工作，及时发现传染病的可疑征象，并予以隔离。

4. 杜绝发生医疗差错事故 由于有一部分儿科疾病存在季节性、多发性，造成一段时间就诊患儿比较集中，护理人员在执行给药、注射等各项操作时，应严格按规程操作，认真、仔细核对，避免医疗差错事故的发生。

5. 提供健康宣教 儿科门诊是进行健康宣教的重要场所，可利用设置宣传栏、摆放宣教手册、播放健康教育节目及开展健康教育活动等形式，提供婴幼儿合理喂养、育儿指导、常见疾病预防和诊治、慢性病护理、传染病预防等知识，给予患儿及家长正确的医疗保健指导，减少或避免影响儿童健康的不利因素。

二、儿科急诊

（一）儿科急诊的设置

儿科急诊与一般急诊类似，一般设置有抢救室、观察室、治疗室、小手术室等，各室应备有适合各个年龄阶段儿童的医疗设备和药品，以便及时进行诊治或抢救。

1. 抢救室 应备有一定的床位，配备专供抢救的设备，其他情况不得占用。抢救物品及急救药品专人保管、定期检查。

2. 观察室 备病床及基本设备，如供氧和吸引装置、洗手设备等，还可配备监护仪，按病房要求配备各种医疗文件。

3. 治疗室 备有治疗床，药品柜，各种治疗、护理及抢救物品、药品等。

4. 小手术室 除一般手术室的基本设备外，应具备做清创缝合小手术、大面积烧伤的初步处理、骨折的初步固定等条件。

（二）护理管理

1. 重视急诊五要素 人、医疗技术、药品、仪器设备和时间是急诊抢救的五要素，其中人起主要作用。儿童疾病起病急、病情变化快、突发情况多、病死率高，且某些儿童疾病症状常不典型，急诊护士应具有高尚的医德、全面扎实的基础理论知识、精湛的技术和敏锐的观察力，以便及时发现病情变化，迅速敏捷地配合医生抢救。

2. 完善急诊岗位责任制度 急诊医护人员要分工明确，各司其职，坚守岗位，加强巡视，随时做好抢救的准备。对抢救药品和设备的使用、保管、补充、维护等应有明确的分工及交接班制度。儿科急诊护士应掌握各种常见疾病的抢救程序和护理要点，执行儿科疾病护理常规。儿童疾病的种类和特点有一定的季节规律性，如冬季的呼吸道感染、夏季的腹泻等，儿科急诊护士应根据规律提前做好充足准备。

3. 加强急诊文件的管理 应有完整规范的病历材料，记录患儿就诊时间、一般情况、治疗过程等。例如，抢救工作中需执行口头医嘱，须当面复述确保无误后方可执行，并及时补记于病历上，方便日后核对，并且为进一步治疗和护理提供依据。注意保护病历资料的安全，以防丢失。

4. 应用细节管理 儿童疾病起病急，有季节性，在单位时间内儿科门诊就诊的患儿比较集中，家属容易焦虑，容易发生医疗纠纷。细节管理是一种从各个细节处给患儿提供优质护理管理的护理模式，要求护理人员在急诊治疗的各个环节中均能给患儿提供良好的照护，确保护理工作的全面性、规范性，并且重视其中可能存在风险事件，预先采取相应护理措施，规避这些风险事件的发生，同时能提高其异常征兆及时处理率，从而全面提高患儿预后效果。

三、儿科病房

儿科病房可分为儿科普通病房和重症监护室，重症监护室还可分为新生儿监护病房（neonatal intensive care unit，NICU）、儿科监护病房（pediatric intensive care unit，PICU）和普通病房设置的监护室。

（一）儿科病房的设置

1. 普通病房设置 儿科普通病房设置与一般成人病房相似，设有病室、护士站、治疗室、值班室、配膳（奶）室、厕所等，有条件的病室可配置游戏室或游戏区，也可提供适合不同年龄患儿的玩具和书籍，帮助患儿尽快适应住院生活。此外，病室最适宜床位为30～40张，最大病室可设4～6张病床，小病室设1～2张病床。床与床之间距离为1m，病床两侧应有床栏，可上下拉动。窗外应设护栏，以防发生意外。病室内的设置应符合儿童生长发育特点，如墙壁可粉刷为柔和的颜色并装饰患儿喜爱的卡通图案，厕所可有门但不加门锁，浴室设有防滑垫等，新生儿病房设置婴儿沐浴设备等。

2. 重症监护室 重症监护室主要收治病情危重、需要监护及抢救者。监护室应与普通病房、手术室邻近，方便转运和抢救。监护室主要由监护病房、隔离病房和辅助用房（治疗室、护士站、医护办公室等）组成。监护病房的床位安排可分为集中式和分散式。集中式是将床位集中在一个大房间内，中央设置护士站，便于观察抢救；分散式是将床位分散于小房间内，房间之间用透明玻璃隔开，方便观察，防止交叉感染，较安静。为了满足患儿家长的探视需求，监护室的一面可设置为透明玻璃墙，特殊情况可采用视频等方式探视，体现人文关怀。

（二）护理管理

1. 环境管理 病房的环境是影响患儿心理及身体的重要因素，关系着治疗效果。病房内要整洁、美观，适合儿童心理、生理特点，病房内窗帘及患儿被服可采用颜色鲜艳、图案活泼的布料制作，以减少儿童住院的恐惧感。病房内应光线适宜，保持安静，避免噪声，还要特别注意消毒隔离，防止交叉感染。病房内温、湿度应适宜。

2. 生活管理 ①活动与休息：根据患儿的年龄、疾病种类与病情决定其活动与休息时间，如对长期住院的学龄期患儿要适当安排学习时间，形成规律的作息生活，以减轻其离开学校后的焦虑和失去控制力的心理。②膳食营养：患儿膳食营养要合理，既要符合治疗的需要，也要满足生长发育的要求。③衣着和餐具管理：医院应负责提供式样简单、布料柔软的衣裤，并经常换洗与消毒。患儿餐具、奶瓶也应常规清洁和消毒。

3. 安全管理 儿童病房的一切设施均应考虑到患儿的安全。患儿安全管理的范围广泛，内容繁杂，无论是环境布置、设施、设备，还是日常护理，都要考虑患儿的安全问题，防止跌伤、烫伤，防止用药差错、误饮误服。例如，阳台窗户应加保护栏，病房中的消防、照明器材应专人管理，护士应知道器材位置和使用方法，安全出口要保持通畅；病房对紧急事件应有应急预案，每个病房门后粘贴紧急疏散图，发生紧急情况时根据病房所在方位按图中指示疏散；新生儿病室和新生儿监护病房应注意防止新生儿丢失等。

4. 感染控制 病室应按不同病种收治患儿，严格执行清洁、消毒、隔离、探视、陪伴制度，防止交叉感染。洗手是预防院内感染最简单有效的措施，护士应在操作前后洗手，严格执行医院的各项消毒隔离措施，做好监测统计。此外，应加强对患儿和家长的健康教育，提高其自我保护意识。

第2节 住院患儿的健康评估

一、健康史的采集

健康史可由患儿、家长、其他照顾者以及有关医护人员的叙述获得，对护理计划的正确制订起着重要作用。内容包括以下方面。

1. 一般情况 包括患儿姓名（乳名）、性别、年龄、民族、入院日期，患儿父母（监护人或抚养人）的姓名、年龄、职业、文化程度、通信地址、联系电话等。

2. 主诉 用病史提供者的语言简明扼要地概括主要症状或体征及其时间。

3. 现病史 详细描述患儿此次的发病情况，包括发病时间、起病过程、主要症状、病情发展、严重程度及接受过何种处理等，还包括其他系统或全身的伴随症状，以及同时存在的疾病等，即来院诊治的主要症状、病情发展及诊治经过。

4. 个人史　包括出生史、喂养史、生长发育史、生活史等，女性青少年还应仔细询问月经史、性行为史等。

（1）出生史　胎次、胎龄，分娩方式、分娩过程，孕期母婴情况，出生时体重、身长，有无窒息、产伤、Apgar评分等。

（2）喂养史　婴幼儿及患营养性疾病和消化系统疾病的患儿要仔细询问喂养史，如喂养方式是人工喂养还是母乳喂养，人工喂养以何种乳品为主、如何配制，喂哺次数及量，添加辅食的时间、种类及数量，患儿食欲、大小便情况等。年长儿应了解有无挑食、偏食、吃零食等不良饮食习惯。

（3）生长发育史　了解患儿体格生长指标，如体重、身高（长）、头围、胸围及增长情况等，前囟大小及闭合时间，乳牙萌出情况，大运动发展情况，语言的发展情况，对新环境的适应性，学龄期儿童还应询问在校学习情况及与同伴间的关系等。

（4）生活史　患儿的生活环境，卫生习惯，休息、睡眠、排泄习惯，是否有特殊行为问题等。

5. 既往史　包括既往一般健康状况、疾病史、预防接种史、食物或药物过敏史等。

（1）既往一般健康状况　需询问患儿既往健康状况良好或是体弱多病。

（2）疾病史　患儿曾患过何种疾病，患病时间、病程和治疗情况、治疗效果，应着重了解传染病史。

（3）预防接种史　接种过何种疫苗，接种次数，接种年龄，接种后有何不良反应。

（4）食物或药物过敏史　注意了解患儿是否有过敏性疾病，有无对药物、食物或某种特殊物质（如动植物纤维）的过敏史，应特别注意药物的过敏反应。

6. 家族史　家族是否有遗传性、过敏性或急、慢性传染病患者；父母是否近亲结婚；母亲妊娠史和分娩史，同胞的健康情况；必要时要询问家庭成员及亲戚的健康状况。

7. 心理、社会状况　内容包括：①了解患儿的性格特征，是否开朗、活泼、好动或喜静、合群或孤僻、独立或依赖，以及与同伴关系、父母与患儿的互动方式等。②患儿及其家庭对住院的反应，对医院环境能否适应、对治疗护理能否配合、对医护人员是否信任等。③患儿父母、监护人或抚养人的年龄、职业、文化程度、健康状况，患儿家庭经济状况，居住环境等。

二、身体评估

身体评估是指对患儿的身体进行全面的检查，为制订护理计划提供依据。检查前要取得患儿信任，检查时要注意保暖，及时与患儿沟通，观察患儿反应及保护患儿隐私。体格检查的顺序可根据患儿当时的情况灵活掌握，易受哭闹影响的检查先进行，如心肺听诊、腹部触诊、数呼吸脉搏等；对患儿刺激性大、有疼痛的检查放在最后进行，如口腔、咽部和眼结合膜、角膜检查等。体格检查的内容和方法如下。

1. 一般状况　包括患儿发育与营养状况、精神状态、面部表情、皮肤颜色、哭声、语言应答、活动能力、对周围事物反应、体位、行走姿势、亲子关系等。

2. 一般测量　除体温、呼吸、脉搏、血压外，患儿还应测量体重、身高（长）、头围、胸围、前囟、坐高等。

3. 皮肤和皮下组织　观察皮肤颜色，触摸皮肤温度、湿润度、弹性、皮下脂肪厚度，有无脱水、水肿等。观察毛发颜色、光泽，有无脱发等。

4. 淋巴结　检查枕后、颈部、耳后、腋窝、腹股沟等处的淋巴结大小、数目、质地和活动度等。

5. 头部　观察头颅的大小、形状，注意前囟大小、是否隆起或凹陷，新生儿有无产瘤、血肿等；

观察有无特殊面容；注意眼睑有无水肿、下垂，结膜是否充血，巩膜是否黄染；有无张口呼吸，硬腭和颊黏膜有无溃疡、鹅口疮，牙齿的数目和排列，有无龋齿。

6. 颈部 观察有无畸形，气管是否居中，颈静脉充盈及搏动情况，甲状腺是否肿大。

7. 胸部 ①视诊：检查胸廓是否对称，有无畸形，有无三凹征等；注意呼吸频率和节律有无异常；观察心前区是否隆起，心尖搏动是否移位等。②触诊：检查语颤强弱有无改变，心脏有无震颤等。③叩诊：检查肺与心界的大小，有无浊音、鼓音等。④听诊：呼吸音是否正常，有无啰音；心率、节律、心音，注意有无杂音等。

8. 腹部 视诊注意新生儿脐部是否有出血或炎性分泌物，有无脐疝或肠型；触诊肝脏下缘、腹壁紧张度，有无压痛、反跳痛等；叩诊有无移动性浊音；听诊有无肠鸣音亢进。腹水患儿应测腹围。

9. 脊柱和四肢 观察脊柱有无畸形；有无佝偻病体征等。

10. 肛门和外生殖器 观察有无畸形、腹股沟疝等。

11. 神经系统 根据患儿年龄、病种、病情等选择必要的检查。①一般检查：观察患儿的神志、精神状态、面部表情、反应灵敏度、动作语言能力、有无异常行为等。②神经反射：检查吸吮反射、拥抱反射、握持反射等是否存在以及消失的时间。③脑膜刺激征：检查有无颈部抵抗、克尼格（Kernig）征和布鲁津斯基（Brudzinski）征，由于儿童不配合，要反复检查才能正确判定。在解释检查结果的意义时一定要根据病情结合年龄特点全面考虑。

三、家庭评估

家庭成员与家庭环境是影响儿童身心健康的重要因素。家庭评估包括家庭结构评估与家庭功能评估，是儿科健康评估的重要组成部分。

（一）家庭结构评估

1. 家庭组成 应包括整个家庭支持系统。评估应包括其父母目前的婚姻状况，有无分居、离异与死亡等情况，同时应了解患儿对家庭危机事件的反应。

2. 家庭成员的职业和教育情况 家庭成员的职业应包括目前所从事的工作、工作强度、工作地与居住地的距离、工作满意度以及是否暴露于危险环境、家庭的经济状况、医疗保险情况等。家庭成员的教育状况是指其教育经历、所掌握的技能等。

3. 文化和生活习惯 此方面的评估应注重家庭育儿观念、保健态度、饮食与生活习惯等。

4. 家庭和社区环境 家庭环境包括住房类型、居住面积、房间布局、安全性等。社区环境包括邻里关系、娱乐空间和场所、环境中潜在的危险因素、学校位置、上学交通状况等。

（二）家庭功能评估

1. 家庭成员的关系与角色 成员之间是否亲近、相互关心，有无溺爱、偏爱、冲突状态等。

2. 家庭中的决策方式 评估家庭中父母的分工对家庭生活各方面的影响。一般来讲，父亲在家庭重大事项的决策上起主导作用，母亲则在照顾家人生活和健康上承担更多责任。

3. 家庭的沟通交流 评估父母是否鼓励孩子与家长交流，孩子是否耐心倾听父母的意见，家庭是否具有促进儿童生理、心理和社会发展的条件，家庭与社会的联系情况等。

4. 家庭卫生保健功能 评估家庭成员是否有科学育儿的一般知识、家庭用药情况、家庭其他成员的健康状况、对患儿疾病的认识、护理照顾患儿的能力等。

（三）注意事项

对儿童进行健康评估时，不同的医疗机构，因儿童的情况不同，其评估的侧重点也不同，同时护士应注意对患儿及其家长的隐私保护。

第3节 与患儿及其家长的沟通

患儿对住院的反应会受到患儿年龄、住院经历、对疾病的了解程度以及家庭的支持程度、亲子关系等多种因素的影响。儿科护士运用良好的沟通技巧，可以使医护人员获得准确的病史资料，从而正确评估患儿及其家庭的个性化需求。同时，良好的沟通可以帮助建立良好的护患关系，使患儿及其家长能够信任医护人员并积极主动配合，使患儿得到更好的治疗，促进患儿早日康复。

一、与患儿的沟通

（一）儿童沟通的特点

8岁前的儿童通常语言表达能力较差，抽象思维发育不成熟，不能用准确的语言表达自己的想法。但是，在非语言沟通方面，儿童已经能够熟练地通过他人的着装、面部表情、手势、语调等获取正确的信息。8岁以后的儿童，语言表达能力日趋完善，逐渐接近成人。儿科护士应根据患儿的年龄和发育水平，灵活运用语言和非语言的沟通方式与患儿交流。

（二）与患儿沟通的原则

1. 根据患儿年龄和发育水平选择沟通方式 护士应根据患儿的年龄和发育水平选择以患儿能够理解的语言与患儿交流，并能根据患儿的反应及时调整沟通的内容及方式。

2. 尊重患儿 患儿虽是不成熟的个体，但护士在与患儿交流时仍要时刻牢记其是一个独立个体，要给予尊重、平等对待。护士与患儿交流时应与患儿的视线保持水平，保证沟通双方的目光接触。患儿表现出恐惧、退化性行为与哭泣时，护士应给予理解与安慰，避免责备与羞辱。对于青春期患儿，要尊重患儿的想法和隐私，以客观而不加批判的开放态度与其交流。

3. 保持诚信 护士与患儿交流时，不要试图隐瞒和欺骗患儿，应真诚地向患儿提供有关知识，特别是患儿将要听到、看到和感受到的信息，在诊疗程序结束时还应询问患儿的感受，避免前期交流中的误解导致患儿的不信任。

4. 语言沟通要恰当 交谈时，护士应态度温和、吐字清晰，语速适中，尽量使用开放式的问题，避免使用“是”或“不是”的闭合式问题，耐心倾听，适时反馈。

5. 要学会非语言沟通技巧 护士衣着整洁能给患儿带来安全感，交流时配合面部的表情、眼神、动作等可使患儿更容易理解与其沟通的内容，适当的肢体接触能传达出对患儿的关心、安慰、信任及支持。

6. 使用游戏作为护患沟通的桥梁 护士应积极参与患儿的游戏，并善于利用游戏与患儿沟通交流。游戏种类可包括情绪宣泄性游戏、指导性游戏、生理健康促进性游戏。

二、与患儿家长的沟通

1. 建立良好的第一印象 与患儿家长沟通时，护士的首要任务是取得患儿家长的信任。护士在与患儿家长初次接触时，应积极热情，展现良好的专业素质，体现对患儿健康状况的关心，耐心倾听患儿家长的想法，了解患儿及其家庭面临的问题和困难。如遇紧急情况护士来不及与患儿家长充分交流，应对其做出解释，避免家长感到被冷落和忽视。

2. 使用开放性问题鼓励交谈 护士应尽量使用开放性问题鼓励家长交谈，并注意倾听和观察语言和非语言信息，注意谈话主题的引导和限制，避免偏离目标和主题。

3. 恰当地处理冲突 由于担忧患儿的病情，患儿家长容易焦虑、发怒，护士应充分理解家长的心情，针对其提出的问题给予耐心解答。进行各项操作时应表现出人文关怀。

第4节 住院患儿及其家庭的心理反应与护理

一、住院患儿的心理反应与护理

（一）各年龄阶段患儿对疾病的认识

1. 婴儿 5～6个月大的婴儿一般能辨认熟悉和陌生的面孔，认识自己的母亲，并对母亲越来越有着强烈的依赖性，他们能够意识到与父母或者最亲密的人的分离，也会对陌生人表现出抗拒、害怕，但此时他们对疾病缺乏认识。

2. 幼儿与学龄前期儿童 此期儿童对自己身体各部分的名称有所了解，但对疾病的病因不太了解，常用自身的感情与行为模式来解释，易将疾病与痛苦认为是对自身不良行为的惩罚。

3. 学龄期儿童 此期儿童开始了解身体各部位与器官的功能，对疾病的病因有一定的认识，还能听懂关于疾病与诊疗程序的解释，喜欢询问相关的问题，并对身体的损伤与死亡感到恐惧。

4. 青春期儿童 此期儿童认知水平已经接近成人，能够理解疾病与治疗，但由于自我意识增强，青少年容易对疾病与治疗所导致的后果感到焦虑、恐惧，很难接受疾病造成的身体功能损害或外表改变。

（二）患儿对住院的心理反应与护理

1. 住院患儿的心理反应

（1）分离性焦虑 指由于现实的或预期的情况导致患儿跟父母或最亲密的人、事物分离时引起的情绪低落，甚至功能损伤。分离性焦虑一般表现为3个阶段。

1）反抗期：患儿常表现为认生、哭闹、咒骂、愤怒和极度悲伤，拒绝医护人员的安慰与照料等。

2）失望期：患儿一旦发现分离的现状经过了自身的努力却仍不能改变，即表现出沉默、沮丧、顺从、退缩、对游戏和食物缺乏兴趣等。

3）否认期：长期与父母或最亲密的人分离可进入此阶段。患儿可以克制自己的情感，能与周围人交往，能配合医护人员的各种诊疗程序，以不在乎的态度对待父母或最亲密者的探视或离去。这一阶段往往会被误认为患儿已经适应了住院生活，但其实患儿与父母之间的信任关系已经受到难以改善的损害，甚至会影响患儿成年后的人际交往。

（2）失控感 是患儿对生活中发生的事情产生的一种无法控制的感觉。医院规章制度及各种诊疗、护理措施的限制使患儿常体验到失控感，且不同年龄段住院导致失控感的原因和后果也有所不同。

1）婴儿期：婴儿在出生2个月后，开始能对母亲作出特别的“天真快乐反应”，能注视母亲的脸、手脚乱动、微笑，随之母婴之间的感情逐渐加深。住院的诊疗活动特别是侵入性的诊疗活动会使患儿产生失控感，住院或治疗的分离会导致婴儿与母亲正在开始建立信任感的过程被中断，易导致患儿产生不信任感和不安全感。同时婴儿所需要的外界刺激、手脚的活动受到限制，感觉、动作的发育将受到一定的影响。

2）幼儿及学龄前期：此期患儿正处于自主性发展的高峰，医院规章制度及各种诊疗、护理措施的限制带来的失控感会使患儿感受到强烈的挫折，患儿常出现剧烈反抗，同时可能伴有明显的退化行为。

3）学龄期：此期患儿已经能够较好地处理住院和诊疗、护理活动导致的限制和疾病带来的挫折，但对死亡、残疾和失去同学朋友的恐惧会导致失控感。

4）青春期：此期患儿独立自主意识增强，医院规章制度以及各种诊疗、护理措施的限制常使其感到自己对自我身体和生活的控制受到威胁，并且很难接受诊疗引起的外表和生活方式改变，常出现挫折、愤怒、抑郁情绪，从而导致对治疗的抵触、不依从甚至出现攻击性行为，有些患儿则通过压抑自我情绪而做出符合他人期望或社会要求的行为。

（3）焦虑或恐惧 以上所述的分离性焦虑及失控感，还有住院面对不熟悉的环境及各种医疗护理操作，均会引起患儿焦虑或恐惧。对疼痛的恐惧在各年龄段都是相似的，但幼儿及学龄前期患儿更害怕身体的完整性受损，对侵入性操作和手术过程尤其会感到焦虑或恐惧。

（4）羞耻感和罪恶感 幼儿和学龄前患儿会将患病和住院视为惩罚。如错误观念得不到纠正，随着学龄期道德观念的建立，患儿会产生内疚、羞愧和罪恶感等心理反应。

2. 住院患儿的心理护理

（1）入院前教育 在日常生活中，应鼓励家长通过图书、视频等多种媒体对孩子进行简单的健康知识教育及基本人体结构、医院作用和功能等的介绍，尤其注意引导孩子对医院的印象，禁止用住院或者诊疗行为恐吓孩子而导致其对住院和诊疗行为产生恐惧。

（2）防止或减少被分离的情况 有条件时，应鼓励家长对住院患儿进行陪护，可以明显缓解婴幼儿和学龄前儿童的分离性焦虑。

（3）减少分离的副作用 当住院导致的分离不可避免时，护士应与患儿家长协作，采用积极的方式应对分离。①在患儿入院时，家长应耐心向患儿解释分离的原因，护士也应主动介绍自己、医院环境及同病室的其他患儿，鼓励患儿结交新朋友，并在病情允许的情况下鼓励家长尽可能多探视和陪伴患儿，有利于患儿对医院环境的尽快适应，缓解不安和焦虑。②陌生的环境会使患儿感到恐惧，尤其对于年幼的患儿，护士可将病房布置为患儿熟悉的环境，让家长准备患儿喜欢的柔软的物品，让患儿对家人的依恋转移到寄托的物品上，提供舒适和安全感，建立信任感。③鼓励学龄期患儿、青少年与学校老师、同学、朋友等保持联络，允许探视，可利用床边教学的方式，尽可能继续学业。病情允许时，可尽量安排同年龄阶段、同性别患儿住在相同或相邻的房间。

（4）缓解失控感 在不违反医院规定，以及在患儿病情允许的情况下，应鼓励患儿自由活动。有条件时，可尽量保持患儿住院前的日常活动或应用游戏来减轻其焦虑或恐惧感，允许患儿表达其反抗、生气、情绪退化性行为。学龄期和青春期的患儿，尽可能让其参与讨论治疗护理计划的制订及执行。在诊疗活动中，护士也可提供给患儿一些自我决策的机会，如选择喜欢的胶布种类、止血带的颜色等，这些都能明显地缓解住院带来的失控感。

（5）发掘住院的潜在正性心理效应 护士可以引导的正性心理效应包括：①住院虽然是不愉快的经历，但作为患儿生活中的一个应激事件，这是促进患儿与家长的亲子关系发展的契机。②住院是一个教育过程，护士可根据患儿及其家庭的需要和理解程度为其提供相关疾病的健康指导。③住院的分离使患儿能发挥其自我管理能力，提升患儿抗挫折能力与自信心。④住院为患儿提供了一次特殊的接触社会的机会，使其能够近距离观察医务人员的工作，了解其他患儿和家长，通过与不同的社会角色的交流，加深对社会的理解。

二、住院患儿家庭的心理反应与护理

住院不但给患儿本人带来极大的压力，同时也影响到了家庭其他成员的日常生活，使家庭进入了应激状态。为了帮助和支持患儿应对疾病，护士应协助患儿家庭尽快做出调整以应对危机，维持正常、健康的家庭功能。

（一）家庭对患儿住院的心理反应

1. 父母对患儿住院的心理反应

（1）否认和质疑 在患儿确诊疾病和住院的初期，父母处于震惊和慌乱中，如果患儿的疾病较为严重，父母往往对患儿的确诊表示质疑和难以接受。

（2）自责和内疚 父母通常会追寻疾病的原因，认为是由于自己的过失而导致患儿患病，尤其是护理不当和对疾病重视不够使病情加重时，会感到自责和内疚。

（3）不平和愤怒 父母常会感到不平和愤怒，并将这种愤怒向家庭其他成员和医护人员发泄，引起家庭内部、医患之间的矛盾和冲突。

（4）痛苦和无助　目睹患儿忍受病痛和接受痛苦的诊疗时，父母会非常痛苦，面对压力不知所措，产生无助感和孤独感。

（5）焦虑和悲伤　对患儿预后的不确定性，父母会产生焦虑、担忧和悲伤，严重时会产生心理障碍和生理功能紊乱。

2. 兄弟姐妹对患儿住院的心理反应　对于有多个孩子的家庭，患儿住院的初期，兄弟姐妹们可能会为过去与患儿打架或对其不够友爱而感到内疚，并认为他们的某些行为导致了患儿的疾病。兄弟姐妹也可能对自己的身体健康表示担忧，害怕自己患上类似疾病，产生焦虑和不安全感。随着患儿住院时间的延长，兄弟姐妹可能嫉妒患儿独占了父母的注意力和关爱，甚至产生怨恨的心理。

（二）住院患儿家庭的心理护理

1. 对患儿父母的心理护理　向患儿父母介绍疾病的相关知识及患儿的病情、治疗、护理、预后等，帮助他们积极应对各种困难，树立战胜疾病的信心；进行各项治疗和护理操作前对患儿父母做好解释工作，使他们有充分的思想准备，以取得积极配合；鼓励患儿父母探视和陪护患儿，邀请并指导他们参与患儿的护理；多与患儿父母沟通，倾听他们的感受，及时给予安慰和疏导，减轻他们的心理压力；对经济困难的家庭，帮助患儿父母利用社会力量得到援助。

2. 对患儿兄弟姐妹的心理护理　鼓励和提醒患儿父母向患儿的兄弟姐妹解释患儿的情况，了解其内心的想法和感受，消除其内心疑惑；允许兄弟姐妹到医院探视或通过电话与患儿交流，鼓励他们参与对患儿的护理和与患儿一起游戏活动。

第5节　儿童用药特点与护理

药物治疗是疾病综合治疗的重要组成部分和手段，合理、正确地进行药物治疗是促进患儿康复的关键。由于生长发育中的儿童器官发育、代谢能力尚不成熟，对药物的处置能力、对药物作用的反应能力较差，其对药物的毒性反应较成人更为敏感，因此，儿童用药需根据儿童年龄、病种、病情合理选择，护士在执行给药医嘱时要严格执行查对制度，给药剂量、方法要准确合理，并严密观察药物反应和毒性反应。

一、儿童用药特点

1. 儿童对药物的代谢及解毒能力较差　由于儿童肝酶系统发育不成熟，药物在体内的半衰期延长，血药浓度及毒性反应增加。例如，新生儿和早产儿肝葡萄糖醛酸含量少，在服用氯霉素后，没有足量的肝葡萄糖醛酸与之结合，使之排出减少，体内游离的氯霉素较多而容易导致中毒，即为“灰婴综合征”，故应避免使用氯霉素。

2. 儿童易发生水、电解质紊乱　儿童体液占体重的比例较大，对水、电解质的调节功能较差，对影响水、电解质代谢和酸碱代谢的药物特别敏感，容易中毒。例如，儿童应用利尿剂后，更易发生低钠或低钾血症。

3. 不同年龄儿童对药物的反应存在差异　如年龄越小的婴儿在应用萘甲唑啉（滴鼻净）治疗鼻炎时，比年长儿更易发生昏迷、呼吸暂停。

4. 中枢神经系统药物易通过血脑屏障　中枢神经系统药物进入儿童体内后，与血浆蛋白结合较少，游离药物浓度较高，容易通过血脑屏障引起中枢神经系统症状。例如，儿童服用阿片类药物（吗啡、可待因等）后，易发生呼吸中枢抑制。

5. 胎儿、乳儿受母亲用药的影响　孕妇用药时，药物可通过胎盘屏障进入胎儿体内。因此，孕期孕妇出现某些疾病需要用药时，用药剂量越大、时间越长、胎龄越小、胎儿成熟度越低，药物越易通过胎盘到达胎儿体内，胎儿血药浓度亦越高、作用越持久，影响亦越大。一般乳母用药后，乳汁中药物浓度并不高，但苯巴比妥、阿托品、水杨酸盐等药物在乳汁中浓度相当高，易引起乳儿发生毒性反应，应慎用；而放射性药物、抗肿瘤药物、抗甲状腺激素药物等，则在哺乳期禁用。

二、儿童药物选用与护理

儿童用药应慎重选择，不可滥用。此外，儿童起病急，病情多变。因此，医生用药时，会根据儿童的年龄、病种、病情及儿童对药物的特殊反应和药物的远期影响，有针对性地选择药物。

1. 抗生素 应防止滥用抗生素，严格掌握适应证，有针对性地使用。应用抗生素时，要注意药物的毒性反应，尤其是联合应用时，要注意配伍禁忌。例如，儿童应用链霉素、卡那霉素等药物时，须注意有无听力和肾损害，协助做好相关检查；婴儿长时间滥用广谱抗生素，易出现鹅口疮、肠道菌群失调和消化功能紊乱等副作用。

2. 镇静催眠药 儿童在高热、烦躁不安等情况下，使用苯巴比妥、地西泮、水合氯醛等镇静药，可以使其得到休息，利于病情恢复，但婴幼儿使用中应特别注意精确计算用药剂量，且须密切观察呼吸情况，以免发生呼吸抑制。婴幼儿禁用吗啡。

3. 镇咳祛痰药 由于婴幼儿支气管较细，呼吸道纤毛运动较弱，并且不会主动咳嗽排痰，发生气道炎症时容易痰液淤积，导致气道阻塞，引起呼吸困难，故婴幼儿一般不用镇咳药，多用祛痰药或雾化吸入稀释分泌物，配合体位引流，以利于痰液排出。哮喘患儿应用平喘药时，应注意观察是否有精神兴奋、惊厥、心悸等症状。新生儿、小婴儿慎用茶碱类药物。

4. 止泻药与泻药 止泻药虽然可以暂时缓解腹泻症状，但加重了肠道毒素吸收，严重者可能会发生全身中毒症状。故儿童腹泻一般不主张使用止泻药，多采用饮食调整和液体疗法以预防儿童发生水电解质失衡。儿童便秘一般不用泻药，多采用饮食、生活方式调整及外用通便药物。

5. 退热药 儿童发热一般使用对乙酰氨基酚和布洛芬退热，但剂量不宜过大，反复使用时24h内不超过4次。用药后应注意监测患儿体温、出汗情况、生命体征等变化，及时补充液体。12岁以下的儿童不宜使用阿司匹林，以免发生瑞氏（Reye）综合征。

6. 肾上腺皮质激素 严格掌握用药适应证，在诊断未明确前一般不用，以免掩盖病情，一旦使用不可随意减量或停药，防止出现反弹现象。长期使用应注意有无向心性肥胖、高血钠、低血钾、高血压、水肿、高血脂、高血糖、骨质疏松等不良反应，及时向患儿家长做好解释工作。水痘患儿禁用糖皮质激素，以免加重病情。

三、儿童药物剂量计算

儿童用药剂量一定要比成人更准确，方法计算如下。

1. 按体重计算 此法是最常用、最基本的计算方法。方便易行，在临床应用广泛。

每日（次）剂量＝患儿体重（kg）×每日（次）每千克体重所需药量

须连续数日用药者，须按每日剂量计算，再分2～3次服用，如抗生素、维生素等；临时对症治疗用药者按每次剂量计算，如退热药、镇静催眠药等。

患儿体重应按实际测得值为准。若计算结果超出成人量，则以成人量标准给药，但还要根据患儿病情变化及时调整用量。

2. 按体表面积计算 此法计算药物剂量较其他方法更准确。

每日（次）剂量＝患儿体表面积（m^2）×每日（次）每平方米体表面积所需药量

儿童体表面积计算公式：

体重≤30kg，儿童体表面积（m^2）＝体重（kg）×0.035+0.1

体重＞30kg，儿童体表面积（m^2）=[体重（kg）–30]×0.02+1.05

3. 按年龄计算 此法用于剂量大、不需十分精确的药物，如营养类药物。

4. 按成人剂量折算 此法仅用于未提供儿童剂量的药物，所得剂量一般偏小，故不常用。

儿童剂量=成人剂量×儿童体重（kg）/50

四、儿童给药方法

儿童给药方法的选择应以保证用药效果和安全为原则，综合考虑患儿的年龄、病种、病情，选择适当的剂型、给药方法，以排除各种不利因素，减少患儿的痛苦。

（一）口服法

口服法是最常用的给药方法。

1. 婴幼儿通常选用糖浆、水剂或冲剂、混悬剂，也可将药片捣碎加少量糖水或果汁（不超过一茶匙）喂服。婴儿喂药应在喂奶前或两次喂奶之间进行。喂药时最好抱起或抬高婴儿头部，用小药匙从婴儿的口角处顺面颊方向慢慢倒入药液，可用拇指和示指轻捏双颊，使之吞咽，待药液咽下后方将药匙移开，以防患儿将药液吐出。神志不清、昏迷等情况下可采用鼻饲法。不可以捏住鼻子强行灌药，以防呛咳。但需注意的是，任何药物均不可用奶瓶喂养，也不可以将药物混于奶或主食中哺喂，以免患儿因药物的苦味产生条件反射而拒绝进食。肠溶或时间缓释片剂、胶囊不可打开服用，以免破坏药效。

2. 幼儿与学龄前儿童服药时，可以用小药杯喂药，应用温和而坚定的语气及患儿能听懂的语言，向患儿解释服药目的。给药后，及时表扬患儿的合作行为。不可以欺骗患儿，将药物当成糖果，以免患儿产生不信任感或造成误服。

3. 5岁以上的年长儿，常用片剂或药丸，可鼓励、训练其自己服药，如选择药丸，可以指导患儿将药丸置于舌根，利于吞咽。

4. 青少年服药与成人相似，应尊重其隐私权，并说明服药的目的与药物的副作用，确定患儿服完药后才可以离开。

（二）注射法

注射法给药比口服法起效快，但对患儿刺激性大，易造成患儿恐惧，多用于急、重症患儿及不宜口服给药的患儿。常用注射法有肌内注射法、静脉用药法。

1. 肌内注射法

（1）年龄小于2岁的患儿首选股外侧肌注射，不宜选择臀大肌，因为2岁以下婴幼儿肌肉未完全发育，而且坐骨神经占该区比例大，容易误伤；上臂三角肌则适用于3岁以上的儿童。肌内注射次数过多可造成臀肌挛缩，影响下肢正常功能，非病情必需不宜采用。

（2）对哭闹挣扎、不合作的婴幼儿，可采取“三快”的特殊注射技术，即进针、注药及拔针均要快，以缩短注射时间，防止发生意外。

2. 静脉用药法 分为静脉注射法和静脉滴注法。静脉推注法药效作用迅速，多在抢救时应用，但应注意推注时速度要慢，并密切观察，勿使药液外渗。静脉滴注法不仅用于给药，还可以用于补充水分及营养、供给能量等，常用于住院患儿，滴速应根据患儿年龄、病情进行调节，保持静脉通畅。

（三）外用法

外用药品以软膏为多，也可用水剂、粉剂、膏剂、混悬剂等。根据不同的用药部位，可对患儿手进行适当约束，以免因患儿抓、摸使药物误入眼、口而发生意外。

（四）其他方法

其他给药方法包括雾化吸入、灌肠给药、含化给药等。其中，雾化吸入较常应用，但需有人在旁照顾；灌肠给药采用不多，可用肛门缓释栓剂；含剂、漱剂婴幼儿很少应用，年长儿可以使用。

自 测 题

A_1型题

1. 儿科急诊抢救的五要素不包括下列哪项（　　）
   A. 人　　B. 医疗技术
   C. 仪器设备　　D. 药品
   E. 环境
2. 在儿童健康史采集过程中既往史不包括哪项（　　）
   A. 一般健康状况　　B. 预防接种史
   C. 过敏史　　D. 患病史
   E. 心理、社会状况
3. 住院患儿常见的心理反应不包括（　　）
   A. 恐惧　　B. 兴奋
   C. 抑郁　　D. 羞耻感
   E. 焦虑
4. 下列哪项不是儿科抢救室的设置（　　）
   A. 人工呼吸机　　B. 心电监护仪
   C. 气管插管用具　　D. 供氧设施
   E. 婴儿玩具箱
5. 儿童用药正确的是（　　）
   A. 可多次大量应用退热药
   B. 咳嗽患儿不宜应用镇咳药
   C. 巴比妥类药物用量要大
   D. 腹泻时应尽早应用止泻药
   E. 便秘患儿应持续使用泻药
6. 婴幼儿禁用的镇静催眠药是（　　）
   A. 苯巴比妥　　B. 地西泮
   C. 水合氯醛　　D. 氯丙嗪
   E. 吗啡
7. 儿科医疗机构有几种形式（　　）
   A. 1种　　B. 2种
   C. 3种　　D. 4种
   E. 5种

A_2型题

8. 3岁患儿，因急性淋巴细胞白血病入院。在与患儿沟通时，护士始终采用半蹲姿势与其交谈。此种做法主要是应用了沟通技巧的（　　）
   A. 倾听　　B. 触摸
   C. 沉默　　D. 目光沟通
   E. 语言沟通
9. 2岁男孩，奔跑时摔倒，诊断为左前臂闭合性骨折。患儿在急诊科留观期间哭闹不止，护士提供正确的心理护理措施是（　　）
   A. 安慰，解释治疗的重要性
   B. 请患儿妈妈进入留观室陪伴
   C. 让患儿听舒缓的音乐
   D. 询问患儿需求，给予满足
   E. 请主治医生与患儿交谈
10. 7岁男孩，剑突下突发阵发性“钻顶样”剧烈腹痛2h，呕出一条蛔虫，患儿全身发抖，双目紧闭，面色苍白，查体不配合。患儿的主要心理反应为（　　）
   A. 焦虑　　B. 自卑
   C. 孤独　　D. 恐惧
   E. 绝望
11. 1岁患儿，因肺炎合并心力衰竭注射呋塞米，其规格为每支20mg/2ml。若注射剂量为12mg，应抽取注射液量为（　　）
   A. 0.4ml　　B. 0.6ml
   C. 0.8ml　　D. 1.0ml
   E. 1.2ml

（张园园）

第6章
新生儿及新生儿疾病患儿的护理

新生儿（neonate，newborn）是指从脐带结扎至生后28d内的婴儿。围生期（perinatal period）是指出生前后的一个特定时期，我国将它定义为从妊娠28周至生后1周，其间的胎儿和新生儿称围生儿。国际上常将新生儿死亡率和围生儿死亡率作为衡量一个国家卫生保健水平的标准。

第1节　新生儿分类

（一）根据胎龄分类

1. 足月儿　37周≤胎龄＜42周的新生儿。

2. 早产儿　胎龄＜37周的新生儿。

3. 过期产儿　胎龄≥42周的新生儿。

（二）根据出生体重分类

1. 正常出生体重儿　2500g≤出生体重≤4000g的新生儿。

2. 低出生体重儿　出生体重＜2500g的新生儿。其中，出生体重＜1500g者称极低出生体重儿，出生体重＜1000g者称超低出生体重儿。

3. 巨大儿　出生体重＞4000g的新生儿。

（三）根据出生体重和胎龄关系分类

1. 适于胎龄儿　出生体重在同胎龄儿平均体重的第10～90百分位者。

2. 小于胎龄儿　出生体重在同胎龄儿平均体重的第10百分位以下者。其中，胎龄满37～42周，出生体重＜2500g的新生儿称足月小样儿，是小于胎龄儿中最常见的一种。

3. 大于胎龄儿　出生体重在同胎龄儿平均体重的第90百分位以上者。

（四）根据生后周龄分类

1. 早期新生儿　生后1周以内的新生儿。

2. 晚期新生儿　生后第2～4周的新生儿。

（五）高危儿

高危儿指出生时已发生或可能发生危重情况而需要监护的新生儿。包括以下几种情况。

1. 母亲有异常妊娠史的新生儿　母亲有糖尿病、感染、慢性心肺疾病、吸烟、吸毒、酗酒史，母亲为Rh阴性血型，既往有死胎、死产史等；母亲年龄＜16岁或＞35岁，孕期有阴道流血、妊娠高血压、先兆子痫、子痫、前置胎盘、胎盘早剥、胎膜早破等。

2. 母亲有异常分娩史的新生儿　难产、手术产、急产、产程延长、分娩过程中使用镇静剂和止痛药物等。

3. 出生时有异常的新生儿　出生时Apgar评分＜7分、产伤、脐带绕颈、双胎或多胎儿、早产儿、小于胎龄儿、巨大儿、各种先天性畸形和疾病等。

链 接 新生儿病房分级

根据医护水平及设备条件将新生儿病房分为三级。

1. Ⅰ级新生儿病房 即普通婴儿室，适于健康新生儿，主要任务是指导父母护理技能和方法，对常见遗传代谢性疾病进行筛查。应母婴同室，以利于母乳喂养及建立母婴相依感情，促进婴儿身心健康。

2. Ⅱ级新生儿病房 即普通新生儿病房，适于胎龄＞32周、出生体重≥1500g（发达国家胎龄＞30周、出生体重≥1200g）的早产儿及有各种疾病而又无须循环或呼吸支持、监护的新生儿。

3. Ⅲ级新生儿病房 即新生儿重症监护室（neonatal intensive care unit，NICU），适于危重新生儿的抢救和治疗，并负责接受Ⅰ、Ⅱ级新生儿病房转来的危重患儿。NICU应具备高水平的新生儿急救医护人员及新生儿急救转运系统。

第2节 正常足月儿和早产儿的特点与护理

一、概 述

（一）概念

正常足月儿是指37周≤胎龄＜42周，2500g≤出生体重≤4000g，无任何畸形和疾病的活产婴儿；早产儿又称未成熟儿，是指胎龄＜37周，出生体重多＜2500g的活产婴儿。

（二）正常足月儿和早产儿的外观特点

两者外观特点比较见表6-1。

表6-1 正常足月儿与早产儿的外观特点比较

比较项	正常足月儿	早产儿
哭声	响亮	低微
肌张力	四肢屈曲	颈肌软弱，四肢肌张力低下
皮肤	红润，皮下脂肪丰满，胎毛少	薄而红嫩，发亮水肿，胎毛多
头发	分条清楚	细软而乱
耳郭	软骨发育好，耳舟成形、直挺	软，缺乏软骨，耳舟不清楚
指（趾）甲	达到或超过指（趾）端	未达到指（趾）端
足纹	遍及整个足底	足底纹理少
乳腺	乳晕清楚，结节＞4mm	乳晕不清，无结节或结节＜4mm
外生殖器	男婴睾丸已降至阴囊 女婴大阴唇遮盖小阴唇	男婴睾丸未降或未全降至阴囊 女婴大阴唇不能遮盖小阴唇

（三）正常足月儿和早产儿的生理特点

两者生理特点比较见表6-2。

表6-2 正常足月儿与早产儿的生理特点比较

比较项	正常足月儿	早产儿
呼吸系统	呼吸中枢不成熟，呼吸节律常不规则，频率较快，约40次/分；呼吸主要靠膈肌的升降，以腹式呼吸为主	呼吸中枢更不成熟，呼吸浅快不规则，常出现呼吸暂停；因肺表面活性物质缺乏，易发生呼吸窘迫综合征

续表

比较项	正常足月儿	早产儿
循环系统	心率平均为120～140次/分，血压平均为70/50mmHg（9.3/6.7kPa）	心率较足月儿快，血压较足月儿低，部分可伴有动脉导管未闭
消化系统	吞咽功能已完善，但胃呈水平位，贲门括约肌松弛，幽门括约肌较发达，易溢乳和呕吐；消化道面积相对较大、管壁薄、通透性高，有利于营养物质吸收，但肠腔内毒素也易进入血液循环引起中毒症状；生后24h内开始排胎便，2～3d排完，若超过24h未排者应检查有无消化道畸形；肝酶系统发育不成熟，常有生理性黄疸	吸吮能力差，吞咽反射弱，胃容量小，易呛奶引起吸入性肺炎；胆酸分泌少，对脂肪的消化吸收较差；在缺氧缺血、喂养不当时易发生坏死性小肠结肠炎；生理性黄疸较重、持续时间长；肝内维生素K依赖凝血因子合成少，易发生出血症；肝糖原储存少，蛋白质合成不足，易发生低血糖和低蛋白血症
泌尿系统	一般生后24h内排尿，若生后48h无尿，需查找原因；肾小球滤过率低，浓缩功能差，故不能迅速有效地处理过多的水和溶质，易发生水肿	肾浓缩功能更差，肾小管对醛固酮反应低下，排钠分数高，易发生低钠血症；葡萄糖阈值低，易发生糖尿；碳酸氢根阈值低和肾小管排酸能力差，易发生代谢性酸中毒
血液系统	红细胞、血红蛋白、白细胞均较高；血红蛋白中胎儿血红蛋白（HbF）约占70%，后渐被成人血红蛋白（HbA）替代；肝脏维生素K储存量少、凝血因子活性低，易发生出血症	白细胞、血小板稍低于足月儿；维生素K、铁及维生素D储存量较足月儿少，更易发生出血、贫血和佝偻病
神经系统	具有觅食反射、吸吮反射、拥抱反射、握持反射等原始反射；巴宾斯基征、克尼格征、低钙击面征阳性及腹壁、提睾反射不稳定可属正常	神经系统成熟度与胎龄密切相关，胎龄越小，反射越弱；易发生缺氧，导致缺氧缺血性脑病；脑室管膜下存在发达的胚胎生发基质，易发生颅内出血
免疫系统	皮肤黏膜薄嫩易损伤；脐残端未愈合，细菌易进入血液而致感染；可从母体获得IgG，对麻疹等传染病有免疫力；IgA、IgM含量少，易患呼吸道和消化道感染	皮肤娇嫩，屏障功能弱，体液及细胞免疫功能均很不成熟，IgG和补体水平较足月儿更低，极易发生各种感染
体温调节	体温调节功能差，皮下脂肪薄，体表面积相对较大，易散热；产热主要依靠棕色脂肪；保持环境的中性温度是维持正常体温的重要条件，室温过高、进水少可引起脱水热，室温过低、保暖不当可引起硬肿症	体温调节功能更差，棕色脂肪少，产热少，而体表面积相对大，皮下脂肪少，散热多，故寒冷时更易发生低体温和硬肿症；汗腺发育差，体温随外界环境温度变化大

（四）新生儿特殊生理状态

以下状态均属正常现象，一般不必处理。

1. 生理性黄疸和生理性体重下降 ①生理性黄疸：参见本章第6节；②生理性体重下降：新生儿出生数天内因摄入少、水分丢失较多及胎便排出，出现体重下降，但一般不超过10%，生后10d左右恢复到出生时体重。

2. 马牙和螳螂嘴 ①马牙：新生儿上腭中线和齿龈切缘上常有黄白色、米粒大小的小颗粒，系上皮细胞堆积或黏液腺分泌物积留所致，数周后可自然消退；②螳螂嘴：新生儿面颊部有隆起的脂肪垫，对吸乳有利。两者均不可挑割，以免发生感染。

3. 乳腺肿大和假月经 ①乳腺肿大：男女新生儿于生后4～7d可出现乳腺肿大，如蚕豆或核桃大小，与体内存有一定数量来自母体的雌激素、孕激素和催乳素有关，2～3周消退，切勿挤压，以免感染；②假月经：部分女婴生后5～7d阴道可流出少量血性分泌物，可持续1周，因来自母体的雌激素突然中断所致。

4. 新生儿红斑和粟粒疹 ①新生儿红斑：生后1～2d在头部、躯干及四肢常出现大小不等的多形性斑丘疹，1～2d后自然消失；②新生儿粟粒疹：因皮脂腺堆积，在鼻尖、鼻翼、颜面部形成小米粒大小的黄白色皮疹，脱皮后自然消失。

二、主要护理诊断/问题

1. 有窒息的危险 与羊水吸入、呛奶及呕吐有关。

2. 自主呼吸障碍 与呼吸中枢、呼吸器官发育不成熟有关。

3. 有体温失调的危险 与体温调节中枢发育不完善有关。

4. 营养失调：低于机体需要量 与吸吮、吞咽、消化吸收功能差有关。

5. 有感染的危险 与免疫功能不足及皮肤黏膜屏障功能差有关。

6. 焦虑、恐惧（家长） 与新生儿患病时病情重及预后差有关。

三、护理措施

1. 保持呼吸道通畅 新生儿娩出后应迅速清除口、鼻腔的黏液及羊水，保持呼吸道通畅，以免引起吸入性肺炎。保持舒适体位，仰卧时应避免颈部前屈或过度后仰，俯卧时使头偏向一侧。专人看护，避免物品压迫新生儿口、鼻及胸部，并及时清除鼻腔内分泌物。喂奶后应竖抱婴儿，轻拍背部，取右侧卧位，以防止溢乳和呕吐而引起窒息。

2. 维持有效呼吸 早产儿发绀时给予低流量间断吸氧，氧浓度一般为30%～40%，以维持动脉血氧分压50～80mmHg（6.7～10.7kPa）或经皮血氧饱和度在88%～93%为宜，一旦症状改善立即停用，以防发生早产儿视网膜病变（retinopathy of prematurity，ROP）。呼吸暂停者给予拍打足底、托背、刺激皮肤、放置水囊床垫等处理，反复发作者遵医嘱静脉滴注氨茶碱，严重者给予机械正压通气。

3. 维持体温稳定

（1）病室条件 ①分娩室及沐浴室：室温分别为25～26℃及26～28℃；②新生儿室：室温为22～24℃，相对湿度为55%～65%。

（2）保暖 新生儿出生后立即擦干身体，用温暖毛毯包裹，并因地制宜采取保暖措施，如戴帽、母亲胸前怀抱及应用温箱、远红外辐射床等，使新生儿处于中性温度。对体重＜2000g早产儿应尽早置于温箱保暖，并根据体重、日龄选择中性温度（表6-3）。暴露操作应在远红外辐射床保暖下进行，且接触新生儿的手、仪器、物品等均应保持温暖。

表6-3 不同体重、日龄早产儿温箱的温度

出生体重（kg）	温箱温度			
	35℃	34℃	33℃	32℃
1.0	10d内	10d后	3周后	5周后
1.5	—	10d内	10d后	4周后
2.0	—	2d内	2d后	3周后
＞2.5	—	—	2d内	2d后

（3）降温 如体温过高时可松开包被散热，并补充水分，一般不用退热剂。

4. 合理喂养

（1）正常足月儿的喂养 生后早吸吮、早开奶（出生半小时内），以促进乳汁分泌，提倡母婴同室、按需哺乳。无法母乳喂养者可先试喂5%～10%葡萄糖水，以防低血糖，以后给配方乳。

（2）早产儿的喂养 生后2～4h可先试喂5%～10%葡萄糖水，应酌情尽早母乳喂养，以防低血糖，无法母乳喂养者以早产儿配方乳为宜。喂乳量以不发生呕吐及胃潴留为宜，胎龄越小、出生体重越低，每次喂乳量越少、喂乳间隔时间越短（表6-4）。吸吮能力差和吞咽不协调者可用滴管喂养、间歇或持续鼻饲喂养，必要时静脉补充营养液。详细记录每天出入量并监测体重，以便分析、调整喂养方案。生后应及时肌内注射维生素K_1以预防出血症，此外还应补充铁剂及维生素A、维生素C、维生素D、维生素E等物质，以防贫血、佝偻病等疾病发生。

表6-4 早产儿喂乳量与间隔时间

出生体重（g）	开始量（ml）	每天隔次增加量（ml）	喂乳间隔时间（h）
＜1000	1～2	1	1
1000～1499	3～4	2	2
1500～1999	5～10	5～10	2～3
2000～2499	10～15	10～15	3

5. 预防感染

（1）严格执行消毒隔离制度　接触新生儿前后应严格洗手，严格控制入室人数，工作人员带菌和患感染性疾病时应暂时调离，室内物品定期更换消毒，以避免交叉感染。

（2）脐部护理　若脐带断端无感染迹象，无需给脐带断端外敷任何药物，断端应暴露在空气中并保持清洁和干燥。如果脐带断端被粪便或尿液污染，可用清洁的水清洗后擦干，保持干燥。如果脐带断端红肿或流脓，每日用75%乙醇护理感染部位3次，用干净的棉签擦干。如果流脓和红肿2d内无好转，应转诊治疗。

（3）皮肤护理　体温稳定后每天沐浴1次，以保持皮肤清洁和促进血液循环。每次大便后用温水清洗臀部，以防尿布性皮炎。

（4）预防接种　及时接种乙肝疫苗和卡介苗。

6. 心理护理　新生儿期发病率和病死率最高，当新生儿患病时，应让家长了解疾病的病因、患儿的身体状况、并发症、治疗及预后，以取得积极配合，并对家长给予心理支持，增强治疗信心，减轻其焦虑和恐惧心理。

7. 健康教育

（1）促进母婴感情建立　提倡母乳喂养和母婴同室，在母婴情况允许时，鼓励和指导母亲尽早对婴儿进行皮肤接触和哺乳，以促进感情交流，利于婴儿身心发育。

（2）宣传育儿保健知识　及时对家长宣传喂养、保暖、脐部护理、皮肤护理、预防接种等知识。

（3）新生儿筛查　开展先天性甲状腺功能减退、苯丙酮尿症等先天性代谢性疾病、遗传性疾病的筛查，向家长解释尽早筛查的重要性。

（4）定期随访　嘱咐家长早产儿出院后需要定期随访，检查眼底、排查后遗症、进行生长发育监测等。

第3节　新生儿窒息

案例 6-1

患儿，女，39周足月儿，经产钳助产娩出，出生体重4200g。出生时四肢皮肤青紫、心率92次/分，呼吸浅慢，四肢稍屈曲，弹足底无反应，产房医护人员立即对患儿实施抢救。

问题： 1. 患儿最可能的诊断是什么？Apgar评分是多少？

2. 针对患儿的病情，产房护士应配合医生立即采取哪项措施进行抢救？

一、概　　述

（一）概念

新生儿窒息（neonatal asphyxia）是指新生儿出生后无自主呼吸或呼吸抑制而导致低氧血症和混合

型酸中毒的状态，是引起新生儿死亡和伤残的重要原因之一。

（二）病因

凡能造成胎儿或新生儿缺氧的因素均可引起窒息（表6-5）。

表6-5　新生儿窒息的病因

病因分类	常见疾病及相关因素
孕母因素	严重贫血、心脏病、糖尿病、妊娠期高血压疾病、孕母吸毒吸烟、孕母＜16岁或＞35岁等
胎盘因素	前置胎盘、胎盘早剥、胎盘老化等
脐带因素	脐带受压、脱垂、绕颈、打结、过短或牵拉等
胎儿因素	早产儿、巨大儿、先天性畸形、宫内感染、呼吸道阻塞等
分娩因素	难产、手术产（如高位产钳），产程中药物（如麻醉剂、镇静剂、催产剂）使用不当等

（三）病理生理

窒息的本质是缺氧，缺氧导致呼吸抑制或停止，引起细胞代谢障碍、功能和结构异常、甚至死亡，造成神经、呼吸、循环、消化等各系统器官受损及血液生化、代谢改变。但不同组织细胞对缺氧的易感性不同，其中脑细胞最为敏感，其次为心肌、肝、肾上腺，因此各器官发生损伤程度有差异。

二、护理评估

（一）健康史

评估母亲孕期健康史，有无心脏病、妊娠期高血压等；评估胎儿健康史，有无前置胎盘、脐带绕颈，是否早产、巨大儿等；评估胎儿分娩史，有无难产、手术产、产程中药物使用不当等。

（二）身心状况

1. 症状、体征

（1）胎儿缺氧表现　①早期：胎动增加，胎心率增快（≥160次/分）；②晚期：胎动减少或消失，胎心率减慢（＜100次/分），羊水被胎便污染。

（2）窒息程度判定　临床上常根据生后1min的Apgar评分来判定新生儿窒息程度（表6-6），8～10分为正常，4～7分为轻度（青紫）窒息、0～3分为重度（苍白）窒息。生后5min和10min评分有助于判断复苏效果和预后。

表6-6　新生儿Apgar评分标准

体征	评分标准		
	0分	1分	2分
皮肤颜色	青紫或苍白	躯干红，四肢紫	全身红
心率（次/分）	无	＜100	＞100
弹足底或插胃管反应	无反应	有些动作，如皱眉、哭声弱	哭声响，反应灵敏
肌张力	松弛	四肢略屈曲	四肢能活动
呼吸	无	慢，不规则	正常，哭声响

（3）各器官受损表现　①呼吸系统：呼吸窘迫综合征、肺出血等；②循环系统：心力衰竭、心源性休克等；③神经系统：缺氧缺血性脑病和颅内出血；④消化系统：应激性溃疡、坏死性小肠结肠炎等；⑤泌尿系统：急性肾衰竭、肾静脉血栓形成等；⑥代谢方面：低血糖、低血钠、低血钙等。

2. 心理、社会状况 了解家长的心理状况及对本病病因、身体状况、护理和预后的认识程度；因重症患儿可致伤残，且治疗费用高，家长易产生焦虑、恐惧、悲伤心理，故应重点评估家长对本病治疗的态度及经济、心理承受能力。

（三）辅助检查

1. 血气分析 可有pH和PaO_2降低，$PaCO_2$升高。

2. 血生化检查 根据病情需要可检测血糖、血电解质、血尿素氮和肌酐等。

3. 头颅B超或CT检查 可显示脑水肿或颅内出血。

三、治疗要点

1. 复苏 按A→B→C→D→E步骤进行。①A（airway）：清理呼吸道；②B（breathing）：建立呼吸；③C（circulation）：维持正常循环；④D（drug）：药物治疗；⑤E（evaluation）：评估。A、B、C最重要，其中A是根本，B是关键，E贯穿于整个复苏过程中。

2. 复苏后监护与转运 监测患儿生命体征、尿量、肤色、氧饱和度及窒息引起的各系统症状；如并发症严重，需转运到NICU治疗。

四、主要护理诊断/问题

1. 自主呼吸障碍 与羊水、气道分泌物吸入导致低氧血症和高碳酸血症有关。

2. 体温过低 与缺氧、环境温度低下有关。

五、护理措施

1. 快速评估 生后立即快速评估4项指标：①足月吗？②羊水清吗？③有哭声或呼吸好吗？④肌张力好吗？如4项中有1项为“否”，则需进行初步复苏。

2. 复苏

（1）复苏程序 积极配合医生按A→B→C→D→E步骤进行复苏。

1）A（清理呼吸道）：①保暖：新生儿娩出后立即置于远红外辐射保暖床上，用温热干毛巾擦干全身，减少散热；②摆好体位：将患儿仰卧，肩部垫高2～3cm，使头部轻微仰伸；③清理呼吸道：不建议常规进行口鼻咽部及气道吸引，以免增加心动过缓和呼吸抑制的风险，如新生儿气道有较多分泌物且呼吸不畅，可用吸引球或吸痰管清理气道，先口咽、后鼻腔。

2）B（建立呼吸）：①触觉刺激：彻底擦干患儿全身，拍打或手指弹足底或摩擦背部促使患儿出现自主呼吸；②正压通气：触觉刺激后若仍呼吸暂停或喘息样呼吸，心率＜100次/分，应立即用复苏气囊面罩正压通气；经30s后若自主呼吸仍不充分或心率＜100次/分，再次评估通气的有效性，必要时再做矫正通气步骤，可考虑气管插管正压通气。

3）C（维持正常循环）：在有效的正压通气30s后心率持续＜60次/分，应气管插管正压通气的同时，进行胸外心脏按压。按压方法：用双拇指或中、示指按压胸骨下1/3处，按压频率为90次/分，按压深度为胸廓前后径的1/3，按压与通气比为3∶1；按压有效时可摸到颈动脉和股动脉搏动。

4）D（药物治疗）：新生儿复苏较少使用药物。经正压通气、胸外心脏按压60s后，心率持续＜60次/分，遵医嘱立即静脉或气管内注入1∶10 000肾上腺素，静脉用量0.1～0.3ml/kg，气管内用量0.5～1ml/kg；并根据病情遵医嘱扩容、纠正酸中毒等。

5）E（评估）：复苏过程中每30s要评估患儿的情况，再决定下一步的操作。

（2）复苏后监护 密切监测患儿生命体征、尿量、肤色、氧饱和度及窒息引起的各系统症状，并做好相关记录。

3. 保暖 在整个抢救过程中必须注意保暖，可将患儿置于远红外辐射床上，病情稳定后置于温箱中保暖，维持患儿腋温在36.5～37.5℃。

4. 健康教育 向家长耐心讲解本病的严重性、预后及可能出现的后遗症；指导家长对有后遗症的患儿及早进行功能训练和智能开发，促进脑功能的恢复，并坚持定期随访。

第4节 新生儿缺氧缺血性脑病

案例 6-2

患儿，男，2d。系32周早产，出生1min、5min、10min Apgar评分分别为3、6、8分。今惊厥2次急诊入院。查体：反应差，T35.5℃，P108次/分，体重1560g。吸吮反射、握持反射减弱，拥抱反射双侧不对称，初步诊断为新生儿缺氧缺血性脑病。

问题： 1. 该患儿主要护理诊断/问题是什么？

2. 如何对家长进行健康指导？

一、概　　述

（一）概念

新生儿缺氧缺血性脑病（hypoxic-ischemic encephalopathy，HIE）是由各种围生期因素引起缺氧和脑血流减少或暂停而导致胎儿和新生儿的脑损伤，是新生儿窒息后的严重并发症，病情重，病死率高，存活者中20%～30%可能遗留不同程度的神经系统后遗症。

（二）病因

凡能引起新生儿窒息的因素均可导致本病，围生期窒息是最主要的病因。另外，出生后肺部疾病、心脏疾病、严重失血或贫血等也可引起本病。

（三）发病机制

1. 脑血流改变 ①缺氧缺血为不完全性时：体内血液重新分布，以保证脑组织血液供应，如缺氧继续存在，这种代偿机制失败，脑血流灌注下降，遂出现第2次血流重新分布，即供应大脑半球的血流减少，以保证丘脑、脑干和小脑的血液灌注量，此时脑室周围白质和大脑皮质矢状旁区最易受损。②缺氧缺血为急性完全性时：上述代偿机制不会发生，脑损伤可发生在基底神经节等代谢最旺盛的部位，而大脑皮质不受影响。③脑血管自主调节功能障碍：缺氧和酸中毒还可导致脑血管自主调节功能障碍，形成“压力被动性脑血流”，当血压升高过大时可导致脑室周围毛细血管破裂出血，而低血压时脑血流量减少，又可引起缺血性脑损伤。

2. 脑组织生化代谢改变 ①无氧糖酵解增加：缺氧时无氧糖酵解增加、乳酸堆积，导致低血糖和代谢性酸中毒；②ATP产生减少：缺氧时ATP产生减少，细胞膜钠泵、钙泵功能不足，使钠离子、钙离子进入细胞内，激活某些受其调节的酶，从而进一步破坏脑细胞膜的完整性。

3. 神经病理学改变 ①足月儿：以皮质梗死及深部灰质核坏死常见；②早产儿：以脑室周围出血和脑室内出血多见，其次是脑室周围白质软化。

二、护理评估

（一）健康史

重点评估患儿有无围生期窒息史，评估生后有无导致缺氧缺血的疾病史。

（二）身心状况

1. 症状、体征 主要表现为意识改变和肌张力变化，严重者可伴有脑干功能障碍。临床根据病情不同可分为轻、中、重3度（表6-7）。

表6-7 新生儿缺氧缺血性脑病的临床分度

比较项	轻度	中度	重度
症状最明显时间	生后24h内	生后72h内	生后72h内
意识	兴奋、激惹	嗜睡	昏迷
肌张力	正常	减低	松软
吸吮反射	正常	减弱	消失
拥抱反射	活跃	减弱	消失
惊厥	无，可有肢体颤动	常有	多见，频繁发作，可呈持续状态
前囟张力	正常	正常或稍饱满	饱满、紧张
中枢性呼吸衰竭	无	有	明显
瞳孔改变	无	缩小，对光反射迟钝	不等大或扩大，对光反射差
病程	＜3d	＜14d	数周
预后	良好	可能有后遗症	病死率高，多有后遗症

2. 心理、社会状况 因本病病死率高，存活者可能留有后遗症，家长会产生焦虑、恐惧、失望心理，对治疗积极性不高，故应重点评估家长对本病的认知态度及经济、心理承受能力。

（三）辅助检查

1. 血生化检查 脑组织受损时血清肌酸激酶同工酶可升高，神经元受损时神经元特异性烯醇化酶可升高。

2. 头颅B超、CT检查 头颅B超对脑室及其周围出血具有较高的敏感性，头颅CT有助于了解脑水肿范围及颅内出血范围和类型。

3. 脑电图检查 可客观反映脑损害严重程度、判断预后及有助于惊厥的诊断。

三、治疗要点

1. 支持疗法 给氧，纠正酸中毒及低血糖，维持血压稳定。

2. 控制惊厥 首选苯巴比妥钠，顽固性抽搐者可加用地西泮或水合氯醛。

3. 治疗脑水肿 避免输液过量是预防和治疗脑水肿的基础，液体总量不超过60～80ml/（kg・d）；颅内压增高时首选呋塞米静脉注射，严重者可用20%甘露醇。

4. 亚低温治疗 采用主动降温的方法，使体核温度降低到33～34℃，并维持72h，然后缓慢复温，以达到神经保护效果。

链 接　亚低温治疗新生儿HIE专家共识（2022）

亚低温有选择性头部亚低温联合全身轻度降温和全身亚低温2种方式。①亚低温治疗的目标温度为34℃，范围为33～35℃；②亚低温治疗最适宜在生后6h内进行，开始越早神经保护效果越好；③亚低温治疗维持时间为72h；④亚低温治疗复温应缓慢，复温速度≤0.5℃/h，复温时间≥5h。

四、主要护理诊断/问题

1. 低效性呼吸型态　与缺氧缺血致呼吸中枢损害有关。

2. 潜在并发症：颅内压增高、呼吸衰竭。

3. 有失用性综合征的危险　与缺氧缺血导致的后遗症有关。

五、护理措施

1. 改善通气及给氧　①改善通气：及时清除呼吸道分泌物，保持呼吸道通畅；②给氧：根据患儿缺氧情况，可给予鼻导管或头罩给氧，严重者可考虑气管插管及机械辅助通气，以维持PaO_2在50～80mmHg（6.7～10.7kPa）。

2. 预防并发症

（1）密切观察病情　严密监护患儿的呼吸、心率、血压、血氧饱和度等，注意观察患儿的神志、瞳孔、前囟张力、肌张力、抽搐等表现。

（2）遵医嘱用药　①控制惊厥：镇静剂首选苯巴比妥钠，负荷量为20mg/kg，于15～30min静脉滴入，若惊厥不能控制，1h后可加用10mg/kg，维持量为3～5mg/（kg·d）；②降低颅内压：颅内压增高时，首选利尿剂呋塞米，严重者可用脱水剂20%甘露醇。

3. 亚低温治疗的护理

（1）降温　采用控温设备开展亚低温治疗，简易低温治疗仅作为不能获得控温设备时的替代治疗方法。

（2）维持　治疗的同时注意保暖，维持体温33～34℃。

（3）复温　治疗结束后给予复温，复温宜缓慢（复温速度≤0.5℃/h，复温时间≥5h）。

（4）监测　监测患儿持续动态心电、肛温、SpO_2、呼吸、血压，观察面色、反应、末梢循环情况，记录24h出入液量。

4. 健康教育　参见本章第3节。

第5节　新生儿颅内出血

案例 6-3

患儿，女，2d。出生时有窒息，今出现烦躁不安、青紫、呕吐、肢体抽动，拥抱反射亢进，初步诊断为新生儿颅内出血。

问题：1. 该患儿的首要护理诊断是什么？

2. 主要护理措施有哪些？

一、概　　述

（一）概念

新生儿颅内出血（intracranial hemorrhage of the newborn，ICH）是由缺氧或产伤等原因引起的严重脑损伤性疾病，主要表现为神经系统的兴奋或抑制症状。早产儿多见，病死率高，存活者常留有神经系统后遗症。

（二）病因

1. 缺氧　以早产儿多见。①缺氧和酸中毒可直接损伤毛细血管内皮细胞，使其通透性增加或破裂出血；②缺氧和酸中毒可损伤脑血管自主调节功能，形成“压力被动性脑血流”，当血压升高时，脑血流量增加而致毛细血管破裂出血，当血压降低时，脑血流量减少而致毛细血管缺血性损伤出血。

2. 产伤 以足月儿、巨大儿多见。如胎头过大、急产、臀位产、产程延长、高位产钳、负压吸引助产等，均可使胎儿头部过分受挤压而导致大脑镰、小脑幕撕裂，引起硬脑膜下出血，脑表面静脉撕裂常伴有蛛网膜下腔出血。

3. 其他 快速输入高渗液体、机械通气不当、血压波动过大、脑血管畸形、出血性疾病均可引起颅内出血。新生儿肝功能不成熟，凝血因子不足，也是引起出血的一个原因。

二、护理评估

（一）健康史

评估患儿有无窒息缺氧及产伤史，是否早产儿、巨大儿，有无脑血管畸形、出血性疾病等。

（二）身心状况

1. 症状、体征 临床表现主要与出血部位和出血量有关，多于生后1～2d内出现。

（1）意识改变 激惹、过度兴奋或表情淡漠、嗜睡、昏迷等。

（2）颅内压增高表现 脑性尖叫、惊厥、前囟隆起、颅缝增宽等。

（3）眼部症状 凝视、斜视、眼球上转困难、眼球震颤等，并发脑疝时可出现两侧瞳孔不等大、对光反射迟钝或消失。

（4）呼吸改变 增快或减慢、不规则或暂停等。

（5）肌张力改变 早期增高，以后减低。

（6）原始反射改变 减弱或消失。

（7）其他表现 黄疸和贫血。

2. 并发症 脑积水、智力低下、癫痫、脑性瘫痪等。

3. 心理、社会状况 家长对本病的治疗和预后感到茫然，且治疗费用高，又担心孩子致残，可出现焦虑、恐惧、内疚、悲伤等反应，甚至产生放弃治疗、遗弃孩子的心理。应重点评估家长对本病的认知态度及心理、经济承受能力。

（三）辅助检查

1. 头颅B超、CT检查、磁共振成像（MRI） 可确定出血部位和范围，有助于诊断和判断预后。

2. 脑脊液检查 为均匀血性和镜下有皱缩红细胞，有助于脑室内、蛛网膜下腔出血的诊断，但病情重者不宜行腰椎穿刺检查。

三、治疗要点

1. 镇静止惊 选用苯巴比妥钠、地西泮等。

2. 止血 选用维生素K_1、酚磺乙胺（止血敏）、卡巴克络（安络血）、巴曲酶（立止血）等，必要时输新鲜血、血浆。

3. 降低颅内压 选用呋塞米静脉注射，并发脑疝时应用小剂量20%甘露醇静脉注射。

4. 给氧 呼吸困难、发绀者吸氧。

四、主要护理诊断/问题

1. 潜在并发症：颅内压增高。

2. 低效性呼吸型态 与呼吸中枢受损有关。

3. 有窒息的危险 与惊厥、昏迷有关。

4. 营养失调：低于机体需要量 与摄入不足及呕吐有关。

5. 体温调节无效 与体温调节中枢受损有关。

五、护理措施

1. 降低颅内压

（1）减少刺激，保持安静　所有护理操作与治疗尽量集中进行，动作要轻、稳、准，尽量减少移动和刺激患儿，静脉穿刺选用留置针，减少反复穿刺，以免加重颅内出血。

（2）护理体位　抬高头肩部15°～30°，侧卧位或头偏向一侧。

（3）密切观察病情　观察患儿生命体征、神志、瞳孔、囟门、神经反射及肌张力等变化，及时发现颅内高压。

（4）遵医嘱降颅压　有颅内压增高时选用呋塞米降颅压；当出现两侧瞳孔大小不等、对光反射迟钝或消失、呼吸节律不规则等应考虑并发脑疝，选用20%甘露醇降颅压。

2. 防止窒息，改善呼吸功能　及时清除呼吸道分泌物，保持呼吸道通畅，防止窒息；合理用氧，改善呼吸功能，呼吸衰竭或严重呼吸暂停者需气管插管、机械通气。

3. 保证营养和能量供给　不能进食者，应给予鼻饲，遵医嘱静脉输液，液体量为60～80ml/（kg·d），速度宜慢，于24h内均匀输入，以保证患儿营养和能量的供给。

4. 维持体温稳定　体温过高时给予物理降温，体温过低时采用远红外辐射床、温箱保暖。

5. 健康教育　参见本章第3节。

第6节　新生儿黄疸

案例 6-4

患儿，男，4d，足月分娩，出生体重3200g，因皮肤巩膜发黄、拒乳1d入院。查体：哭声低，反应差，全身皮肤、巩膜黄染明显，前囟平，心肺（–），脐部干燥。辅助检查：血清总胆红素290.5μmo1/L，血清未结合胆红素228.5μmo1/L；母亲血型O型，婴儿血型A型。

问题： 1. 根据患儿的临床资料，分析导致黄疸最可能的原因是什么？

2. 针对患儿的病情，应立即采取哪项主要护理措施？

3. 护士在护理患儿的过程中，应注意密切观察哪种并发症发生？

一、概　　述

（一）概念

新生儿黄疸（neonatal jaundice）又称新生儿高胆红素血症，是由于胆红素在体内积聚而引起的皮肤、巩膜等黄染的现象，分为生理性和病理性两种，是新生儿期最常见的表现之一。

新生儿溶血病（hemolytic disease of newborn）是指母婴血型不合，母血中血型抗体通过胎盘进入胎儿循环而引起的新生儿同种免疫性溶血，我国以ABO血型系统不合最常见，其次是Rh血型系统不合。重者可致胆红素脑病（核黄疸），引起严重后遗症或死亡，尤以早产儿更易发生，应予以重视。

（二）新生儿胆红素代谢特点

1. 胆红素生成较多　新生儿红细胞数量较多，生后血氧分压升高，红细胞被大量破坏；红细胞寿命短，形成胆红素的周期缩短；旁路胆红素来源多。

2. 结合、运送胆红素的能力不足　早产儿胎龄越小，白蛋白含量越低，结合的胆红素越少；刚出生新生儿常有不同程度酸中毒，可减少胆红素与白蛋白的结合。

3. 肝功能不成熟　新生儿肝脏内Y、Z蛋白含量不足，肝细胞摄取未结合胆红素的能力差；肝细胞内葡萄糖醛酸转移酶的量和活性不足，形成结合胆红素的能力差；肝脏将结合胆红素排泄到肠道的能力差。

4. 胆红素肠肝循环增加 新生儿肠道内正常菌群尚未建立，不能将肠道内胆红素还原成粪胆原、尿胆原排出体外，加之肠道内β-葡萄糖醛酸苷酶活性较高，可将结合胆红素转化成未结合胆红素，后者又被肠壁吸收经门静脉到达肝脏。

（三）病因及发病机制

生理性黄疸主要与胆红素代谢特点有关。病理性黄疸主要与感染性因素和非感染性因素有关，具体如下。

1. 感染性因素

（1）新生儿肝炎 大多为病毒通过胎盘传给胎儿或产程中被感染，以巨细胞病毒、乙型肝炎病毒常见；以结合胆红素增高为主，伴厌食、呕吐、肝大及肝功能异常。

（2）新生儿败血症、尿路感染、感染性肺炎等 因细菌毒素侵入加速红细胞破坏、损伤肝细胞所致；早期以未结合胆红素增高为主或两者均高，晚期以结合胆红素增高为主，除黄疸外伴有全身中毒症状等表现。

2. 非感染性因素

（1）新生儿溶血病 ABO血型不合最常见（其中以母亲为O型，婴儿为A型或B型多见），其次是Rh血型不合，以未结合胆红素增高为主。

（2）先天性胆道闭锁 多于生后2周开始出现黄疸并呈进行性加重，以结合胆红素增高为主，粪便呈灰白色（陶土色），肝脏进行性增大，3个月后可逐渐发展为肝硬化。

（3）母乳性黄疸 指母乳喂养的新生儿在生后3个月内仍有黄疸，为非溶血性未结合胆红素增高，一般状态良好，停喂母乳后，黄疸在48～72h明显消退。

（4）其他 葡萄糖-6-磷酸脱氢酶（G-6-PD）缺陷、药物性黄疸等。

二、护理评估

（一）健康史

评估患儿胎龄、分娩方式、Apgar评分、体重、喂养、保暖情况及母婴血型；评估患儿大便颜色、体温变化、服药情况、有无胎便排出延迟及诱发物接触等。

（二）身心状况

1. 症状、体征

（1）生理性、病理性黄疸的临床特点见表6-8。

表6-8 生理性黄疸和病理性黄疸的临床特点

比较项	生理性黄疸	病理性黄疸
黄疸出现时间	足月儿为生后2～3d，早产儿3～5d	生后24h内（多见于新生儿Rh血型不合溶血病）
黄疸高峰时间	足月儿为生后4～5d，早产儿5～7d	不定
黄疸持续时间	短；足月儿≤2周，早产儿可至3～4周	长；足月儿＞2周，早产儿＞4周
黄疸程度（血清胆红素）	轻；足月儿＜221μmol/L（12.9mg/dl），早产儿＜257μmol/L（15mg/dl）	重；足月儿＞221μmol/L（12.9mg/dl），早产儿＞257μmol/L（15mg/dl）
黄疸进展速度（每日胆红素）	慢；升高不超过85μmol/L（5mg/dl）	快，呈进行性加重或退而复现；升高超过85μmol/L（5mg/dl）
结合胆红素	＜34μmol/L（2mg/dl）	＞34μmol/L（2mg/dl）
伴随症状	一般情况良好，食欲正常	一般情况差，伴有原发疾病表现

注：1mg/dl＝17.1μmol/L。

（2）新生儿溶血病的临床表现

1）主要表现为黄疸、贫血、水肿、心力衰竭、肝脾肿大。

2）两种溶血病的临床特点（表6-9）。

表6-9 ABO血型不合溶血病和Rh血型不合溶血病的临床特点

比较项	ABO血型不合溶血病	Rh血型不合溶血病
发病所占比例	85%	15%
常见血型	母亲O型，婴儿A型或B型	母亲Rh阴性，婴儿Rh阳性
发病胎次	第1胎即可发病（50%）	一般发生在第2胎及以后，随胎次增加，受累加重
黄疸出现时间	多于生后2～3d出现	多于生后24h内出现
贫血	出现晚且轻	出现早且重
肝脾肿大	不明显	明显

2. 并发症 当血清胆红素＞342μmol/L（20mg/dl）时，可透过血脑屏障引起神经系统损害而并发胆红素脑病，多发生于生后1周内，早产儿多见。典型临床表现包括警告期、痉挛期、恢复期及后遗症期（表6-10）。

表6-10 胆红素脑病临床表现

分期	主要表现	持续时间
警告期	嗜睡、反应低下、吸吮无力、肌张力下降等	12～24h
痉挛期	双眼凝视、抽搐、肌张力增高、角弓反张、发热等	12～48h
恢复期	抽搐减少至停止、肌张力及体温恢复正常等	2周
后遗症期	手足徐动、眼球运动障碍、听觉障碍、脑性瘫痪、智能落后等	终生

3. 心理、社会状况 评估家长对本病病因、并发症及预后的认识程度，了解家长的心理状况，尤其患儿出现胆红素脑病时，家长会出现紧张、焦虑和恐惧等心理反应。

（三）辅助检查

1. 血清总胆红素测定 胆红素增高。

2. 根据病因选择相关检查

（1）溶血病 血常规可见红细胞及血红蛋白降低、网织红细胞增多；血型测定可见母婴血型不合；溶血三项试验（改良直接抗人球蛋白试验、患儿红细胞抗体释放试验及患儿血清中游离抗体试验）阳性。

（2）新生儿肝炎 肝功能异常。

（3）败血症 血白细胞增高，血培养阳性。

三、治疗要点

1. 生理性黄疸 不需特殊治疗，主要是尽早喂养，促进胎便排出。

2. 病理性黄疸

（1）病因治疗 积极治疗原发病。

（2）降低血清胆红素 采取光照疗法（为首选治疗措施），换血疗法，静脉注射丙种球蛋白、白蛋白，提早喂养，保持大便通畅等。

（3）保护肝脏 禁用对肝脏有损害及可能引起溶血、黄疸的药物。

（4）对症治疗 控制感染，注意保暖，及时纠正酸中毒、缺氧、低血糖。

四、主要护理诊断/问题

1. 潜在并发症： 胆红素脑病。

2. 知识缺乏： 患儿家长缺乏黄疸的护理知识。

五、护理措施

1. 降低胆红素，防止胆红素脑病

（1）一般护理　注意保暖，合理喂养，预防感染，维持水、电解质平衡，避免低体温、低血糖和酸中毒，以利于胆红素与白蛋白结合。

（2）遵医嘱用药　给予肝药酶诱导剂（如苯巴比妥），输血浆或白蛋白，促进游离的未结合胆红素与白蛋白结合，减少胆红素脑病发生。

（3）实施光照疗法和换血疗法　适用于高未结合胆红素血症，尤其新生儿溶血病，可降低未结合胆红素，防止胆红素脑病发生。其中，光照疗法为临床首选措施。

链 接　换血疗法

1. 作用　换出部分血中游离抗体和致敏红细胞，减轻溶血；换出血中大量胆红素，防止胆红素脑病发生；纠正贫血，改善缺氧，防止心力衰竭。

2. 指征　符合下列条件之一者即应换血：①出生胎龄≥ 35 周以上的晚期早产儿和足月儿，出生体重＜ 2500g 的早产儿。在准备换血的同时先给予患儿强光疗 4 ～ 6h，若 TSB 水平未下降甚至持续上升，或对于免疫性溶血患儿在光疗后 TSB 下降幅度未达到 34 ～ 50μmol/L 立即给予换血。②严重溶血，出生时脐血胆红素＞ 76mmol/L，血红蛋白＜ 110g/L，伴有水肿、肝脾肿大和心力衰竭。③已有急性胆红素脑病的临床表现者无论胆红素水平是否达到换血标准，或 TSB 在准备换血期间已明显下降，都应换血。

---

2. 密切观察病情

（1）观察黄疸进展情况　观察患儿皮肤、巩膜、大小便的色泽变化，并根据皮肤黄疸的部位和范围，估计血清胆红素的近似值，判断黄疸程度和进展情况。

（2）观察溶血进展情况　动态监测溶血病患儿的实验室检查结果，观察其呼吸、心率、尿量变化及水肿、肝脾肿大等情况，判断有无心力衰竭；一旦发生，遵医嘱立即给予吸氧、洋地黄制剂和利尿剂等，并控制输液量和速度。

（3）观察有无胆红素脑病表现　注意观察患儿皮肤黄疸程度和范围，有无嗜睡、反应低下、吸吮无力、肌张力下降或增高、双眼凝视、抽搐等神经系统表现，一旦出现立即报告医生并配合抢救。

3. 健康教育　向家长解释新生儿黄疸的特点，指导家长进行黄疸观察及评估黄疸进展；做好产前咨询和孕期保健，指导孕妇预防和治疗感染性疾病，防止溶血病和败血症发生；若为母乳性黄疸，嘱暂停母乳喂养或改为隔次母乳喂养，黄疸消退后再恢复正常母乳喂养；若为G-6-PD缺陷者，嘱忌食蚕豆及其制品，患儿衣物保管时勿放樟脑丸，避免使用磺胺类等诱发溶血的药物；有神经系统后遗症者指导康复治疗和护理。

医者仁心

万婴之母——林巧稚

林巧稚是中国科学院第一位女学部委员（院士），中国现代妇产科学的主要开拓者、奠基人之一，被尊称为“万婴之母”“生命天使”“中国医学圣母”。20 世纪 50 年代，某女工因新生儿溶血病连续夭折了三胎后写信向林巧稚求助。新生儿溶血病当时在国内还没有成活的先例。为了圆这位女工的母亲梦，林巧稚查遍国外最新的医学信息，约有关专家座谈，创造出用脐静脉换血的方法治疗新生儿溶血病，填补了中国妇产科医学的空白。她将自己的一生都奉献给了祖国医学事业，2009 年，她被评为 100 位新中国成立以来感动中国人之一。

第7节 新生儿寒冷损伤综合征

案例 6-5

患儿，女，生后 5d，35 周早产儿，出生体重 2000g，因全身冰冷、拒奶 1d 入院。查体：体温 35℃，反应差，心音低钝，双小腿皮肤呈暗红色，触之如硬橡皮样，脐带已脱落，脐部干燥。

问题： 1. 患儿最可能的诊断是什么？

2. 根据病史资料，分析患儿患病的主要原因是什么？

3. 针对患儿的病情，应采取哪项关键护理措施？并需注意遵循什么原则？

一、概　述

（一）概念

新生儿寒冷损伤综合征（neonatal cold injury syndrome），简称新生儿冷伤，又称新生儿硬肿症（scleredema neonatorum），是由多种原因引起的皮肤硬肿和低体温，重症可伴有多器官功能损害，以早产儿和寒冷季节多见。

（二）病因

寒冷、早产、感染、窒息等为主要病因。

（三）发病机制

发病机制与新生儿体温调节功能差和皮下脂肪特征有关。

1. 产热少　新生儿寒冷时主要靠棕色脂肪产热，并需在有氧条件下进行。早产儿棕色脂肪含量少，产热少；在缺氧、酸中毒及感染时，增加了热量的消耗，且棕色脂肪产热受到抑制；新生儿寒冷时无寒战产热反应等，更易发生低体温而导致硬肿症。

2. 散热多　新生儿体温调节中枢发育不成熟，体表面积相对较大，皮下脂肪层薄，血管丰富，易散热而导致低体温，尤其是早产儿。

3. 皮下脂肪特点　新生儿皮下脂肪组织中饱和脂肪酸较多，其熔点高，受寒和低体温时易凝固而硬化。

4. 血流缓慢　新生儿血液中红细胞多，血液黏稠；低体温和皮肤硬肿使皮肤血管痉挛收缩，使血流更加缓慢凝滞，造成组织缺氧、代谢性酸中毒和微循环障碍，引起弥散性血管内凝血（DIC）及多器官功能衰竭。

二、护理评估

（一）健康史

评估患儿出生史，有无早产、窒息、胎膜早破、脐部感染及受寒等因素存在；评估患儿居室温度、保暖措施及喂养情况。

（二）身心状况

1. 症状、体征

（1）低体温　全身及肢端冰凉，体温常＜35℃，重者＜30℃。硬肿初期棕色脂肪产热较好，腋温≥肛温，腋温-肛温差（$T_{A\text{-}R}$）≥0；重症时棕色脂肪耗尽，$T_{A\text{-}R}$＜0。因此，$T_{A\text{-}R}$可作为判断棕色脂肪产热状态的指标。

（2）皮肤硬肿　皮肤暗红、硬化和水肿，紧贴皮下组织不易捏起，触之如硬橡皮，有水肿者压之呈轻度凹陷。硬肿发生顺序为：小腿→大腿外侧→整个下肢→臀部→面颊→上肢→全身。硬肿范围可按头颈部20%、双上肢18%、胸及腹部14%、背及腰骶部14%、臀部8%、双下肢26%计算。

（3）全身反应差　少吃、少哭、少动、反应低下等。

（4）多器官功能改变　早期表现为心音低钝、心率减慢、微循环障碍，严重时出现休克、DIC、肺出血、急性肾衰竭等。

（5）病情分度　根据临床表现，病情可分为轻、中、重三度（表6-11）。

表6-11　新生儿寒冷损伤综合征的病情分度

分度	肛温（℃）	腋温-肛温差	硬肿范围	全身情况及器官功能改变
轻度	≥35	＞0	＜20%	无明显改变
中度	＜35	≤0	20%～50%	反应差、功能明显低下
重度	＜30	＜0	＞50%	休克、DIC、肺出血、急性肾衰竭

2. 心理、社会状况　家长因缺乏对本病病因、并发症、治疗及预后的了解，会产生焦虑、恐惧心理。应重点评估家长对本病的认知情况、家庭居住环境、经济及心理承受能力。

（三）辅助检查

血常规检查判断有无感染；动脉血气分析确定有无酸中毒；血电解质、尿素氮、肌酐检查判断有无肾衰竭；血小板计数、凝血时间及纤维蛋白原测定等确定有无DIC。

三、治疗要点

1. 复温　是治疗、护理的关键措施，原则为逐渐复温、循序渐进。

2. 对症治疗　有缺氧者及时给氧；有感染者选用抗生素；有出血或出血倾向者用止血剂；及时纠正酸中毒等。

3. 支持疗法　根据情况选择经口喂养或静脉营养，供给足够的热量，有利于体温恢复，但有心肾功能损害时应注意严格控制输液量及速度。

4. 纠正器官功能衰竭　及时处理休克、DIC、肺出血、急性肾衰竭。如休克时扩容、纠正酸中毒，应用小剂量肝素防止DIC等。

四、主要护理诊断/问题

1. 体温过低　与体温调节功能低下及寒冷、早产、感染、窒息等因素有关。

2. 皮肤完整性受损　与皮肤硬肿、局部血液供应不良有关。

3. 有感染的危险　与免疫及皮肤黏膜屏障功能低下有关。

4. 营养失调：低于机体需要量　与吸吮无力、能量摄入不足有关。

5. 潜在并发症：休克、DIC、肺出血、急性肾衰竭。

6. 知识缺乏：患儿家长缺乏正确保暖及育儿知识。

五、护理措施

1. 复温　可根据患儿情况，因地制宜选择复温措施，如母亲怀抱、温箱等，有条件者首选温箱复温。

（1）肛温＞30℃，$T_{A\text{-}R}$≥0的轻、中度患儿，置于已预热至30℃的温箱中，每小时提高箱温0.5～1℃，箱温不超过34℃，于6～12h内恢复正常体温。

（2）肛温＜30℃，T_{A-R}＜0的重度患儿，置于比肛温高1～2℃的温箱中，每小时提高箱温0.5～1℃，箱温不超过34℃，于12～24h内恢复正常体温。

2. 保持皮肤完整性，预防感染　加强皮肤护理，勤翻身，尽量避免肌内注射，防止皮肤破损引起感染；做好消毒隔离，严格遵守操作规程，特别应做好室内和温箱的清洁消毒，以预防感染。

3. 保证热量和液体供给　轻症能吸吮者可经口喂养，吸吮无力者用滴管、鼻饲或静脉营养，保证能量供应；静脉输液时应用输液泵控制，无条件者应加强手控滴速，每小时记录输液量及速度，根据病情加以调节，以防止输液速度过快引起心力衰竭和肺出血。建议输液时应加热（一般小于42℃），同时可实现复温。

4. 密切观察病情，及时发现和处理并发症

（1）观察并记录患儿体温、脉搏、呼吸、硬肿范围及程度、尿量等变化。

（2）出现休克时给予2：1等张液15～20ml/kg静脉滴注扩容，5%碳酸氢钠3～5ml/kg纠正酸中毒。

（3）遵医嘱应用小剂量肝素防止DIC；观察有无出血征象，出血是硬肿症患儿死亡的重要原因，尤其是肺出血。若患儿突然面色青灰、呼吸增快、肺部湿啰音增多，提示肺出血，应立即给予气管内插管正压呼吸。

（4）若患儿出现明显少尿或无尿、高钾血症、代谢性酸中毒、氮质血症等，提示急性肾衰竭，应及时处理。

5. 健康教育　向家长介绍硬肿症的相关知识，指导家长对患儿加强护理，注意保暖，鼓励母乳喂养，保证足够的热量，预防感染。

第8节　新生儿脐炎

一、概　　述

（一）概念

脐炎（omphalitis）是指断脐残端被细菌入侵并繁殖所引起的急性炎症。

（二）病因

由于断脐时消毒不严或出生后脐部护理不当造成细菌入侵所致，病原菌以金黄色葡萄球菌最常见，其次是大肠埃希菌、溶血性链球菌、铜绿假单胞菌等。

二、护理评估

（一）健康史

评估患儿出生史，有无消毒不严；评估生后脐部护理及脐带脱落情况。

（二）身心状况

1. 症状、体征

（1）轻者表现　脐根部与脐周轻度发红，可有少量浆液，体温及食欲正常。

（2）重者表现　脐部和脐周明显红肿发硬，脓性分泌物多并有臭味，可伴发热、吃奶差、精神不佳、烦躁不安等。可向周围皮肤或组织扩散引起腹壁蜂窝织炎、腹膜炎、败血症等。

2. 心理、社会状况　评估家长对本病病因、并发症的认识程度，了解家长的心理状况，当患儿出现败血症等并发症时，家长会出现紧张、焦虑和恐惧等心理反应。

（三）辅助检查

重症者可有血白细胞计数增高，脐部分泌物培养阳性（必须有脐炎表现）。

三、治疗要点

清除局部感染病灶、选用适宜抗生素、对症治疗等。

四、主要护理诊断/问题

1. 皮肤完整性受损 与脐炎感染性病灶有关。

2. 潜在并发症： 败血症、腹膜炎等。

3. 知识缺乏： 患儿家长缺乏脐部的护理知识。

五、护理措施

1. 脐部护理

（1）观察脐带有无潮湿、渗液或脓性分泌物，如有应及时处理。

（2）洗澡时不要洗湿脐部，洗毕用消毒干棉签吸干脐窝，并用75%乙醇消毒，保持局部干燥。

（3）有脐炎时，轻者用3%过氧化氢和75%乙醇（或0.2%～0.5%碘伏）从脐根部由内向外环形清洗消毒，彻底清除脐部感染，每日3次；重者应遵医嘱使用抗生素。

（4）进行脐部护理时应先洗手，并注意腹部保暖。

2. 健康教育 向家长宣讲脐炎的相关知识，指导家长掌握脐炎的预防及护理方法。

第9节 新生儿败血症

案例6-6

患儿，女，生后5d，因拒奶、少哭、皮肤发黄1d入院，查体：哭声低，反应差，全身皮肤黄染明显，前囟平，心肺（–），脐部有脓性分泌物。

问题： 1. 患儿最可能的诊断是什么？

2. 如何对家属进行健康指导？

一、概　　述

（一）概念

新生儿败血症（neonatal septicemia）是指细菌侵入血液循环并生长繁殖、产生毒素而造成的全身性感染，其发病率和病死率均较高，尤其是早产儿。

（二）病因及感染途径

1. 自身因素 主要与非特异性、特异性免疫功能不成熟有关。①皮肤黏膜薄嫩，屏障功能差，易破损感染，未愈合脐部是细菌入侵的门户；②血中补体少，白细胞在应激状态下杀菌力下降，T细胞对特异性抗原反应差，细菌一旦侵入易导致全身感染；③IgM、IgA缺乏，易患革兰氏阴性（G^-）杆菌感染。

2. 病原菌 ①我国以大肠埃希菌、葡萄球菌多见；②近年来因极低出生体重儿的存活率提高和血管导管、气管插管技术的广泛使用，表皮葡萄球菌、铜绿假单胞菌、克雷伯杆菌等条件致病菌败血症增多。

3. 感染途径 ①产前感染：与孕母感染有关，尤其是羊膜腔的感染更易发病；②产时感染：与胎儿通过产道时被细菌感染有关，如胎膜早破、产程延长、急产或助产时消毒不严等；③产后感染：为最主要的感染途径，与细菌从脐部、皮肤、黏膜、呼吸道或消化道等侵入有关，以脐部最多见；也可通过雾化器、吸痰器和各种导管造成医源性感染。

二、护理评估

（一）健康史

评估患儿出生史，有无胎膜早破、产程延长及助产时消毒不严等情况；评估孕母妊娠期有无感染；评估患儿有无脐部、皮肤、黏膜、呼吸道或消化道感染等病史。

（二）身心状况

1. 症状、体征 临床表现不典型，无特征性表现，常累及多个系统，主要以全身中毒症状为主。生后3d内出现症状者称为早发型败血症，3d后出现症状者称为晚发型败血症。

（1）全身中毒症状 ①早期表现："三少"，即少吃、少哭、少动；②病情进展表现："八不"，即不吃、不哭、不动、体温不升（或发热）、体重不增、精神不好（萎靡、嗜睡）、面色不好（苍白或灰暗）、黄疸不退（或退而复现）。

（2）如出现以下表现应高度怀疑败血症 ①黄疸：黄疸不退或退而复现；②肝脾肿大：为轻至中度肿大；③出血倾向：皮肤黏膜瘀点、瘀斑，甚至发生DIC；④休克：面色苍灰、皮肤花纹、血压下降、少尿或无尿；⑤其他：呼吸衰竭、腹胀、中毒性肠麻痹等。

2. 并发症 化脓性脑膜炎（最常见）、肺炎、化脓性关节炎、化脓性骨髓炎等。

3. 心理、社会状况 评估家长对本病病因、并发症及预后的认识程度；病情轻者家长易忽视，重者可引起化脓性脑膜炎等并发症，且治疗时间长、费用高，家长会产生自责、焦虑及恐惧等心理；评估患儿居住环境、家庭卫生习惯及经济状况等。

（三）辅助检查

1. 血培养阳性是确诊的依据，脑脊液培养有助于化脓性脑膜炎的诊断。
2. 白细胞计数升高或降低，中性粒细胞增高，并有中毒颗粒和核左移，血小板减少。
3. C反应蛋白（CRP）在急性感染早期可升高。

三、治疗要点

1. 控制感染 抗生素使用原则为：①早期、足量、足疗程（至少10～14d）、联合、静脉用药；②选用敏感、杀菌、易透过血脑屏障的抗生素。

2. 清除局部病灶 及时处理脐炎、脓疱疮、口炎等感染病灶。

3. 对症及支持治疗 保暖、给氧、纠正酸中毒和电解质紊乱；必要时输新鲜血、血浆、血小板、免疫球蛋白。

四、主要护理诊断/问题

1. 体温调节无效 与感染有关。

2. 皮肤完整性受损 与脐炎、脓疱疮等感染病灶有关。

3. 营养失调：低于机体需要量 与吸吮无力、拒乳、摄入不足有关。

4. 潜在并发症：化脓性脑膜炎、感染性休克等。

五、护理措施

1. 维持体温稳定 体温过低时，及时给予保暖措施复温（参见本章第7节）；体温过高时，给予松解包被、多喂开水、调节环境温度等措施降温，一般不予退热剂。

2. 控制感染，清除局部病灶 遵医嘱正确使用抗生素，注意观察疗效及毒性反应。脐炎时的护理参见本章第8节，皮肤小脓疱可用无菌针头刺破（操作前后用碘伏消毒）。

3. 保证营养供给 坚持母乳喂养，少量多次；吸吮无力者用滴管喂养、鼻饲或静脉营养，以保证热量和营养供给，并注意维持患儿水、电解质平衡。

4. 密切观察病情 若患儿出现面色青灰、呕吐、脑性尖叫、惊厥、双眼凝视、前囟饱满等提示可能并发化脓性脑膜炎，应给予积极抗感染和降颅压治疗；若患儿出现面色青灰、四肢厥冷、脉搏细弱、皮肤花纹等应考虑感染性休克，应立即给予扩容、纠正酸中毒等治疗。

5. 健康教育 指导家长正确喂养和护理患儿，保持皮肤和脐部的清洁。

第10节 新生儿低血糖

一、概　述

（一）概念

新生儿低血糖（neonatal hypoglycemia）是指血糖水平＜2.2mmol/L，而不论胎龄、日龄和出生体重大小。血糖水平＜2.6mmol/L为临床处理阈值。

（二）病因及分类

新生儿低血糖分为暂时性和持续性两类。暂时性低血糖持续时间较短，不超过新生儿期，原因包括：①葡萄糖储存不足：主要见于早产儿、小于胎龄儿、窒息缺氧、寒冷、败血症、先天性心脏病等；②葡萄糖利用增加（即高胰岛素血症）：主要见于糖尿病母亲婴儿、Rh血型不合溶血病等。持续性低血糖可持续至婴儿或儿童期，主要见于高胰岛素血症（如胰岛细胞增生症）、内分泌缺陷（如先天性垂体功能不全）、遗传代谢性疾病（如糖原累积病）等。

二、护理评估

（一）健康史

评估患儿出生史，是否早产、小于胎龄儿，有无窒息缺氧史等；评估母亲有无糖尿病及母婴血型；评估患儿有无内分泌缺陷、遗传代谢性疾病等。

（二）身心状况

1. 症状、体征 无症状性新生儿低血糖的发生率是症状性新生儿低血糖的10～20倍，新生儿低血糖常为非特异性的临床表现，如出汗、脸色苍白、意识改变、喂养困难、饥饿、肌张力低下、哭声弱或高尖、肢体抖动（震颤）、呼吸不规则、心动过速和呕吐等。

2. 心理、社会状况 评估家长对本病及患儿病情了解程度，病情重时，家长会产生焦虑、恐惧心理；评估患儿家庭居住环境及经济状况等。

（三）辅助检查

对无低血糖高危因素的健康新生儿不常规进行血糖监测，当出现疑似低血糖症状或体征时需立即进行血糖监测；对于无症状的低血糖高危新生儿，血糖首次监测应在第1次有效喂养后30min，且不晚于生后2h，随后常规的血糖监测应在喂奶前进行；若最初2次血糖≥2.6mmol/L，可每3～6h监测喂奶前血糖；若连续3次血糖≥2.6mmol/L，出生24～48h内可根据具体的低血糖高危因素适当减少血糖监测频次。

三、治疗要点

1. 新生儿血糖水平<2.6mmol/L，若同时存在低血糖症状，应静脉推注10%葡萄糖液2ml/kg（1mL/min）后维持葡萄糖液或肠外营养液输注。

2. 新生儿血糖水平为2.0～2.6mmol/L时，可先补充喂养，30min后复测血糖，若①血糖<2.2mmol/L，应静脉推注10%葡萄糖液；②2.2mmol/L≤血糖<2.6mmol/L，继续补充喂养，若连续2次补充喂养后复测血糖达不到≥2.6mmol/L，则立即输注葡萄糖液或肠外营养液；③2.6mmol/L≤血糖<2.8mmol/L，喂养频次为每2～3h一次。

四、主要护理诊断/问题

1. 营养失调：低于机体需要量 与摄入不足、消耗增加有关。

2. 潜在并发症：惊厥、呼吸暂停。

五、护理措施

1. 保证能量供给 生后尽早且不少于1h母婴皮肤接触、早吸吮、早开奶；鼓励母乳喂养，母乳不足时可补充配方奶，不推荐糖水喂养；生后第1天喂养间隔时间≤3h。

2. 监测血糖 在补充喂养后，或静脉推注葡萄糖后，或改变葡萄糖输注速度后30min复测血糖。每1h监测血糖，直至血糖≥2.6mmol/L；若出生48h内血糖>2.8mmol/L或出生48h后血糖>3.3mmol/L，频率可调整为每3～6h监测喂奶前血糖。停止补充喂养和（或）静脉输注葡萄糖后，出生48h内连续3次喂奶前血糖>2.8mmol/L或出生48h后连续3次喂奶前血糖>3.3mmol/L，可停止监测血糖。

3. 密切观察病情 观察患儿病情变化，注意有无震颤、惊厥、昏迷、呼吸暂停等，一旦发生及时报告医生并处理。

4. 健康教育 告知家长新生儿出生后应尽早喂养，以保证能量供给；指导家长学会观察病情，一旦出现反应低下、惊厥、昏迷等情况，应立即通知医生抢救。

第11节 新生儿低钙血症

一、概 述

（一）概念

新生儿低钙血症（neonatal hypocalcemia）是指血清总钙<1.8mmol/L（7.0mg/dl）或游离钙<0.9mmol/L（3.5mg/dl），是新生儿惊厥的常见原因之一。

（二）病因

本病主要与暂时的生理性甲状旁腺功能低下有关。①早期低血钙：于生后3d内发生，常见于早产儿、小于胎龄儿、糖尿病及母亲患妊娠高血压患儿等；②晚期低血钙：于生后3d后发生，常见于牛乳喂养的足月儿；③其他：可见于母亲患甲状旁腺功能亢进、先天性永久性甲状旁腺功能不全等。

二、护理评估

（一）健康史

评估患儿出生史，是否早产、小于胎龄儿；评估患儿喂养史，是否牛乳喂养。

（二）身心状况

1. 症状、体征 主要是神经肌肉兴奋性增高，表现为烦躁不安、肌肉抽动及震颤，可有惊跳、惊厥及手足搐搦，喉痉挛较少见。惊厥发作时常伴有呼吸暂停和发绀，发作间期一般情况良好。

2. 心理、社会状况 评估家长对本病及患儿病情的了解程度，病情重时，家长会产生焦虑、恐惧心理；评估患儿家庭居住环境及经济状况等。

（三）辅助检查

1. 血生化检查 血清总钙＜1.8mmol/L（7mg/dl），游离钙＜0.9mmol/L（3.5mg/dl），血清磷＞2.6mmol/L（8mg/dl），碱性磷酸酶多正常。

2. 心电图 QT间期延长（早产儿＞0.2s，足月儿＞0.19s）。

三、治疗要点

1. 静脉或口服补充钙剂。
2. 晚期低血钙者应给予母乳或配方乳。
3. 甲状旁腺功能不全者补钙的同时应补充维生素D。

四、主要护理诊断/问题

1. 有窒息的危险 与惊厥、喉痉挛发作有关。

2. 知识缺乏：患儿家长缺乏本病的相关知识。

五、护理措施

1. 遵医嘱补钙，防止窒息

（1）用10%葡萄糖酸钙，每次2ml/kg，以5%或10%葡萄糖液稀释至少1倍后静脉缓慢注射（推注速度≤1ml/min）或滴注，避免血钙浓度过高引起心动过缓，甚至心脏停搏，故静脉推注时应保持心率＞80次/分；确保输液通畅，避免药液外渗而造成局部组织坏死，一旦发生药液外渗，应立即停止注射，给予25%～50%硫酸镁局部湿敷。

（2）口服钙剂时，应在两次喂乳之间给药，禁忌与牛乳同服，以免影响钙的吸收。

（3）严密观察病情变化，备好吸引器、氧气、气管插管、气管切开等抢救物品，避免不必要的操作，防止惊厥和喉痉挛的发生。

2. 健康教育 向家长解释病因及预后，鼓励母乳喂养，多晒太阳，人工喂养儿及时补充钙剂及维生素D。

自测题

A_1型题

1. 有关新生儿颅内出血患儿护理，下列哪项不妥（　　）
   A. 保持安静，避免各种刺激
   B. 注意保暖，必要时吸氧
   C. 抬高头肩部15°～30°以减轻脑水肿
   D. 抱起喂乳，喂乳后拍背，以防溢乳
   E. 按医嘱用止血剂

2. 某新生儿确诊为低钙血症，医嘱：静脉注射10%葡萄糖酸钙。护士要注意观察的是（　　）
   A. 防止心动过缓，保持心率在＞80次/分
   B. 防止心动过缓，保持心率在＞90次/分
   C. 防止心动过缓，保持心率在＞100次/分
   D. 防止心动过速，保持心率在＜80次/分
   E. 防止心动过速，保持心率在＜100次/分

3. 新生儿室温应保持在（　　）
   A. 18～20℃　　B. 20～22℃

C. 22～24℃　　D. 24～26℃
E. 28～30℃

4. 先天性胆道闭锁粪便呈（　　）
A. 柏油样　　B. 深黄色
C. 淡黄色　　D. 深绿色
E. 灰白色（陶土色）

5. 下列符合早产儿外观特点的是（　　）
A. 皮肤红润，胎毛少　　B. 耳壳软骨发育好
C. 乳晕明显，有结节　　D. 指甲长过指端
E. 足底光滑，纹理少

A_2型题

6. 患儿，男，10d。出生后诊断为颅内出血，经治疗后病情好转，留有后遗症。出院时护士应重点指导家长（　　）
A. 测量血压的方法
B. 测量体重、身长、头围的方法
C. 服用铁剂预防贫血的方法和注意事项
D. 补充叶酸、维生素B_{12}的方法
E. 进行功能训练和智力开发的意义及方法

7. 早产儿，生后2d，全身皮肤黄染，诊断为新生儿溶血病。患儿出现拒食，嗜睡，肌张力减退。考虑该患儿并发了（　　）
A. 败血症　　B. 颅内出血
C. 胆红素脑病　　D. 病毒性脑炎
E. 缺氧缺血性脑病

8. 患儿，男，孕32周早产，体重1450g，体温不升，呼吸50次/分，血氧饱和度95%，胎脂较多，护士首先应采取的护理措施是（　　）
A. 将患儿置于暖箱中　　B. 给予鼻导管低流量吸氧
C. 立即擦净胎脂　　D. 接种卡介苗
E. 立即向患儿家长进行入院宣教

9. 新生儿，女，胎龄35周，生后第1d，基本情况可。其母尚无乳汁分泌。为预防新生儿低血糖，护理措施重点是（　　）
A. 可试喂米汤
B. 早吸吮、早开奶
C. 应果断进行人工喂养
D. 配合进行静脉输注葡萄糖溶液
E. 等待母亲乳汁开始分泌再开奶，坚持母乳喂养

10. 一男性新生儿经产钳助产娩出。出生心率95次/分，呼吸浅慢，四肢皮肤青紫，肢稍屈，喉反射消失。Apgar评分为（　　）
A. 4分　　B. 5分
C. 6分　　D. 7分
E. 8分

11. 某新生儿，男，生后5d，洗澡时发现两侧乳腺肿大呈蚕豆大小。说法正确的是（　　）
A. 此为乳腺脓肿　　B. 应进行热敷
C. 应切开引流　　D. 全身使用抗生素
E. 此系来自母体的雌激素中断所致，切勿挤压，以免感染

12. 患儿，女，生后4d，足月顺产，现该患儿反应低下，拒乳，哭声低弱，下肢及臀部皮肤暗红、发硬，压之凹陷，拟诊为寒冷损伤综合征。在进一步收集的评估资料中，对判断病情最有价值的是（　　）
A. 体重　　B. 呼吸
C. 体温　　D. 脉搏
E. 血压

13. 患儿，女，足月新生儿。出生后10d，吃奶差，精神欠佳。脐部出现红肿、渗液，最可能的诊断是（　　）
A. 新生儿感染　　B. 新生儿湿疹
C. 新生儿脐炎　　D. 新生儿破伤风
E. 新生儿败血症

14. 患儿，男，孕35周分娩出生，出生体重1400g，哭声轻，四肢肌张力低下，皮肤红嫩，始毛多，足底纹理少，睾丸未降，为预防其出血，应及时补充的是（　　）
A. 维生素A　　B. 维生素K
C. 维生素C　　D. 铁剂
E. 维生素D

15. 患儿，女，足月儿，因脐带绕颈，出生后1min Apgar评分为1分，5min Apgar评分为2分。经窒息复苏后，目前患儿仍嗜睡、反应差、呕吐。此时对该患儿不恰当的护理是（　　）
A. 头罩吸氧　　B. 监测生命体征
C. 注意保暖　　D. 配合亚低温治疗
E. 立即开奶

16. 某新生儿，出生5d。面部黄染，血清胆红素5mg/dl，吃奶好，大小便正常。家属询问出现黄疸的原因，护士正确的回答是（　　）
A. 新生儿胆道闭锁　　B. 新生儿肝炎
C. 新生儿败血症　　D. 新生儿溶血病
E. 生理性黄疸

A_3/A_4型题

（17、18题共用题干）

新生儿，男，生后3d。皮肤、巩膜出现黄染，精神、食欲尚好，大便黄色糊状，查血清胆红素浓度128μmol/L，血常规无异常，小儿血型为O型，其母为B型。

17. 该男婴最可能是（　　）
A. 溶血性黄疸　　B. 阻塞性黄疸
C. 先天性黄疸　　D. 肝细胞性黄疸
E. 生理性黄疸

18. 此时最佳的处理措施是（　　）
A. 给予肝药酶诱导剂　　B. 立即蓝光照射

C. 观察黄疸变化　　D. 给予保肝药物

E. 输清蛋白

（19、20题共用题干）

新生儿，女，出生后第5d，因全身冰冷和拒奶1d入院。查体：T35℃，反应差，皮肤呈暗红色，心音低钝，双小腿皮肤如硬橡皮样，脐带已脱落。

19. 最可能的诊断是（　　）

A. 新生儿水肿

B. 新生儿红斑

C. 新生儿寒冷损伤综合征

D. 新生儿败血症

E. 新生儿皮下坏疽

20. 应首先采取的护理措施是（　　）

A. 指导母乳喂养　　B. 复温

C. 加强脐部护理　　D. 给氧气吸入

E. 遵医嘱用抗生素

（21、22题共用题干）

患儿，女，生后10d。生后3d出现黄疸，近2d黄疸加深，拒乳。查体：脐部红肿，有脓性分泌物。

21. 该患儿最可能的诊断是（　　）

A. 新生儿生理性黄疸　B. 新生儿溶血病

C. 新生儿肝炎　　D. 新生儿脐炎

E. 新生儿败血症

22. 对该患儿家属进行健康教育，不正确的内容是（　　）

A. 脐带因结扎不牢长时间不脱落应考虑重新结扎

B. 应从脐带根部由内向外环形彻底消毒

C. 避免大小便污染

D. 进行脐部护理时注意婴儿腹部保暖

E. 脐带脱落后不需再观察和护理

（23～26题共用题干）

新生儿，生后2d，出生体重3.5kg，曾用产钳助产。今出现惊厥，高声尖叫，双眼凝视，前囟饱满。血常规显示：Hb60g/L，RBC3.5×10^{12}/L。

23. 该患儿最可能的诊断为（　　）

A. 新生儿缺血缺氧性脑病

B. 新生儿败血症

C. 新生儿颅内出血

D. 新生儿化脑

E. 新生儿肺炎

24. 其护理措施，下列哪项不妥（　　）

A. 减少搬动和刺激患儿

B. 保持呼吸道通畅，必要时吸氧

C. 抬高头肩部15°～30°，头侧位

D. 护理操作动作要轻快

E. 经常变换体位，以利于分泌物排出

25. 在护理过程中，患儿突然出现呼吸困难加重，呼吸不规则，双侧瞳孔不等大，瞳孔对光反射明显迟钝。此时应考虑发生了（　　）

A. 胆红素脑病　　B. 心力衰竭

C. 呼吸衰竭　　D. 脑疝

E. 化脓性脑膜炎

26. 为抢救患儿，此时应采取的最重要的护理措施是（　　）

A. 静脉推注地塞米松　B. 20%甘露醇降颅压

C. 光照疗法　　D. 静脉缓注去乙酰毛花苷

E. 大剂量青霉素

（27、28题共用题干）

患儿，胎龄38周。出生体重2300g，身长45cm，皮肤红润，胎毛少，足纹明显。

27. 护士判断该小儿属于（　　）

A. 适于胎龄儿　　B. 极低出生体重儿

C. 未成熟儿　　D. 足月儿

E. 足月小样儿

28. 护士为该小儿制订的主要护理措施除外（　　）

A. 做好预防接种

B. 加强体温检测，注意保暖

C. 入暖箱保暖

D. 严格执行消毒隔离制度，预防感染

E. 鼓励尽早吸吮母乳

（29、30题共用题干）

新生儿，女，生后无呼吸，心率＜100次/分，四肢松弛瘫软，周身发绀，插鼻管无反应。

29. 该患儿的Apgar评分为（　　）

A. 1分　　B. 4分

C. 3分　　D. 0分

E. 2分

30. 对该患儿首先采取的措施是（　　）

A. 恢复循环　　B. 监测生命体征

C. 保温　　D. 建立呼吸

E. 畅通气道

（陈　晓）

第7章 营养障碍性疾病患儿的护理

第1节　蛋白质-能量营养不良

案例 7-1

患儿，男，7个月，因食欲低下、逐渐消瘦3个月入院。患儿系人工喂养，未添加其他食物。近3个月来精神萎靡、面色苍白、皮肤干燥、消瘦，4个月抬头，现不能独坐。查体：T36.4℃，P115次/分，R38次/分，体重6kg，身长65cm。腹软，肝肋下2cm，质中，脾脏未扪及，腹部皮下脂肪0.6cm，未见水肿，四肢肌张力低，生理反射正常。辅助检查：血常规Hb100g/L，其余正常；尿便常规、肝功能检查均正常；血清铁、锌稍低于正常参考值；胸部X线检查未见异常。

问题： 1. 患儿为什么会出现这些症状？

2. 护士在护理患儿的过程中，应注意密切观察哪种并发症发生？

3. 如何给患儿实施护理？

一、概　　述

（一）概念

蛋白质-能量营养不良（protein-energy malnutrition，PEM）又称营养不良，是一种因缺乏能量和（或）蛋白质所致的慢性营养缺乏性疾病。临床以体重减轻、皮下脂肪减少、消瘦为主要特点，严重者出现各器官系统功能紊乱，多见于婴幼儿。

临床上常见3种类型：消瘦型（以能量缺乏为主）、水肿型（以蛋白质缺乏为主）、消瘦-水肿型（介于两者之间）。

（二）病因

1. 喂养不当　为最主要原因，如母乳不足、奶粉配制过稀、未及时添加辅食、单纯用淀粉类食物喂哺、年长儿的不良饮食习惯等。

2. 疾病因素　迁延性或慢性腹泻、先天性消化道畸形、严重先天性心脏病，慢性消耗性疾病如肾病综合征、结核病、慢性感染等，造成营养素吸收不良或消耗增加。

3. 需要量增加　早产儿、多胎儿、低出生体重儿，生长速度相对较快，对营养需要量增加而引起营养不良。

（三）病理生理

1. 新陈代谢异常　由于长期能量供应不足，自身组织被消耗。糖原不足或消耗过多可引起低血糖，重者可致昏迷；脂肪消耗过多导致血清胆固醇下降、脂肪肝；蛋白质供应不足或消耗过多致血清蛋白下降、低蛋白水肿；全身总液量相对过多，细胞外液呈低渗状态，易出现低渗性脱水。同时可导致体温调节能力下降。

2. 各系统功能低下

（1）消化系统　由于消化液和酶的分泌减少，酶活性降低，肠蠕动减弱，菌群失调，导致消化功能低下，易发生腹泻。

（2）循环系统　心脏收缩力减弱，心排血量减少，血压偏低，脉搏细弱。

（3）泌尿系统　肾小管吸收功能减低，尿量增加而尿比重下降。

（4）神经系统　可出现精神萎靡，也时有烦躁不安、表情淡漠、反应迟钝、记忆力减退、条件反射不易建立。

（5）免疫功能　非特异性和特异性免疫功能均明显降低，易并发各种感染。

二、护理评估

（一）健康史

了解患儿出生史、喂养史，有无母乳量不足或牛奶过稀，有无挑食偏食、骤然断奶及添加辅食情况；询问患儿有无消化系统疾病、慢性传染病等病史。

（二）身心状况

1. 症状、体征

（1）体重不增　是营养不良的最早表现，随着病情的加重，生长发育停滞，体重下降。在无明确时间段内，体重非人为因素下降＞10%，或者3个月内体重下降＞5%。

（2）皮下脂肪减少　皮下脂肪厚度是判断营养不良程度的重要指标之一。皮下脂肪减少首先从腹部开始，其次为躯干、臀部、四肢，最后为面颊部，严重者可消失。另外，患儿可出现皮肤干燥无弹性，甚至肌张力减低、肌肉萎缩。

（3）系统功能紊乱　可出现食欲下降，消化吸收不良，常发生呕吐、腹泻。循环功能低下，出现血压降低、心率减慢、四肢发凉。蛋白质严重缺乏可致营养不良性水肿。患儿运动和语言发育迟缓，精神萎靡或萎靡与烦躁交替出现。免疫力低下。

（4）临床分度　临床上根据病情将营养不良分为3度（表7-1）。

表7-1　营养不良分度

临床表现	Ⅰ度（轻度）	Ⅱ度（中度）	Ⅲ度（重度）
体重低于正常均值	15%～25%	25%～40%	40%以上
腹部皮下脂肪厚度	0.4～0.8cm	＜0.4cm	消失
消瘦	不明显	明显	皮包骨、老人貌
身长（高）	正常	低于正常	明显低于正常
肌张力	正常	降低、肌肉松弛	低下、肌肉萎缩
消化功能	尚可	明显低下	极差
皮肤	稍苍白	苍白、干燥	干燥、无弹性
精神状态	尚可	烦躁不安	萎靡或烦躁
并发症	少	有	多见

2. 并发症

（1）感染　由于免疫功能低下，机体易患各种感染，如上呼吸道感染、肺炎、鹅口疮、肺结核、中耳炎、尿路感染等。

（2）多种维生素及微量元素缺乏　以维生素A缺乏最常见，其次为B族维生素、维生素C、维生素D及钙、镁、铜及硒等缺乏等。

（3）营养性贫血 以营养性缺铁性贫血最常见，营养性巨幼细胞贫血也可出现。

（4）自发性低血糖 多在夜间或清晨出现，表现为面色苍白、出冷汗、脉搏减慢、呼吸暂停、抽搐、昏迷，若不及时诊治可导致死亡。

3. 心理、社会状况 评估家长对本病病因、并发症及预后的认识程度，了解家长及患儿的心理状况，尤其患儿出现自发性低血糖时，家长及患儿均会出现紧张、焦虑和恐惧等心理反应。

（三）辅助检查

1. 常用的营养评价量表 包括营养风险筛查量表（NRS-2002）、微型营养评定法（MNA-SF）等。经筛查，高风险的患者应进行确诊试验。

2. 常用的营养状态评价指标 包括人体形态测量学指标（如小腿围、皮下褶皱厚度等）、去脂体重（FFM）及脂肪量（FM）、体重下降程度，以及是否存在引起厌食症的其他原因（如疾病、药物和年龄等）。

3. 血清白蛋白测定 血清白蛋白降低为最具特征的表现，总蛋白下降。

4. 胰岛素样生长因子（IGF-1）测定 胰岛素样生长因子反应灵敏且受其他因素影响小，其降低被认为是营养不良早期诊断灵敏且可靠的指标。

三、治疗要点

本病应早发现、早治疗，采取综合性治疗措施。原则是去除病因，调整饮食，促进消化功能改善，积极处理各种并发症。

1. 调整饮食 根据患儿消化能力给予易消化、高营养、富含维生素饮食。病情重者可输入氨基酸、白蛋白、新鲜血浆、脂肪乳剂等。

2. 促进消化功能及蛋白质合成 给予助消化药物，如胃蛋白酶、胰酶、多酶片等；促进蛋白质合成，给予苯丙酸诺龙，每次肌内注射10～25mg，每周1～2次，连续2～3周。

3. 其他 预防感染，纠正并发症。

四、主要护理诊断/问题

1. 营养失调：低于机体需要量 与营养物质长期摄入不足和（或）消耗增加有关。

2. 有感染的危险 与机体免疫功能下降有关。

3. 潜在并发症：自发性低血糖、营养性缺铁性贫血、维生素A缺乏等。

4. 知识缺乏：患儿家长缺乏儿童营养与喂养的知识。

五、护理措施

1. 调整饮食，增加营养

（1）饮食调整的原则 保证营养素的摄入是促进生长发育的物质基础。营养不良患儿由于长期摄食量少，消化道已适应低摄食量的状况，此时如果过快增加摄食量，易出现消化不良、腹泻等，因此，要根据营养不良的程度和消化能力调整饮食的量及种类。遵循“由少到多，由稀到稠，循序渐进”的原则，逐渐增加饮食，直至恢复正常，并尽量保证母乳喂养。

（2）能量及蛋白质的供应标准 应由低于正常到超过正常再恢复到正常。

（3）选择合适的补充途径 胃肠道功能良好者，应尽量口服补充营养；食欲差、吞咽困难、吸吮力弱者，可选择鼻胃管喂养；肠内营养明显不足或胃肠道功能严重障碍者按医嘱给予静脉营养疗法，输液量不宜多，速度宜慢，以防发生心力衰竭。

（4）建立良好的饮食习惯 帮助患儿纠正挑食、偏食等不良习惯，保证供给足够的能量和蛋白质。

2. 促进消化、改善食欲 遵医嘱给予各种消化酶，促进消化；给予蛋白同化类固醇制剂，促进蛋白质合成；对食欲差的患儿可给予胰岛素注射，提高食欲；给予锌制剂提高味觉敏感度。

3. 预防感染 保持皮肤清洁、干燥。床铺平整、无碎屑，衣被柔软，常协助患儿翻身，防止压疮发生。保持口腔清洁，做好口腔护理。及时增减衣物，以防感冒，注意患儿有无发热、咳嗽、腹泻等感染的表现。

4. 密切观察病情 定期监测患儿体重、身高及皮下脂肪厚度，评估恢复情况。重度患儿摄入及贮存能量少，可突发低血糖（尤其在清晨）。若患儿出现面色苍白、饥饿、出冷汗、心率减慢、呼吸暂停、抽搐、神志不清等情况，应考虑低血糖。立即通知医生并注射25%～50%葡萄糖溶液进行抢救。注意观察患儿有无营养性贫血的表现，及时补充铁剂。对维生素A缺乏引起的干眼症，可用生理盐水湿润角膜及涂抗生素眼膏，并给予维生素A制剂。

5. 健康教育 向家长介绍婴儿营养需要，辅食添加的原则及方法，示范配乳方法，改变不良饮食习惯；加强体格锻炼，保证充足睡眠；及时治疗急慢性疾病，矫治先天畸形等；做好生长发育监测；恢复期可到户外活动，接受新鲜空气及阳光。

第2节　单纯性肥胖

案例 7-2

儿童，女，4岁11个月。体检显示：T36.4℃，P85次/分，R25次/分，体重27kg，身长110cm。皮下脂肪较丰满，分布均匀，腹部膨隆。

经了解，该儿童平素进食速度快，食量较大，习惯喝牛奶，每天7～8盒。不爱活动，经常感冒发热。家长认为其体重偏重的原因属于遗传问题，没有进行过饮食调整。

问题： 1. 该儿童的临床诊断是什么？请说明依据。

2. 请为该儿童制订合理的饮食指导。

一、概　　述

（一）概念

肥胖（obcsity）指由多因素引起的能量摄入超过消耗，导致体内脂肪积聚过多和（或）局部含量增多及分布异常导致的慢性代谢性疾病。近年来，我国儿童肥胖的患病率总体呈上升趋势，我国6～7岁儿童和青少年超重率为9.6%，肥胖率约为6.4%，与成年期高血压、糖尿病、冠心病、胆石症、痛风等多种疾病相关，故应重视对本病的防治。

肥胖分为单纯性（原发性）和继发性两类。儿童肥胖95%～97%属于单纯性肥胖，不伴有明显的内分泌和代谢性疾病，本节主要介绍单纯性肥胖。

（二）病因

1. 能量摄入过多 是本病的主要病因。长期摄入的营养超过机体代谢需要，剩余能量便转化为脂肪贮积于体内。

2. 活动量过少 活动过少和缺乏适当体育锻炼是导致肥胖的重要原因。

3. 遗传因素 肥胖具有高度遗传性。双亲均肥胖的后代肥胖发生率高达70%～80%，双亲之一肥胖的后代肥胖发生率为40%～50%，双亲正常的后代肥胖发生率仅为10%～14%。

4. 其他因素 如进食习惯不好（如进食过快）、调节饱食感及饥饿感的中枢失去平衡，以及心理异常等因素均可使儿童过量进食而导致肥胖。

（三）病理生理

长期能量摄入超过机体代谢需要，多余的能量便转化为脂肪贮存于体内。脂肪细胞的体积增大或数量增多。人体的脂肪细胞数目在胎儿出生前3个月、生后1年及青春期三个阶段增加最快。如果肥胖起病在这些时期，可引起脂肪细胞增多型肥胖，治疗比较困难并且容易复发。而在其他时期发生的肥胖，仅脂肪细胞体积增大而数目正常。

患儿脂代谢紊乱，血脂水平增高，易并发动脉硬化、冠心病、高血压等疾病；嘌呤代谢异常，血尿酸增高，易发生痛风；糖代谢异常导致糖耐量减低或糖尿病；肥胖患儿常有低体温倾向。

二、护理评估

（一）健康史

询问患儿的饮食习惯、饮食量、每日运动量和运动时间；了解患儿有无引起肥胖的内分泌疾病和遗传因素。

（二）身心状况

1. 症状、体征　肥胖可发生于任何年龄，但最常见于婴儿期、5～6岁和青春期。患儿食欲旺盛且喜吃甜食和高脂肪食物，不爱活动。明显肥胖患儿常有疲劳感，活动时气短或腿痛。严重肥胖者由于脂肪的过度堆积限制胸部扩展和膈肌运动，使肺换气量减少，造成缺氧、气促、发绀、红细胞增多，心脏扩大或出现充血性心力衰竭，甚至死亡。

体格检查可见皮下脂肪丰满，但分布均匀，腹部膨隆下垂，严重肥胖者可因皮下脂肪过多，使胸腹、臀部及大腿处出现皮纹；由于双下肢负荷过度，走路时可致膝外翻和扁平足。女孩胸部脂肪过多应与乳房发育相鉴别，男孩因大腿内侧和会阴部脂肪过多，阴茎可隐匿在脂肪组织中，而被误诊为阴茎发育不良。

临床上采用体重指数（BMI）作为判断肥胖的常用简易指标。BMI（kg/m^2）=体重/身高^2。肥胖的诊断标准见表7-2。

表7-2　BMI值诊断肥胖的标准

分类	BMI值（kg/m^2）
体重正常	18.5～＜24.0
超重	24.0～＜28.0
肥胖	≥28.0

2. 心理、社会状况　了解患儿家长对肥胖病因及其危害的认知程度；评估肥胖儿童有无心理健康问题，如身体形象障碍、自尊心低下、社会关系受损、高度内化（抑郁和焦虑）及外化行为问题（多动和攻击性）等风险增加。

（三）辅助检查

血清甘油三酯、胆固醇增高，常有高胰岛素血症。血清生长激素刺激试验低于正常儿。肝脏超声常显示脂肪肝。

三、治疗要点

限制热量的摄入及增加热量的消耗是预防及治疗肥胖症的首选方案。治疗原则是减少能量摄入和增加能量消耗，使体脂减少并接近正常状态，同时又不影响患儿身体健康和生长发育。采取控制饮食，加强运动，消除心理障碍，配合药物治疗的综合措施。

四、主要护理诊断/问题

1. 营养失调：高于机体需要量　与摄入过多高能量食物、运动量过少、遗传、体内激素调节紊乱有关。

2. 自我形象紊乱　与肥胖引起形象改变有关。

3. 知识缺乏：患儿及家长缺乏合理营养知识。

五、护理措施

1. 饮食管理 采用24h膳食回顾法、三日称重法和食物频率问卷等方法评估患儿能量摄入情况。如果有间接能量测定仪，可以用其检测患儿的静息代谢率，而后根据活动量来估算患儿每日的总能量需求，在满足儿童基本营养及生长发育需要的前提下，每日的摄入量必须低于机体消耗的总能量。

（1）患儿对饮食的喜好会影响其对饮食模式的依从性及能量的控制情况，进而影响减重效果。需根据患儿的饮食喜好及疾病状况制订个性化的膳食方案。

（2）在限制热能基础上使蛋白质、脂肪、糖类配比适宜，无机盐、维生素供给充分。推荐低脂、低糖类和适量蛋白食物，适当增加低热量的蔬菜，如萝卜、青菜、冬瓜、黄瓜、番茄等，以增加饱腹感。

2. 指导体育锻炼 适量运动能促进脂肪分解，减少胰岛素分泌，使脂肪合成减少，蛋白质合成增加，促进肌肉发育。根据患儿自身健康状况及个人偏好，制订合理的运动计划。需兼顾运动的有效性、可行性及趣味性，并注意循序渐进、长期坚持。

3. 行为矫正和心理护理

（1）引导患儿正确对待存在的问题，在家庭的配合下，鼓励患儿坚持控制饮食及加强锻炼，改进膳食习惯、进食方式和环境，如增加咀嚼次数、减慢进食速度，避免进食时边看电视或边听广播，定期检查执行计划的效果。

（2）鼓励患儿说出害怕及担忧的心理感受，帮助患儿接纳自身形象，消除患儿因肥胖而带来的自卑。鼓励家长向患儿表达不嫌弃和关心的情感。指导患儿进行自我调节，维持良好的心理状态，参加正常的社交活动，以缓解胆怯、孤独等心理问题。

4. 健康教育 宣传单纯性肥胖的预防知识及危害性，从幼年开始，树立现代健康观。家长应为人表率，经常带领儿童参加运动，坚持锻炼。合理安排饮食，自觉执行饮食计划。儿童减肥一般不宜采用药物、手术去脂、禁食或饥饿疗法，以免危及儿童健康。定期进行生长发育监测，定期门诊观察。

第3节 维生素D缺乏性佝偻病

案例7-3

患儿，女，10个月，因哭闹、多汗1个月入院。1个月前家长发现患儿经常出现无诱因的哭闹，夜间明显，难以安抚。查体：T36.4℃，P115次/分，R36次/分，体重9kg，身长70cm。精神尚可，前囟2cm×1.5cm，有枕秃，未出牙，肋缘外翻，肝肋下2cm，质中，脾脏未扪及，四肢肌张力正常，神经反射正常。辅助检查：血常规Hb110g/L，RBC4.5×10^{12}/L，WBC10.5×10^{9}/L；大便及尿常规未见异常；血清钙下降，碱性磷酸酶升高；腕部正位片示骨骺端钙化带消失，呈杯口状改变。

问题： 1. 患儿可能的临床诊断是什么？请说出诊断依据。

2. 患儿存在哪些护理诊断/问题？

3. 对患儿应采取哪些护理措施？

一、概　　述

（一）概念

维生素D缺乏性佝偻病（vitamin D deficiency rickets）是由于儿童体内维生素D不足致钙磷代谢紊乱，造成以骨骼病变为特征的全身慢性营养性疾病。本病主要见于2岁以下的婴幼儿，我国北方发病率高于南方，同时本病还是我国儿童保健重点防治的“四病”之一。近几年，我国儿童维生素D缺乏性佝偻病发病率逐年降低，病情趋于轻度。

（二）维生素D的来源、转化及生理功能

1. 维生素D的来源

（1）皮肤的光照合成　由皮肤中的7-脱氢胆固醇经日光中紫外线照射转变为内源性维生素D_3（胆骨化醇），为人类维生素D的主要来源。

（2）食物中的维生素D　天然食物及母乳中含维生素D很少，但儿童可从配方奶粉、米粉等强化维生素D食物中获得充足的维生素D，即外源性维生素D。

（3）母体-胎儿的转运　胎儿可通过胎盘从母体获得维生素D，早期新生儿体内维生素D的量与母体维生素D的营养状况及胎龄有关。

2. 维生素D的转化　维生素D包括维生素D_2和维生素D_3，两者在人体内均无生物活性。维生素D必须在肝、肾分别经过25-羟化酶和1-α羟化酶作用进行两次羟化，生成1，25-$(OH)_2D_3$，才具有很强的生物活性。

3. 维生素D的生理功能　1，25-$(OH)_2D_3$主要通过作用于靶器官（肠、肾、骨）而发挥其抗佝偻病的生理功能：①促进小肠黏膜细胞合成钙结合蛋白，增加钙、磷的吸收，促使骨钙沉积。②增加肾近曲小管对钙、磷的重吸收，特别是磷的重吸收，提高血钙、磷浓度，利于骨的矿化作用。③促进成骨细胞增殖和破骨细胞分化，直接影响钙、磷在骨的沉积和重吸收。

（三）病因

1. 围生期维生素D不足　母亲妊娠期特别是妊娠后期维生素D不足，如严重营养不良、肝肾疾病、慢性腹泻，以及早产、双胎均可导致婴儿体内维生素D贮存不足。

2. 日光照射不足　为最主要病因。如儿童缺乏户外活动，或者居住在高层建筑区、多烟雾尘埃区，又或者居住北方，寒冷季节长、日照时间短，因日光照射不足均可使内源性维生素D生成不足。

3. 维生素D摄入不足　天然食物及乳类含维生素D较少，不能满足婴幼儿需要。虽然母乳中钙磷比例适宜，利于钙的吸收，但纯母乳喂养婴儿，若户外活动少或未及时添加鱼肝油，亦易患佝偻病。

4. 需要量增加　骨骼生长速度与维生素D和钙的需要量成正比。婴儿期生长发育速度快，尤其是早产或双胎婴儿出生后生长速度较足月儿更快，易发生本病。

5. 疾病及药物影响　胃肠道或肝胆疾病会影响维生素D吸收；肝肾严重损害可致维生素D代谢障碍。长期服用抗惊厥药使维生素D分解加速；糖皮质激素有对抗维生素D对钙的转运作用。

（四）发病机制

长期严重维生素D缺乏使肠道钙、磷吸收减少，导致血钙、磷下降。此时甲状旁腺代偿调节反应灵敏，分泌甲状旁腺激素（PTH）增加，促使旧骨溶解脱钙，血钙浓度维持正常或接近正常；同时PTH抑制肾小管重吸收磷，使血磷降低。此时，患儿血钙正常或偏低，血磷明显降低，故钙、磷乘积＜40，使骨骺端软骨钙化受阻，骨基质不能正常矿化，成骨细胞代偿性增生，碱性磷酸酶分泌增加，骨样组织堆积等，产生一系列佝偻病的临床表现（图7-1）。

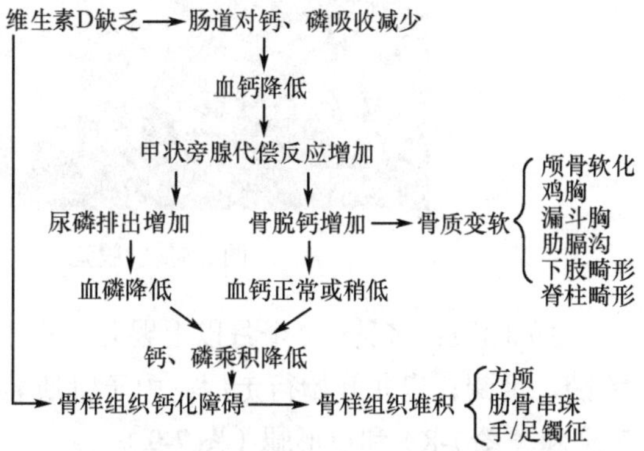

图7-1　维生素D缺乏性佝偻病发病机制

二、护理评估

（一）健康史

询问母亲孕期健康情况及患儿是否早产或双胎；了解患儿出生季节、生活地区，有无日光照射不足；评估

患儿有无胃肠道疾病、肝肾疾病及用药史。

（二）身心状况

本病多见于3个月至2岁的婴幼儿，主要表现为生长发育最快部位的骨骼改变、肌肉松弛及神经兴奋性改变。临床上分为以下四期。

1. 初期（早期） 多见于小婴儿（6个月内），以神经精神症状为主，如易激惹、烦躁不安、夜惊、夜啼、多汗。因汗液刺激头部，常摇头擦枕致枕后脱发，形成枕秃（图7-2）。

2. 活动期（激期） 主要表现为骨骼改变和运动功能发育迟缓。

（1）骨骼改变

1）头部：3～6个月婴儿可见颅骨软化，用手指压枕骨和顶骨后部可有压乒乓球的感觉，故称乒乓头；7～8个月婴儿可见方颅，由于骨样组织增生使额骨及顶骨双侧对称性隆起所致（图7-3）；前囟过大及闭合延迟；出牙延迟或牙釉质缺乏。

2）胸部：胸廓畸形多见于1岁左右的婴儿。肋骨与肋软骨交界处骨样组织增生呈钝圆形隆起，上下排列如串珠状，以两侧第7～10肋最明显，称肋骨串珠（图7-4）；因肋骨软化，膈肌附着处的肋骨受膈肌牵拉内陷形成水平状横沟，称肋膈沟或郝氏沟（图7-5）；由于肋骨骨骺部内陷，致胸骨柄向前突出，形成鸡胸（图7-6）；如胸骨剑突部向内凹陷，形成漏斗胸（图7-7）。

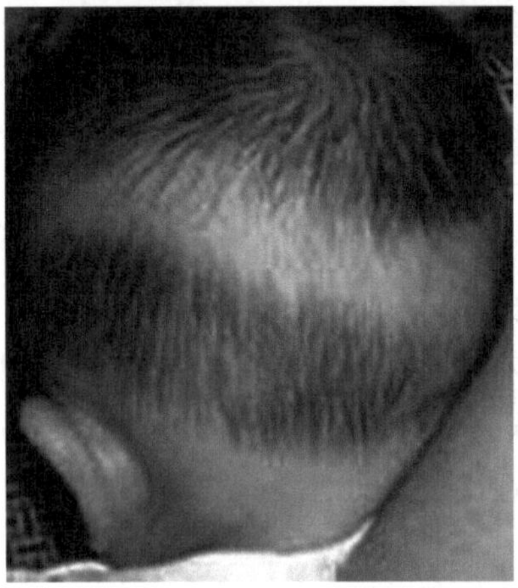

图7-2 枕秃

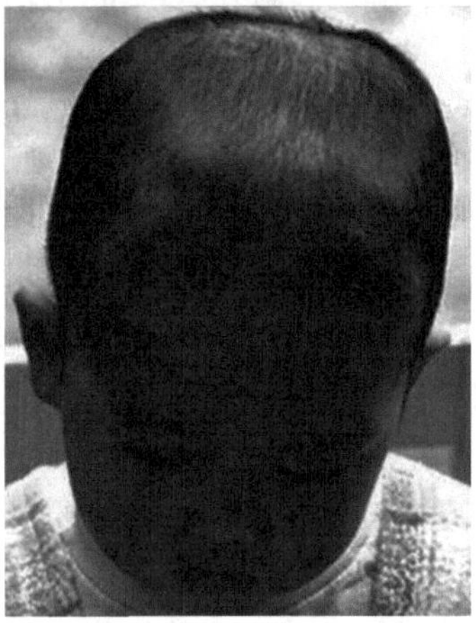

图7-3 方颅

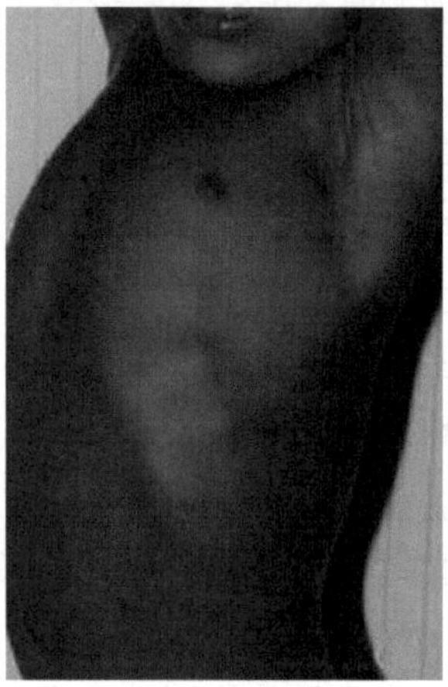

图7-4 肋骨串珠

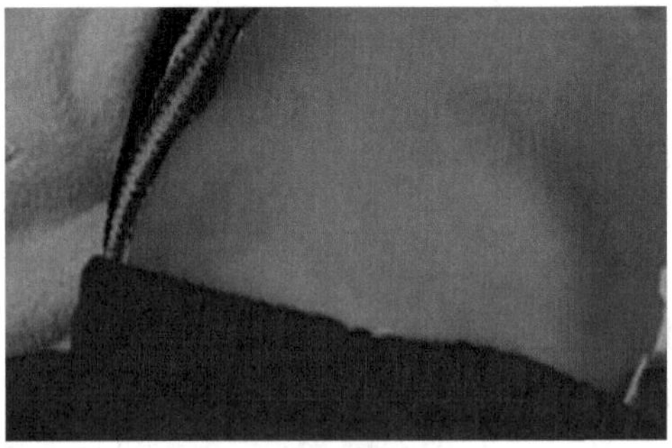

图7-5 肋膈沟

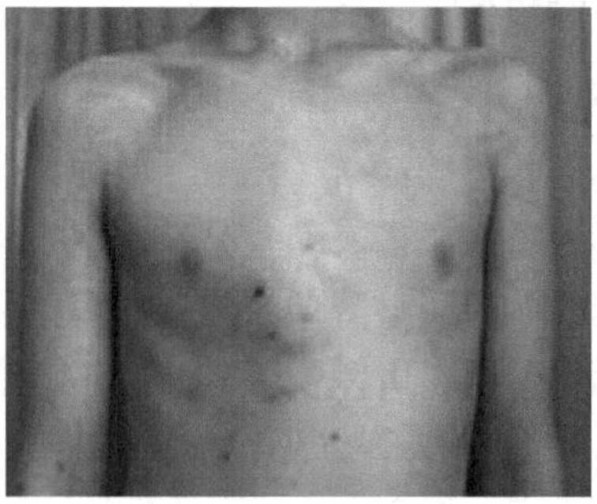

图7-6 鸡胸

3）四肢：多见于6个月以上婴儿，在手腕、足踝处骨样组织增生形成钝圆形环状隆起，称佝偻病手镯、足镯；患儿开始行走后，由于骨质软化和肌肉韧带松弛，在重力作用下可出现下肢弯曲，形成X形腿（图7-8）和O形腿（图7-9）。

4）脊柱：患儿会坐后可致脊柱前突、后突、侧弯畸形；重症者骨盆前后径变短形成扁平骨盆。

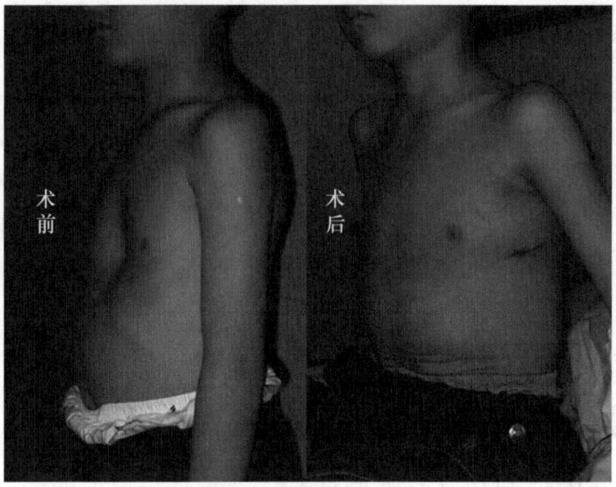

图7-7　漏斗胸

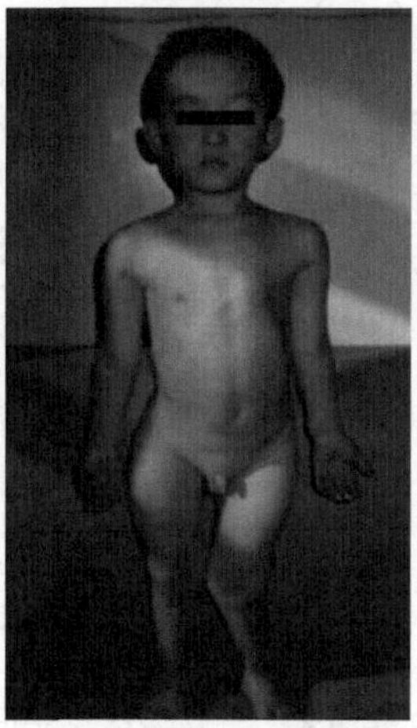

图7-8　X形腿

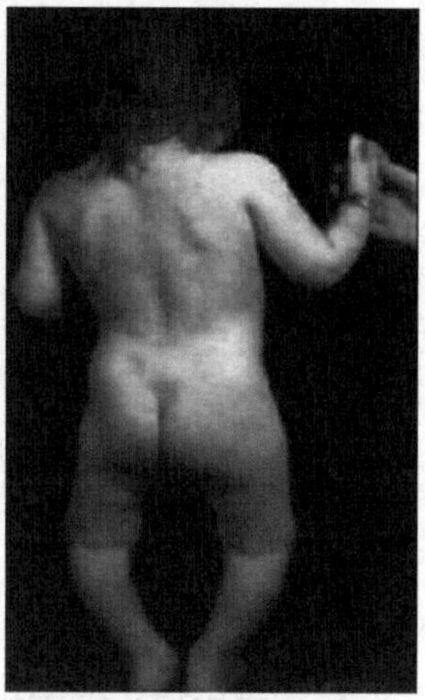

图7-9　O形腿

（2）运动功能发育迟缓　由于低血磷致肌肉糖代谢障碍，使肌张力减低，肌肉松弛，坐、立、行等运动功能发育落后；腹肌张力低下致腹部膨隆如蛙腹；大关节易过度伸展。

（3）神经系统发育迟缓　条件反射形成缓慢，患儿表情淡漠、语言发育落后。

（4）免疫力低下，易并发感染。

3. 恢复期　患儿经治疗及日光照射后，神经精神症状消失，体征逐渐减轻。

4. 后遗症期　多见于2岁以上患儿。除留有不同程度的骨骼畸形外，其他无异常。

5. 心理、社会状况　患儿可有烦躁、睡眠不安等心理变化，留有骨骼畸形的重症患儿，随着年龄增长，因对自我形象的感知及运动能力与他人的差异，可产生自卑心理，影响心理健康和社会交往。患儿家长因担心骨骼畸形产生焦虑心情。

（三）辅助检查

1. 血清25-（OH）D_3测定　血清25-（OH）D_3水平长期低于30nmol/L，有发展为佝偻病的危险。

2. 血生化检查　初期血钙正常或稍低，血磷降低，钙磷乘积稍低（正常值30～40），碱性磷酸酶正常或增高，血清维生素D降低；活动期血钙稍降低，血磷明显降低，钙磷乘积降低（＜30），碱性磷酸酶增高。

3. X线检查　初期长骨干骺端正常或钙化带稍模糊；活动期干骺端增宽，临时钙化带消失，边缘不齐呈毛刷状，骨干密度降低。

三、治疗要点

目的在于控制活动期，防止骨骼畸形。严重的骨骼畸形患儿可给予外科手术矫正。

1. 一般疗法　加强护理，给予合理饮食，适当增加户外活动。

2. 补充维生素D及钙剂　补充维生素D 2000IU/d为最小治疗剂量，强调同时补钙，疗程至少3个月。营养性佝偻病儿童和青少年膳食中维生素D和钙含量往往都很低，因此，联合应用维生素D和钙更为合理。补钙方式可从膳食摄取或额外口服补充钙剂，钙元素推荐量为500mg/d。

（1）口服法　可采用每日疗法或大剂量冲击疗法，口服法为首选治疗方法；在一些特殊情况下，为保证依从性，也可选择单次剂量即大剂量冲击疗法；口服法比肌内注射法可更快提高25-（OH）D_3水平。

（2）肌内注射法　采用大剂量冲击疗法，极少数个体会出现高钙血症和（或）高钙尿症（表7-3）。

年龄（月）	每日剂量（持续90天）	单次剂量	每日维持剂量
表7-3　营养性佝偻病的维生素D治疗量（IU）			
＜3个月	2 000	不宜采用	400
3～12个月	2 000	50 000	400
＞12～144个月	3 000 ~ 6 000	150 000	600
＞144个月	6 000	300 000	600

注：治疗3个月后，评估治疗反应，以决定是否需要进一步治疗，确保钙的最低摄入量为500mg/d。

四、主要护理诊断/问题

1. 营养失调：低于机体需要量　与缺少日光照射和摄入维生素D不足有关。

2. 有感染的危险　与免疫功能低下有关。

3. 潜在并发症：维生素D中毒、骨骼畸形和骨折。

4. 知识缺乏：家长缺乏对佝偻病的预防及护理知识。

五、护理措施

1. 增加户外活动，补充维生素D

（1）增加日光照射是最有效的治疗方法。定期户外活动，一般越早越好，根据不同年龄、不同季节选用不同方法，在不影响保暖情况下尽量暴露皮肤。新生儿在生后2～3周即可开始，活动时间每次可从数分钟逐渐延长至1～2h。夏季应避免太阳直射，可在阴凉处活动。因紫外线不能透过玻璃，在室内活动时应开窗照射。

（2）提倡母乳喂养，或喂哺维生素D强化配方奶粉。按时添加辅食，及时给予富含维生素D、钙、磷和蛋白质的食物，如蛋黄、肝脏、肉类等。

（3）遵医嘱给予维生素D制剂，不主张采用大剂量治疗，一般采取浓缩鱼肝油（维生素AD制剂）口服。需长期大量服用维生素D制剂时，宜用纯维生素D制剂，而不宜用鱼肝油，以防维生素A中毒。应用维生素D制剂期间如出现食欲减退、烦躁不安、呕吐、腹泻或顽固性便秘、体重下降、表情淡漠等表现时，应考虑维生素D中毒。可暂停维生素D使用，必要时遵医嘱给予拮抗剂。

2. 预防感染　重度佝偻病患儿免疫功能低下，胸廓畸形导致肺扩张不良，故应注意预防呼吸道、消化道感染。因患儿出汗多，应保持皮肤清洁，勤换内衣、被褥、枕套，减少汗液刺激引起的不适。保持居室空气清新、阳光充足、温湿度适宜，避免去公共场所，预防交叉感染。

3. 预防骨骼畸形和骨折　衣着应柔软、宽松，床铺要松软，以免影响骨骼发育。患病期间患儿不能坐、站、走时间过长，以免发生脊柱弯曲或下肢畸形。若已有畸形发生，如鸡胸可取俯卧位，做抬头挺胸运动；O形腿按摩外侧肌群；X形腿按摩内侧肌群，增强肌张力，矫正畸形。严重者易发生骨折，故护理时动作要轻柔，避免重压和强力牵拉。

4. 心理护理　医务人员要有爱心，有耐心，态度和蔼，对入睡困难、哭闹的儿童要耐心护理，必要时给予爱抚、搂抱，使患儿平静入睡。做好安慰和解释工作，充分理解家长的心情，缓解家长的焦虑和内疚心理。

5. 健康教育

（1）向家长讲述佝偻病的有关护理知识，示教日光浴、喂服维生素D及按摩肌肉纠正畸形的方法。

（2）介绍佝偻病的预防方法。鼓励孕妇多进行户外活动，多食富含维生素D、钙、磷和蛋白质的饮食，在妊娠后期3个月，酌情给予预防量维生素D（400～800IU）口服。提倡母乳喂养，母乳中钙磷比例适当，吸收率高；为预防佝偻病，无论何种喂养方式的婴儿均需补充维生素D 400IU/d；12

月龄以上儿童至少需要维生素D 600IU/d。早产儿、低出生体重儿、双胎可遵医嘱适当增加预防量至800～1000IU，连用3个月后改为400～800IU/d。如果饮食中含钙量不足，应同时补充钙剂。在预防性用药的同时，告知家长过量服用可造成中毒。

（3）指导家长加强患儿体格锻炼，增强体质。

第4节　维生素D缺乏性手足搐搦症

案例 7-4

患儿，女，9个月，生后母乳喂养，未添加辅食。北方居住，天气寒冷，未接受日光照射，近日天气转暖，每天外出晒太阳。昨日突然发生四肢抽动，双眼上翻，面肌抽动，意识不清，持续1min左右缓解，抽搐停止后一切活动如常。体格检查：体温37.2℃，可见枕秃，其余无特殊发现。初步诊断：维生素D缺乏性手足搐搦症。

问题：1. 该患儿惊厥的直接原因是什么？

2. 该患儿现存的护理诊断是什么？

3. 说出患儿惊厥的首要护理措施。

4. 为防止患儿窒息应采取哪些措施？

一、概　　述

（一）概念

维生素D缺乏性手足搐搦症（tetany of vitamin D deficiency）又名佝偻病性低钙惊厥，是维生素D缺乏引起血钙降低，导致神经肌肉兴奋性增高，而出现惊厥、手足搐搦或喉痉挛等症状，多见于6个月以下小婴儿。目前由于维生素D缺乏预防工作的普及，该病发病率已逐年降低。

（二）病因及发病机制

1. 病因　根本原因是维生素D缺乏，直接原因是血钙浓度降低。

2. 发病机制　维生素D缺乏时，血钙下降而甲状旁腺不能代偿性分泌增加，使血钙继续降低，当血总钙低于1.75～1.88mmol/L（7～7.5mg/dl）或离子钙＜1.0mmol/L（4mg/dl）时可引起神经肌肉兴奋性增高，出现惊厥、手足搐搦等症状。

二、护理评估

（一）健康史

了解患儿出生史，是否为早产儿、低出生体重儿、多胎儿，孕母是否有维生素D缺乏史；了解喂养史，是否为人工喂养等。询问有无诱发血钙降低的因素：①维生素D缺乏早期，因甲状旁腺反应迟钝，不能维持正常的血钙浓度；②近期户外活动增加，接受日光照射骤然增多或服用大量维生素D，使骨骼加速钙化，使钙大量沉积于骨，而导致肠道吸收钙相对不足，出现低血钙；③发热、感染时，可促使组织细胞分解释放磷，使血磷增加而致低血钙。

（二）身心状况

1. 典型症状　血清钙多低于1.75mmol/L。除活动期佝偻病表现外，主要为惊厥、手足搐搦和喉痉挛。

（1）惊厥　为最常见表现，多见于小婴儿。表现为：①突然发生两眼上翻、四肢及面肌抽动、神志不清；②发作时间持续数秒至数分钟，发作次数可数日1次或一日数次甚至数十次；③一般无发热；④发作停止后意识恢复，精神萎靡而入睡，醒后活泼如常；⑤发作轻时仅有短暂的眼球上窜和面肌抽动，神志清楚。

（2）手足搐搦 为特有表现，多见于较大婴幼儿。表现为突发手足肌肉痉挛呈弓状，双手腕屈曲，手指伸直，拇指内收贴紧掌心，呈助产士手（图7-10）；踝关节伸直，足趾同时向下弯曲，呈芭蕾舞足（图7-11）。

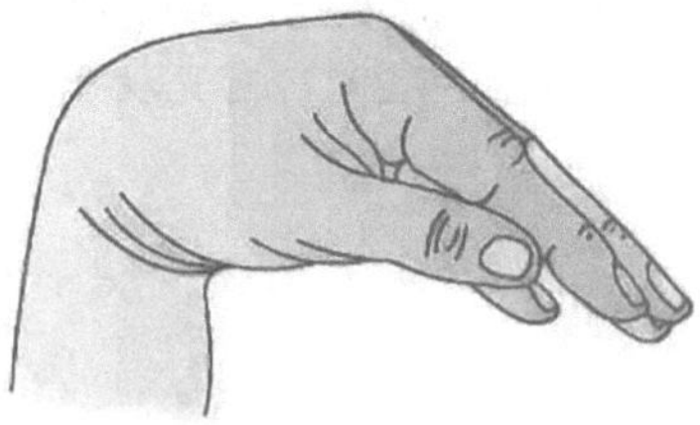

图7-10 手足搐搦的手抽搐

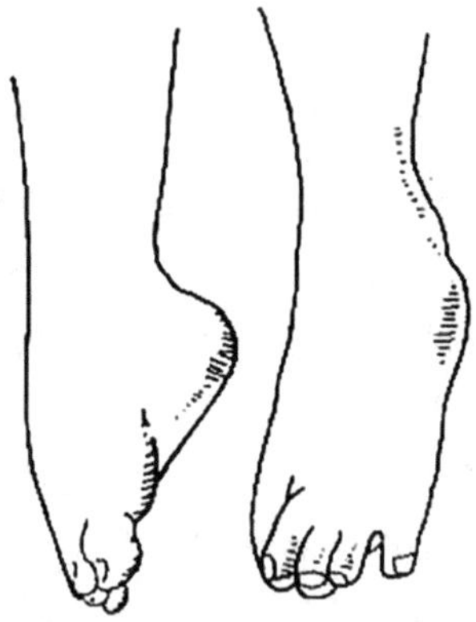

图7-11 手足搐搦的足抽搐

（3）喉痉挛 为最严重表现，多见于婴儿。表现为喉部肌肉及声门突发痉挛，出现呼吸困难、吸气时喉鸣，严重者窒息而死。

2. 隐性体征 血钙多在1.75～1.88mmol/L，没有典型发作的症状，可通过刺激神经肌肉引出下列体征。

（1）面神经征 叩击耳前面神经穿出处（颧弓与口角间的面颊部），可见同侧口角与面颊抽动为阳性。

（2）腓反射 叩击膝下外侧腓骨头上方腓神经处，出现足向外侧收缩者为阳性。

（3）陶瑟征 用血压计袖带包裹上臂，打气使血压维持在收缩压与舒张压之间，5min内该手出现痉挛状为阳性。

3. 心理、社会状况 惊厥发作使患儿紧张、害怕、焦虑，对生活缺乏自信。家长由于缺乏相关疾病知识，患儿低钙惊厥和喉痉挛时担心造成大脑损害，留下后遗症，极易产生紧张、焦虑和恐惧心理。

（三）辅助检查

血清总钙低于1.75～1.88mmol/L（7～7.5mg/dl）或离子钙＜1mmol/L（4mg/dl），血磷正常或稍高。

三、治疗要点

1. 迅速控制惊厥、解除喉痉挛 惊厥及喉痉挛者，立即吸氧，保持呼吸道通畅，用抗惊厥药。控制惊厥或喉痉挛可用10%水合氯醛保留灌肠，每次40～50mg/kg；或地西泮（安定）肌内或静脉注射，每次0.1～0.3mg/kg。

2. 补充钙剂 10%葡萄糖酸钙5～10ml，加1～3倍10%葡萄糖溶液稀释后缓慢静脉滴注，必要时每日可重复2～3次。惊厥反复发作时可6h重复1次，直至惊厥停止后改为口服钙剂。

3. 补充维生素D 症状控制后按维生素D缺乏性佝偻病补充维生素D。

四、主要护理诊断/问题

1. 窒息的危险 与喉痉挛、喉头分泌物增多有关。

2. 受伤的危险 与惊厥和手足抽搐有关。

3. 营养失调：低于机体需要量 与维生素D缺乏有关。

4. 知识缺乏：家长缺乏惊厥和喉痉挛的护理知识。

五、护理措施

1. 控制惊厥、喉痉挛，防止窒息

（1）惊厥发作时，迅速解开衣扣，头偏向一侧，清除口鼻分泌物，喉痉挛者将舌头拉出口外，保持呼吸道通畅。立即吸氧。

（2）遵医嘱迅速止惊。首选地西泮，肌内或静脉注射，或使用10%水合氯醛灌肠。静脉注射地西泮时速度要慢，以免抑制呼吸。

（3）遵医嘱补充钙剂。静脉注射钙剂时间不少于10min，以免血钙骤升导致心搏骤停。钙剂不可皮下或肌内注射，静脉注射时避免药液外渗，以免造成局部坏死。一旦渗出可用0.25%普鲁卡因局部封闭，25%～50%硫酸镁湿敷。

2. 防止受伤 惊厥发作时，迅速在上下磨牙之间置医用纱布包裹的压舌板，防止舌头咬伤，如牙关紧闭，切勿撬开，以免损伤牙齿；床旁放软垫，防止碰伤；有专人看护患儿，防止坠床；惊厥发作时，切忌用力按压肢体，以免造成骨折、肌肉撕裂及关节脱位。

3. 定期户外活动和补充维生素D 参见维生素D缺乏性佝偻病。

4. 心理护理 做好安慰和解释工作，充分理解家长的心情，缓解家长的焦虑和恐惧心理。耐心解释本病的原因和预后，消除家长的顾虑，树立信心，积极配合治疗，促进患儿早日康复。

5. 健康教育

（1）向家长讲解本病的主要致病因素、诱因和惊厥发作时的正确处理方法，如就地抢救、患儿平卧、松解衣扣、头偏向一侧、保持呼吸道通畅等，并及时联系医护人员救助。

（2）做好出院指导，指导家长要坚持日光照射，合理喂养，补充维生素D和钙剂，防止疾病复发。

自 测 题

A_1型题

1. 营养不良患儿皮下脂肪消减按顺序首先出现在（ ）
   A. 面颊 B. 胸部
   C. 腹部 D. 臀部
   E. 四肢
2. 苯丙酸诺龙治疗营养不良的主要药理作用是（ ）
   A. 促进消化
   B. 促进机体蛋白质合成
   C. 降低血糖，增加饥饿感
   D. 改善味觉
   E. 清除肠道寄生虫
3. 肥胖症是指儿童体重超过同性别、同身高参照人群均值（ ）
   A. 10% B. 15%
   C. 20% D. 25%
   E. 30%
4. 维生素D缺乏性佝偻病的特征性病变部位是（ ）
   A. 肌肉 B. 血液
   C. 骨骼 D. 大脑
   E. 皮肤
5. 佝偻病初期患儿的临床表现是（ ）
   A. 颅骨软化 B. 下肢畸形
   C. 有郝氏沟 D. 出现枕秃
   E. 形成鸡胸

A_2型题

6. 2岁小儿，体检结果示体重10kg，身高81cm，腹壁皮下脂肪厚度0.6cm，皮肤稍苍白。对该小儿的营养评价应为（ ）
   A. 营养良好 B. 营养过剩
   C. 轻度营养不良 D. 中度营养不良
   E. 重度营养不良
7. 足月新生儿，生后2周。为预防维生素D缺乏性佝偻病的发生，应建议每日口服维生素D的剂量是（ ）
   A. 200IU B. 400IU
   C. 1000IU D. 1500IU
   E. 2000IU

8. 患儿，男，4个月。近1个月来烦躁，夜间啼哭，睡眠不安，易惊醒，多汗，吃奶少，大便稀，每天2～3次。生后一直牛奶喂养。引起其睡眠不安最可能的原因是（　　）
   A. 生活环境不良　　B. 缺少母乳喂养
   C. 父母日常护理不当　　D. 缺乏维生素D
   E. 慢性腹泻
9. 患儿，女，4个月，人工喂养。近日反复出现发作性吸气困难，伴有吸气时喉鸣音，急诊入院。检查结果显示：血钙1.7mmol/L，其余正常。首先考虑该患儿出现了（　　）
   A. 中毒性肺炎　　B. 喉痉挛
   C. 气管异物　　D. 惊厥
   E. 支气管哮喘

A_3/A_4型题

（10～12题共用题干）

患儿，男，5岁。体重12kg，身高98cm，经常烦躁不安，皮肤干燥苍白，腹部皮下脂肪0.3cm，肌肉松弛。

10. 该患儿最主要的护理诊断是（　　）
   A. 自我形象紊乱
   B. 有感染的危险
   C. 营养失调：低于机体需要量
   D. 知识缺乏
   E. 生长发育的改变
11. 该患儿次日起床后，突然出现面色苍白，出汗，脉搏细弱，肢体冰冷，意识模糊。护士首先应考虑他发生了（　　）
   A. 心力衰竭　　B. 低血糖
   C. 脱水　　D. 低血钙
   E. 缺氧
12. 此时，首先应做的治疗是（　　）
   A. 静脉缓慢注射25%葡萄糖溶液
   B. 输入生理盐水　　C. 给予强心药
   D. 补充钙剂　　E. 吸氧

（13～15题共用题干）

患儿，女，1岁，多汗，睡眠不安。查体：可见枕秃，方颅和肋缘外翻。X线检查长骨干骺端呈毛刷样、杯口状改变，骨骺软骨带增宽，骨密度减低。

13. 护士判断此患儿最可能的是（　　）
   A. 维生素D缺乏性手足搐搦症
   B. 维生素D缺乏性佝偻病初期
   C. 维生素D缺乏性佝偻病激期
   D. 维生素D缺乏性佝偻病恢复期
   E. 维生素D缺乏性佝偻病后遗症期
14. 此病的常见后遗症是（　　）
   A. 方颅　　B. 蛙状腹
   C. X形腿　　D. 语言发育迟缓
   E. 肌肉韧带松弛
15. 此病的主要护理问题是（　　）
   A. 营养失调：低于机体需要量
   B. 体液不足
   C. 活动无耐力
   D. 气体交换受损
   E. 低效性呼吸型态

（林秀芝）

第8章
消化系统疾病患儿的护理

第1节　儿童消化系统解剖生理特点

（一）口腔

足月新生儿出生时两颊脂肪垫发育良好，已具有较好的吸吮和吞咽功能；早产儿则发育较差。婴幼儿口腔黏膜薄嫩，血管丰富，唾液腺发育不完善，唾液分泌少，口腔黏膜干燥，易受损伤和发生局部感染。3个月以下婴儿唾液中淀粉酶含量低，故不宜喂淀粉类食物。3～4个月婴儿唾液分泌开始增多，由于口底浅，不能及时吞咽所分泌的全部唾液，常出现生理性流涎。

（二）食管

婴儿食管呈漏斗状，黏膜薄嫩、腺体缺乏、弹力组织和肌层尚不发达，食管下端贲门括约肌发育不成熟、控制能力差，常发生胃食管反流，一般在8～10个月时症状消失。食管长度：新生儿时8～10cm，1岁时12cm，5岁时16cm，学龄期儿童20～25cm。

（三）胃

婴儿胃呈水平位，贲门和胃底部肌张力低，而幽门括约肌发育较好，易发生幽门痉挛，吸乳时又常吸入空气，故易发生溢乳和呕吐。胃容量：新生儿30～60ml，1～3个月时90～150ml，1岁时250～300ml，5岁时700～850ml；哺乳后不久幽门即开放，胃内容物逐渐流入十二指肠，故实际哺乳量常超过上述胃容量。胃排空时间因食物种类不同而异：水为1.5～2h，母乳为2～3h，牛乳为3～4h；早产儿胃排空更慢，易发生胃潴留。

（四）肠

儿童肠管相对较成人长，一般为身长的5～7倍，或为坐高的10倍。肠黏膜血管丰富，小肠绒毛发育较好，有利于消化吸收。但肠壁薄、通透性高、屏障功能差，故肠内毒素、消化不全产物及过敏原等可经肠黏膜进入体内，引起全身性感染和变态反应性疾病。婴幼儿肠黏膜肌层发育差，肠系膜柔软而长，升结肠与后壁固定差，易发生肠套叠和肠扭转。

（五）肝

年龄越小肝脏相对越大，婴幼儿正常肝脏可在右肋下1～2cm触及，6～7岁后则触不到。婴儿肝结缔组织发育较差，肝细胞再生能力强，不易发生肝硬化；但肝细胞发育未完善，肝功能不成熟，解毒能力差，在感染、缺氧、中毒、药物等因素影响下易发生肝大和变性。婴儿期胆汁分泌较少，故对脂肪的消化和吸收功能较差。

（六）胰腺

胰液分泌量随年龄增长而增多，出生时分泌量少，3～4个月时胰腺发育较快，分泌量也随之增多。消化酶出现的顺序：胰蛋白酶→糜蛋白酶、羧基肽酶、脂肪酶→淀粉酶。婴幼儿胰液及其消化酶的分泌易受天气和疾病影响而被抑制，易发生消化不良。

（七）肠道细菌

胎儿肠道内无菌，生后数小时细菌即从口、鼻、肛门侵入肠道，主要分布在结肠和直肠。肠道菌群受食物成分影响，母乳喂养儿以双歧杆菌为主；混合喂养和人工喂养儿肠内的大肠埃希菌、嗜酸杆菌、双歧杆菌及肠球菌所占比例几乎相等。正常肠道菌群对侵入肠道的致病菌有一定的拮抗作用，但婴幼儿肠道正常菌群脆弱，易受许多因素影响而致菌群失调，引起消化功能紊乱。

（八）健康婴儿粪便

1. 母乳喂养儿粪便 呈黄色或金黄色，多为均匀糊状或较稀薄，偶有细小乳凝块，不臭，呈酸性反应。每日排便2～4次，一般在添加辅食后次数减少。

2. 人工喂养儿粪便 呈淡黄色或灰黄色，较干稠，含乳凝块较多，有臭味，呈中性或碱性反应。每日排便1～2次，易发生便秘。

3. 混合喂养儿粪便 与人工喂养儿相似，但较软、黄。添加水果、蔬菜、谷类、蛋、肉等辅食后，粪便性状逐渐接近成人。每日排便1次左右。

第2节 口 炎

案例 8-1

患儿，男，4个月，因反复发热、咳嗽，使用抗生素治疗2周，护士查体发现患儿口腔颊黏膜有白色乳凝块样附着物，不易擦去，强行擦去可见局部潮红、溢血。

问题： 1. 该患儿应考虑患哪一种口炎？

2. 引起患儿口腔病变的病原体是什么？

3. 为患儿做口腔护理时应选用哪种溶液？

一、概 述

（一）概念

口炎（stomatitis）是指口腔黏膜由于各种感染引起的炎症，若病变限于局部如舌、齿龈、口角，亦可称为舌炎、齿龈炎或口角炎。本病多见于婴幼儿，多由病毒、真菌、细菌等感染引起，可单独发生，亦可继发于急性感染、腹泻、营养不良、久病体弱及维生素B、维生素C缺乏等全身疾病。不注意食具消毒及口腔卫生或各种疾病导致机体抵抗力下降等因素均可诱发本病。

（二）分类及特点

临床常见的口炎有鹅口疮、疱疹性口炎，溃疡性口炎已少见。三种口炎的临床特点见表8-1。

二、护理评估

（一）健康史

评估患儿有无急性感染、腹泻、营养不良等疾病史；患儿家长有无乳具消毒的习惯；有无长期应用广谱抗生素或糖皮质激素史；评估患儿有无发热、流涎等症状及出现的时间等。

（二）身心状况

1. 症状、体征 见表8-1。

表8-1 三种口炎的临床特点

	鹅口疮（雪口病）	疱疹性口炎	溃疡性口炎
病原体	白色念珠菌	单纯疱疹病毒	链球菌、金黄色葡萄球菌、肺炎链球菌等
病因	常发生于营养不良、腹泻、长期应用广谱抗生素或激素患儿，新生儿多由产道感染或因乳头及奶具不洁而感染	常发生于卫生条件差的家庭及托幼机构，传染性强，可引起小流行	常发生于急性感染、长期腹泻等机体抵抗力下降及口腔不洁患儿
症状、体征	①口腔黏膜出现白色乳凝块样小点或小片状物，可融合成片，不易擦去，强行剥离后可见局部潮红、粗糙、溢血；②无疼痛、烦哭、拒食、流涎；③无发热等全身症状；④重者可向呼吸道和消化道蔓延	①病初发热达38～40℃；②继而口腔黏膜出现单个或成簇的小疱疹，周围有红晕，迅速溃破后形成溃疡，表面有黄白色渗出物覆盖，多个小溃疡可融合成大溃疡；③疼痛、烦哭、拒食、流涎；④颌下淋巴结肿大	①口腔黏膜充血水肿，继而发生糜烂或溃疡，可融合成片，表面有灰白色或黄色假膜覆盖，易擦去，露出溢血创面；②疼痛、烦哭、拒食、流涎；③发热可达39～40℃，局部淋巴结肿大；④重者可出现脱水和酸中毒
辅助检查	取白膜涂片，加10%氢氧化钠1滴，镜检可见真菌的菌丝和孢子	血白细胞计数正常或减少，继发细菌感染时可增多	血白细胞计数和中性粒细胞增多
清洁口腔	2%碳酸氢钠溶液	3%过氧化氢溶液或0.1%依沙吖啶溶液	3%过氧化氢溶液或0.1%依沙吖啶溶液
局部涂药	10万～20万U/ml制霉菌素鱼肝油混悬溶液	疱疹净、西瓜霜、锡类散、2.5%～5%金霉素鱼肝油、2%利多卡因（必要时镇痛用）	西瓜霜、锡类散、2.5%～5.0%金霉素鱼肝油、2%利多卡因（必要时镇痛用）

链 接 疱疹性口炎与疱疹性咽峡炎的鉴别

疱疹性口炎须与疱疹性咽峡炎相鉴别。疱疹性咽峡炎主要由柯萨奇A组病毒引起，好发于夏秋季，起病急骤，疱疹主要在咽部和软腭，有时可见于舌，但不累及牙龈和颊黏膜，主要表现为高热、咽痛、流涎、拒食、呕吐等，可见咽部充血。

2. 心理、社会状况 口炎患儿常因疼痛而烦躁哭闹，家长对本病的病因、护理方法不了解，常有焦虑情绪；疱疹性口炎传染性强，可在托幼机构引起小流行，应注意评估托幼机构有无采取预防口炎的相关措施。

（三）辅助检查

辅助检查见表8-1。

三、治疗要点

治疗以保持口腔清洁、局部涂药、对症处理为主，注意补充水分及营养，细菌感染或继发细菌感染者使用抗生素。

四、主要护理诊断/问题

1. 口腔黏膜受损 与口腔感染有关。

2. 体温过高 与感染有关。

3. 疼痛 与口腔黏膜糜烂和溃疡有关。

4. 营养失调：低于机体需要量 与疼痛引起拒食有关。

5. 知识缺乏：家长缺乏口炎的预防及护理知识。

五、护理措施

1. 促进口腔黏膜愈合

（1）口腔护理 鼓励患儿多饮水，进食后漱口，以保持口腔黏膜湿润和清洁。根据不同病因选择不同溶液清洁口腔，年长儿可用含漱剂。对流涎者，及时清除流出物，保持皮肤干燥、清洁，避免引起皮肤湿疹及糜烂。

（2）正确涂药　用纱布或干棉球放在颊黏膜腮腺管口处或舌系带两侧，以隔断唾液，防止药物被冲掉；然后用干棉球将病变部位表面吸干再涂药；涂药后嘱患儿闭口10min后取出纱布或棉球，并嘱患儿不可立即漱口、饮水或进食。小婴儿不配合可直接涂药。

2. 维持体温正常　密切监测体温变化，体温＞38.5℃时给予物理降温，必要时给予药物降温，同时做好皮肤护理。

3. 饮食护理　供给高热量、高蛋白、富含维生素的温凉流质或半流质食物，避免摄入刺激性和粗硬食物。对因口腔黏膜糜烂、溃疡引起疼痛影响进食者，可在进食前按医嘱局部涂2%利多卡因。对不能进食者，可给予肠道外营养，以确保能量与液体的供给。

4. 心理护理　安抚患儿，减轻患儿哭闹。与家长多沟通，消除家长焦虑情绪，取得理解与配合。

5. 健康教育　向家长讲解口炎发生的原因、影响因素及口腔护理知识；指导家长食具专用，做好清洁消毒工作；纠正患儿吮指、不刷牙等不良习惯，养成进食后漱口的卫生习惯；宣传均衡饮食对提高机体抵抗力的重要性，培养良好的饮食习惯，避免偏食、挑食；疱疹性口炎具有较强的传染性，应注意隔离，以防传播。

第3节　腹　泻　病

案例 8-2

患儿，女，1岁。因发热、呕吐、腹泻2d，伴口渴、尿少12h，于2021年11月20日入院，初步诊断为腹泻病。患儿先有发热，随即出现呕吐、腹泻，大便次数多，量多，呈黄色蛋花汤样，无腥臭味，精神差，前囟、眼窝凹陷。

问题： 1. 导致该患儿腹泻最可能的病原体是什么？

2. 主要治疗原则是什么？是否需要使用抗生素？

3. 如何做好臀部皮肤护理？

一、概　　述

（一）概念

腹泻病（diarrhea）是一组由多病原、多因素引起的以大便次数增多和大便性状改变为特点的消化道综合征，严重者可引起水、电解质和酸碱平衡紊乱。以6个月至2岁婴幼儿多见，1岁以内约占半数。一年四季均可发病，以夏秋季发病率最高。本病是我国儿科重点防治的四病之一，是造成儿童营养不良、生长发育障碍的主要原因之一。

（二）病因

1. 易感因素

（1）消化系统发育未成熟　胃酸和消化酶分泌不足，消化酶活性低，对食物质和量变化的耐受性差。

（2）生长发育快　所需营养物质相对较多，胃肠道负担较重。

（3）机体防御功能差　婴儿胃酸偏低，对进入胃内的细菌杀灭能力较弱；血清免疫球蛋白（尤其是IgM、IgA）和胃肠道SIgA水平均较低，对感染的防御能力差。

（4）肠道菌群失调　新生儿出生后尚未建立正常肠道菌群、改变饮食结构使肠道内环境变化或因滥用广谱抗生素，均可使肠道正常菌群失衡而引起肠道感染。

（5）人工喂养 由于人工喂养儿不能从母乳中获取SIgA、乳铁蛋白、巨噬细胞、粒细胞、溶菌酶等抗肠道感染作用的免疫活性物质，而且兽乳中的免疫活性物质在加热过程中被破坏以及食物、食具易被污染，故人工喂养儿肠道感染发生率明显高于母乳喂养儿。

2. 感染因素

（1）肠道内感染 可由病毒、细菌、真菌、寄生虫引起，以病毒、细菌多见。①病毒感染：寒冷季节的婴幼儿腹泻80%由病毒感染引起，以轮状病毒引起的秋冬季腹泻最为常见，其次有诺如病毒、埃可病毒、柯萨奇病毒、腺病毒等。②细菌感染（不包括法定传染病）：以致腹泻大肠埃希菌最多见，包括致病性、产毒性、侵袭性、出血性和集聚性大肠埃希菌五大组；其次是空肠弯曲菌和耶尔森菌等。③真菌感染：以白色念珠菌多见。④寄生虫感染：常见的有蓝氏贾第鞭毛虫、阿米巴原虫和隐孢子虫等。

（2）肠道外感染 患中耳炎、上呼吸道感染、肺炎、泌尿道感染、皮肤感染等感染性疾病时，由于发热及病原体毒素作用使消化功能紊乱而产生腹泻。

链 接 抗生素相关性腹泻

抗生素相关性腹泻（antibiotic-associated diarrhea，AAD）是指应用抗生素之后发生的、与抗生素有关的腹泻。其病因、发病机制复杂，除一些抗生素可降低糖类的运转和乳糖酶水平外，肠道外感染时长期、大量使用广谱抗生素可引起肠道菌群失调，肠道正常菌群减少，耐药性金黄色葡萄球菌、变形杆菌、铜绿假单胞菌、难辨梭状芽孢杆菌或白色念珠菌等可大量繁殖，引起药物较难控制的肠炎。营养不良、免疫功能低下、长期使用糖皮质激素更易发病。杜绝滥用抗生素是预防AAD的关键。

3. 非感染因素

（1）饮食因素 ①喂养不当：如喂养不定时、饮食量不当、过早喂给大量淀粉类或脂肪类食物等，多为人工喂养儿；②过敏因素：如对牛奶蛋白或大豆蛋白等过敏而引起腹泻；③其他因素：原发性或继发性双糖酶缺乏或乳糖酶活力降低，使肠道对糖的消化吸收不良而引起腹泻。

（2）气候因素 气候突然变冷，腹部受凉使肠蠕动增加；天气过热致消化液分泌减少或口渴喝奶过多，均可诱发消化功能紊乱而引起腹泻。

（三）病因及发病机制

1. 感染性腹泻 病原微生物通过污染的水、食物、日用品、手、玩具等进入消化道，当机体防御功能下降时，大量病原微生物侵袭肠道并产生毒素，引起腹泻。

2. 非感染性腹泻 主要由饮食不当引起。当进食过量或食物成分不恰当时，食物不能被充分消化吸收而积滞在小肠上部，使肠腔内酸度降低，有利于肠道下部细菌上移和繁殖；食物发酵和腐败，分解产生的短链有机酸导致肠腔内渗透压增高，腐败性毒性产物刺激肠壁，使肠蠕动增加而引起腹泻。

（四）分类

1. 根据病因 分为感染性腹泻和非感染性腹泻。

2. 根据病程 分为急性腹泻（病程＜2周）、迁延性腹泻（病程2周至2个月）、慢性腹泻（病程＞2个月）。

3. 根据病情 分为轻型腹泻、中型腹泻和重型腹泻。

二、护理评估

（一）健康史

评估患儿的喂养史，包括喂养方式、次数和量、添加辅食及断乳情况；有无不洁饮食史和食物过敏史；有无其他疾病史及长期使用抗生素或激素史；评估腹泻开始时间，大便次数、颜色、性状、量及气味，有无发热、呕吐、腹痛、腹胀等。

（二）身心状况

1. 症状、体征

（1）轻型腹泻　多由饮食因素或肠道外感染引起，以胃肠道症状为主，一般无脱水及全身中毒症状，多在数天内痊愈。主要表现为食欲不振，偶有溢乳或呕吐，大便次数增多，一般每日多在3次以上，每次大便量不多，稀薄或带水，呈黄色或黄绿色，有酸味，常见白色或黄白色奶瓣和泡沫。

（2）中型腹泻　胃肠道症状较重，并出现轻、中度脱水和（或）全身中毒症状。

（3）重型腹泻　多由肠道内感染引起，也可由轻型腹泻逐渐加重而来。

1）严重胃肠道症状：腹泻频繁，大便每日10～20次，呈黄绿色水样或蛋花汤样便，量多，含少量黏液，少数患儿可有少量血便。常伴食欲低下、呕吐（严重者可吐咖啡色液体）、腹痛、腹胀、肛周皮肤发红或糜烂。

2）全身中毒症状：发热、精神烦躁或萎靡、嗜睡、意识模糊甚至昏迷、休克等。

3）水、电解质和酸碱平衡紊乱症状：主要表现为脱水、低钾血症、低钙血症、低镁血症及代谢性酸中毒（参见本章第4节）。

（4）几种常见类型肠炎的临床特点（表8-2）。

表8-2　几种常见类型肠炎的临床特点

比较项	发病特点	全身症状	大便特点	大便检查
轮状病毒肠炎（秋季腹泻）	好发于秋冬季，以秋季流行为主，多见于6个月至2岁婴幼儿，为自限性疾病，病程3～8d	常伴发热、上呼吸道感染症状及脱水、电解质紊乱和酸中毒，多无明显感染中毒症状	大便次数及水分多，黄色水样或蛋花汤样，含少量黏液，无腥臭	镜检偶有少量白细胞
产毒性大肠埃希菌肠炎	好发于夏季，为自限性疾病，病程3～7d或较长	重者可伴发热及脱水、电解质紊乱和酸中毒	蛋花汤样或水样，含有黏液	镜检无白细胞
侵袭性大肠埃希菌肠炎	好发于夏季，常引起志贺杆菌性痢疾样病变	常伴高热、恶心、呕吐、腹痛、里急后重及严重全身中毒症状甚至休克	黏液脓血便，有腥臭	镜检有大量白细胞及数量不等的红细胞，培养可找到致病菌
出血性大肠埃希菌肠炎	好发于夏季	伴腹痛，少数可伴溶血尿毒综合征和血小板减少性紫癜	大便由黄色水样转为血水样，有特殊臭味	镜检有大量红细胞，常无白细胞
金黄色葡萄球菌肠炎	多继发于使用大量抗生素后	伴发热、呕吐、不同程度中毒症状、脱水和电解质紊乱、甚至休克	暗绿色，量多带黏液，腥臭，少数为血便	镜检有大量脓细胞和革兰氏阳性球菌，培养有葡萄球菌生长
真菌性肠炎	多为白色念珠菌感染，常并发于其他感染或肠道菌群失调时	病程迁延，常伴鹅口疮	大便次数增多，黄色稀便，泡沫较多，带黏液，有时见豆腐渣样细块（菌落）	镜检有真菌的孢子和菌丝

（5）迁延性腹泻和慢性腹泻　多与营养不良和急性期治疗不彻底有关，以营养不良和人工喂养儿多见。表现为腹泻迁延不愈，病情反复，大便次数和性质不稳定，严重时可出现水、电解质紊乱。营养不良患儿腹泻时易迁延不愈，持续腹泻又加重了营养不良，两者互为因果，形成恶性循环，最终引起免疫功能低下，继发感染，导致多脏器功能异常。

（6）生理性腹泻　多见于6个月以下虚胖婴儿，常有湿疹。表现为生后不久即腹泻，但除大便次数增多外，无其他症状，精神、食欲及生长发育正常。添加辅食后大便即逐渐转为正常，不需特殊治疗。

2. 心理、社会状况 评估家长对疾病的认识程度及心理反应；家长的文化程度及喂养、护理知识水平；患儿家庭的居住环境、卫生习惯、经济状况等。

（三）辅助检查

1. 血培养 以下情况应做血培养检查：疑似脓毒症或肠源性发热；有全身感染中毒症状；原发或继发免疫功能低下；3个月以下婴儿；有某些高危因素如溶血性贫血、到过肠源性发热疫区旅游或接触过来自疫区、患不明原因发热性疾病的旅游者。

2. 大便检查 ①大便常规：镜检有较多白细胞者常由各种侵袭性细菌感染引起，无或偶见白细胞者常为侵袭性细菌以外的病因引起；②大便病原学检查：细菌性肠炎大便培养可检出致病菌，真菌性肠炎大便镜检可见真菌的孢子和菌丝，疑为病毒性肠炎时可做病毒分离。

3. 血生化检查 血钠测定可了解脱水性质，血钾、血钙等测定可了解有无低钾、低钙血症等，血气分析可了解体内酸碱平衡紊乱的性质和程度。

三、治疗要点

1. 调整饮食 强调继续进食，根据疾病的特殊病理生理状况、个体消化吸收功能和平时的饮食习惯进行合理调整，以满足生理需要，补充疾病消耗，缩短康复时间。

2. 纠正水、电解质和酸碱平衡紊乱 参见本章第4节。

3. 药物治疗

（1）控制感染 水样便者（约占70%）多为病毒及非侵袭性细菌所致，一般不用抗生素，以调整饮食和液体疗法为主；黏液脓血便者（约占30%）多为侵袭性细菌感染，应根据临床特点，针对病原体经验性选用抗生素，再根据大便细菌培养和药敏试验结果进行调整。

（2）肠道微生态疗法 可酌情选用双歧杆菌、嗜酸乳杆菌等制剂，有助于恢复肠道正常菌群的生态平衡。

（3）肠黏膜保护剂 常用蒙脱石散（思密达），能吸附病原体和毒素，保护肠黏膜。

（4）避免用止泻剂，会增加毒素的吸收。

（5）给予补锌治疗，可缩短病程。

4. 预防并发症 迁延性、慢性腹泻常伴营养不良或其他并发症，必须采取综合治疗。

四、主要护理诊断/问题

1. 腹泻 与感染、喂养不当、肠道功能紊乱等有关。

2. 体液不足 与腹泻、呕吐致体液丢失过多和摄入不足有关。

3. 营养失调：低于机体需要量 与腹泻、呕吐丢失过多和摄入不足有关。

4. 体温过高 与肠道感染有关。

5. 有皮肤完整性受损的危险 与大便次数增多刺激臀部皮肤有关。

6. 知识缺乏：家长缺乏喂养知识及相关的护理知识。

五、护理措施

1. 调整饮食 限制饮食过严或禁食过久常造成营养不良，并发酸中毒，导致病情迁延不愈而影响生长发育，故应继续进食，以满足生理需要，缩短病程，促进恢复。

（1）母乳喂养者可继续哺乳，按需喂养，暂停辅食。

（2）人工喂养者可喂米汤、酸奶、脱脂奶等，宜少量多餐，随病情稳定和好转，由米汤、粥、面条等逐渐过渡到正常饮食。

（3）严重呕吐者可暂时禁食4～6h（不禁水），待好转后继续喂食，由少到多，由稀到稠。

（4）病毒性肠炎多有双糖酶（主要是乳糖酶）缺乏，可暂停乳类喂养，改为无乳糖或低乳糖配方奶粉喂养。

（5）腹泻停止后，逐渐恢复营养丰富的饮食，并每日加餐一次，共2周。

2. 维持水、电解质和酸碱平衡 参见本章第4节。

3. 控制感染 ①根据医嘱合理使用抗生素；②严格执行消毒隔离制度：感染性腹泻与非感染性腹泻患儿应分室居住，护理患儿前后认真洗手，患儿用过的尿布、便盆应分类消毒，以防交叉感染。

4. 维持体温正常 监测患儿体温变化，体温过高时应给患儿多饮水、擦干汗液、及时更换汗湿的衣服，并给予头枕冰袋等物理降温，必要时给予药物降温。

5. 维持臀部皮肤完整性

（1）选用吸水性强的柔软布类或一次性纸尿布，勤更换，避免使用不透气塑料布或橡皮布。

（2）每次便后用温水清洗臀部并擦干，以保持皮肤清洁、干燥。

（3）局部皮肤发红处涂以5%鞣酸软膏或40%氧化锌油，并按摩片刻，促进局部血液循环。

（4）局部皮肤糜烂或溃疡者可采用以下疗法。①暴露法：臀下仅垫尿布，不加包扎，使臀部皮肤暴露于空气中或阳光下；②灯光照射法：每次20～30min，每日1～2次，应专人守护，避免烫伤。

（5）女婴应注意保持会阴部的清洁，预防上行性尿路感染。

6. 密切观察病情

（1）监测生命体征 如神志、体温、脉搏、呼吸、血压等。

（2）观察大便情况 观察并记录大便次数、颜色、气味、性状、量，标本采集时应注意采集有黏液脓血部分并及时送检，做好动态比较，为治疗和输液方案提供可靠依据。

（3）观察水、电解质和酸碱平衡紊乱症状 如脱水、低钾血症、低钙血症、代谢性酸中毒等表现。

7. 心理护理 关心爱护患儿，做好家长饮食卫生、喂养知识宣教，提高家长对疾病防护能力，促进患儿康复，消除家长的焦虑、紧张情绪。对慢性腹泻患儿的家长，给予鼓励和心理支持。

8. 健康教育

（1）护理指导 向家长解释腹泻的病因、潜在并发症及相关治疗措施；指导家长正确配制和使用口服补液盐（ORS）溶液，强调应少量多次饮用；指导家长对患儿进行饮食调整及观察脱水表现、监测出入量。

（2）预防指导 宣传母乳喂养优点，指导家长合理喂养；注意饮食卫生，食物要新鲜，食具要定时消毒；教育儿童饭前便后洗手，勤剪指甲，培养良好的卫生习惯；避免长期滥用广谱抗生素，以免造成肠道菌群失调；指导加强体格锻炼，进行户外活动；注意气候变化，防止受凉或过热。

第4节 儿童液体疗法及护理

一、儿童体液平衡特点

体液是人体的重要组成部分，保持体液平衡是维持生命的重要条件。体液平衡包括维持水、电解质、酸碱度及渗透压的正常，主要依赖于神经、内分泌系统、肺、肾等器官的正常调节功能。儿童由于各器官功能发育不成熟、体液调节功能差等特点，较易发生体液平衡紊乱。

（一）体液的总量和分布

体液包括细胞内液和细胞外液，细胞外液由血浆和间质液组成。体液的总量和分布与年龄有关，年龄越小，体液总量相对越多，其中间质液所占比例越大，而血浆和细胞内液的比例相对稳定，与成人相近（表8-3）。

表8-3 不同年龄儿童和成人的体液分布（占体重的%）

年龄	细胞内液	细胞外液		体液总量
		血浆	间质液	
足月新生儿	35	6	37	78
0～1岁	40	5	25	70
2～14岁	40	5	20	65
成人	40～45	5	10～15	55～60

（二）体液的电解质组成

除新生儿在生后数天内血钾、血氯、血磷、乳酸偏高及血钠、血钙、碳酸氢盐偏低外，儿童体液电解质的组成与成人相似。细胞内液和细胞外液的电解质组成有显著差别（表8-4）。

表8-4 细胞内液和细胞外液的电解质组成

	细胞内液	细胞外液
主要阳离子	K^+、Ca^{2+}、Mg^{2+}、K^+占该区阳离子总量的78%，对维持细胞内液的渗透压起主要作用	Na^+，占该区阳离子总量的90%以上，对维持细胞外液的渗透压起主要作用
主要阴离子	蛋白质、HPO_4^{2-}	Cl^-、HCO_3^-

（三）水的代谢特点

1. 水的需要量相对较多，交换率高 儿童由于生长发育快，新陈代谢旺盛，需水量相对较多，同时体表面积相对较大、呼吸频率快等因素使不显性失水相对较多，因此年龄越小，每日需水量相对越多（表8-5）。另外，儿童排泄水的速度也较成人快，婴儿每日水的交换量约为细胞外液的1/2，而成人仅为1/7，婴儿水的交换率比成人快3～4倍，故婴儿对缺水的耐受力比成人差，在病理情况下较成人更易发生脱水。

表8-5 儿童每日水的需要量

年龄（岁）	需水量（ml/kg）	年龄（岁）	需水量（ml/kg）
＜1	120～160	4～9	70～110
1～3	100～140	10～14	50～90

2. 体液平衡调节功能不成熟 肾脏对于体液平衡起着重要作用，正常情况下，水分排出的多少主要靠肾脏的浓缩和稀释功能调节。儿童时期肾功能发育不成熟，肾小球滤过率低，肾脏的浓缩和稀释功能差，处理水、钠的能力不完善，年龄越小肾脏排钠、排酸、产氨能力越差，故容易发生水、电解质和酸碱平衡紊乱。

二、儿童常见水、电解质和酸碱平衡紊乱

（一）脱水

脱水是指水分摄入不足或丢失过多所引起的体液总量尤其是细胞外液量的减少。脱水时除丧失水分外，尚有钠、钾和其他电解质的丢失。

1. 脱水程度 指患病以来累积的体液损失量，常以丢失液体量占体重百分比表示。临床上常根据前囟、眼窝、皮肤弹性、尿量、循环情况等临床表现进行综合分析判断，常将脱水分为轻度、中度、重度（表8-6）。

表8-6　三种不同程度脱水的临床表现

比较项	轻度	中度	重度
失水占体重比例	≤5%	5%～10%	≥10%
精神状态	稍差	萎靡或烦躁	嗜睡、昏迷
前囟和眼窝	稍凹陷	凹陷	明显凹陷
眼泪	稍少	少	无
口腔黏膜	稍干燥	明显干燥	极干燥或干裂
口渴	轻	明显	极明显、烦渴
尿量	稍减少	明显减少	极少或无尿
皮肤	稍干燥、弹性稍差	干燥、苍白、弹性差	极干燥、花纹、弹性极差，捏起皮肤回复≥2s
肢端	温	稍凉	厥冷
脉搏	正常	增快	明显增快且弱
血压	正常	正常或稍降	降低

注：判断周围循环衰竭时应重点观察有无皮肤花纹、四肢厥冷、脉搏细弱、血压下降、极度少尿或无尿等表现。

2. 脱水性质　指体液渗透压的改变，反映水和电解质的相对丢失量。由于钠是决定细胞外液渗透压的主要成分，所以临床上根据血钠水平将脱水分为等渗性脱水、低渗性脱水和高渗性脱水三种（表8-7）。临床上以等渗性脱水最常见，其次为低渗性脱水，高渗性脱水少见。

表8-7　三种不同性质脱水的临床特点

比较项	等渗性脱水	低渗性脱水	高渗性脱水
主要原因	常见于病程短、营养状况好的腹泻患儿	营养不良伴慢性腹泻、补非电解质过多	高热、大量出汗、腹泻时补含钠液过多
水、电解质丢失比例	水、电解质成比例丢失	电解质丢失多于水	水丢失多于电解质
血钠（mmol/L）	130～150	＜130	＞150
渗透压（mmol/L）	280～320	＜280	＞320
主要丧失液区	细胞外液	细胞外液	细胞内液
口渴	明显	不明显	极明显
皮肤弹性	稍差	极差	尚可
血压	低	很低，易发生休克	正常或稍低
精神状态	精神萎靡	嗜睡或昏迷、惊厥	烦躁、肌张力增高、惊厥

（二）低钾血症

人体内钾主要存在于细胞内，正常血钾为3.5～5.5mmol/L。当血钾＜3.5mmol/L时为低钾血症。

1. 病因　①长期禁食或进食少使钾摄入不足；②呕吐、腹泻及长期应用利尿剂使钾丢失过多；③钾在体内分布异常（钾由细胞外向细胞内转移）；④各种原因的碱中毒。

2. 临床表现　①神经肌肉兴奋性减低：精神萎靡、反应低下、全身肌无力、腹胀、肠鸣音减弱或消失、腱反射减弱或消失等。②心脏损害：心肌收缩力降低、血压降低、心率增快、心音低钝、心律失常，甚至心力衰竭；心电图显示ST段降低、T波低平或倒置，出现U波、Q-T间期延长等。③肾脏损害：口渴、多饮、多尿、夜尿等。

（三）低钙、低镁血症

1. 病因　进食少、吸收不良及腹泻丢失钙、镁，均可使体内钙、镁减少。多见于腹泻、营养不良和活动性佝偻病患儿。

2. 临床表现　在脱水和酸中毒时，由于血液浓缩和离子钙向细胞外转移，可不出现低钙症状。当脱水和酸中毒纠正后，血清钙降低，可出现手足搐搦、惊厥等表现。极少数久泻和营养不良的患儿输液后出现震颤、惊厥等，应用钙剂治疗无效时应考虑有低镁血症的可能。

（四）代谢性酸中毒

儿童正常血pH为7.35～7.45，当超出此正常范围即出现酸碱平衡紊乱。临床上以代谢性酸中毒最常见，血pH＜7.35，主要因代谢紊乱使细胞外液中HCO_3^-浓度降低或H^+浓度增高所致。

1. 病因　①呕吐、腹泻丢失大量碱性物质；②热量摄入不足使体内脂肪分解增加，产生大量酮体；③血容量减少，血液浓缩，血流缓慢，使组织灌注不良、缺氧致乳酸堆积；④肾血流量不足，尿量减少，使酸性代谢产物在体内堆积；⑤氯化钙、氯化镁等酸性物质摄入过多。

2. 临床表现　临床根据血HCO_3^-的测定结果将代谢性酸中毒分为轻、中、重三度（表8-8）。中、重度脱水伴有不同程度的代谢性酸中毒。

表8-8　三种不同程度代谢性酸中毒的临床表现

比较项	轻度	中度	重度
HCO_3^-（mmol/L）	13～18	9～13	＜9
临床表现	症状、体征不明显	精神萎靡或烦躁，呼吸深长，口唇呈樱桃红色等	恶心呕吐，心率增快，呼吸深快、节律不齐，呼气有丙酮味，口唇发绀，昏睡或昏迷等

注：新生儿及小婴儿呼吸改变不典型，常表现为精神萎靡、面色苍白、拒乳等。

三、儿童液体疗法常用溶液

溶液中电解质所产生的渗透压为张力，与血浆渗透压相等时为1个张力，即等张或等渗，低于血浆渗透压时为低张或低渗，高于血浆渗透压时为高张或高渗。

（一）非电解质溶液

常用5%葡萄糖溶液和10%葡萄糖溶液，前者为等渗液，后者为高渗液。但葡萄糖输入体内后很快被氧化为二氧化碳和水，失去其渗透压的作用，因此在液体疗法时视各种浓度的葡萄糖溶液为零张力液体，主要用于补充水分和部分热量。

（二）电解质溶液

电解质溶液主要用于补充丢失的体液和所需的电解质，纠正体液的渗透压和酸碱平衡失调。

1. 0.9%氯化钠溶液（生理盐水）　为等张液，Na^+和Cl^-均为154mmol/L，与血浆渗透压近似。Na^+接近于血浆中浓度（142mmol/L），而Cl^-较血浆中浓度（103mmol/L）高，故输入过多可致高氯性酸中毒。

2. 复方氯化钠溶液（Ringer溶液）　为等张液，其组成为0.86%氯化钠、0.03%氯化钾和0.03%氯化钙，其作用和缺点与0.9%氯化钠溶液基本相同，但大量输注不会发生稀释性低血钾和低血钙。

3. 碱性溶液　主要用于纠正酸中毒。①碳酸氢钠溶液：临床最常用，可直接增加缓冲碱，快速纠正酸中毒；市售的5%碳酸氢钠溶液为高张液，用5%或10%葡萄糖溶液稀释3.5倍即为1.4%碳酸氢钠（为等张液）；在抢救重度酸中毒时，可不经稀释直接静脉注射。②乳酸钠溶液：需在有氧条件下经肝脏代谢产生HCO_3^-而起作用，显效缓慢，因此在肝功能不全、缺氧、休克、新生儿期及乳酸潴留性酸中毒时不宜使用。市售的11.2%乳酸钠为高张液，用5%或10%葡萄糖溶液稀释6倍即为1.87%乳酸钠（为等张液）。

4. 氯化钾溶液　用于纠正低钾血症。常用10%氯化钾溶液，静脉滴注时需稀释成0.2%～0.3%浓度，不可直接静脉注射，以免发生心肌抑制而导致死亡。

（三）混合溶液

为了满足不同情况液体疗法的需要，临床上常将几种溶液按一定比例配制成不同的混合液。几种常用混合溶液的组成见表8-9。

表8-9 几种常用混合溶液的组成

溶液种类	0.9%氯化钠溶液	5%或10%葡萄糖溶液	1.4%碳酸氢钠溶液	张力
1：1含钠液	1份	1份	—	1/2
1：2含钠液	1份	2份	—	1/3
1：4含钠液	1份	4份	—	1/5
2：3：1含钠液	2份	3份	1份	1/2
4：3：2含钠液	4份	3份	2份	2/3
2：1等张含钠液	2份	—	1份	等张

（四）口服补液盐

口服补液盐（oral rehydration salts，ORS）是WHO推荐的用于治疗急性腹泻合并脱水的一种口服溶液，临床应用已取得良好效果。2002年WHO推荐使用的新配方为：氯化钠2.5g，枸橼酸钾2.9g，氯化钾1.6g，葡萄糖13.5g，临床用前以温开水1000ml溶解，总渗透压为245mOsm/L。

四、儿童液体疗法

液体疗法的目的是纠正水、电解质和酸碱平衡紊乱，恢复机体正常的生理功能。在实施过程中应遵循三定（定量、定性、定速）、三先（先盐后糖、先浓后淡、先快后慢）、三补（见尿补钾、见惊补钙、见酸补碱）的补液原则。包括口服补液和静脉补液两种方法。

（一）口服补液

口服补液适用于腹泻时脱水的预防及轻、中度脱水的治疗，选用ORS，轻、中度脱水口服补液用量（ml）=体重（kg）×（50～75），4h内分次服完。一旦脱水纠正应及时停服，以免引起高钠血症。在口服补液过程中，如呕吐频繁或腹泻、脱水加重，应改为静脉补液。

（二）静脉补液

静脉补液适用于严重呕吐及腹泻伴中、重度脱水的患儿。在实施过程中遵循补液原则（表8-10）。

表8-10 液体疗法的定量、定性和定速

类型		累计损失量	继续损失量	生理需要量
定量	轻度脱水	30～50ml/kg	20～40ml/kg（30ml/kg）	第一个10kg体重100ml/kg，第二个10kg体重50ml/kg，其后20ml/kg
	中度脱水	50～100ml/kg		
	*重度脱水	100～120ml/kg		
定性	低渗性脱水	2/3张	1/3～1/2张	1/5～1/4张
	等渗性脱水	1/2张		
	高渗性脱水	1/5～1/3张		
定速		*补液总量的1/2于前8～10h内输入（每小时8～12ml/kg） 剩余1/2在14～16h内输入（每小时4～6ml/kg）	于12～24h内匀速输入	

*注：重度脱水时应先扩容。

1. 第1天补液

（1）定量　根据脱水程度决定补液总量。第1天补液总量包括：①累积损失量，指发病后至补液时水和电解质的丢失量，约为总量的1/2；②继续损失量，指补液开始后因呕吐、腹泻等继续丢失的液量；③生理需要量，指补充机体基础代谢所需的液量。以上3部分合计，第1天补液总量：轻度脱水90～120ml/kg，中度脱水120～150ml/kg，重度脱水150～180ml/kg。

（2）定性　根据血钠浓度来判断脱水性质，决定补液种类。等渗性脱水补1/2张液体（2：3：1含钠液），低渗性脱水补2/3张液体（4：3：2含钠液），高渗性脱水补1/5～1/3张液体（1：2、1：4含钠液）。等渗性脱水在临床最为常见，故脱水性质尚未确定前，一般可先按等渗性脱水处理。

（3）定速　遵循先快后慢原则。中度脱水无休克者，补液总量的1/2在8～10h内输入，输液速度为每小时8～12ml/kg；剩余1/2在14～16h内输入，输液速度为每小时4～6ml/kg。重度脱水伴周围循环不良和休克患儿应先迅速扩容，用2：1等张含钠液20ml/kg，于1/2～1h内静脉注射或快速滴入。

（4）纠正低钾血症　监测血钾浓度，观察低钾血症表现，及时纠正低血钾，但必须严格掌握补钾的原则：①见尿补钾，或补液前6h内排过尿可予补钾。②能口服者尽量口服，口服更安全；轻者可分次口服10%KCl 100～200mg/（kg·d）；重者或不能经口服补钾者，需静脉补充，时间大于6～8h。③切忌直接静脉注射，以免发生高血钾而引起心搏骤停。④静脉滴注时钾的浓度≤0.3%（即100ml液体中最多加10%氯化钾3ml）。⑤低血钾时至少需要2～4d才能补足。总之，请牢记补钾"五不宜"：不宜过早、不宜静脉注射、不宜过浓、不宜过快、不宜过量。

（5）纠正低钙血症和低镁血症　在脱水和酸中毒被纠正后离子钙降低，可出现惊厥，尤其营养不良、佝偻病及腹泻较重患儿，应及时补充钙剂。常用10%葡萄糖酸钙0.5ml/kg，最大不超过10ml，10～20min内静脉缓注，必要时重复使用。当患儿发生震颤、惊厥，经钙剂治疗无效时，应考虑低镁血症，需深部肌内注射25%硫酸镁。

（6）纠正酸中毒　严重代谢性酸中毒需给予碱性液纠酸，临床首选碳酸氢钠。剂量计算方法如下：①所需碳酸氢钠摩尔数=（24–实测HCO_3^-值）×0.3×体重（kg）；②所需5%碳酸氢钠毫升数=BE绝对值×0.5×体重（kg）。注意碱性液一般稀释成等张含钠液后分次给予，首次可给计算量的1/2。注意保持气道通畅以保证CO_2的排出，酸中毒纠正后注意补充钾和钙。

2. 第2天及以后的补液　主要补充继续损失量和生理需要量（表8-10），继续补钾，供给能量。病情好转可改为口服补液。

链 接　儿童营养不良伴腹泻的液体疗法

营养不良与腹泻病常互为因果，易形成恶性循环。营养不良患儿的体液代谢特点：①因皮下脂肪少，皮肤弹性差，其脱水程度容易估计偏重；②腹泻有脱水时多为低渗性脱水；③心功能较差，输液过多或过快时，易发生心力衰竭；④补液过程中易发生低钾、低钙、低镁血症；⑤肝糖原贮存不足，易发生低血糖。因此，儿童营养不良伴腹泻在补液时应注意：①补液总量应减少1/3或降级补液；②常用2/3张含钠液；③补液速度宜稍慢，一般为每小时3～5ml/kg，以免加重心、肺负担；④见尿后尽早补钾，补钾应持续7d以上，早期补钙、补镁；⑤注意补充能量和蛋白质。

（三）液体疗法的护理

1. 补液前的准备　全面了解患儿的病史、病情、补液目的及临床意义；向家长解释补液目的、补液需要的时间及可能发生的情况，以取得配合；对年长儿也应做好鼓励和解释工作，以消除其恐惧心理，不合作者可加以适当约束或给予镇静剂。

2. 输液过程中的护理

（1）按医嘱进行补液　按医嘱要求全面安排24h的液体总量，并遵循补液原则分期分批输入。

（2）严格掌握输液速度　明确每小时输入量，计算出每分钟输液滴数，防止输液速度过快或过缓。有条件者最好使用输液泵，以便更精确地控制输液速度。

（3）保持输液通畅　注意输液是否通畅，有无堵塞、肿胀及漏出血管外等。

（4）密切观察病情

1）观察生命体征：包括体温、脉搏、呼吸、血压等，若患儿出现烦躁不安、脉搏及呼吸加快等，应警惕因输液过量或过快而导致心力衰竭和肺水肿。

2）观察输液反应：注意有无输液反应，若发现应及时报告医生，并寻找原因和采取有效措施处理。

3）观察补液效果：观察患儿脱水情况，比较输液前后的变化，判断补液效果。若皮肤弹性恢复、眼窝凹陷消失、尿量增多、口舌湿润、无口渴等，说明脱水已经纠正；补液后尿多而脱水未纠正，可能是葡萄糖溶液输入过多，宜增加电解质的比例；补液后出现眼睑水肿，可能是补充钠盐过多，口服补液者此时应改服白开水或母乳。

4）观察酸中毒表现：观察患儿有无精神萎靡、呼吸深长、口唇樱红色、呼气丙酮味等酸中毒表现。

5）观察低血钾、低血钙表现：观察患儿有无全身肌无力、心音低钝、腹胀、肠鸣音减弱等低血钾表现，有无手足搐搦、惊厥等低血钙表现。尤其在酸中毒纠正后容易发生。

（5）记录24h液体出入量　液体入量包括口服液体量、静脉输液量及食物中含水量；液体出量包括呕吐量、尿量、大便丢失的水量及不显性失水量。婴幼儿大小便不易收集，可用“称尿布法”计算液体排出量。

自测题

A_1型题

1. 4：3：2液张力为（　　）
   A. 1/3张　B. 2/3张　C. 等张　D. 1/5张　E. 1/2张
2. 小儿鹅口疮的病原体是（　　）
   A. 腺病毒　B. 单纯疱疹病毒　C. 链球菌　D. 金黄色葡萄球菌　E. 白色念珠菌
3. 小儿腹泻时，以下处理不正确的是（　　）
   A. 针对病因治疗　B. 采用液体疗法　C. 首选止泻剂治疗　D. 应用微生态制剂　E. 应用肠黏膜保护剂
4. 小儿重型腹泻与轻型腹泻的主要区别是（　　）
   A. 水样大便　B. 发热　C. 腹痛　D. 水、电解质及酸碱平衡紊乱　E. 呕吐
5. 小儿腹泻伴中度脱水时第1天静脉补液总量为（　　）
   A. 30～60ml/kg　B. 60～90ml/kg　C. 90～120ml/kg　D. 120～150ml/kg　E. 150～180ml/kg
6. 口服补液盐适用于（　　）
   A. 急性肾炎　B. 肺炎合并心力衰竭　C. 腹泻伴呕吐　D. 腹泻伴重度脱水　E. 腹泻伴轻、中度脱水
7. 小儿感染性腹泻最常见的病原体是（　　）
   A. 轮状病毒和致病性大肠埃希菌
   B. 柯萨奇病毒和致病性大肠埃希菌
   C. 轮状病毒、寄生虫和衣原体
   D. 星状病毒和致病性大肠埃希菌
   E. 致病性大肠埃希菌和冠状病毒

A_2型题

8. 患儿，男，1岁，反复腹泻1个月，考虑为迁延性腹泻，正确的治疗是（　　）
   A. 应长期应用脱脂奶
   B. 可试用抗病毒药物
   C. 应长期使用抗生素
   D. 禁食时间要长，有利于消化功能的恢复
   E. 寻找并解除引起的原因，积极治疗并发症
9. 患儿，男，1岁6个月。患小儿腹泻来诊。家长的哪项表述提示护士需要进一步对家长进行健康指导（　　）
   A. “我会适当减少给孩子的食物量”
   B. “我会让孩子一次少吃一点”
   C. “我会多给孩子吃点脂肪丰富的食物”

D. “我会给孩子用吸水性强的纸尿布”

E. “孩子每次大便后我会用温水帮孩子清洗臀部”

10. 患儿，女，1.5岁。疱疹性口腔炎。护士在口腔涂药后应协助患儿闭口（　　）

A. 5min　　B. 10min

C. 15min　　D. 20min

E. 25min

11. 某9个月男婴，腹泻2d，大便每日15～16次，蛋花汤样。判断患儿脱水程度的评估指标不包括（　　）

A. 精神状态　　B. 尿量

C. 肠鸣音　　D. 皮肤弹性

E. 前囟

12. 患儿7个月，腹泻。排黄绿色稀水样便2d，每日4～5次，精神状态好，为预防脱水口服补液盐，其张力是（　　）

A. 1/5张　　B. 1/4张

C. 1/3张　　D. 1/2张

E. 2/3张

13. 患儿，男，6个月，因间歇发热，咳嗽半个月，拟诊“支气管炎”，给予口服头孢拉定治疗。近2d发现口腔有白色点片状乳凝块样物，不易拭去，护士在为患儿进行口腔护理时，宜选择的溶液是（　　）

A. 甲酚皂溶液　　B. 生理盐水

C. 0.1%依沙吖啶　　D. 2%碳酸氢钠溶液

E. 3%过氧化氢溶液

14. 6个月患儿，因腹泻3d入院。大便为黄色稀水样便，每日10余次。精神萎靡，尿量极少，皮肤有花纹，呼吸深长，脉搏细弱，血钠128mmol/L，应立即静脉输注（　　）

A. 1.4%碳酸氢钠溶液　　B. 2：1等张含钠液

C. 4：3：2溶液　　D. 10%氯化钠溶液

E. 10%葡萄糖溶液

15. 3个月患儿，混合喂养，腹泻50d，大便呈黄色稀糊状，每天4～5次，食欲及精神均正常，体重6kg。最可能的诊断为（　　）

A. 感染性腹泻　　B. 生理性腹泻

C. 慢性腹泻　　D. 食饵性腹泻

E. 症状性腹泻

A_3/A_4型题

（16～20题共用题干）

9个月男孩，呕吐、腹泻4d，为蛋花汤样便，1d来伴明显口渴、尿少。查体：方颅，皮肤弹性差，眼窝及前囟明显凹陷，血钠为140mmol/L。

16. 请判断患儿的脱水程度及性质（　　）

A. 轻度等渗性脱水　　B. 中度等渗性脱水

C. 重度等渗性脱水　　D. 轻度高渗性脱水

E. 中度低渗性脱水

17. 患儿补液首选哪种液体（　　）

A. ORS溶液　　B. 1/5张含钠液

C. 2：3：1液　　D. 4：3：2液

E. 2：1液

18. 经补液，患儿脱水基本纠正，现出现腹胀、心音低钝、腱反射减弱，考虑为（　　）

A. 低钠血症　　B. 低镁血症

C. 低钾血症　　D. 低钙血症

E. 低血糖症

19. 患儿输液数小时后，脱水好转，但突然出现惊厥，应首先考虑为（　　）

A. 低钙血症　　B. 化脓性脑膜炎

C. 高热惊厥　　D. 中毒性脑病

E. 低镁血症

20. 患儿经补液后已排尿，按医嘱继续补液300ml，此时最多可加入10%氯化钾溶液（　　）

A. 3ml　　B. 4.5ml

C. 6ml　　D. 9ml

E. 12ml

（21、22题共用题干）

患儿，女，8个月。因“腹泻、呕吐4d，加重1d”入院。患儿4d前出现腹泻，呈黄色水样便，无腥臭味，7～8次/天。1d前大便次数增多，每日10余次，量中等。偶伴呕吐，为胃内容物。发病后患儿精神萎靡，皮肤干燥弹性差，口唇干燥，尿量明显减少，前囟和眼眶稍凹陷，肛周皮肤发红。

21. 正确的臀部护理措施是（　　）

A. 皮肤糜烂或溃疡处使用2%碘酊消毒

B. 柔软布制尿布包裹，勿暴露局部皮肤

C. 灯光照射，每次30～40min，每日2～3次

D. 每次便后用肥皂水清洗臀部

E. 肛周皮肤擦40%氧化锌油并按摩

22. 对患儿父母的健康教育不正确的是（　　）

A. 人工喂养者可喂稀释的牛奶或米汤

B. 继续母乳喂养，暂停辅食

C. 严重呕吐或腹胀时暂禁食4～6h

D. 腹泻停止后立即恢复普食

E. 母乳喂养儿应少量多次喂哺

（23、24题共用题干）

患儿，女，11个月，家长主诉“高热、腹泻，无尿12h”入院，查体：患儿精神萎靡，T41℃，皮肤花纹，肢端凉，眼窝凹陷，皮肤弹性差，臀红明显。

23. 首要的护理评估内容是（　　）

A. 皮肤完整性　　B. 脱水程度、性质

C. 有无休克　　D. 排便的性状

E. 发热

24. 此时应立即采取的护理措施是（　　）

A. 物理降温　　B. 肢端保暖

C. 皮肤护理 D. 指导饮食

E. 开放静脉通路补液

（25、26题共用题干）

患儿，男，8个月。体重8kg，因严重腹泻入院治疗。医嘱：0.9%氯化钠溶液静脉滴注，输液速度为20ml/(kg·h)。

25. 护士每小时应为患儿输入的液体量是（　　）

A. 140ml B. 160ml

C. 180ml D. 200ml

E. 240ml

26. 患儿病情稳定后，护士在日常护理过程中，不正确的措施是（　　）

A. 详细记录出入液体量

B. 加强臀部护理

C. 腹胀时应注意观察有无低钾血症

D. 如再次发作急性腹泻，应尽早使用止泻剂

E. 若患儿呕吐，应禁食、补液

（熊杰平）

第9章 呼吸系统疾病患儿的护理

第1节　儿童呼吸系统解剖生理特点

（一）解剖特点

呼吸系统以环状软骨为界，分为上、下呼吸道。上呼吸道包括鼻、鼻窦、咽、咽鼓管、会厌及喉；下呼吸道包括气管、支气管、毛细支气管、呼吸性细支气管、肺泡管及肺泡。儿童呼吸系统解剖生理特点及临床意义见表9-1。

表9-1　儿童呼吸系统解剖生理特点及临床意义

部位	特点	临床意义
鼻	鼻腔短小，无鼻毛，鼻道狭窄，血管丰富	易感染；炎症时易充血肿胀出现鼻塞，导致呼吸困难、张口呼吸
鼻窦	鼻腔黏膜与鼻窦黏膜相连续，鼻窦口相对较大	急性鼻炎时易导致鼻窦炎
鼻泪管、咽鼓管	鼻泪管短，开口处瓣膜发育不全；咽鼓管宽、短、直，呈水平位	鼻腔感染时易致结膜炎、中耳炎
咽	咽部狭窄且垂直，咽扁桃体生后6个月已发育，腭扁桃体在1岁末逐渐增大，至4～10岁时达高峰，14～15岁时逐渐退化	扁桃体炎多见于年长儿，1岁以内少见
喉	喉部狭窄，呈漏斗形，黏膜柔嫩而富有血管和淋巴组织	炎症时易出现局部充血、水肿，引起呼吸困难和声音嘶哑
气管、支气管	管腔相对狭窄，黏膜血管丰富，软骨柔软，缺乏弹力组织；黏液腺分泌不足，气道较干燥，纤毛运动差。清除能力弱。右侧支气管粗短，是由气管直接延伸	气管、支气管易于感染，并导致呼吸道阻塞，且感染后痰液黏稠不易咳出；气管异物易进入右侧支气管
肺	肺组织尚未发育完善，弹力组织发育差，血管丰富，间质发育旺盛，肺泡小且数量少，使其含血量相对多而含气量少	肺部易感染，易引起间质性肺炎、肺不张及肺气肿
胸廓、纵隔	婴幼儿胸廓较短且呈桶状，肋骨呈水平位，膈肌位置较高；胸腔较小而肺相对较大，呼吸肌发育差；儿童纵隔相对较大，纵隔周围组织松软、富于弹性	肺扩张受到一定限制，不能充分换气，肺部病变时易发生呼吸困难；胸腔积液或积气时易致纵隔移位

（二）生理特点

1.呼吸频率和节律　儿童生长快，代谢旺盛，需氧量高，因此年龄越小，呼吸频率越快。儿童呼吸频率易受哭闹、活动、激动等因素影响而增快，因此，须在儿童睡眠或安静时测量呼吸频率。婴儿由于呼吸中枢发育不完善，呼吸调节功能较差，易出现呼吸节律不齐，尤其以新生儿明显。各年龄段儿童呼吸频率见表9-2。

表9-2　不同年龄段儿童呼吸频率

年龄	新生儿	1个月至1岁	1～3岁	4～7岁	8～14岁
呼吸频率（次/分）	40～45	30～40	25～30	20～25	18～20

2. 呼吸类型 婴幼儿呼吸肌发育不全，呼吸时胸廓活动范围小，呈腹膈式呼吸。随着年龄增长，膈肌和腹腔脏器下降，肋骨由水平位逐渐倾斜，胸廓前后径和横径增大，开始出现胸式呼吸，7岁以后以混合式呼吸为主。

3. 呼吸功能 儿童肺活量、潮气量、每分钟通气量和气体弥散量均较成人小。年龄越小，潮气量越小，无效腔潮气量比值大于成人。气道管径细小，气道阻力较成人大，故呼吸功能的储备能力较低，当患呼吸道感染时易发生呼吸衰竭。

（三）免疫特点

儿童呼吸道非特异性免疫及特异性免疫功能均较差，如咳嗽反射、呼吸道纤毛运动功能差，不能有效清除吸入的尘埃和异物颗粒；婴幼儿体内免疫球蛋白含量低，尤其以分泌型IgA（SIgA）为低，肺泡巨噬细胞功能不足，乳铁蛋白、溶菌酶、干扰素、补体等数量和活性都不足，故婴幼儿易患呼吸系统感染。

第2节　急性上呼吸道感染

案例 9-1

患儿，男，2岁，畏寒、流清涕、咳嗽3d伴发热1d，口服儿童速效感冒片、七珍丹等药，效果不好。今晨起来后出现口吐白沫，面部及四肢抽搐，呼之不应，掐压人中后抽搐停止，持续约2min，测体温39℃。咽部充血，扁桃体Ⅱ°肿大，双肺呼吸音粗糙，查血常规：WBC7.6×10^9/L，N62%，L38%，热退后一周脑电图检查正常。

问题： 1. 该患儿最可能的诊断是什么？

2. 该患儿现存的主要护理诊断是什么？

3. 针对该患儿现存的主要护理诊断应采取哪些护理措施？

一、概　　述

（一）概念

急性上呼吸道感染（upper respiratory tract infection，URTI，简称上感），是包括鼻腔、咽或喉部急性炎症的总称，它不是一个疾病诊断，而是一组疾病的总称，包括普通感冒、病毒性咽炎、喉炎、疱疹性咽峡炎、咽结膜热、细菌性咽-扁桃体炎。通常病情轻、病程短、多可自愈，预后好。但发病率高，有时可伴有严重并发症，需积极防治。

（二）病因

病原体以病毒多见，占70%～80%，主要包括流感病毒、副流感病毒、呼吸道合胞病毒、腺病毒、鼻病毒、埃可病毒、柯萨奇病毒、麻疹病毒和风疹病毒等。细菌感染占20%～30%，以溶血性链球菌最为多见，其次为流感嗜血杆菌、肺炎链球菌和葡萄球菌等，偶见革兰氏阴性杆菌。

婴幼儿时期由于上呼吸道的解剖生理特点和免疫特点，容易患呼吸道感染，患有维生素D缺乏性佝偻病、营养不良、贫血等的体弱儿也是易感者。室内空气污浊、冷暖护理失当等往往容易诱发本病。

二、护理评估

（一）健康史

询问患儿发病前有无受凉、类似疾病接触史；有无维生素D缺乏性佝偻病、营养不良、贫血等疾病史；有无反复上感病史。

（二）身心状况

1. 症状、体征 病情轻重不一，与年龄、变应原和机体抵抗力强弱有关。婴幼儿局部症状不显著而全身症状重，年长儿以局部症状为主而全身症状无或较轻。根据病因和病变范围的不同，有以下类型。

（1）普通感冒 俗称“伤风”，又称急性鼻炎或上呼吸道卡他，以鼻咽部卡他症状为主要临床表现。多由鼻病毒引起，其次为冠状病毒、副流感病毒、呼吸道合胞病毒、埃可病毒、柯萨奇病毒等。

起病较急，主要表现为鼻部症状，如打喷嚏、鼻塞、流清水样鼻涕，也可表现为咳嗽、咽干、咽痒或灼热感，甚至鼻后滴漏感。发病同时或数小时后可有打喷嚏、鼻塞、流清水样鼻涕等症状。2～3d后鼻涕变稠，常伴咽痛、流泪、味觉减退、呼吸不畅、声嘶等。一般无发热及全身症状，或仅有低热、不适、轻度畏寒、头痛。体检可见鼻腔黏膜充血、水肿、有分泌物，咽部轻度充血。一般5～7d可痊愈。

（2）急性病毒性咽炎或喉炎

1）急性病毒性咽炎：多由鼻病毒、腺病毒、流感病毒、副流感病毒及肠道病毒、呼吸道合胞病毒等引起。临床特征为咽部发痒或灼热感，咳嗽少见，一般咽痛不明显。当吞咽疼痛时，常提示有链球菌感染。体检咽部明显充血水肿，颌下淋巴结肿大且触痛。

2）急性病毒性喉炎：多由鼻病毒、流感病毒、副流感病毒及腺病毒等引起。临床特征为声嘶、发声困难、咳嗽时疼痛，常有发热、咽痛或咳嗽。体检可见喉部水肿、充血，局部淋巴结轻度肿大和触痛，可闻及喉部的喘鸣音。

（3）急性疱疹性咽峡炎 多于夏季发作，儿童多见，偶见于成年人。常由柯萨奇病毒A引起，表现为明显咽痛、发热，体检可见咽充血，软腭、腭垂、咽及扁桃体表面有灰白色疱疹及浅表溃疡，周围有红晕，以后形成疱疹。病程约1周。

（4）咽结膜热 是一种表现为急性滤泡性结膜炎，并伴有上呼吸道感染和发热的病毒性结膜炎，常发生于夏季，儿童多见，游泳者易于传播。病原体为腺病毒、柯萨奇病毒等。临床主要表现为发热、咽炎、结膜炎三大症状。病程4～6d。

（5）细菌性咽炎及扁桃体炎 病原体主要为溶血性链球菌，其次为流感嗜血杆菌、肺炎链球菌、葡萄球菌等引起。起病急，临床表现为咽痛、畏寒、发热（体温可达39℃以上）。体检可见咽部明显充血，扁桃体肿大、充血，表面可有黄色脓性分泌物，可伴有颌下淋巴结肿大、压痛，肺部无异常体征。

2. 心理、社会状况 了解患儿及家长对本病的病因、预防知识的认知程度；评估家长是否因患儿烦躁、哭闹而焦虑，有无因患儿高热或高热惊厥而恐惧。特殊类型的上感，还应评估流行病学情况。

（三）辅助检查

病毒感染者血白细胞计数正常或偏低；鼻咽分泌物病毒分离、抗原及血清学检测可明确病原体。细菌感染者血白细胞及中性粒细胞可增高，咽培养可有病原菌生长。链球菌引起者血中抗链球菌溶血素O（ASO）滴度增高。

三、治疗要点

上感一般无需积极抗病毒治疗，以对症处理、休息、多饮水、保持室内空气流通和防治继发细菌感染为主。一般不用抗菌药物，如合并有细菌感染，可根据上感常见病原菌经验性选用抗菌药物。

四、主要护理诊断/问题

1. 体温过高 与上呼吸道炎症有关。

2. 舒适的改变 与鼻塞、咽痛等有关。

3. 潜在并发症：高热惊厥。

五、护理措施

1. 一般护理

（1）休息 置患儿于有利于呼吸的舒适体位，如抬高床头、半坐卧位。尽可能将护理操作集中进行，减少对患儿的刺激，避免哭闹，保持患儿安静。

（2）饮食 保证患儿充足的营养和水分。给予患儿易消化、营养丰富的流质或半流质饮食，少食多餐。喂哺婴幼儿时应细心，防止呛咳引起窒息。

（3）环境 保持室内安静，空气清新、湿润，避免对流风。室温保持在18～22℃，相对湿度保持在55%～60%。

2. 对症护理

（1）发热的护理

1）定时测量体温及记录体温变化。

2）体温超过38.5℃时给予物理或药物降温。

3）鼓励患儿多饮水，必要时由静脉补充液体，以保证液体的摄入量，以利于散热，并可避免呼吸道黏膜干燥和分泌物黏稠。

4）卧床休息，保持室内安静、空气清新、通风良好（避免对流风），保持室内适宜的温湿度。

5）衣被不可过厚，以免影响机体散热，及时更换被汗液浸湿的衣被。

（2）鼻塞的护理

1）及时清除鼻腔及咽喉部分泌物，保证呼吸道通畅。鼻塞严重时应及时用消毒棉签蘸生理盐水清除鼻腔分泌物，用0.5%麻黄碱液滴鼻，每天2～3次，每次1～2滴，对因鼻塞而妨碍吸吮的婴儿，宜在哺乳前15min滴鼻，使鼻腔畅通，保证吮吸。

2）保持鼻孔周围清洁，可用凡士林、液状石蜡等涂抹鼻翼部的黏膜及鼻下皮肤，以减轻分泌物的刺激。

3）嘱家长勿让患儿用力擤鼻，以免炎症经咽鼓管蔓延至中耳。

（3）口腔护理 婴幼儿可经常喂少量温开水，年长儿可用淡盐水漱口，以清洗口腔，防止口炎的发生。咽部不适时可给予润喉含片或行雾化吸入。

3. 密切观察病情 密切监测体温变化，若体温持续不退，应考虑并发症的可能。警惕高热惊厥的发生，若出现兴奋、烦躁等惊厥先兆，应立即通知医生。如果病程中出现皮疹，应区别是否为麻疹、猩红热、流行性脑脊髓膜炎等传染病的早期征象，以便及时采取措施。

4. 健康教育 教会家长预防上感的相关知识，掌握相应的护理措施，如根据气温变化适时增减衣物，避免过冷、过热等。指导家长为患儿制订科学合理的营养计划和生活作息制度，提倡母乳喂养，按时进行预防接种，加强锻炼，增强体质，提高对气温变化的适应能力。告知家长在上感流行季节尽可能不要带患儿到公共场所，看护者或亲属患病时应做好呼吸道隔离，以防交叉感染。积极防治营养不良、佝偻病、贫血等易并发呼吸系统急性炎症的慢性疾病。

第3节 急性感染性喉炎

案例 9-2

患儿，男，1岁。突发声音嘶哑，犬吠样咳嗽，吸气性喉喘鸣和三凹征，烦躁，口周发绀。查体：吸气性呼吸困难，肺部听诊无湿啰音。喉镜检查有声带肿胀，声门下黏膜梭形肿胀。

问题： 1. 该患儿最可能的诊断是什么？

2. 该患儿现存的主要护理诊断是什么？

3. 护士在护理患儿的过程中，应注意密切观察哪种并发症发生？

一、概 述

（一）概念

急性感染性喉炎（acute infectious laryngitis）为喉部黏膜急性弥漫性炎症，以犬吠样咳嗽、声音嘶哑、喉鸣、吸气性呼吸困难为特征，多发生在冬春季节，婴幼儿多见。

（二）病因

本病由病毒或细菌感染引起，亦可并发于麻疹、流感、百日咳等急性传染病。由于儿童喉部解剖特点，炎症时易充血、水肿而出现喉梗阻。

二、护理评估

（一）健康史

询问患儿近期有无上呼吸道感染、传染病接触史、过敏史；有无过度用声、异物及外伤；有无受凉、过度劳累、机体抵抗力下降等诱因。

（二）身心状况

1. 症状、体征 起病急，症状重，可有不同程度的发热、声音嘶哑、犬吠样咳嗽，吸气性喉鸣和三凹征。哭闹及烦躁常使喉鸣及气道梗阻加重，出现发绀、烦躁不安、面色苍白、心率加快等缺氧症状。体检可见咽部充血，喉镜检查有声带充血、水肿，声门下黏膜梭形肿胀。白天症状轻，夜间入睡后喉部肌肉松弛，分泌物阻塞导致症状加重，喉梗阻若不及时抢救，可因窒息死亡。按吸气性呼吸困难的轻重，可将喉梗阻分为4度（表9-3）

表9-3 喉梗阻分度

分度	临床表现	体征
Ⅰ度	患儿安静时无症状，仅于活动或哭闹后出现喉鸣和吸气性呼吸困难	肺部听诊呼吸音及心率无改变
Ⅱ度	安静时亦出现喉鸣和吸气性呼吸困难	肺部听诊可闻及喉传导音或管状呼吸音，心率增快
Ⅲ度	除上述喉梗阻症状外，患儿因缺氧而出现烦躁不安，口唇及指趾发绀，双眼圆睁，惊恐万状，头面部出汗	肺部听诊呼吸音明显减弱，心音低钝，心率快
Ⅳ度	患儿呈衰竭、昏睡状态，面色苍白发灰，由于无力呼吸，三凹征可不明显	肺部听诊呼吸音几乎消失，仅有气管传导音，心音低钝，心律不齐

2. 心理、社会状况 评估患儿是否因发热、呼吸困难及环境陌生而产生不适和恐惧。了解家属的文化程度及其对本病的认知程度，家长是否因患儿严重喉梗阻的表现而产生焦虑、恐惧情绪。

（三）辅助检查

病毒感染者外周血白细胞计数正常或偏低。细菌感染者外周血白细胞计数增高，中性粒细胞增高。

三、治疗要点

1. 保持呼吸道通畅 吸氧、雾化吸入，消除黏膜水肿；痰多者可选用祛痰剂，必要时直接喉镜吸痰。

2. 控制感染 病毒感染者采用抗病毒药物治疗；细菌感染者选用敏感抗生素，常用青霉素类、大环内酯类或头孢菌素类等。

3. 减轻喉头水肿 应用糖皮质激素，以减轻喉头水肿，缓解症状，常用泼尼松口服；重症患者静脉应用地塞米松或氢化可的松。

4. 对症治疗 烦躁不安者给予镇静剂异丙嗪。

5. 气管切开 有严重缺氧征象或有Ⅲ度喉梗阻者及时行气管切开。

四、主要护理诊断/问题

1. 有窒息的危险 与急性喉炎所致的喉梗阻有关。

2. 体温过高 与喉部感染有关。

3. 恐惧 与呼吸困难和窒息有关。

4. 知识缺乏：家长缺乏护理患儿的知识。

五、护理措施

1. 改善呼吸功能，保持呼吸道通畅

（1）保持室内空气清新，温湿度适宜，以减少对喉部的刺激，减轻呼吸困难。地塞米松超声雾化吸入，以迅速消除喉头水肿，恢复气道通畅。缺氧者及时吸氧。

（2）置患儿舒适体位，保持患儿安静，合理安排护理操作，尽可能减少对患儿的刺激。

（3）避免直接检查咽部，以防喉部突然痉挛引起喉梗阻。

（4）遵医嘱给予抗生素、激素及镇静剂治疗，并观察药物疗效及副作用。

（5）密切观察病情变化，根据患儿三凹征、喉鸣、青紫及烦躁等的表现正确判断缺氧的程度，发生窒息后及时抢救，随时作好气管切开的准备。

2. 维持正常体温 参见本章第2节中“发热的护理”部分的护理措施。

3. 心理护理 由于起病急，症状重，患儿极度紧张、烦躁不安，护士应守护在床旁，轻轻抚摸背部并通过暗示、诱导等方法使患儿情绪逐渐趋于稳定；允许家长陪护在患儿身边，避免患儿产生分离性焦虑。

4. 健康教育 告知家长患儿喉炎发作时的应对措施；患儿夜间入睡后喉部肌肉松弛，分泌物阻塞导致症状加重，嘱咐家长注意观察患儿的反应，及时用药。出院后加强户外活动，增强体质，提高抗病能力。

第4节 急性气管-支气管炎

一、概　　述

（一）概念

急性气管-支气管炎（acute tracheobronchitis）是由感染、物理、化学刺激或过敏因素引起的气管支气管黏膜的急性炎症，常发生于寒冷季节或气温突然变冷时，婴幼儿多见。常继发于上呼吸道感染之后，或为麻疹、流感、猩红热等急性呼吸道传染病的一种临床表现。

（二）病因

1. 感染 急性气管-支气管炎可以是病毒和细菌直接感染所致，多由流感病毒、呼吸道合胞病毒和副流感病毒、鼻病毒等引起，细菌、支原体和衣原体引起者少见。本病多数发生于受凉、淋雨、过度疲劳等诱因导致机体气管-支气管防御功能受损时，可在病毒感染的基础上继发细菌感染。

2. 物理、化学刺激 冷空气、粉尘、刺激性气体或烟雾（如二氧化硫、二氧化氮、氨气、氯气、臭氧等）的吸入，均可引起气管-支气管黏膜的急性炎症。

3. 过敏反应 多种过敏原均可引起气管和支气管的变态反应，常见者包括花粉、有机粉尘、真菌孢子等的吸入；钩虫、蛔虫的幼虫在肺内移行及细菌蛋白质也可引起机体的过敏。

二、护理评估

（一）健康史

了解患儿是否有上呼吸道感染、营养不良、佝偻病等病史；既往是否反复发作，有无湿疹或其他过敏史；是否为特异性体质，有无免疫功能失调；发病后有无治疗，效果如何。

（二）身心状况

1. 症状、体征 大多数患儿先有上呼吸道感染表现，主要症状为鼻塞、咽痛，继之出现干咳或伴少量黏痰，痰量逐渐增多，咳嗽症状加剧。婴幼儿症状较重，常伴有发热、呕吐、腹泻等，一般全身症状不明显。肺部听诊呼吸音粗糙，伴或不伴干、湿啰音，啰音部位常常不固定，常在体位改变或咳嗽后随分泌物的排出而暂时减少或消失，这是与肺炎听诊的鉴别要点。

婴幼儿可发生一种特殊类型的支气管炎，称为喘息性支气管炎，也称为哮喘性支气管炎，临床表现特点：①年龄多见于3岁以下，有湿疹或其他过敏病史。②有类似哮喘的表现，表现为呼气性呼吸困难，肺部叩诊呈鼓音，听诊两肺布满哮鸣音及少量的粗湿啰音。③有反复发作倾向，大多与感染有关，随年龄增长，发病次数逐渐减少，程度减轻，多数于学龄期痊愈，少数反复发作后可发展为支气管哮喘。目前，有学者认为哮喘性支气管炎实际是婴幼儿哮喘的一种表现。

2. 心理、社会状况 评估家长对本病发生、发展、预防、护理等知识的了解程度及对疾病的重视程度。评估当地的环境及空气状况；评估家长是否因担心患儿的病情而焦虑等。

（三）辅助检查

病毒感染者外周血白细胞总数正常或稍高；细菌引起者或合并细菌感染时，血白细胞数及中性粒细胞数均增高。胸部X线检查多无异常改变，或有肺纹理增粗。

三、治疗要点

1. 一般治疗 注意休息、保温、多饮水，避免吸入粉尘和刺激性气体。

2. 控制感染 本病与病毒感染最为相关，一般不进行常规抗菌药物治疗。对年幼体弱儿或有发热、痰多而黄、白细胞增多时须考虑为细菌感染，可使用抗菌药物。

3. 对症治疗 一般不用镇咳药物，以免抑制咳嗽反射，影响痰液排出。可酌情用祛痰剂，喘息严重者可使用支气管扩张剂或行超声雾化吸入，必要时用激素。

四、主要护理诊断/问题

1. 清理呼吸道无效 与痰液过多、黏稠、咳嗽无力等有关。

2. 体温过高 与病毒或细菌感染有关。

五、护理措施

1. 保持呼吸道通畅

（1）保持室内空气新鲜、温湿度适宜，以减少对支气管黏膜的刺激，利于排痰。给予易消化、营养丰富的饮食，保证充足的水分供给，发热期间进食流质或半流质食物为宜。患儿要适当休息，减少活动。

（2）保持呼吸道通畅，观察咳嗽、咳痰的性质，指导并鼓励患儿有效咳嗽；对咳嗽无力的患儿，经常更换体位，拍背促使呼吸道分泌物排出，促进炎症消散，也可给予超声雾化吸入。

2. 维持正常体温 参见本章第2节中“发热的护理”部分的护理措施。

3. 密切观察病情 密切观察体温和呼吸变化，若有体温升高，咳嗽加重，气促甚至出现呼吸困难、发绀等应考虑是否为病情加重而发展为肺炎，应给予吸氧，立即报告医师并协助积极处理。

4. 健康教育 教会家长根据气温变化适时增减衣物，避免过冷、过热等。指导家长为患儿制订科学合理的营养计划和生活作息制度，按时进行预防接种，加强锻炼，增强体质，提高对气温变化的适应能力。告知家长在上感流行季节尽可能不要带患儿到公共场所，看护者或亲属患病时应做好呼吸道隔离，以防交叉感染。

第5节 肺 炎

案例 9-3

患儿，女，6个月，因咳嗽、咳痰2d，喘息伴发绀1h入院。入院体温38.4℃，心率146次/分，呼吸68次/分，呼吸困难，口周发绀，鼻翼扇动、三凹征明显，双肺可闻及大量的细湿啰音，胸部X线显示：双肺大小不等的片状阴影。

问题： 1. 护士提出的最主要护理问题是什么？

2. 护士应采取的主要护理措施有哪些？

一、概 述

（一）概念

肺炎（pneumonia）是指不同病原体或其他因素（羊水吸入、过敏等）所致的肺部炎症。临床上以发热、咳嗽、气促、呼吸困难和肺部固定湿啰音为主要表现。严重者可出现循环系统、神经系统、消化系统等相应症状。

肺炎为婴幼儿时期的常见病，一年四季均可发病，以冬春季节发病率为高，多由急性上呼吸道感染或支气管炎向下蔓延所致，是5岁以下儿童死亡原因的第一位，列为我国重点防治的儿童“四病”之一，故加强对本病的防治十分重要。

（二）分类

肺炎目前尚无统一的分类方法，常用的分类方法如下。

1. 按病理分类 支气管肺炎、大叶性肺炎、间质性肺炎等。儿童以支气管肺炎最常见。

2. 按病因分类 ①感染性肺炎：病毒性肺炎、细菌性肺炎、支原体肺炎、真菌性肺炎等；②非感染性肺炎：吸入性肺炎、过敏性肺炎、坠积性肺炎等。

3. 按病程分类 ①急性肺炎：病程＜1个月；②迁延性肺炎：病程为1～3个月；③慢性肺炎：病程＞3个月。

4. 按病情分类　①轻症肺炎：以呼吸系统表现为主，无全身中毒症状；②重症肺炎：除呼吸系统严重受累外，其他系统也受累，全身中毒症状明显。

5. 按肺炎发生的地区分类　①社区获得性肺炎：指在医院外（社区）发病的感染性肺炎，包括在医院外（社区）感染了具有明确潜伏期的病原体而在入院后发病的肺炎；②医院获得性肺炎：又称医院内肺炎，是指住院48h后发生的肺炎。

临床上若病原体明确，则按病因分类，以便指导治疗，否则按病理分类。支气管肺炎（bronchopneumonia）是儿童最常见的肺炎，故以下重点介绍支气管肺炎。

（三）病因

常见的病原体为病毒和细菌。病毒以呼吸道合胞病毒最多见，其次是鼻病毒、副流感病毒等；细菌以肺炎链球菌多见，其他有流感嗜血杆菌、金黄色葡萄球菌、表皮葡萄球菌等。近年来，肺炎支原体、衣原体及流感嗜血杆菌肺炎逐渐增多。肺炎链球菌、金黄色葡萄球菌和流感嗜血杆菌是重症肺炎的主要病因。目前发达国家儿童肺炎以病毒（呼吸道合胞病毒）感染为主，发展中国家以细菌（肺炎链球菌）感染为主。

（四）发病机制

病原体多由呼吸道入侵，少数经血行入肺。

病原体侵入肺部后，支气管管腔因黏膜水肿、炎性渗出而变窄；肺泡壁因充血水肿而增厚，肺泡腔内充满炎性渗出物，从而造成通气和换气功能障碍。通气不足引起血氧分压（PaO_2）和血氧饱和度（SaO_2）降低（低氧血症）及动脉血二氧化碳分压（$PaCO_2$）增高（高碳酸血症）；换气功能障碍则主要引起低氧血症。缺氧、二氧化碳潴留及病原体毒素和炎症产物吸收产生的毒血症，可导致循环系统、消化系统、神经系统的一系列改变及酸碱平衡失调和电解质紊乱。

1. 呼吸系统　由于通气、换气障碍，可导致低氧血症和二氧化碳潴留。为代偿缺氧，患儿呼吸、心率加快，为增加呼吸深度，辅助呼吸肌参与呼吸运动，出现鼻翼扇动和三凹征，严重时可发生呼吸衰竭。

2. 循环系统　可发生心力衰竭、心肌炎及微循环障碍。缺氧使肺小动脉反射性收缩，致肺动脉高压，导致右心负荷加重；病原体和毒素作用于心肌，引起心肌炎。肺动脉高压和中毒性心肌炎是诱发心力衰竭的重要因素。重症者可出现微循环障碍。

3. 神经系统　缺氧和二氧化碳潴留，引起大脑毛细血管扩张，血流减慢、血管通透性增加，引起脑水肿和颅内高压。病原体毒素作用也可导致中毒性脑病。

4. 消化系统　缺氧和病原体毒素作用，导致胃肠功能紊乱，出现腹泻、呕吐，严重者发生中毒性肠麻痹和消化道出血。

5. 酸碱平衡失调及水、电解质紊乱　缺氧使体内有氧代谢发生障碍，酸性代谢产物增多，加上高热、进食少等因素而发生代谢性酸中毒。同时，二氧化碳排出受阻，可产生呼吸性酸中毒。因此，重症肺炎患儿常出现混合性酸中毒。缺氧和二氧化碳潴留致肾小动脉痉挛而引起水钠潴留，且重症肺炎缺氧时抗利尿激素（ADH）分泌增加，加上缺氧使细胞膜通透性改变、钠泵功能失调，使Na^+进入细胞内，可造成稀释性低钠血症。

二、护理评估

（一）健康史

新生儿应详细询问出生史，有无缺氧及羊水、胎粪吸入史。婴幼儿应评估有无上呼吸道感染或支气管炎病史，有无麻疹、百日咳等病史。了解既往生长发育情况，有无反复呼吸道感染及营养障碍性疾病、先天性心脏病等疾病。询问发病时间、起病急缓、病情轻重、用药情况等。

（二）身心状况

1. 症状、体征

（1）轻症肺炎　以呼吸系统症状和相应的肺部体征为主。其主要表现为突发高热、咳嗽、气促和肺部出现固定的中、细湿啰音。①发热：热型不定，多为不规则热，小婴儿及重度营养不良儿童可不发热甚至体温不升。②咳嗽：较频繁，初为刺激性干咳，而后有痰。小于2月龄的婴儿可无发热，表现为口吐白沫、屏气（呼吸暂停）或呛咳。③气促：呼吸频率加快，可达40～80次/分，重者可有鼻翼扇动、三凹征、点头呼吸、唇周发绀。④典型体征：肺部可闻及位置固定的中、细湿啰音，新生儿、小婴儿啰音不明显。除上述症状外，患儿可有精神不振、食欲减退、烦躁不安、轻度腹泻或呕吐等全身症状。

（2）重症肺炎　除全身中毒症状及呼吸系统症状加重外，还有明显的循环、神经、消化系统的功能障碍。

1）循环系统：常见心肌炎和心力衰竭。心肌炎表现为面色苍白、心动过速、心音低钝、心律失常，心电图ST段下移和T波低平、双向或倒置。心力衰竭表现：①呼吸突然加快，安静时婴儿＞60次/分，幼儿＞50次/分，儿童＞40次/分；②心率增快，安静时婴儿＞180次/分，幼儿＞160次/分，儿童＞140次/分，心音低钝或有奔马律、颈静脉怒张；③突然极度烦躁不安，面色苍白或青灰，且明显发绀；④肝脏短期内迅速增大，达肋下3cm以上；⑤尿少或无尿，颜面、眼睑或下肢水肿。

2）神经系统：轻症表现为精神萎靡或烦躁不安，发生脑水肿时出现烦躁或嗜睡、意识障碍、惊厥、前囟隆起、瞳孔对光反射迟钝或消失、呼吸节律不齐甚至停止等。

3）消化系统：轻者表现为食欲缺乏、呕吐、腹泻等；重者可见中毒性肠麻痹和消化道出血，表现为腹胀、肠鸣音减弱或消失，呕吐咖啡样物，大便潜血试验阳性或柏油样便。

4）其他：发生循环衰竭及DIC时，表现为血压下降、四肢凉、脉搏细速而弱，以及皮肤、胃肠道出血。若病原体致病力强，则可引起脓胸、脓气胸、肺大疱等并发症。

2. 不同病原体所致肺炎的特点（表9-4）

表9-4　几种不同病原体所致肺炎的特点

比较项	呼吸道合胞病毒肺炎	腺病毒肺炎	金黄色葡萄球菌肺炎	支原体肺炎
病原体	呼吸道合胞病毒	腺病毒（重症肺炎以3、7型多见）	金黄色葡萄球菌	肺炎支原体
好发年龄	2～6个月多见（1岁内）	6个月至5岁，尤其是2岁以下	婴幼儿多见	5岁及以上学龄儿童多见
临床特点	起病急，干咳，低至中度发热，憋喘为突出表现，迅速出现呼吸困难及缺氧症状	起病急，稽留高热，中毒症状重，精神萎靡、嗜睡、呼吸困难、发绀，易发生心肌炎、心力衰竭、中毒性脑病等	起病急、病情重、进展快，全身中毒症状明显，弛张热，皮肤常出现猩红热样皮疹，易并发休克、败血症、化脓病灶等	起病缓慢，常有发热，热程1～3周，咳嗽较为剧烈，刺激性咳嗽为主，可类似百日咳样咳嗽
肺部体征	肺部听诊以哮鸣音为主，肺底可闻及细湿啰音	肺部体征出现晚，多于3d后才出现湿啰音	肺部中、细湿啰音出现早	不明显
实验室检查	白细胞总数大多正常	白细胞总数正常、升高或下降	白细胞总数及中性粒细胞增多，可伴核左移	白细胞数正常或增多，血清冷凝集试验多阳性
胸部X线检查	两肺小点片状或斑片状阴影；常伴不同程度肺气肿及支气管周围炎	X线表现与临床表现一致，早于体征，大小不等片状影或融合成大病灶，病灶吸收慢，需数周或数月	X线表现与临床表现不一致，晚于症状，易发生脓肿、脓气胸、肺大疱等	X线表现为多样性、游走性，肺门阴影增浓为突出表现，支气管肺炎改变，间质性肺炎改变，均一的实变影
治疗	抗病毒治疗	抗病毒治疗	抗生素治疗有效	大环内酯类抗生素有效

3. 心理、社会状况　评估患儿及家长对疾病的病因、预防知识、护理知识的了解程度，是否有焦虑存在。评估患儿有无恐惧，能否配合治疗及护理。评估家庭居住环境和经济状况等。

（三）辅助检查

1. 血常规　病毒感染时外周血白细胞总数大多正常或降低，可见异型淋巴细胞。细菌感染时白细胞总数及中性粒细胞增高，并有核左移和血清CRP浓度升高。

2. 病原学检查　鼻咽、气管分泌物或血清学检查有助于病原学诊断。

3. X线检查　支气管肺炎早期肺纹理增粗，逐渐出现大小不等的斑片状阴影，可融合成片，以双肺下野、中内侧带居多，可有肺气肿和肺不张。一般状况良好的门诊患儿可不进行胸片检查，对改善预后无明显影响。当病情严重或考虑有并发症或临床表现不典型者，需早期行胸片检查。

三、治疗要点

采用综合的治疗措施，原则是控制炎症，改善通气功能，对症治疗，治疗和预防并发症。

1. 控制感染　根据不同病原体选择药物进行针对性治疗；原则为早期治疗、联合用药、安全有效、足量、足疗程。重症宜静脉给药。目前尚无特效抗病毒药物。

（1）肺炎链球菌　青霉素敏感者首选青霉素或阿莫西林；青霉素中介者，仍可选用青霉素或阿莫西林；耐药者首选头孢曲松、头孢噻肟，备选万古霉素。

（2）金黄色葡萄球菌　甲氧西林敏感者首选苯唑西林钠或氯唑西林，耐药者选用万古霉素。

（3）流感嗜血杆菌　首选阿莫西林/克拉维酸、氨苄西林/舒巴坦。

（4）大肠埃希菌和肺炎克雷伯菌　不产超广谱β-内酰胺酶（ESBLs）菌首选头孢哌酮/舒巴坦；产ESBLs菌首选头孢吡肟，备选亚胺培南、美罗培南。

（5）肺炎支原体和衣原体　首选大环内酯类抗生素，如阿奇霉素、红霉素及罗红霉素。

（6）抗病毒治疗　目前有肯定疗效的抗病毒药物很少，加之副作用大，使得抗病毒治疗受到很大制约。若为流感病毒感染，可用奥司他韦。

2. 对症治疗　有缺氧症状时应及时吸氧；发热、咳嗽、咳痰者，给予退热、祛痰、止咳，保持呼吸道通畅；喘憋严重者可用支气管解痉剂；腹胀伴低血钾者及时补钾，中毒性肠麻痹者，应禁食和胃肠减压，也可使用酚妥拉明静脉注射等；纠正水、电解质、酸碱平衡紊乱。

3. 其他　中毒症状明显或严重喘憋、脑水肿、感染性休克、呼吸衰竭者，可短期应用糖皮质激素。防治心力衰竭、中毒性肠麻痹、中毒性脑病等，积极治疗脓胸、脓气胸等。

4. 其他　恢复期可采用物理疗法促进肺部炎症吸收。

四、主要护理诊断/问题

1. 清理呼吸道无效　与呼吸道分泌物过多、痰液黏稠、无力排痰有关。

2. 气体交换受损　与肺部炎症造成的通气和换气障碍有关。

3. 体温过高　与肺部感染有关。

4. 潜在并发症：心力衰竭、中毒性脑病、中毒性肠麻痹、脓气胸。

5. 知识缺乏：患儿家长缺乏肺炎的基本知识。

五、护理措施

1. 一般护理

（1）环境　保持室内空气新鲜，定时开窗通风，避免对流风；温度在18～22℃，湿度在55%～60%；不同病原体的肺炎应分室收治，做好呼吸道隔离，防止交叉感染。

（2）休息　急性期患儿应卧床休息，置患儿有利于呼吸的舒适体位。护理操作应集中完成，减少刺激，尽量使患儿安静，以降低耗氧量。

（3）饮食　鼓励患儿多饮水，发热期间给予易消化、营养丰富的流质或半流质饮食。婴儿喂哺时应耐心，每次喂食时将患儿头部抬高或抱起，防止呛入气管发生窒息。重症患儿不能进食时，采取静脉营养，静脉输液时，严格控制输液量及输液速度，最好采用输液泵。

（4）生活护理　被褥要轻、暖，穿衣不要过多，内衣宽松舒适，以免影响呼吸；汗液过多时及时更换衣被，保持皮肤清洁干燥。

2. 对症护理

（1）保持呼吸道通畅，改善通气功能

1）湿化痰液　①超声雾化吸入稀释痰液，雾化液中可同时加入抗炎、解痉及化痰药物；②保证充足的水分供给，避免呼吸道黏膜干燥、分泌物黏稠。

2）促进痰液排出　①经常变换患儿体位，并定时拍背，拍背方法：五指并拢，稍向内合掌，呈空心状，由下向上、由外向内轻叩背部，同时指导、鼓励患儿有效咳嗽。病情允许时也可采取体位引流。②及时清理口腔、鼻腔分泌物，如分泌物较多影响呼吸或排出不畅，必要时可吸痰，吸痰时动作要轻柔，以防损伤呼吸道黏膜，且吸痰不能过频过慢，以免妨碍呼吸使缺氧加重。

（2）吸氧　凡有低氧血症、呼吸困难、喘憋、发绀等情况时应立即给氧。一般采用鼻导管给氧，氧流量为0.5～1L/min，氧浓度不超过40%；缺氧严重者可采用面罩或头罩给氧，氧流量为2～4L/min，氧浓度不超过50%～60%。出现呼吸衰竭时，应使用人工呼吸器给氧或机械通气给氧。对于新生儿、婴幼儿，不主张持续高流量吸氧，氧浓度不超过60%，以免氧中毒。

（3）维持正常体温　参见本章第2节中“发热的护理”的护理措施。

3. 密切观察病情

（1）心力衰竭　当出现烦躁不安、面色苍白、喘憋加重、呼吸及心率明显加快、肝脏在短期内迅速增大时，提示可能发生心力衰竭，应立即报告医生，做好抢救准备。立即给予半坐卧位，按医嘱吸氧，减慢输液速度，控制在每小时5ml/kg。若患儿咳粉红色泡沫痰为急性肺水肿的表现，可吸入20%～30%乙醇湿化的氧气。发生心力衰竭的患儿应用洋地黄制剂时，应准确抽取药量，密切监测洋地黄的治疗效果及不良反应。洋地黄治疗有效的表现为心率减慢、心音增强、呼吸平稳、尿量增多、水肿减轻、缺氧改善、肝脏回缩。洋地黄中毒最常见的表现是心律失常等。用药过程中如脉搏减慢，新生儿＜120次/分，婴儿＜100次/分，幼儿＜80次/分，学龄儿＜60次/分，应暂时停药并报告医生。

（2）中毒性脑病　当患儿出现烦躁或嗜睡、惊厥、呼吸不规则等颅内压升高表现时，提示发生中毒性脑病，应立即与医生共同抢救，遵医嘱使用镇静、止惊、减轻脑水肿等药物。

（3）中毒性肠麻痹　观察有无腹胀、肠鸣音减弱或消失；是否有呕吐咖啡样物、便血等，以便及时发现中毒性肠麻痹和消化道出血，及时处理。

（4）脓气胸　并发脓气胸时，患儿咳嗽、呼吸困难突然加重，肺部听诊呼吸音减弱或消失，应积极配合医生进行胸膜腔穿刺或胸腔闭式引流。

4. 心理护理　向患儿家长介绍患儿病情及转归。解释所用药物的作用和疗程，指导家长协助观察病情变化。对年长儿解释治疗的重要性，鼓励患儿与医护人员合作。对频繁咳嗽、气促的患儿除满足其生理需要外，应经常搂抱和安抚患儿，使其得到心理满足。对年长儿可用亲切、通俗的语言进行交流或讲故事，以此消除患儿焦虑、恐惧的情绪。

5. 健康教育

（1）疾病知识指导　向家长讲解肺炎的护理要点，如保持患儿正确舒适的体位、经常变换卧位，患儿咳嗽时协助排痰等；同时使患儿保持安静，喂养时应少食多餐，避免呛咳；并向家长介绍患儿病情，安慰其不要过于紧张，指导其观察患儿病情；对年长儿说明住院和静脉注射药物对疾病转归的重要性，鼓励患儿克服暂时的痛苦，配合治疗。

（2）增强体质 强调预防本病的关键是增强体质。指导家长开展户外活动，进行体格锻炼，尤其加强呼吸运动锻炼，改善呼吸功能，提高患儿对气温变化的适应能力。定期进行健康检查及预防接种。

（3）培养良好的卫生习惯 教会患儿咳嗽时，用手帕或纸捂嘴，尽量勿使痰液、飞沫向周围喷射。不随地吐痰，防止病菌污染空气而传染他人。

（4）卫生宣教 在肺炎高发季节，对易患肺炎的高危儿加强卫生管理，嘱咐他们不要去公共场所，以防交叉感染。注意室内通风，必要时进行房间空气消毒。

第6节 支气管哮喘

一、概 述

（一）概念

支气管哮喘（bronchial asthma，简称哮喘）以慢性气道炎症为特征，这种慢性炎症导致了气道高反应性的发生和发展。临床上表现为反复发作的喘息、气急、胸闷、咳嗽等症状，常在夜间和或清晨发作、加剧，同时伴有可变的气流受限。哮喘是一种异质性疾病。多数患儿可经治疗缓解或自行缓解。儿童哮喘如治疗不及时，随病程延长可产生气道不可逆性狭窄和气道重塑，因此早期防治至关重要。

（二）病因

哮喘的病因至今尚未完全清楚，与遗传、免疫、精神、神经和内分泌因素有关。本病为多基因遗传病，多数患儿于5岁以前发病，且有一定的家族遗传倾向。哮喘的形成和反复发作受环境因素的综合作用。多数患有婴儿湿疹、过敏性鼻炎和（或）食物（药物）过敏史。常见的致病因子有：①室内变应原，包括尘螨、动物变应原、蟑螂变应原和真菌。②室外变应原，包括花粉、草粉和真菌。③食入过敏原，如牛奶、鸡蛋、鱼等。④药物和食品添加剂，如阿司匹林和其他非甾体抗炎药物。⑤呼吸道感染，多见于病毒及支原体感染，是诱发儿童哮喘最常见的因素。⑥非变应原因素，运动和过度通气，是哮喘最常见的触发因素。另外还包括过度情绪激动、空气寒冷、干燥、强烈气味（被动吸烟）、粉尘等。

二、护理评估

（一）健康史

询问此次发作的有关资料，如最近是否有呼吸道感染；家中是否养宠物；家具和玩具的类型。询问过去发作情况及严重程度；曾用过的药物。询问是否有湿疹、过敏史、家族史；运动后是否有呼吸短促及喘鸣现象。

（二）身心状况

1. 症状 哮喘的典型症状是反复发作性喘息、气促，伴或不伴胸闷或咳嗽，以夜间和（或）晨起为重。婴儿起病较缓，发病前1～2d常有上呼吸道感染；年长儿大多起病较急，且多在夜间发作。发作前常刺激性干咳、喷嚏、流泪、胸闷等先兆症状，随后出现咳嗽、喘息，接着咳大量白色黏痰，伴有呼气性呼吸困难和喘鸣声。重者烦躁不安，面色苍白，鼻翼扇动，口唇及指甲发绀，呼吸困难，甚至大汗淋漓，被迫采取端坐位。

2. 体征 体检可见桶状胸、三凹征，同时颈静脉显著怒张。叩诊如呈鼓音，并有膈肌下移，心音界缩小，提示已发生肺气肿；听诊呼吸音减弱，双肺可闻及广泛哮鸣音。发作间歇期多数患儿可无任何症状和体征。

3. 不典型症状 可表现为运动或体力劳动时乏力、气促或胸闷。婴幼儿在哭闹或玩闹后出现喘息，或仅有夜间和清晨的咳嗽。儿童慢性或反复咳嗽有时可能是支气管哮喘的唯一症状，即咳嗽变异性哮喘（cough variant asthma，CVA），常在夜间和清晨发作，运动可加重咳嗽。

哮喘发作一般可自行缓解或用平喘药物后缓解。若哮喘严重发作，经合理应用缓解药物后仍严重或进行性呼吸困难者，称作哮喘危重状态（哮喘持续状态），两肺哮鸣音减弱甚至完全消失，称“沉默肺”，是支气管哮喘最危险的体征。随着病情变化，患儿由呼吸严重困难的挣扎态转为软弱无力，甚至死于急性呼吸衰竭。反复发作者，常伴营养障碍和生长发育落后。

4. 心理、社会状况 评估患儿有无因反复哮喘而产生焦虑、抑郁或恐惧。评估家长对本病的认知程度和应对心态，有无因患儿哮喘发作导致不能正常进食及睡眠而出现焦虑、紧张、不知所措等情绪。评估家庭的居住环境及经济状况。

（三）辅助检查

1. 肺功能测定 第一秒用力呼气量/用力肺活量（FEV_1/FVC）降低，呼气峰流速（PEF）降低。

2. X线检查 发作时胸片正常或呈间质性改变，可有肺气肿或肺不张。

3. 变应原试验 变应原皮肤试验有助于明确变应原。

三、治疗要点

1. 治疗原则 以去除病因、控制发作和预防复发为原则，坚持长期、持续、规范、个体化治疗。

2. 急性发作期 抗炎、平喘，缓解症状。

（1）β_2受体激动剂是目前最有效、临床应用最广的支气管舒张剂。此类药物较多，可分为短效（维持时间4～6h）、长效（维持时间10～12h）及超长效（维持时间24h）三类。长效制剂又可分为快速起效的（如福莫特罗等）和缓慢起效的（如沙美特罗）。

（2）病情较重的急性病例应给予口服泼尼松或泼尼松龙短程治疗1～7d。

3. 慢性持续期和临床缓解期 防止症状加重和预防复发，做好自我管理。

（1）糖皮质激素　是最有效地控制哮喘气道炎症的药物。慢性持续期哮喘主要通过吸入和口服途径给药，吸入为首选途径。

（2）白三烯调节剂、缓释茶碱等　包括白三烯受体拮抗剂（LTRA）和5-脂氧合酶抑制剂，是糖皮质激素之外可单独应用的长期控制性药物之一，可作为轻度哮喘的替代治疗药物和中重度哮喘的联合用药。

4. 哮喘持续状态 给氧、补液、纠正酸中毒。

链接　吸入型药物装置的选择

吸入型药物装置的正确选择可使吸入药物以较高浓度迅速到达病变部位，起效迅速，且因所用药物剂量较小，即使有极少量药物进入血液循环，也可在肝脏迅速灭活，全身不良反应较轻，是哮喘治疗的最有效药物，适用于任何年龄患儿。其治疗效应与吸入器的选择和儿童正确使用的能力有关。吸入方法因年龄而异，医护人员应依据患儿的年龄选用适合的吸入器具，并训练指导患儿正确掌握吸入技术，以确保药效。①＜2岁：用气流量≥6L/min的氧气或压缩空气作动力，通过雾化器吸入雾化溶液。②2～5岁：除应用雾化吸入外亦可采用带有活瓣的面罩储雾罐或气雾吸入器辅助吸入压力定量气雾剂。③6～7岁：亦可用旋碟式吸入器、涡流式吸入器或旋转吸入器吸入干粉。④＞7岁：已能使用压力定量气雾剂（PMDI），但常有技术错误，用时指导吸入方法十分重要。

四、主要护理诊断/问题

1. 低效性呼吸型态 与支气管痉挛、气道阻力增加有关。

2. 清理呼吸道无效 与呼吸道分泌物黏稠、体弱无力排痰有关。

3. 焦虑　与哮喘反复发作有关。

4. 知识缺乏：家长缺乏有关哮喘的防护知识。

五、护理措施

1. 一般护理

（1）提供有利于患儿休养的安静、舒适环境　室温维持在18～22℃，湿度在50%～60%，保持空气流通，避免有害气体、花草、地毯、皮毛、烟及尘土飞扬等诱因。安抚患儿，护理操作尽可能集中进行，避免情绪激动。

（2）饮食护理　给予营养丰富、高维生素、清淡流质或半流质饮食，避免食用鱼、虾、蛋等可能诱发哮喘的食物。

2. 维持气道通畅，缓解呼吸困难

（1）体位与吸氧　置患儿于坐位或半卧位，以利于呼吸；给予鼻导管或面罩吸氧，氧浓度以40%为宜。定时进行血气分析，及时调整氧流量，保持PaO_2为9.3～12.0kPa（70～90mmHg）。

（2）遵医嘱药物治疗　给予支气管扩张剂和糖皮质激素，可采用吸入疗法、口服、皮下注射或静脉滴注等方式给药。其中吸入治疗具有用量少、起效快、副作用小等优点，是首选的药物治疗方法。

气雾剂使用方法：①打开：拔除喷嘴保护盖并充分摇匀。②吸入：先尽量呼气（不要将气呼入气雾剂吸嘴）。垂直握住气雾剂，示指或中指放在储雾罐顶部，拇指托住固定座，用双唇包住喷嘴（勿咬喷嘴）。用嘴慢而深地吸气，在开始吸气后同步按压气雾剂顶部，按出药物（此过程的吸入和按压同步非常重要）。然后将气雾剂从口中拿出，继续屏气约10s。若处方中需要多次吸入，重复该步骤。③关闭：盖上保护盖；最后漱口。

（3）教会并鼓励患儿作深而慢的呼吸运动。

（4）有感染者，遵医嘱给予抗生素。

3. 排痰　给予雾化吸入、胸部叩击或体位引流等，以促进排痰；鼓励患儿多饮水，保证摄入充足的水分，防止呼吸道分泌物黏稠形成痰栓；对痰液多而无力咳出者及时吸痰。

4. 密切观察病情　观察患儿的病情变化。应警惕哮喘危重状态的发生，做好协助医师共同抢救的准备。

5. 心理护理　哮喘发作时，守护并安抚患儿，鼓励患儿将不适及时告诉医护人员，尽量满足患儿合理的要求。向患儿家长解释哮喘的诱因、治疗过程及预后，指导他们以正确的态度对待患儿，并发挥患儿的主观能动性，采取措施缓解患儿的恐惧心理。

6. 健康教育　指导家长给患儿增加营养，多进行户外活动，增强体质，预防呼吸道感染。指导患儿及家长确认哮喘发作的诱因，避免接触可能的变应原，去除各种诱发因素（如避免寒冷刺激、避免食入鱼虾等易致过敏的蛋白质、避免呼吸道感染等）；教会患儿及家长对病情进行监测，辨认哮喘发作的早期征象、发作表现及掌握适当的处理方法；教会患儿及家长选用长期预防与快速缓解的药物，正确、安全用药，在适当时候及时就医，以控制哮喘严重发作。

自 测 题

A_1型题

1. 某肺炎患儿在治疗期间出现严重腹胀，肠鸣音消失是由于（　　）

A. 消化功能紊乱　　B. 低钠血症

C. 中毒性肠麻痹　　D. 低钾血症

E. 中毒性脑病

2. 引起婴幼儿肺炎最常见的病原菌是（　　）

A. 肺炎链球菌　　B. 溶血性链球菌A群

C. 溶血性链球菌B群　　D. 大肠埃希菌

E. 金黄色葡萄球菌

3. 1岁半儿童，确诊为肺炎，现有明显的缺氧症状，使用面罩给氧，应给予吸入的氧流量和氧浓度为（　　）
A. 1L/min，30%　　B. 2L/min，25%
C. 2L/min，30%　　D. 3L/min，40%
E. 3L/min，50%

4. 儿童金黄色葡萄球菌肺炎的临床特点为（　　）
A. 起病缓慢
B. 多为低热
C. 肺部体征出现较晚
D. 较易发展成脓胸、脓气胸、肺大疱
E. 氨苄西林有特效

A_2型题

5. 患儿，7岁，发热、咳嗽6d。有痰液且黏稠，不易咳出。T38℃，呼吸24次/分，肺部有少许湿啰音。诊断为支气管肺炎，首优的护理诊断是（　　）
A. 体温过高　　B. 营养不足
C. 气体交换受损　　D. 清理呼吸道无效
E. 潜在并发症：心力衰竭

6. 患儿，6个月，支气管肺炎。2h前突然烦躁，喘憋加重，口、鼻周发绀，心率180次/分，心音低钝，此表现符合（　　）
A. 脓胸　　B. 脓气胸
C. 肺大疱　　D. 肺不张
E. 心力衰竭

7. 患儿，男，1岁半，夜间睡眠时出现喉鸣和吸气性呼吸困难，急诊求医，听诊可闻及喉传导音，心率150次/分，诊断为急性喉炎。患儿喉阻塞的分度应为（　　）
A. Ⅰ度　　B. Ⅱ度
C. Ⅲ度　　D. Ⅳ度
E. Ⅴ度

8. 患儿，女，生后5d。患新生儿感染性肺炎。其早期最主要临床特点是（　　）
A. 发热伴剧咳　　B. 气急伴鼻翼扇动
C. 肺部密布细湿啰音　　D. 反应差，口吐泡沫
E. X线摄片正常

9. 患儿，女，10岁，干咳8d伴有低热和胸痛。查体：两肺呼吸音粗，无干湿啰音，肺部X线显示两下肺呈云雾状浸润影。该患儿可能的诊断是（　　）
A. 肺炎链球菌肺炎　　B. 清理呼吸道无效
C. 肺炎支原体肺炎　　D. 腺病毒肺炎
E. 金黄色葡萄球菌肺炎

A_3/A_4型题

（10～12题共用题干）

11个月患儿，发热、咳嗽2d，以肺炎收入院。入院第2d，突然烦躁不安、呼吸急促、发绀。查体：T38℃，呼吸70次/分，心率186次/分，心音低钝，两肺细湿啰音增多，肝肋下3.5cm。

10. 该患儿最可能并发了（　　）
A. 中毒性脑病　　B. 急性呼吸衰竭
C. 脓气胸　　D. 肺大疱
E. 急性心力衰竭

11. 此刻对该患儿治疗措施中最关键的是（　　）
A. 大剂量使用镇静剂　　B. 指导合理喂养
C. 使用利尿剂　　D. 使用快速洋地黄制剂
E. 进行物理降温

12. 入院时对该患儿家长进行健康教育的重点是（　　）
A. 介绍肺炎的病因
B. 指导合理喂养
C. 说明保持安静的重要
D. 讲解肺炎的预防
E. 示范给患儿翻身、拍背的操作

（13～15题共用题干）

患儿10个月，以发热、咳嗽、气促就诊，体检：体温39.5℃，脉搏180次/分，呼吸50次/分，口周发绀，两肺有细湿啰音，诊断为肺炎。

13. 对该患儿应立即采取的护理措施是（　　）
A. 调节病室的温、湿度
B. 取舒适的平卧位
C. 进行雾化吸入
D. 进行物理降温
E. 翻身、拍背、吸痰

14. 该患儿住院期间护士应重点观察的是（　　）
A. 睡眠状况　　B. 进食多少
C. 大小便次数　　D. 咳嗽频率及轻重
E. 脉搏、呼吸的改变

15. 此时给予的护理操作不妥的一项是（　　）
A. 减慢输液速度
B. 监测患儿生命体征
C. 给患儿做体位引流以帮助排痰
D. 及时给予氧气吸入
E. 按医嘱给予强心药

（杨艳婷）

第10章 循环系统疾病患儿的护理

第1节　儿童循环系统解剖生理特点

一、心脏的胚胎发育

胚胎第2周开始形成原始心脏，第4周开始有循环作用，第8周房室间隔已完全形成，即成为具有四腔的心脏。因此，妊娠第2～8周是心脏胚胎发育的关键时期，在此期间如受到某些物理、化学及生物因素的影响，易引起心血管发育畸形。

二、正常胎儿血液循环和出生后的改变

（一）正常胎儿血液循环

由胎盘来的含氧量较高的动脉血经脐静脉进入胎儿体内，在肝脏下缘分为两支：一支入肝脏与门静脉汇合后经肝静脉流入下腔静脉；另一支经静脉导管直接流入下腔静脉，与来自下半身的静脉血混合，共同流入右心房。此混合血（以动脉血为主）约1/3经卵圆孔流入左心房，再经左心室流入升主动脉，主要供应心、脑及上肢，其余2/3流入右心室。从上腔静脉回流的、来自上半身的静脉血，进入右心房后绝大部分流入右心室，与来自下腔静脉的血液一起进入肺动脉。由于胎儿肺脏处于压缩状态，故肺动脉的血只有少量流入肺脏经肺静脉回到左心房，而大部分经动脉导管与来自升主动脉的血汇合（以静脉血为主）流入降主动脉，供应腹腔器官及下肢，最后经脐动脉回至胎盘，换取营养及氧气（图10-1）。

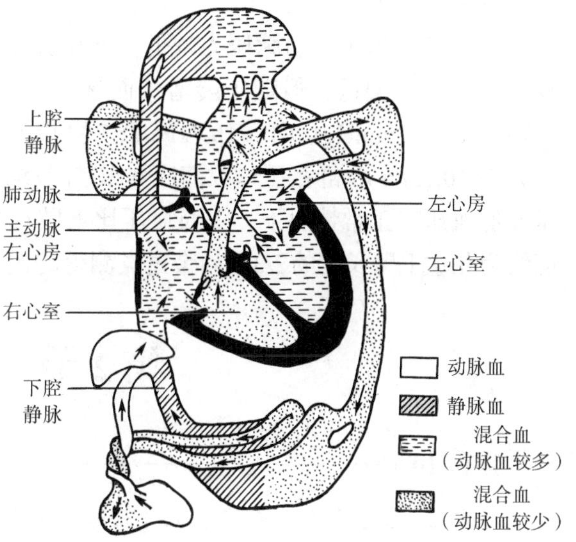

图10-1　胎儿血液循环示意图

综上所述，正常胎儿血液循环有以下特点：①胎儿通过胎盘进行营养、代谢产物和气体交换。②以体循环为主，几乎没有肺循环，左右心都会向全身输送血液。③静脉导管、卵圆孔和动脉导管开放，是胎儿血液循环的特殊通道。④除脐静脉是氧饱和的动脉血外，胎儿体内均为混合血，其中含氧量最高的器官为肝脏，其次为脑、心、上肢，而腹腔脏器及下肢含氧量最低。

（二）出生后血液循环的改变

1. 肺循环阻力下降　出生后脐血管剪断结扎后，胎盘血液循环终止而肺循环建立，血液气体交换由胎盘转移至肺。由于肺泡扩张和氧分压增加，肺小动脉管壁变薄、扩张，肺循环阻力降低，故肺血流量明显增多。

2. 卵圆孔关闭　肺膨胀后肺血流量明显增多，由肺静脉回流到左心房的血液增多，左心房压力增高，当超过右心房压力时，卵圆孔发生功能性关闭，于生后5～7个月时解剖上大多关闭。

3. 动脉导管关闭 由于肺循环建立，流经动脉导管的血流逐渐减少，还因自主呼吸使体循环血氧饱和度增高，直接促使动脉导管壁平滑肌收缩，前列腺素E浓度下降（前列腺素E是维持胎儿动脉导管开放的重要因素），故导管逐渐闭塞，动脉导管形成功能性关闭。约80%婴儿于生后3个月、95%婴儿于生后1年内形成解剖上关闭。

三、正常各年龄儿童心脏、心率、血压的特点

（一）心脏

1. 心脏的大小 儿童心脏体积相对比成人大，随着年龄的增长，心脏重量与体重的比值逐渐下降，且左、右心室增长不平衡。新生儿心脏重量为20～25g，1～2岁时达60g，青春后期达到成人水平。

2. 心脏的位置 2岁以内婴幼儿心脏位置较高且呈横位，心尖搏动位于左侧第4肋间锁骨中线外侧，心尖部主要为右心室；2岁以后心脏逐渐转为斜位，3～7岁时心尖搏动位于左侧第5肋间锁骨中线处，心尖部主要为左心室；7岁以后心尖位置逐渐移至左侧锁骨中线以内0.5～1.0cm。

（二）心率

由于儿童新陈代谢旺盛和交感神经兴奋性较高，故心率较快，随年龄增长而逐渐减慢。活动、哭闹、进食和发热等均可影响儿童心率，一般体温每升高1℃，心率增加10～15次/分。因此，应在儿童安静或睡眠时测量心率。

（三）血压

儿童年龄越小，动脉压力越低。新生儿由于心搏出量较少，动脉壁的弹性较好和血管口径相对较大，故血压偏低，但随年龄增长而逐渐升高。新生儿收缩压平均为60～70mmHg（8.0～9.3kPa）；1岁时70～80mmHg（9.3～10.7kPa）；2岁以后可按公式计算：收缩压＝年龄×2+80mmHg（年龄×0.27+10.7kPa），舒张压＝收缩压×2/3。收缩压高于或低于此标准值20mmHg（2.7kPa），分别为高血压或低血压。正常情况下，下肢血压比上肢约高20mmHg（2.7kPa）。儿童测量血压时血压计袖带的宽度约为儿童上臂长度的2/3，袖带过宽测得的血压偏低，袖带过窄测得的血压偏高。

第2节　先天性心脏病

案例 10-1

患儿，女，2岁，经常患上呼吸道感染和肺炎，平时活动后气促、多汗，哭闹时口周发绀。体格检查：身材消瘦矮小，心前区隆起，胸骨左缘第3、4肋间可闻及响亮粗糙的Ⅲ～Ⅳ级收缩期杂音，杂音最响处可触及收缩期震颤。肺动脉瓣区第二心音增强。诊断为先天性心脏病。

问题： 1. 患儿哭闹时发绀的可能原因是什么？

2. 该患儿最可能属于哪种类型的先天性心脏病？

3. 进一步明确诊断还需要进行哪些检查？

一、概　　述

（一）概念

先天性心脏病（congenital heart disease，CHD）简称先心病，是指胎儿时期心脏、血管发育异常而致的心血管畸形，是儿童最常见的心脏病，在早产儿中的发病率为足月儿的2～3倍，在死胎中的发生率为活产儿的10倍。近些年来，由于心导管检查、心脏血管造影和超声心动图等的应用，介入治疗

技术及在低温麻醉和体外循环下心脏直视手术的发展，术后监护技术的提高，许多常见的先天性心脏病得到准确的诊断，多数患儿获得根治，先心病的预后已大为改观。

（二）病因

目前认为主要由遗传和环境因素及其相互作用所致。

1. 遗传因素 主要包括染色体易位与畸变、单基因突变、多基因病变和先天性代谢紊乱。

2. 环境因素 ①孕早期宫内感染：为主要因素，尤其是病毒感染，如风疹、流行性腮腺炎、流行性感冒、柯萨奇病毒感染等；②孕母接触放射线及服用抗癌、抗癫痫等药物；③孕母患糖尿病、高钙血症等代谢紊乱性疾病；④孕早期酗酒、吸毒等。

（三）分类

根据左、右心腔及大血管之间有无分流和临床有无青紫，可分为3类。

1. 左向右分流型（潜伏青紫型） 在左、右心之间或主动脉与肺动脉之间有异常通路，正常情况下，由于体循环压力高于肺循环压力，所以血液从左向右分流而不出现青紫。当屏气、剧烈哭闹或任何病理情况致肺动脉和右心压力增高并超过左心压力时，则可使氧含量低的血液自右向左分流而出现暂时性青紫，故此型又称潜伏青紫型。包括室间隔缺损、房间隔缺损和动脉导管未闭等。

2. 右向左分流型（青紫型） 为先天性心脏病中最严重的一种，由于畸形的存在，导致右心压力增高并超过左心而使血液从右向左分流，或大动脉起源异常时，大量回心静脉血进入体循环，引起全身持续性青紫。包括法洛四联症和大动脉错位等。

3. 无分流型（无青紫型） 在心脏左、右两侧或动、静脉之间没有异常分流或交通存在，故无青紫现象，只有在发生心力衰竭时才发生青紫。包括主动脉缩窄和肺动脉狭窄等。

（四）病理生理

1. 室间隔缺损（ventricular septal defect，VSD） 是先天性心脏病中最常见的类型，约占我国先天性心脏病的50%。

（1）分型 ①根据缺损位置：分为膜周部缺损、漏斗部缺损和肌部缺损；②根据缺损大小：分为小型缺损（缺损＜0.5cm）、中型缺损（缺损为0.5～1.0cm）和大型缺损（缺损＞1.0cm）。

（2）血流动力学 因左心室压力高于右心室，室间隔缺损时右心室同时接受右心房回流的血液和从左心室分流的血液，使肺循环血量增加而体循环血量减少，致右心室因负荷过重而增大，同时回流至左心房和左心室的血量增加，致左心房和左心室因负荷过重而增大（图10-2）。随着病情的发展或分流量大时，可产生不可逆的阻力性肺动脉高压，当右心室压力超过左心室时，产生右向左分流，临床出现持续性青紫，称为艾森门格综合征（Eisenmenger syndrome）。

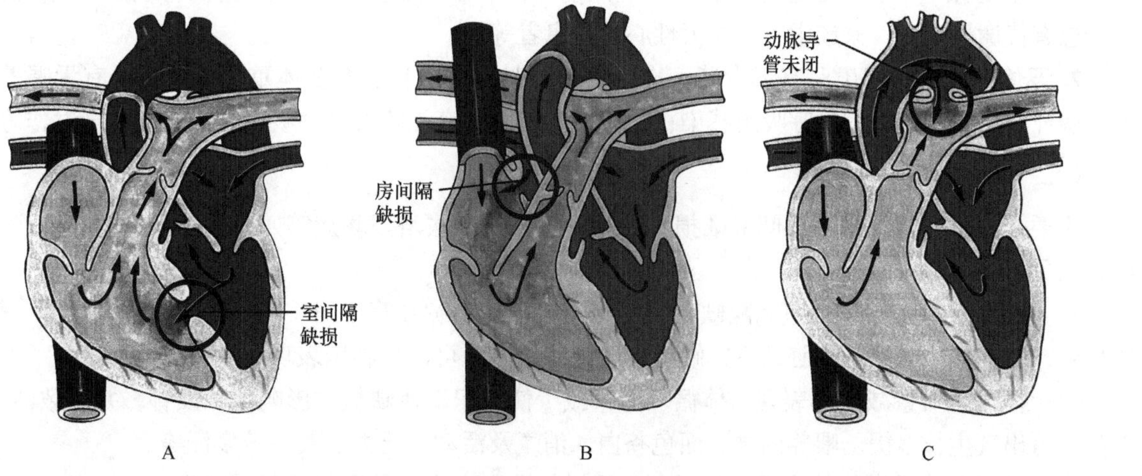

图10-2 三种常见的左向右分流型先天性心脏病血流动力学改变示意图

2. 房间隔缺损 占先天性心脏病总数的5%～10%。

（1）分型 根据胚胎发生可分为原发孔型、继发孔型、静脉窦型和冠状静脉窦型。

（2）血流动力学 因左心房压力高于右心房，房间隔缺损时右心房同时接受上、下腔静脉回流的血液和从左心房分流的血液，使肺循环血量增加而体循环血量减少，回流至右心房和右心室的血量增加，致右心房和右心室因负荷过重而增大（图10-2）。

3. 动脉导管未闭（patent ductus arteriosus，PDA） 约占先天性心脏病总数的10%。

（1）分型 根据未闭的动脉导管大小、长短和形态可分为管型、漏斗型和窗型。

（2）血流动力学 因主动脉压力高于肺动脉，动脉导管未闭时肺动脉同时接受右心室回流的血液和从主动脉分流的血液，使肺循环血量增加而体循环血量减少，回流至左心房和左心室的血量增加，致左心房和左心室因负荷过重而增大（图10-2）。由于主动脉的血液在舒张期也流入肺动脉，故周围动脉舒张压下降而脉压增大，出现周围血管征。当肺动脉压力高于主动脉时，肺动脉血流逆向分流入降主动脉，患儿出现下半身青紫，称为差异性青紫（differential cyanosis）。

4. 法洛四联症（tetralogy of Fallot，TOF） 是最常见的青紫型先天性心脏病，约占先天性心脏病总数的12%。

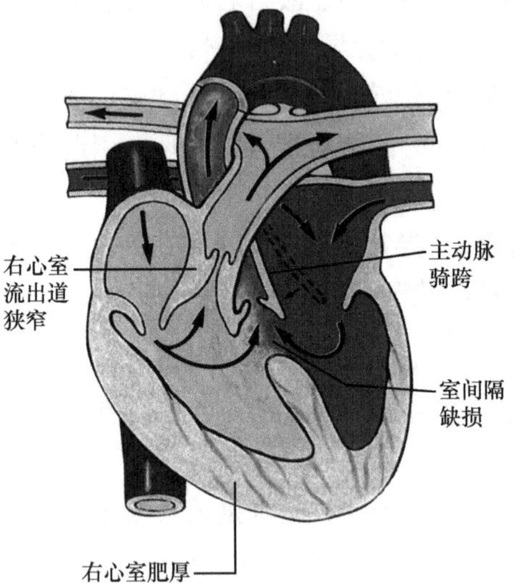

图10-3 法洛四联症血流动力学改变示意图

（1）病理解剖 由4种畸形组成。①右心室流出道狭窄：包括右心室漏斗部、肺动脉瓣、瓣环、肺动脉主干以及分支狭窄，可以单一部位狭窄，也可伴有多处狭窄。右心室流出道狭窄为最主要畸形，以漏斗部狭窄多见。②室间隔缺损。③主动脉骑跨：骑跨于室间隔之上。④继发的右心室肥厚：为右心室流出道狭窄后右心室负荷增加的结果。

（2）血流动力学 血流动力学的改变主要取决于右心室流出道狭窄的程度。①由于右心室流出道狭窄，血液进入肺循环受阻，使右心室压力增高而产生右向左分流，因主动脉骑跨于两心室之上，主动脉除接受左心室的血液外，还直接接受一部分来自右心室的静脉血输送到全身，因而出现青紫；②同时由于右心室流出道狭窄，肺循环进行气体交换的血流减少，更加重了青紫（图10-3）。

二、护理评估

（一）健康史

1. 评估母亲 了解母亲妊娠史，尤其妊娠前3个月内有无感染、接触放射线、用药等情况；母亲是否患有代谢性疾病，家族中有无先天性心脏病患者等。

2. 评估患儿 询问患儿有无青紫、出现青紫的时间；生长发育及体重增加情况；有无喂养困难、苍白多汗、声音嘶哑、反复呼吸道感染；是否喜欢蹲踞，有无阵发性呼吸困难或突然昏厥发作等。

（二）身心状况

主要介绍室间隔缺损、房间隔缺损、动脉导管未闭和法洛四联症等四种常见先天性心脏病，其临床特点见表10-1。

1. 左向右分流型 包括室间隔缺损、房间隔缺损、动脉导管未闭。缺损小、分流量少者一般无临床症状，仅在体检时发现心脏杂音；缺损大、分流量多者可出现临床表现。

（1）体循环血量减少的表现 体循环血量减少使组织缺血缺氧，影响生长发育，并导致活动耐力下降，可出现生长迟缓、喂养困难、面色苍白、消瘦及活动后乏力、气促、多汗等。

（2）肺循环血量增加的表现 肺循环血量增加致肺充血，易反复呼吸道感染，严重者出现充血性心力衰竭。

（3）潜伏青紫　当剧哭、屏气、患肺炎或心力衰竭时，产生右向左分流而出现青紫。其中，动脉导管未闭者呈差异性青紫，表现为下半身青紫。

（4）声音嘶哑　室间隔缺损和动脉导管未闭者可因扩张的肺动脉压迫喉返神经而产生。

（5）周围血管征　动脉导管未闭者可出现水冲脉、指甲床毛细血管搏动、股动脉枪击音等周围血管征。

（6）心脏体征　见表10-1。

（7）并发症　呼吸道感染（如支气管炎、支气管肺炎）、充血性心力衰竭、感染性心内膜炎等。

2. 右向左分流型　主要有法洛四联症。

（1）青紫　为主要表现，其严重程度和出现的早晚与右心室流出道狭窄程度成正比，多见于口唇、指（趾）甲床、球结膜等处。吃奶、哭闹、活动后可出现气急和青紫加重。

（2）蹲踞　是一种无意识地自我缓解缺氧和疲劳的保护性体位。婴儿常喜竖抱，将双膝屈曲；年长儿每于行走、活动时，常主动下蹲片刻。蹲踞时下肢屈曲，使静脉回心血量减少，减轻了右心室负荷，同时下肢动脉受压，体循环阻力增加，使右向左分流减少，从而缺氧症状暂时得以缓解。

（3）阵发性缺氧发作　多见于婴儿，常在吃奶、哭闹、活动、情绪激动等情况下发生，表现为阵发性呼吸困难，严重者可出现突然昏厥、抽搐；年长儿常诉头晕、头痛。其原因是在肺动脉漏斗部狭窄的基础上突然发生该处肌肉痉挛，引起一时性肺动脉梗阻，使脑缺氧加重所致。

（4）杵状指（趾）　长期缺氧使指（趾）端毛细血管扩张增生，局部软组织和骨组织也增生肥大，表现为指（趾）末端膨大如鼓槌状。

（5）生长发育迟缓　体格发育和智能发育均可落后于正常同龄儿。

（6）心脏体征　见表10-1。

（7）并发症　①脑血栓、脑脓肿：由于长期缺氧，红细胞代偿性增多，血液黏稠度增高，血流缓慢，可引起脑血栓；若为细菌性血栓，则易形成脑脓肿。②感染性心内膜炎。

表10-1　四种常见先天性心脏病的临床特点

比较项		左向右分流型			右向左分流型
		室间隔缺损	房间隔缺损	动脉导管未闭	法洛四联症
症状		①体循环血量减少的表现：生长迟缓、喂养困难、面色苍白、消瘦及活动后乏力、气促、多汗等；②肺循环血量增加的表现：肺充血，易反复发生呼吸道感染，甚至心力衰竭；③潜伏青紫			青紫、蹲踞、阵发性缺氧发作、杵状指（趾）、生长发育迟缓
体征	杂音部位	胸骨左缘第3、4肋间	胸骨左缘第2、3肋间	胸骨左缘第2肋间	胸骨左缘第2～4肋间
	杂音性质	Ⅲ～Ⅳ级粗糙全收缩期杂音	Ⅱ～Ⅲ级喷射性收缩期杂音	Ⅱ～Ⅳ级连续性机器样杂音	Ⅱ～Ⅲ级喷射性收缩期杂音
	震颤	有	无	有	可有
	肺动脉瓣第二心音（P_2）	亢进	亢进，固定分裂	亢进	减弱或消失
并发症		呼吸道感染（如支气管炎、支气管肺炎）、充血性心力衰竭、感染性心内膜炎			脑血栓、脑脓肿、感染性心内膜炎
X线检查	房室增大	左心室、右心室、左心房增大	右心房、右心室增大	左心房、左心室增大	右心室增大，心影呈靴形
	肺动脉段	凸出	凸出	凸出	凹陷
	肺野	充血	充血	充血	清晰
	*肺门舞蹈征	有	有	有	无
心电图检查		左心室、右心室肥大	右心房、右心室肥大	左心房、左心室肥大	电轴右偏，右心室肥大

*肺门舞蹈征：透视下见肺动脉总干及分支随心脏搏动而一明一暗。

3. 心理、社会状况 评估患儿是否因生活、活动、学习等受到限制和影响，与同龄儿童交往少，而产生自卑、抑郁等心理；家长是否因本病的检查和治疗比较复杂、风险较大、预后难以预测、医疗费用高而出现焦虑和恐惧等心理。

（三）辅助检查

1. X线检查及心电图检查 见表10-1。

2. 超声心动图 是先心病临床首选的非创伤性确诊手段。能显示心脏缺损部位、大小及血液分流情况等信息。

3. 心导管检查 是先心病进一步确诊和决定手术前的重要检查方法之一。

4. 心血管造影 经心导管检查仍不能确诊而又需要考虑手术治疗的患儿，可作心血管造影。

链 接 先天性心脏病四维超声筛查

超声诊断是胎儿期先天性心脏病的主要筛查技术。随着诊断技术的不断发展，四维超声已在临床广泛应用。四维超声是在三维超声的基础上，加上时间要素，形成连续且动态的立体结构图，为疾病诊断提供更加清晰的影像学图像,从而方便疾病诊断和治疗。四维超声技术充分利用三维数据采集功能，并且与影像信息充分结合，从而获得更加清晰的诊断图像。四维超声的这种时空关联成像技术，不仅具有采集功能，还可在采集胎儿心脏数据前与彩色多普勒技术充分结合，通过相应处理后进行成像，成像模式包括表面成像、断层超声显像、反转成像等，能够清晰展现胎儿先天性心脏畸形情况，为先天性心脏疾病诊断提供更多信息支撑。

三、治疗要点

1. 内科治疗 主要是对症治疗、控制感染和防治并发症。其目的是维持患儿正常生活，保证生存质量，使其安全到达手术年龄。早产儿动脉导管未闭可于生后1周内使用吲哚美辛（消炎痛）以促进导管关闭。法洛四联症缺氧发作时的处理：①膝胸卧位、吸氧；②用碳酸氢钠纠正代谢性酸中毒；③皮下注射吗啡，可抑制呼吸中枢和消除呼吸急促；④静脉缓注普萘洛尔（心得安），可减慢心率和缓解发作，口服普萘洛尔可预防再次缺氧发作。

2. 介入治疗 已成为动脉导管未闭患儿的首选治疗方法；部分房间隔缺损、室间隔缺损患儿也可采用。

3. 外科治疗 综合考虑患儿年龄、体重及发育情况，对年龄足够但体重不足的患儿选择先行姑息手术，等待患儿发育情况改善后再行根治手术。①房间隔缺损和室间隔缺损常于3～5岁进行手术治疗，如果分流量大、症状明显或并发心力衰竭，手术时间则不受年龄限制；②动脉导管未闭常于1～6岁进行手术治疗；③法洛四联症一旦确诊，均应考虑手术治疗，最佳手术时机目前存在争议。至于一期矫治抑或分期矫治，应根据条件评估。对于无明显症状的TOF患者，满足一期矫治条件，出生后6个月至1岁进行修复手术。

链 接 先天性心脏病的导管介入治疗

心导管介入技术已成为治疗先天性心脏病的一种重要手段。介入性心导管术是通过非开胸途径，将特种的导管及装置由外周血管插入，到达所需治疗的心血管腔内，以替代外科手术治疗，经皮股静脉或股动脉穿刺是最常用的途径。介入治疗方法包括：①球囊房间隔造口术及房间隔切开术；②球囊肺动脉瓣成形术；③球囊主动脉瓣成形术；④介入封堵术。前3种方法可以使狭小的部位变宽、关闭的结构开放；而介入封堵术是用封堵装置使本来开放的结构关闭，可治疗房间隔缺损、室间隔缺损、动脉导管未闭和侧支血管等。

四、主要护理诊断/问题

1. 活动无耐力　与体循环血容量减少及血氧饱和度下降有关。

2. 营养失调：低于机体需要量　与喂养困难及体循环血量减少、组织缺氧有关。

3. 生长发育迟缓　与体循环血量减少及血氧饱和度下降影响生长发育有关。

4. 潜在并发症：呼吸道感染、感染性心内膜炎、心力衰竭、缺氧发作、脑血栓等。

5. 焦虑　与疾病的威胁及对手术担忧有关。

五、护理措施

1. 建立合理的生活制度　制订好患儿作息时间，保证休息和睡眠，病情重者应卧床休息。保持环境安静，治疗及护理集中进行，避免患儿剧烈哭闹及情绪激动。根据病情安排适当活动量，以减轻心脏负担。正确对待法洛四联症患儿的蹲踞现象，不要将其强行拉起。

2. 供给充足营养　供给高蛋白、高能量、高维生素、易消化的饮食，注意营养搭配，保证营养需要。对喂养困难者要耐心喂养，少量多餐，勿进食过饱，避免呛咳。心力衰竭者应根据病情给予无盐或低盐饮食。

3. 密切观察病情，防治并发症

（1）防治感染　随气温变化及时增减衣被，避免受凉引起呼吸道感染。注意保护性隔离，以免交叉感染。行拔牙、扁桃体摘除等小手术时应给予抗生素预防感染，防止感染性心内膜炎发生，一旦发生感染应积极治疗。

（2）防治心力衰竭　观察有无心率及呼吸增快、呼吸困难、端坐呼吸、吐泡沫样痰、肝大、水肿等心力衰竭表现，一旦发生，立即置患儿于半卧位，给予吸氧，及时报告医生并按心力衰竭护理。

（3）防治缺氧发作　法洛四联症患儿应避免剧烈哭闹、活动和便秘等，以预防缺氧发作。一旦出现阵发性呼吸困难、昏厥、抽搐等表现，立即置患儿于膝胸卧位，同时吸氧，并遵医嘱给予吗啡及普萘洛尔抢救治疗。

（4）防治脑血栓　法洛四联症患儿血液黏稠度高，发热、出汗及吐泻时体液量减少，加重血液浓缩，易形成脑血栓，因此应注意供给充足液体，必要时可静脉输液。

4. 心理护理　关爱患儿，态度和蔼，建立良好的护患关系，消除患儿的紧张和焦虑情绪。向患儿及家长解释病情、检查、治疗及护理，取得他们的理解和配合，增强治疗信心。

5. 健康教育　指导家长掌握先心病的日常护理，建立合理的生活制度，遵医嘱合理用药，预防感染及其他并发症。坚持定期复查，调整心功能到最佳状态，使患儿能安全到达手术年龄，顺利渡过手术关。

第3节　病毒性心肌炎

案例 10-2

患儿，女，6岁，因“感冒”后出现胸闷、活动后气促、乏力、呼吸困难、心悸就诊。体格检查：患儿手足发凉，末梢循环差，血压正常。双肺呼吸音粗，心音低钝，节律稍不齐，各瓣膜听诊区均未闻及杂音；肝脾均明显肿大，质韧；心电图示室性期前收缩、心肌缺血；X线检查心影略增大。诊断为病毒性心肌炎。

问题：1. 导致儿童病毒性心肌炎的原因是什么？

2. 应如何指导家长对患儿实施护理？

一、概　述

（一）概念

病毒性心肌炎（viral myocarditis）是指病毒侵犯心肌，引起心肌细胞变性、坏死和间质炎性。除心肌炎外，部分病例可伴有心包炎和心内膜炎。本病临床表现轻重不一，轻者预后大多良好，重者可发生心力衰竭、心源性休克，甚至猝死。

（二）病因及发病机制

很多病毒感染可引起心肌炎，主要是肠道和呼吸道病毒，尤其是柯萨奇病毒B型最常见，约占半数以上，其次为埃可病毒。其他病毒如腺病毒、脊髓灰质炎病毒、流感和副流感病毒、单纯疱疹病毒、腮腺炎病毒均可引起心肌炎。轮状病毒是婴幼儿秋季腹泻的病原体，也可引起心肌的损害。本病发病机制尚不完全清楚，一般认为与病毒及其毒素早期经血液循环直接侵犯心肌细胞有关，另外，病毒感染后的变态反应和自身免疫也与发病有关。

（三）病理生理

病变分布可为局灶性、散在性或弥漫性，多以心肌间质组织和附近血管周围单核细胞、淋巴细胞和中性粒细胞浸润为主，少数为心肌变性，包括肿胀、断裂、溶解和坏死等变化。慢性病例多有心脏扩大、心肌间质炎症浸润和心肌纤维化形成的瘢痕组织。心包可有浆液渗出，个别发生粘连。病变可波及传导系统，甚至导致终身心律失常。

二、护理评估

（一）健康史

评估患儿在起病前数日或1～3周有无上呼吸道或肠道等病毒感染史，是否伴有发热、全身不适、咽痛、肌痛、腹痛、腹泻和皮疹等症状。

（二）身心状况

本病好发于夏秋季，轻症患儿可无自觉症状，仅表现心电图的异常。一般病例患儿表现为精神萎靡、疲乏无力、食欲缺乏、恶心呕吐、腹痛、气促、心悸和心前区不适或胸痛。重症者则暴发心源性休克、急性心力衰竭，可在数小时或数天内死亡。

体格检查发现心脏大小正常或扩大，第一心音低钝，出现奔马律，安静时心动过速，伴心包炎者可听到心包摩擦音。严重时甚至血压下降，发展为充血性心力衰竭或心源性休克。

患儿及家长可能因为对本病的了解不够，因患儿可能发生猝死而产生焦虑及恐惧心理。

（三）辅助检查

1. 实验室检查

（1）血常规及血沉　急性期白细胞总数轻度增高，以中性粒细胞为主。部分病例血沉轻度或中度增快。

（2）血清心肌酶谱测定　病程早期血清肌酸激酶（CK）及其同工酶（CK-MB）、乳酸脱氢酶（LDH）及其同工酶（LDH_1）、血清谷草转氨酶（GOT）均增高。心肌肌钙蛋白T（cTnT）升高，具有高度的特异性。恢复期血清中检测相应抗体，病程中多有抗心肌抗体增高。

（3）病原学检查　确诊指标：自心内膜、心肌、心包（活体组织检查、病理）或心包穿刺液检查发现以下之一者可确诊。①分离到病毒；②用病毒核酸探针查到病毒核酸。参考指标：从咽拭子、粪便、血液中分离出病毒，但需结合血液抗体测定才有意义。

2. 心脏磁共振成像（CMR）　呈现典型心肌炎症表现。

3. 心电图检查 呈持续性心动过速，多导联ST段偏移和T波低平、双向或倒置，QT间期延长，QRS波群低电压。心律失常以期前收缩为多见，尚可见到部分性或完全性窦房、房室或室内传导阻滞。

三、治疗要点

本病为自限性疾病，目前尚无特效治疗，主要是减轻心脏负担，改善心肌代谢和心功能，促进心肌修复。

1. 休息 减轻心脏负担。

2. 保护心肌和清除自由基的药物治疗

（1）大剂量维生素C和能量合剂 维生素C有清除自由基的作用，可改善心肌代谢及促进心肌恢复，对心肌炎有一定疗效。

（2）辅酶Q_{10} 有保护心肌和清除自由基的作用，剂量为1mg/（kg·d），分两次口服，疗程3个月以上。

（3）果糖-1，6-二磷酸（FDP） 可改善心肌细胞代谢，促进受损细胞修复，150～250mg/（kg·d）静脉滴注，疗程1～3周。

（4）中药 在常规治疗的基础上加用丹参或黄芪等中药。

3. 肾上腺皮质激素 有改善心肌功能、减轻心肌炎症反应和抗休克作用。一般病程早期和轻症者不用，多用于急重病例。

4. 丙种球蛋白 用于重症病例，2g/kg，单剂24h静脉缓慢滴注。

5. 控制心力衰竭 强心药常用地高辛或去乙酰毛花苷，由于心肌炎患儿对洋地黄制剂比较敏感，容易中毒，故剂量应偏小，一般用有效剂量2/3即可。

6. 救治心源性休克 静脉大剂量滴注肾上腺皮质激素或静脉注射大剂量维生素C常可取得较好的效果，如效果不满意可应用调节血管紧张度的药物如多巴胺、异丙肾上腺素和间羟胺等加强心肌收缩，维持血压和改善微循环。

四、主要护理诊断/问题

1. 活动无耐力 与心肌收缩力下降及组织供氧不足有关。

2. 潜在并发症： 心律失常、心力衰竭、心源性休克。

五、护理措施

1. 一般护理 适当休息，减轻心脏负担。急性期卧床休息，至体温稳定后3～4周，症状基本恢复正常时逐渐增加活动量。恢复期继续限制活动量至少3个月，一般总休息时间不少于6个月。重症患儿心脏扩大者、有心力衰竭者，应延长卧床时间，待心力衰竭控制、心脏情况好转后再逐渐开始活动。

2. 密切观察病情 严密观察病情，及时发现和处理并发症。密切观察和记录患儿精神状态、面色、心率、心律、呼吸、体温和血压变化。有明显心律失常者应进行连续心电监护，发现多源性期前收缩、频发室性期前收缩、高度或完全性房室传导阻滞、心动过速、心动过缓时应立即报告医生，采取紧急处理措施。

3. 对症护理 患儿有胸闷、气促、心悸时应休息，必要时给予吸氧。烦躁不安者可根据医嘱给予镇静剂。对严重心律失常者应持续进行心电监护。如果患儿出现烦躁、胸闷、气促、心率增快、肝脏短时间增大等心力衰竭表现时，立即报告医生并置患儿于半卧位，尽量保持其安静，吸氧，注意控制输液速度，以免加重心脏负担。

4. 用药护理 心源性休克使用血管活性药物和扩血管药时，要准确控制滴速，最好能使用输液泵，以避免血压过大波动。使用洋地黄时剂量应偏小，注意观察有无心率过慢，有无出现新的心律失常和恶心、呕吐等消化系统症状，如有上述症状应暂停用药并及时与医生联系处理，避免洋地黄中毒。

5. 心理护理 给予患儿良好的休息环境，关心、体贴患儿，以减轻患儿的焦虑。向患儿及家长介绍本病的治疗方案和预后，减少患儿及家长的焦虑和恐惧心理。

6. 健康教育

（1）对患儿及家长强调休息对心肌炎恢复的重要性，使其能自觉配合治疗。严格按照心功能状况安排患儿的休息和活动。

（2）预防本病最重要的是加强锻炼、增强体质，告知患儿及家长预防呼吸道感染和消化道感染的常识，疾病流行期间尽量避免去公共场所。

（3）带抗心律失常药物出院的患儿，应让患儿及家长介绍药物的名称、剂量、用药方法及其副作用。嘱咐患儿出院后定期到门诊复查。

第4节　充血性心力衰竭

一、概　　述

（一）概念

充血性心力衰竭是指心肌收缩或舒张功能下降使心排血量绝对或相对不足，不能满足全身组织代谢的需要而引起的一系列临床症状及体征，是儿童时期的危重症之一。

（二）病因

1. 心血管因素 以1岁以内发病率最高，尤以先天性心脏病引起者最多见。也可继发于病毒性心肌炎、川崎病、风湿性心脏病等。

2. 非心血管因素 常见于支气管肺炎、急性肾炎所致的严重循环充血等。

（三）病理生理

当心肌发生病变或者心脏长期负荷加重，可使心肌收缩功能逐渐减退。早期机体可通过加快心率、心肌肥厚和心脏扩大进行代偿，以增加心排血量来满足机体代谢需要，处在这个阶段的患儿临床可无症状，为心功能代偿期。心功能进一步减退后，以上代偿机制不能维持足够的心排血量，出现静脉回流受阻、组织间液过多、脏器淤血等，即发展为充血性心力衰竭。

二、护理评估

（一）健康史

详细询问患儿的发病过程，发现心脏杂音及其他心脏疾病的具体时间。有无呼吸困难、咳嗽、水肿及青紫等。收集患儿的饮食、生活方式、活动及尿量等情况。

（二）身心状况

1. 症状、体征

（1）年长儿心力衰竭　症状与成人相似，主要表现为：①心排血量不足：乏力、活动后气急、食欲减退、心率加快、呼吸浅表。②体循环淤血：颈静脉怒张、肝大及压痛、肝颈静脉回流征阳性、尿少和水肿。③肺循环淤血：呼吸困难、气促、咳嗽、端坐呼吸、肺底部可闻及湿啰音，心尖部第一心音减低和奔马律。

（2）婴幼儿心力衰竭　常表现为呼吸浅快，喂养困难，烦躁多汗，体重增长缓慢，肝脏进行性增大，颜面、眼睑水肿，严重时鼻唇及口周青紫。

2. 临床诊断依据 ①安静时心率增快，婴儿＞180次/分，幼儿＞160次/分，儿童＞140次/分，不能用发热和缺氧解释者；②呼吸困难、发绀突然加重，安静时呼吸达60次/分以上；③肝脏短期内迅速增大达肋下3cm以上，不能以横膈下移等原因解释者；④心音明显低钝或出现奔马律；⑤突然烦躁不安，面色苍白或发灰，而不能用原有疾病解释者；⑥少尿或下肢水肿，除外其他原因造成者。其中前4项为主要临床诊断依据。

3. 心理、社会状况 评估家长对本病的认识程度，对相关疾病知识及预后的了解情况。是否有焦虑和恐惧，家庭经济状况和文化背景如何。

（三）辅助检查

X线检查表现为心影呈普遍性扩大，搏动减弱，肺纹理增多，肺门或肺门附近阴影增加，肺部淤血。心电图检查有助于病因诊断及指导洋地黄类药物的应用。超声心动图检查对于病因诊断及治疗前后心功能评估有重要意义。心脏收缩功能指标以射血分数最为常用，射血分数低于55%和（或）短轴缩短率小于25%提示收缩功能障碍。

三、治疗要点

1. 一般治疗 保证患儿的休息和睡眠，限制钠和水的入量，必要时应用镇静剂，给予吸氧。

2. 洋地黄类药物的应用 常用地高辛，可口服或静脉注射。能口服的患儿给予地高辛口服；病情较重或不能口服者，可选用去乙酰毛花苷（西地兰）或地高辛静脉注射。地高辛首剂为洋地黄化总量的1/2，余量分2次，每隔6～8h一次，洋地黄化后12h开始给予维持量，为洋地黄化总量的1/4。儿童常用洋地黄类药物剂量及用法见表10-2。

表10-2 常用洋地黄类药物的临床应用

洋地黄类制剂	给药方法	洋地黄化量（mg/kg）	作用开始时间	效力最大时间
地高辛	口服	早产儿0.01～0.02	2h	4～8h
		足月儿0.02～0.03		
		＜2岁0.03～0.04 ＞2岁0.02～0.03		
	静脉	75%口服量	10min	1～2h
去乙酰毛花苷	静脉	早产儿和足月儿或肾功减退、心肌炎患儿0.02	15～30min	1～2h
		＜2岁0.03～0.04		
		＞2岁0.02～0.03		

3. 利尿药 使用洋地黄类药物而心力衰竭仍未完全控制或伴有显著水肿者，可加用利尿药。急性心力衰竭可选用呋塞米等快速强效利尿药；慢性心力衰竭一般联合使用噻嗪类与保钾利尿药，如氢氯噻嗪和螺内酯，并注意间歇用药，以防止电解质紊乱。

4. 血管扩张剂 常用药物有卡托普利、硝普钠及酚妥拉明等。

四、主要护理诊断/问题

1. 心排血量减少 与心肌收缩力降低有关。

2. 体液过多 与心功能下降、循环淤血有关。

3. 气体交换受损 与肺淤血有关。

4. 潜在并发症：药物的毒性反应。

五、护理措施

1. 减轻心脏负担，恢复心排血量

（1）休息与卧位 患儿应卧床休息，病室安静舒适，避免各种刺激，避免患儿烦躁、哭闹，必要时可遵医嘱应用镇静剂。体位宜取半卧位，双腿下垂，减少回心血量，从而减轻心脏负荷。

（2）细心喂养，避免加重心脏负担　婴儿喂奶所用乳头孔应稍大，可以避免吸吮费力，同时须防止呛咳；喂养困难者可用滴管喂，必要时可用鼻饲。宜少量多餐，避免过饱。

（3）保持大便通畅　鼓励患儿多食蔬菜、水果，必要时给予开塞露通便，避免用力排便。

（4）其他　遵医嘱使用洋地黄制剂、利尿药及血管扩张剂。

2. 限制水、钠摄入量　给予低盐饮食，钠盐摄入量不超过0.5～1.0g/d，重症者给予无盐饮食。静脉输液或输血时，输液速度宜慢，以每小时＜5ml/kg为宜。

3. 改善呼吸功能　有发绀、呼吸困难者应及时给予吸氧。急性肺水肿时，给患儿吸入经20%～30%乙醇湿化的氧气，每次吸入不超过20min，间隔15～30min可重复1～2次。

4. 密切观察病情，做好用药护理

（1）应用洋地黄类药物的护理　应注意给药方法，严格按剂量给药，密切观察有无洋地黄中毒。

1）给药前：每次用药前必须测量患儿脉搏（测量1min），必要时听心率，若发现脉率减慢（婴儿＜90次/分，年长儿＜70次/分）应暂停用药，并报告医生。

2）给药时：静脉注射速度要慢（不少于5min），不能与其他药物混合注射，以免发生药物间的相互作用；口服药要与其他药物分开服用；钙剂与洋地黄制剂有协同作用，应避免同时使用。若患儿服药后呕吐，应与医生联系决定是否补服或用其他途径给药。

3）用药期间：观察药物的中毒症状。儿童洋地黄中毒最常见的表现是心律失常，如房室传导阻滞、室性期前收缩和阵发性心动过速；其次是胃肠道反应，有食欲缺乏、恶心、呕吐；嗜睡、头晕、黄视、绿视等神经系统症状较少见。一旦出现中毒表现应立即停药，并报告医生，同时备好钾盐、利多卡因等药物，积极配合救治。

（2）应用利尿药的护理　根据利尿药的作用时间安排用药，尽量在早晨及上午给药，以免夜间多次排尿而影响休息。观察水肿的变化，每日测体重，记录出入量。服药期间要鼓励患儿进食含钾丰富的食物，如柑橘、菠菜、豆类等，以免出现低钾血症而增加洋地黄毒性反应。观察患儿有无四肢无力、腹胀、心音低钝等低血钾表现，一经发生应及时处理。

（3）应用血管扩张剂的护理　给药时避免药液外渗，要准确控制滴速，最好使用输液泵，用药期间应密切观察心率和血压的变化。硝普钠的使用和保存均应避光，药液要现用现配。

5. 健康教育　向患儿和家长介绍心力衰竭的有关知识、诱发因素及防治措施；根据不同病情制订适当的休息、饮食及生活制度；教会年长儿自我监测脉搏的方法，使患儿和家长了解所用药物的名称、剂量、给药时间、方法及常见副作用；为家长提供急救中心及医院急诊室电话，以便紧急时使用。

自测题

A_1型题

1. 先天性心脏病最经济、最重要的无创性诊断方法是（　　）
   A. 超声心电图　B. 心电图
   C. CT检查　D. 心导管检查
   E. X线检查
2. 法洛四联症患儿喜蹲踞的主要原因是（　　）
   A. 使腔静脉回心血量增加
   B. 使心脑供血增加
   C. 缓解漏斗部痉挛
   D. 增加体循环阻力，减少右向左分流量
   E. 使肺循环血量增多
3. 下列关于婴儿心率的范围，正确的描述是（　　）
   A. 120～140次/分　B. 110～130次/分
   C. 100～110次/分　D. 90～100次/分
   E. 70～90次/分
4. 法洛四联症的畸形应除外（　　）
   A. 房间隔缺损　B. 室间隔缺损
   C. 右心室流出道狭窄　D. 右心室肥大
   E. 主动脉骑跨

5. 在洋地黄类药物应用过程中，关于患儿的饮食护理正确的是（　　）
A. 多进食含铁高的食物
B. 多进食含钠高的食物
C. 多进食含钙高的食物
D. 多进食含磷高的食物
E. 多进食含钾高的食物
6. 正常7岁儿童的血压均值为（　　）
A. 90/60mmHg　B. 92/60mmHg
C. 94/62mmHg　D. 100/68mmHg
E. 104/70mmHg
7. 病毒性心肌炎最常见的病原体是（　　）
A. 柯萨奇病毒　B. 脊髓灰质炎病毒
C. 腺病毒　D. 乙型肝炎病毒
E. 流感病毒
8. 下列哪项不是左向右分流先天性心脏病的共同特点（　　）
A. 肺循环血流量增多，体循环血流量减少
B. 晚期可产生梗阻型肺动脉高压
C. 肺循环血流量减少，体循环血流量增多
D. 容易反复患支气管肺炎
E. 常有生长发育落后

A_2型题

9. 9个月患儿，出生后反复呼吸道感染，被诊断患有先天性心脏病。患儿因并发心力衰竭收入院。护士遵医嘱为其使用洋地黄药物时，以下哪项是错误的（　　）
A. 鼓励患儿进食含钾丰富的食物
B. 注意按时按量给药
C. 注意观察有无恶心、呕吐、色视等
D. 同时给服钙剂以增强其作用
E. 每次用药前应测量患儿脉搏，婴儿脉率小于80次/分应停药
10. 患儿自1岁起即发现口唇发绀，活动后加剧，喜坐少动，有蹲踞现象。体格检查：胸骨左缘第2肋间可闻及Ⅱ～Ⅲ级收缩期杂音，动脉血氧饱和度80%，X线片显示心脏呈靴状，心尖钝圆上翘，两侧肺纹理减少。该患儿最可能的诊断是（　　）
A. 原发性肺动脉高压　B. 右心室流出道狭窄
C. 主动脉瓣狭窄　D. 法洛四联症
E. 艾森门格综合征
11. 动脉导管未闭患儿，出现声音嘶哑，作为其责任护士，家长咨询患儿目前声音嘶哑最常见的原因为（　　）
A. 左心室增大，压迫喉返神经
B. 肺动脉显著扩张，压迫喉返神经
C. 左心室、右心室扩大，压迫喉返神经
D. 右心室增大，压迫喉返神经
E. 右心房增大，压迫喉返神经
12. 8个月先天性心脏病患儿，气促，口唇发绀、烦躁，心率为160次/分，呼吸为62次/分，该患儿主要的现存护理诊断是（　　）
A. 气体交换受损　B. 心排血量减少
C. 体液过多　D. 恐惧
E. 营养失调：低于机体需要量
13. 3岁小儿，平时无症状。体格检查时，发现心脏听诊杂音，初步诊断为“室间隔缺损”，超声心动图显示缺损为0.5cm。患儿家长向护士咨询，该患儿手术治疗的适宜年龄是（　　）
A. 婴儿期　B. 幼儿期
C. 学龄前期　D. 学龄期
E. 青春期
14. 一对新婚夫妇向护士咨询先天性心脏病的预防，护士向其解释先天性心脏病预防应特别重视（　　）
A. 新生儿疾病筛选　B. 遗传病咨询
C. 妊娠期保健　D. 计划生育
E. 加强妊娠期营养
15. 1岁患儿，体格瘦小，出生后反复呼吸道感染，活动后出现气促、发绀。体格检查：心前区隆起，无震颤，胸骨左缘第2～3肋间可闻及Ⅲ级收缩期吹风样杂音，P_2亢进、固定分裂。该患儿最可能的诊断为（　　）
A. 房间隔缺损　B. 室间隔缺损
C. 动脉导管未闭　D. 法洛四联症
E. 右心室流出道狭窄
16. 一个6岁的女孩，10d前因发热、腹痛、腹泻在当地医院确诊为急性肠炎，经消炎、补液等治疗后症状缓解。2d前患儿自诉心前区不适、胸闷、头晕、四肢乏力、全身肌肉酸痛。医生初步诊断为病毒性心肌炎。护生应优先考虑的护理措施是（　　）
A. 指导患儿卧床休息　B. 观察病情
C. 备好抢救用物　D. 控制输液速度
E. 进行健康指导
17. 患儿，女，1岁，生后发绀，初步诊断为法洛四联症。护理该患儿要注意保证入量，防止脱水。其目的是（　　）
A. 防止便秘　B. 防止休克
C. 防止血栓栓塞　D. 防止心力衰竭
E. 防止肾衰竭

A_3/A_4型题

（18～20题共用题干）

患儿，女，7个月，因出生后2～3个月起发现口唇发绀，哭闹及吃奶时发绀加重来医院就诊。在门诊体格检查时，因哭闹而突然出现两眼上翻，四肢抽搐。体格检查：生长发育迟缓，口唇及指（趾）端发绀，心脏听诊，胸骨左缘第3肋间可闻及Ⅱ～Ⅲ级喷射性收缩期杂音。

18. 你认为该患儿所患疾病可能是（　　）

A. 室间隔缺损　B. 房间隔缺损
C. 动脉导管未闭　D. 法洛四联症
E. 右心室流出道狭窄

19. 患儿抽搐的原因是（　　）
A. 中毒性脑病　B. 急性呼吸衰竭
C. 缺氧发作　D. 维生素D缺乏性佝偻病
E. 急性心力衰竭

20. 该患儿应采取的治疗措施不包括（　　）
A. 身体取胸膝位
B. 可面罩给氧
C. 静脉滴注碳酸氢钠
D. 必要时使用普萘洛尔和吗啡
E. 使用利尿剂

（21、22题共用题干）

患儿，女，1岁，哭时才出现发绀，生长发育缓慢，被确诊为“先天性心脏病”。因发热、咳嗽3d入院。体格检查：体温39℃，烦躁不安、面色苍白、口唇发绀、呼吸困难，呼吸为68次/分，心率为182次/分，心前区隆起，胸骨左缘3～4肋间可闻及Ⅳ级喷射性收缩期杂音，可触及震颤，X线检查示：左心室、右心室均增大，肺血管影增多，肺动脉段凸出。

21. 该患儿目前出现了（　　）
A. 支气管肺炎　B. 感染性心内膜炎
C. 病毒性心肌炎　D. 中毒性脑病
E. 心力衰竭

22. 患儿如出现永久性发绀，说明（　　）
A. 动脉系统淤血　B. 形成艾森门格综合征
C. 缺氧发作　D. 静脉系统淤血
E. 应该进行外科手术

（金蓬勃）

第11章 泌尿系统疾病患儿的护理

第1节 儿童泌尿系统解剖生理特点

一、解剖特点

（一）肾脏

儿童年龄越小，肾脏相对越大。新生儿两肾总重量约为体重的1/125（成人两肾约为体重的1/220）。婴儿肾脏位置较低，其下缘可低至髂嵴以下第4腰椎水平，2岁以后始达髂嵴以上，故2岁以内健康儿童腹部触诊容易扪及肾脏。婴儿肾脏表面呈分叶状，至2～4岁时分叶完全消失。

（二）输尿管

婴幼儿输尿管长而弯曲，管壁肌肉和弹力纤维发育不全，容易受压及扭曲而导致梗阻，易发生尿潴留而诱发感染。

（三）膀胱

婴儿膀胱位置比年长儿高，尿液充盈时，膀胱顶部在耻骨联合上容易扪及。膀胱容量（ml）约为（年龄+2）×30ml，年龄单位为岁。

（四）尿道

新生女婴尿道仅长1cm（性成熟后3～5cm），且外口暴露又接近肛门，易受粪便污染。男婴尿道虽较长，但常有包茎和包皮过长，尿垢积聚时也易引起上行性细菌感染。

二、生理特点

（一）肾功能

新生儿出生时肾单位数量已达成人水平，但其储备能力尚不充足，调节机制亦不成熟；肾小球滤过率低，生后3～6个月仅为成人的1/2；肾小管的重吸收、排泄、浓缩和稀释等功能均不成熟，对水及电解质平衡的调节功能极差，故易发生水、电解质紊乱及酸中毒等。新生儿对药物排泄功能差，用药种类及剂量均应慎重选择。儿童肾功能12～18个月时接近成人。

（二）排尿特点

1. 排尿次数 93%新生儿在生后24h内开始排尿，99%新生儿在生后48h内排尿。出生后最初几天因摄入量少，排尿仅4～5次/天；1周后因摄入量增加，代谢旺盛，而膀胱容量小，排尿增至20～25次/天；1岁时排尿15～16次/天；学龄前期和学龄期排尿6～7次/天。

2. 尿量 儿童尿量个体差异较大，主要与饮食、气温、活动量及精神等因素有关，见表11-1。

3. 排尿控制 婴儿期排尿由脊髓反射完成，以后由脑干-大脑皮质控制，一般至3岁左右已能控制排尿。在1.5～3岁，儿童主要通过控制尿道括约肌和会阴肌控制排尿，若3岁后仍保持这种排尿机制，不能控制膀胱逼尿肌收缩，表现为白天尿频、尿急，偶然尿失禁和夜间遗尿，称为不稳定膀胱。

表11-1　不同年龄儿童正常尿量及少尿、无尿诊断标准

年龄	正常尿量	少尿	无尿
新生儿	1～3ml/(kg·h)	＜1ml/(kg·h)	＜0.5ml/(kg·h)
婴儿	400～500ml/24h	＜200ml/24h	＜50ml/24h
幼儿	500～600ml/24h		
学龄前期儿童	600～800ml/24h	＜300ml/24h	
学龄期儿童	800～1400ml/24h	＜400ml/24h	

（三）尿液特点

1. 尿色和酸碱度　新生儿出生最初几天尿液颜色较深，稍浑浊，放置后可有红褐色沉淀，为尿酸盐结晶。数日后尿色开始变淡。正常婴幼儿尿液淡黄透明，但在寒冷季节尿液排出后放置可有白色浑浊，是由尿中盐类结晶所致。新生儿出生后尿液呈强酸性，以后接近中性或弱酸性，pH在5～7。

2. 尿渗透压和尿比重　新生儿尿渗透压平均为240mmol/L，尿比重为1.006～1.008，儿童尿渗透压通常为500～800mmol/L，尿比重为1.011～1.025。

3. 尿蛋白　正常儿童尿中仅含微量蛋白，定量每天不超过100mg，定性试验阴性；若24h尿蛋白定量超过150mg，定性试验为阳性，则为异常。

4. 尿细胞和管型　正常儿童新鲜尿液离心后沉渣镜检，红细胞＜3个/HP，白细胞＜5个/HP，偶见透明管型。12h尿细胞计数（Addis count）：蛋白质＜50mg，红细胞＜50万个，白细胞＜100万个，管型＜5000个。

第2节　急性肾小球肾炎

案例11-1

患儿，男，6岁，两周前患扁桃体炎，经治疗后好转。最近两天早晨起来发现眼皮肿胀，睁眼困难，小腿也出现肿胀，尿量减少，而且排出来的尿像洗过肉的水一样，家长很着急，遂来医院就诊。经检查及化验后，医生诊断：急性肾小球肾炎。并告知家长，要严格卧床休息。

问题： 1. 护理人员应对该患儿如何进行护理评估？

2. 如何为家长讲解严格卧床休息的重要性？

一、概　述

（一）概念

急性肾小球肾炎（acute glomerulonephritis，AGN）简称急性肾炎，是一组不同病因所致的感染后免疫反应引起的急性弥漫性肾小球非化脓性炎症，其主要临床表现为急性起病，多有前驱感染，以水肿、血尿、蛋白尿和高血压为特点。本病多见于5～14岁儿童，特别是6～7岁儿童，小于2岁者少见，男女比例为2∶1。

（二）病因

发病前1～3周患儿常有前驱感染史，最常继发于A群乙型溶血性链球菌感染之后，以上呼吸道感染最多见（尤其扁桃体炎），其次为皮肤感染（如脓疱疮）。除A群乙型溶血性链球菌外，其他细菌如金黄色葡萄球菌、肺炎链球菌和革兰氏阴性杆菌等也可致病。

（三）发病机制

致肾炎链球菌的某些成分作为抗原，刺激机体产生相应抗体，抗原抗体形成免疫复合物，沉积于肾小球基底膜上，并激活补体，引起一系列炎症反应和免疫损伤。炎症反应刺激使肾小球内皮细胞肿胀和系膜细胞增生，肾小球毛细血管管腔变窄，甚至闭塞，导致肾小球血流量减少，肾小球滤过率降低，水钠潴留，出现水肿、少尿、高血压，严重者可发生严重循环充血、急性肾功能不全和高血压脑病。免疫损伤使肾小球基膜破坏，血液成分漏出，出现血尿、蛋白尿和管型尿。

二、护理评估

（一）健康史

仔细询问患儿发病前1～3周有无上呼吸道感染或皮肤感染史，呼吸道感染多见于秋冬季节，如扁桃体炎、咽炎、猩红热等；皮肤感染多见于夏秋季节，如脓疱疮等，以往有无类似疾病发生。

（二）身心状况

1. 前驱感染 每年秋冬季节是急性肾炎的发病高峰，急性肾炎发病前多有呼吸道或皮肤链球菌感染史，尤以咽扁桃体炎常见，也可见猩红热；夏秋季则为皮肤感染。呼吸道感染至肾炎发病为6～12d，而皮肤感染则稍长，为14～28d。

2. 典型表现

（1）水肿 是最常见和最早出现的症状，70%的患儿有水肿，多由眼睑开始，晨起为著，逐渐波及躯干、四肢，重者2～3d内遍及全身，呈非凹陷性。

（2）少尿 早期均有尿色深，尿量明显减少，严重者可出现无尿。

（3）血尿 50%～70%患儿有肉眼血尿，呈浓茶色或烟灰水样（酸性尿），也可呈洗肉水样（中性或弱碱性尿）。肉眼血尿多在1～2周后转为镜下血尿，少数持续3～4周。

（4）高血压 30%～80%的患儿可有血压增高，因水钠潴留血容量扩大所致。一般学龄前期儿童血压＞120/80mmHg，学龄期儿童＞130/90mmHg，多为轻、中度增高。一般在1～2周内随尿量增多而血压降至正常。

3. 严重表现 少数患儿在疾病早期（2周内）可出现下列严重表现。

（1）严重循环充血 由于水钠潴留，血浆容量增加而出现循环充血。轻者仅有呼吸增快和肺部湿啰音；严重者表现为明显气急、端坐呼吸、咳嗽、咳粉红色泡沫痰，两肺布满湿啰音，心脏扩大，心率增快，有时可出现奔马律，肝大，水肿加重可出现胸水和腹水等。危重病例可因急性肺水肿于数小时内死亡。

（2）高血压脑病 血压骤升，超过脑血管代偿性收缩机制，使脑组织血液灌注急剧增多而致脑水肿。血压可高达（150～160）/（100～110）mmHg以上，出现头痛、烦躁不安、呕吐、一过性失明，严重者突然出现惊厥和昏迷。

（3）急性肾衰竭 病初由于肾小球滤过率降低，出现尿少、尿闭等症状，引起暂时性氮质血症、电解质紊乱（高钾、低钠）和代谢性酸中毒。一般持续3～5d，在尿量逐渐增多以后，病情好转，若持续数周仍不恢复，则预后严重。

4. 心理、社会状况 患儿多为年长儿，个性心理及社会心理行为的发展已趋于完善，来自疾病和医疗上对活动及饮食严格限制的压力，家庭和社会的压力等，可产生紧张、焦虑、抑郁等情绪。家长因缺乏本病有关知识，担心转为慢性肾炎影响患儿将来的健康，可产生失望、焦虑、沮丧等心理。

（三）辅助检查

1. 尿液检查 血尿，尿蛋白为+～+++，镜检除见大量红细胞外，可见透明、颗粒或红细胞管型。

2. 血液检查

（1）有轻度贫血，系血容量增加、血液稀释所致；血沉增快。

（2）血清抗链球菌抗体升高，提示新近链球菌感染，这是诊断链球菌感染后肾炎的依据。

（3）血清总补体（CH50）和C3下降，多于起病后6～8周恢复正常。

（4）少尿期有轻度氮质血症，血尿素氮、肌酐暂时增高。

三、治疗要点

本病为自限性疾病，无特异性治疗方法。

1. 一般治疗 ①休息：起病2周内应卧床休息；②饮食：限制水、钠摄入，采取低盐饮食，严重水肿或高血压者需无盐饮食；有氮质血症者应限制蛋白质的摄入。

2. 清除链球菌感染病灶 常用青霉素治疗10～14d。

3. 对症治疗 ①利尿：一般用氢氯噻嗪口服，口服无效或重症者用呋塞米；②降压：当舒张压＞90mmHg时应给予降压药，首选硝苯地平口服或舌下含服。

4. 治疗并发症 ①严重循环充血：严格限制水、钠入量，使用呋塞米利尿，如已发生肺水肿则可用硝普钠扩张血管，对难治病例可行血液透析治疗；②高血压脑病：首选硝普钠降压，同时给予地西泮止惊、呋塞米利尿脱水等；③急性肾衰竭：严格控制液体入量，及时处理高钾血症和低钠血症，维持水、电解质平衡，必要时采用透析治疗。

链接 透析指征

1. 尿毒症综合征。
2. 严重水钠潴留所致的脑水肿，脑水肿的倾向。
3. 血钾≥6.5mmol/L，心电图有高血钾表现。
4. 严重酸中毒，血浆HCO_3^-＜12mmol/L或动脉血pH＜7.2。
5. 严重氮质血症，血尿素氮≥28mmol/L，血肌酐≥707.2μmol/L。特别是高分解代谢的患儿。

四、主要护理诊断/问题

1. 体液过多 与肾小球滤过率下降有关。

2. 潜在并发症： 严重循环充血、高血压脑病、急性肾衰竭。

3. 活动无耐力 与水肿、血压升高有关。

4. 知识缺乏： 患儿及家长缺乏本病的相关知识。

五、护理措施

1. 休息 一般起病2周内应卧床休息，可减轻心脏负担，增加心排血量，使肾血流量增加，提高肾小球滤过率，减少水钠潴留和并发症发生。待水肿消退、血压正常、肉眼血尿消失后方可下床轻微活动或户外散步；1～2个月内活动量宜限制，3个月内避免剧烈活动；血沉正常后可上学，但应避免体育活动；艾迪（Addis）计数正常后可恢复正常生活。

2. 饮食护理 水肿、少尿、循环充血应限制钠盐、水和蛋白质的摄入，给予高糖、高维生素、适量脂肪的低盐饮食，每日钠盐＜1g或＜60mg/kg；有氮质血症时应限制蛋白质的入量，可给予优质动物蛋白0.5g/（kg·d）；尿量增加、水肿消退、血压正常后可恢复正常饮食。

3. 用药护理 遵医嘱给予利尿剂和降压药，观察药物的疗效和不良反应。应用利尿剂时应观察体重、尿量、水肿变化并做好记录，注意有无脱水、电解质紊乱的发生。应用硝普钠时应现配现用，放置4h后不能再用，整个输液系统须用黑纸或铝箔包裹避光，以免药液遇光分解；使用时应严密监测血压，并随时根据血压调整滴速，每分钟不宜超过8μg/kg，以防发生低血压。

4. 密切观察病情，防治并发症

（1）观察患儿呼吸、心率、肝脏等变化，若出现呼吸困难、不能平卧、呼吸及心率增快、肝脏增大等，提示严重循环充血，应立即置患儿于半卧位、吸氧，并遵医嘱用呋塞米利尿等。

（2）监测血压变化，若出现血压突然升高、剧烈头痛、呕吐、眼花、惊厥等，提示高血压脑病，应立即遵医嘱用硝普钠降压，并给予镇静剂和脱水剂等。

（3）观察患儿尿量、尿色及水肿情况，准确记录24h出入量，应用利尿剂时每日测体重1次。若患儿尿量增加，肉眼血尿消失，提示病情好转；若持续少尿甚至无尿，出现头痛、恶心、呕吐等，提示可能发生急性肾衰竭，应限制水钠、蛋白质及含钾食物的摄入，并做好透析前护理。

5. 心理护理　做好患儿及家长的解释、安慰工作，帮助其树立战胜疾病的信心；提供图书、画报、拼装玩具等床上娱乐物品，以缓解患儿长时间卧床所致的焦虑。

6. 健康教育　向患儿及家长介绍本病为自限性疾病，预后良好，95%病例能完全恢复；强调限制活动和饮食的重要性，尤其前2周最为关键；介绍本病预防的关键是防治链球菌感染，应锻炼身体、增强体质，一旦发生上呼吸道或皮肤感染，应及早应用抗生素彻底治疗。

第3节　肾病综合征

案例 11-2

患儿，男，3岁，全身水肿1周入院。1周前开始于眼睑出现水肿，渐累及全身。查体：面色稍苍白，眼睑、颜面明显水肿；辅助检查：尿蛋白（++++），血清白蛋白14.8g/L，血清胆固醇11.5mmol/L。

问题：1. 该患儿的临床诊断及依据是什么？

2. 该患儿的主要护理问题是什么？

一、概　　述

（一）概念

肾病综合征（nephrotic syndrome，NS）简称肾病，是一组由多种原因引起的肾小球基底膜通透性增高，导致大量血浆蛋白从尿中丢失的临床综合征，临床具有“三高一低”四大特点：①大量蛋白尿；②低蛋白血症；③高脂血症；④明显水肿。前两项为诊断必备条件。

肾病综合征在儿童肾脏疾病中发病率仅次于急性肾炎，3～5岁为发病高峰，男女比例为3.7∶1。按病因可分为原发性、继发性和先天性三大类，原发性肾病又分为单纯性肾病和肾炎性肾病。本节主要介绍原发性肾病综合征，其约占儿童时期肾病综合征总数的90%。

（二）病因和发病机制

目前尚不明确。单纯性肾病可能与T细胞免疫功能紊乱有关，肾炎性肾病可能与免疫病理损伤有关，先天性肾病与遗传有关。

（三）病理生理

1. 大量蛋白尿　是最根本的病理生理变化，是导致其他三大临床特点的基本原因。由于肾小球毛细血管通透性增高，使大量血浆蛋白漏出，形成大量蛋白尿。

2. 低蛋白血症　血浆蛋白自尿中丢失和肾小球滤过后被肾小管吸收分解是造成低蛋白血症的主要

原因，蛋白质分解的增加、蛋白丢失超过肝脏合成蛋白的速度等，也使血浆蛋白降低。

3. 高脂血症 低蛋白血症促进肝脏合成脂蛋白增加，其中大分子脂蛋白难以从肾排出而导致患儿血清总胆固醇、低密度脂蛋白、极低密度脂蛋白增高，形成高脂血症，持续高脂血症可促进肾小球硬化和间质纤维化。

4. 水肿 与下列因素有关：①低蛋白血症使血浆胶体渗透压降低，当血浆白蛋白低于25g/L时，液体将在间质区滞留；低于15g/L则可有腹腔积液或胸腔积液形成。②血浆胶体渗透压降低，使血容量减少，刺激了渗透压和容量感受器，促使抗利尿激素和肾素-血管紧张素-醛固酮分泌、心钠素减少，最终使远端肾小管钠、水吸收增加，导致钠水潴留。③低血容量使交感神经兴奋性增高，近端肾小管Na^+吸收增加。④某些肾内因子改变了肾小管管周体液平衡机制，使近曲小管Na^+吸收增加。

二、护理评估

（一）健康史

询问患儿起病的缓急情况，有无明显的诱因，患儿水肿开始时间、发生部位、发展顺序及程度，目前有无精神萎靡、疲惫、食欲缺乏、呕吐等症状。了解患儿24h排尿次数及尿量、尿色。询问目前药物治疗情况，用药的种类、剂量、疗效及副作用等。

（二）身心状况

1. 症状、体征

（1）单纯性肾病 发病年龄多为2～7岁，男女发病比例为（2～4）：1，具有“三高一低”临床特点，水肿是最突出的表现，呈凹陷性，开始于眼睑、面部，逐渐遍及全身，严重者出现胸水、腹水和阴囊水肿，可伴有少尿。

（2）肾炎性肾病 发病年龄多在学龄期，除“三高一低”临床特点外，还伴有血尿、高血压、血清补体下降、氮质血症四项中的一项或多项。水肿一般不严重。

2. 并发症

（1）感染 是最常见的并发症，尤其是呼吸道感染，其次是皮肤感染、泌尿道感染和原发性腹膜炎等。由于全身性水肿、蛋白质营养不良、长期应用激素或免疫抑制剂等，机体抵抗力降低，故容易发生感染。而感染又可促使病情反复或加重，并影响激素的疗效。

（2）电解质紊乱和低血容量 常见的电解质紊乱有低钠、低钾、低钙血症。长期限盐、过多使用利尿剂及感染、呕吐、腹泻等均可导致低钠、低钾血症；由于钙在血液中与白蛋白结合，可随白蛋白从尿中丢失，以及维生素D水平降低、服用激素等可导致低钙血症。由于显著水肿而常有血容量不足，尤其在低钠血症时易出现低血容量性休克。

（3）高凝状态和血栓形成 由于肝脏合成凝血因子增加、尿中丢失抗凝血酶Ⅲ、高脂血症时血液黏稠度增高等，肾病患儿的血液处于高凝状态，易发生血栓。以肾静脉血栓最常见，表现为突发腰痛、血尿、少尿，甚至发生急性肾衰竭。

（4）急性肾衰竭 多数为起病或复发时低血容量所致的肾前性肾衰竭。

（5）生长延迟 主要见于频繁复发和长期接受大剂量激素治疗的患儿。

3. 心理、社会状况 评估患儿及家长对本病的认识程度及其产生的心理反应。本病病程较长，容易复发，患儿及家长会产生焦虑心理；患儿因长期使用糖皮质激素而出现满月脸、向心性肥胖、多毛等形象改变，会产生自卑心理；患儿住院时间较长，影响学习，家庭经济压力也较大，患儿及家长可产生焦虑、抑郁等心理。

（三）辅助检查

1. 尿液检查 蛋白定性多为+++～++++，大多可见透明管型和颗粒管型，肾炎性肾病患儿尿红细胞可增多，24h尿蛋白定量≥50mg/（kg·d）。

2. 血液检查 血浆总蛋白及白蛋白明显减少，血浆白蛋白低于25g/L，白、球比例（A/G）倒置；胆固醇明显增多＞5.7mmol/L；血沉明显增快；肾炎性肾病者可有血清补体（CH50、C3）降低，有不同程度的氮质血症。

三、治疗要点

1. 一般治疗

（1）休息 一般无须严格限制活动，严重水肿、高血压、低血容量的患儿需卧床休息，但应经常变换体位。

（2）饮食 限制盐的摄入，以60mg/（kg·d）为宜，严重水肿、高血压时要无盐饮食，病情缓解后不必继续限盐；除非存在氮质血症，一般适量供应优质蛋白1.5～2.0g/（kg·d），在应用糖皮质激素过程中每日应给予维生素D400IU及适量钙剂。

（3）防治感染 避免到公共场所，抗生素不作为预防用药，一旦发生感染应及时治疗。

2. 利尿 糖皮质激素敏感者用药7～10d可利尿治疗，一般无需给予利尿剂，当水肿较重，尤其是有胸、腹水时可给予利尿剂。

3. 糖皮质激素 为治疗肾病综合征的首选药物，临床常用泼尼松口服。常用治疗方案有短程疗法（总疗程8周）、中程疗法（总疗程6个月）和长程疗法（总疗程9个月）。

4. 免疫抑制剂 主要用于激素耐药、激素依赖、频繁复发或出现严重副作用者，临床常用环磷酰胺。

5. 抗凝治疗 应用肝素钠、尿激酶、双嘧达莫等可防治血栓。

6. 其他 如免疫调节剂、血管紧张素转换酶抑制剂、中医中药治疗等。

四、主要护理诊断/问题

1. 体液过多 与低蛋白血症引起血浆胶体渗透压下降有关。

2. 营养失调：低于机体需要量 与大量蛋白质从尿中丢失有关。

3. 有感染的危险 与水肿及免疫力低下有关。

4. 潜在并发症：感染、电解质紊乱、血栓形成、药物副作用等。

5. 焦虑 与病情反复及病程长有关。

五、护理措施

1. 适当休息 一般不必严格限制活动，但有严重水肿和高血压时应卧床休息，注意经常变换体位，以防血管栓塞等并发症。病情缓解后可逐渐增加活动量，但不要过度劳累，以免病情复发。

2. 饮食护理

（1）一般患儿不需特别限制饮食，应给予优质蛋白（乳类、蛋、鱼、家禽等）、高能量、高维生素、低脂肪的易消化饮食。明显水肿或高血压时应限制钠盐摄入，一般为1～2g/d，病情缓解后即应恢复正常，以免造成低钠血症和食欲下降。

（2）患儿长期应用激素易引起骨质疏松和低钙血症，应补充维生素D及钙剂。

（3）大量蛋白尿期间蛋白质摄入不宜过多，以控制在1.5～2.0g/（kg·d）为宜。因摄入过量蛋白质可造成肾小球高滤过，加重蛋白尿并使肾小球硬化。但尿蛋白消失后长期用激素治疗期间应多补充蛋白质，因为激素可使机体蛋白质分解代谢增强，出现负氮平衡。

3. 预防感染

（1）做好保护性隔离 肾病患儿与感染性疾病患儿应分开收治，病室每日进行空气消毒，减少探视人数，避免患儿到人多的公共场所。

（2）加强皮肤护理　保持皮肤清洁、干燥，及时更换内衣；保持床铺清洁、整齐，被褥松软，经常翻身；水肿严重时，臀部和四肢受压部位衬棉垫圈或用气垫床；阴囊水肿时可用棉垫或吊带托起，保持局部干燥，皮肤破损处可涂碘伏预防感染；严重水肿者应尽量避免肌内注射，以防药液外渗，导致局部潮湿、糜烂、感染。

4. 观察药物疗效及副作用

（1）激素治疗期间注意观察尿量、尿蛋白、血浆蛋白等变化，以及激素的副作用，如库欣综合征、高血压、消化性溃疡、骨质疏松等。遵医嘱及时补充维生素D及钙剂，以免发生骨质疏松和手足搐搦症。

（2）应用利尿剂时注意观察尿量，定期查血钾、血钠、血钙，以防电解质紊乱；大量利尿可使血容量不足，注意防止低血容量性休克和静脉血栓形成。

（3）应用环磷酰胺时注意观察白细胞数下降、脱发、胃肠道反应、出血性膀胱炎等副作用，用药期间应多饮水和定期查血常规。

（4）注意观察有无高凝状态及静脉血栓形成，使用肝素时应注意监测凝血时间及凝血酶原时间。

5. 心理护理　关爱患儿，多与患儿及家长沟通，鼓励其倾诉内心感受；帮助患儿及家长树立战胜疾病的信心，使其能积极配合治疗与护理；向患儿及家长解释激素导致的形象改变是暂时的，停用后即可恢复，消除其焦虑、自卑等心理。

6. 健康教育　强调激素治疗的重要性，使患儿及家长主动配合并坚持服药，嘱出院后定期来院随访、复查，指导激素减量、不可骤停，以免造成复发。介绍感染是本病最常见的并发症及复发的诱因，强调采取有效措施预防感染的重要性，如戴口罩、避免到人多的公共场所、加强皮肤护理等。

第4节　泌尿道感染

一、概　　述

（一）概念

泌尿道感染（urinary tract infection，UTI）是指病原体直接侵入尿路，在尿液中生长繁殖，并侵犯尿路黏膜或组织而引起的泌尿道急性或慢性炎症，又称尿路感染。感染可累及尿道、膀胱、肾盂及肾实质。根据病原体侵袭的部位不同，分为肾盂肾炎、膀胱炎、尿道炎。肾盂肾炎又称上尿路感染；膀胱炎、尿道炎统称为下尿路感染。婴幼儿时期炎症很少局限于某一部位，临床难以定位，故统称泌尿道感染。可发生于任何年龄，2岁以下多见，女孩多于男孩。

（二）病因

各种病原体均可引起泌尿道感染，但以革兰氏阴性杆菌为主，尤以大肠埃希菌最常见，其次为克雷伯杆菌、副大肠埃希菌、变形杆菌，少数为葡萄球菌和肠球菌。

（三）发病机制

1. 感染途径　①上行性感染：是最主要感染途径，致病菌从尿道口上行并进入膀胱、输尿管、肾脏，引起感染；②血源性感染：致病菌主要是金黄色葡萄球菌，通常为全身性败血症的一部分，主要见于新生儿和小婴儿；③淋巴感染和直接蔓延：结肠内和盆腔的细菌可通过周围淋巴管感染肾脏，肾脏周围邻近器官和组织的感染也可直接蔓延感染肾脏。

2. 易感因素　①与儿童泌尿系统解剖特点有关；②泌尿系统畸形、膀胱输尿管反流者易致感染；③尿道器械检查、留置导尿管、不及时更换尿布、蛲虫病、机体防御能力低下（如营养不良、肾病综合征）等均易导致感染。

二、护理评估

（一）健康史

评估患儿有无抵抗力下降的诱因，如营养不良、受凉及长期应用糖皮质激素或免疫抑制剂等。观察患儿是否穿开裆裤，询问患病前是否经常坐地玩耍、有无大便后未及时清洗会阴部、有无蛲虫感染等，是否留置导尿管，有无尿路损伤或异物等诱因。慢性感染者注意有无泌尿道畸形。

（二）身心状况

1. 急性尿路感染 病程多在6个月以内，不同年龄组症状不同。

（1）新生儿 症状极不典型，以全身症状为主，可有发热或体温不升、体重不增、拒乳、呕吐、腹泻、黄疸、嗜睡、惊厥等，常伴有败血症。

（2）婴幼儿 临床症状也不典型，常以发热最突出，可出现拒食、呕吐、腹泻等。部分患儿可有排尿中断、排尿哭闹、夜间遗尿等症状。

（3）年长儿 表现常与成人相似。上尿路感染以发热、寒战、腰痛、肾区叩击痛为主；下尿路感染以尿频、尿急、尿痛等尿路刺激症状为主。

2. 慢性尿路感染 病程在6个月以上，轻症者可无明显症状，也可间断出现发热、脓尿或菌尿。反复发作者可有贫血、生长发育迟缓，重症者肾实质损害，出现肾功能不全及高血压等。

3. 无症状性菌尿 在常规的尿液筛查中，可以发现健康儿童存在着有意义的菌尿，但无任何尿路感染症状。

（三）辅助检查

1. 尿液检查

（1）尿常规 清洁中段尿离心沉渣中白细胞≥5个/高倍视野，即可怀疑为尿路感染。肾盂肾炎患儿有中等蛋白尿、白细胞管型尿及晨尿的尿比重和渗透压减低。

（2）尿细菌涂片 取新鲜尿一滴直接涂片革兰氏染色，镜下观察，每个视野≥1个细菌，表明尿中菌落计数≥10^5/ml，有诊断意义。

（3）尿细菌培养 清洁中段尿做细菌培养，菌落数＞10^5/ml可确诊。10^4～10^5/ml为可疑，＜10^4/ml为污染。通过耻骨上膀胱穿刺获取的尿培养，只要发现有细菌生长，即有诊断意义。

2. 影像学检查 反复感染或迁延不愈者应进行影像学检查，以观察有无泌尿系畸形和膀胱输尿管反流。常用的有B型超声检查、排泄性膀胱尿路造影、核素肾静态显像（DMSA）等。

三、治疗要点

1. 一般治疗 急性期应卧床休息，鼓励多饮水，勤排尿，女童应注意清洁外阴；加强营养，以增强机体的抵抗力。

2. 对症治疗 对高热、头痛、腰痛的患儿应给予解热镇痛药缓解症状。对尿路刺激症状明显者，可用阿托品等抗胆碱类药物治疗，也可给予碳酸氢钠口服碱化尿液，减轻尿路刺激症状。

3. 抗菌治疗 根据尿培养和药敏试验结果选用抗生素，应选择抗菌谱广、肾毒性小的强效杀菌药。

四、主要护理诊断/问题

1. 体温过高 与细菌感染有关。

2. 排尿异常 与膀胱、尿道炎症有关。

五、护理措施

1. 维持正常体温 ①休息：急性期需卧床休息，鼓励患儿多饮水；②饮食：给予高能量、高蛋白、高维生素、易消化的流质或半流质饮食，以增强机体抵抗力；③降温：监测体温变化，高热者给予物理或药物降温。

2. 减轻排尿异常

（1）鼓励患儿多饮水，以增加尿量冲洗尿道，减少细菌在尿道的停留时间，促进细菌和毒素排出，减轻炎症反应。

（2）保持会阴部清洁，便后清洗外阴，小婴儿勤换尿布，尿布用开水烫洗。

（3）尿路刺激症状明显者，按医嘱用阿托品等抗胆碱药，也可给予碳酸氢钠口服碱化尿液，以减轻尿路刺激症状。

（4）遵医嘱使用抗菌药物，注意药物副作用。饭后服药可减轻胃肠道症状，服用磺胺药时应多饮水。

（5）定期复查尿常规和尿培养，以了解病情变化和治疗效果。

3. 心理护理 多与患儿及家长沟通，帮助其树立治疗疾病的信心；有尿路刺激征者，指导患儿放松心态、转移注意力，消除焦虑和恐惧心理。

4. 健康教育

（1）指导护理与预防 婴儿勤换尿布，幼儿不穿开裆裤，便后洗净臀部，保持清洁；女孩清洗外阴时从前向后擦洗，单独使用洁具，避免肠道细菌污染尿道而引起上行性感染；及时处理炎症、蛲虫病等。

（2）指导服药与复查 指导按时服药，定期复查，防止复发与再感染。一般急性感染于疗程结束后每月随访尿常规及中段尿培养1次，连续3个月，如无复发可视为治愈；反复发作者每3～6个月复查1次，共2年或更长时间。

自 测 题

A_1型题

1. 急性肾小球肾炎的疾病性质是（　　）
   A. 感染后免疫损害　　B. 病毒直接感染肾脏
   C. 细菌直接感染肾脏　　D. 单侧肾脏化脓性炎症
   E. 双侧肾脏化脓性炎症
2. 急性肾小球肾炎患儿恢复正常活动的标准是（　　）
   A. 尿常规正常　　B. 血沉正常
   C. 血压正常　　D. Addis计数正常
   E. 抗链球菌溶血素O效价正常
3. 肾病综合征最根本的病理生理特点是（　　）
   A. 大量蛋白尿　　B. 低蛋白血症
   C. 高脂血症　　D. 高度水肿
   E. 高血压
4. 原发性肾病综合征最常见的并发症为（　　）
   A. 感染
   B. 电解质紊乱
   C. 高凝状态及血栓形成
   D. 急性肾衰竭
   E. 生长迟缓

A_2型题

5. 患儿，9岁，因急性肾小球肾炎入院。2d后尿少、水肿加重，伴呼吸困难，两肺有湿啰音，心律奔马律，肝脏增大。可能并发了（　　）
   A. 支气管肺炎　　B. 急性肾衰竭
   C. 高血压脑病　　D. 严重循环充血
   E. 电解质紊乱
6. 患儿，8岁，因高度水肿，尿蛋白（++++）入院，诊断为肾病综合征。治疗首选（　　）
   A. 青霉素　　B. 糖皮质激素
   C. 环磷酰胺　　D. 白蛋白
   E. 利尿剂

A_3/A_4型题

（7～9题共用题干）

患儿，男，8岁。2周前患扁桃体炎，近3d来尿量减少，尿色呈洗肉水样，眼睑水肿，伴头痛、恶心，血压140/110mmHg，下肢水肿，尿检见大量红细胞，尿蛋白+～++，补体C3降低。

7. 该患儿首先考虑的诊断是（　　）

A. 肾炎性肾病　　B. 单纯性肾病

C. 急性肾小球肾炎　　D. 慢性肾炎

E. 急性尿路感染

8. 该患儿目前最可能发生的情况是（　　）

A. 急性肾功能不全　　B. 水、电解质平衡紊乱

C. 脑膜炎　　D. 脑脓肿

E. 高血压脑病

9. 对该患儿不正确的护理措施是（　　）

A. 定期查尿常规　　B. 监测血压变化

C. 限制水钠入量　　D. 严格卧床休息

E. 观察脑膜刺激征

（周　密）

第12章 血液系统疾病患儿的护理

第1节 儿童造血和血液特点

一、造血特点

儿童造血分为胚胎期造血和出生后造血。

（一）胚胎期造血

胚胎期造血最早在卵黄囊，然后在肝脏、脾脏、胸腺和淋巴结，最后在骨髓，共分为3个阶段。

1. 中胚叶造血期 从胚胎第3周起，卵黄囊开始造血，在卵黄囊形成许多血岛，其间的细胞分化成初级原红细胞。自胚胎第6周后，血岛开始退化，中胚叶造血开始减退，至第10周时消失。

2. 肝（脾）造血期 胚胎中期以肝脏造血为主，肝脏造血自胚胎第6～8周开始，首先出现有核红细胞，以后产生粒细胞和巨核细胞，4～5个月时达高峰，以后逐渐减退，至出生时停止。脾脏于胚胎第8周左右参与造血，主要产生红细胞、粒细胞、淋巴细胞和单核细胞。但时间较短，造血功能不强，至胚胎5个月后仅保留生成淋巴细胞的功能，但可持续终生。胸腺、淋巴结于胚胎第8～11周开始，参与淋巴细胞的形成。

3. 骨髓造血期 骨髓在胚胎第6周时已出现，但自胎儿4个月时骨髓才开始造血，胎儿6个月之后骨髓成为主要的造血器官。出生2～5周后骨髓成为唯一的造血器官。

（二）出生后造血

1. 骨髓造血 儿童出生后主要是骨髓造血，各种血细胞均在此生成。婴幼儿期所有骨髓均为红骨髓，全部参与造血，以满足生长发育的需要，所以造血的代偿能力比较差。5～7岁后长骨中部分红骨髓逐渐转变为黄骨髓，18岁以后红骨髓仅限于长骨骨骺端、短骨、扁骨及不规则骨等骨骼。黄骨髓有潜在的造血功能，当造血需要增加时，可转变为红骨髓，重新发挥造血功能。婴幼儿缺乏黄骨髓，造血的代偿能力差，当造血需要增加时，可出现骨髓外造血。

2. 骨髓外造血 在正常情况下，骨髓外造血极少。当婴幼儿时期，由于各种原因（如严重感染、溶血性贫血等）需要增加造血时，肝、脾和淋巴结可恢复到胎儿时期的造血状态，表现为肝、脾、淋巴结肿大，外周血中出现有核红细胞和（或）幼稚中性粒细胞，这是儿童造血器官的一种特殊反应，称为“骨髓外造血”，当病因去除后，即可恢复正常。

二、血液特点

（一）红细胞数和血红蛋白量

儿童在胎儿期处于相对缺氧状态，红细胞数和血红蛋白水平相对较高，出生时红细胞数为（5.0～7.0）$\times10^{12}$/L，血红蛋白量为150～220g/L。出生后随着自主呼吸的建立，血氧含量增加，而胎儿红细胞寿命较短，较多的红细胞于短期内破坏发生生理性溶血，至生后10d左右红细胞数及血红蛋白约减少20%，加之婴儿生长发育迅速，血循环量迅速增加，以及促红细胞生成素不足、骨髓造血功能低下等因素，红细胞数和血红蛋白量逐渐降低。至生后2～3个月时红细胞数降至3.0$\times10^{12}$/L，血红蛋白量降至100g/L左右，出现轻度贫血，称为“生理性贫血”。以后骨髓造血功能逐渐增强，红细胞数和血红蛋白量又逐渐上升，至12岁左右达成人水平。

（二）白细胞总数与分类

儿童出生时血液中白细胞总数较多，一般为（15～20）×10^9/L，生后6～12h达（21～28）×10^9/L，以后逐渐下降，生后1周时约为12×10^9/L，婴儿期白细胞数维持在10×10^9/L左右；8岁后接近成人水平。

白细胞分类主要是中性粒细胞与淋巴细胞比例的变化。出生时儿童中性粒细胞比例较高，约占0.65，淋巴细胞约占0.30。随着白细胞总数的下降，中性粒细胞比例也相应下降，生后4～6d两者比例约相等，形成第一次交叉；之后淋巴细胞约占0.60，中性粒细胞约占0.35，至4～6岁时两者又相等，形成第二次交叉；7岁后白细胞分类与成人相似。

（三）血小板数

儿童血小板数与成人相似，为（100～300）×10^9/L。

（四）血红蛋白的种类

出生时以胎儿血红蛋白（HbF）为主，约占血红蛋白总数的0.70；出生后HbF迅速被成人型血红蛋白（HbA）所代替，至4月龄时HbF＜0.20，1岁时HbF＜0.05，2岁时HbF＜0.02，达到成人水平。

（五）血容量

儿童血容量相对较成人多，新生儿血容量约占体重的10%，平均300ml；儿童占体重的8%～10%，成人占体重的6%～8%。

第2节　儿童贫血概述

贫血（anemia）是指外周血中单位容积内红细胞数或血红蛋白量低于正常。儿童年龄不同，红细胞数和血红蛋白量有差异。儿童贫血的国内诊断标准：新生儿血红蛋白（Hb）＜145g/L，1～4个月Hb＜90g/L，4～6个月Hb＜100g/L。6个月以上则按WHO的标准：6个月至6岁Hb＜110g/L，6～14岁Hb＜120g/L为贫血，海拔每升高1000m，Hb标准上升4%。

一、贫血的分类

（一）病因学分类

1. 红细胞及血红蛋白生成不足

（1）造血物质缺乏　如铁缺乏所致的营养性缺铁性贫血，维生素B_{12}、叶酸缺乏所致的营养性巨幼细胞贫血，维生素B_6、维生素C缺乏所致的贫血等。

（2）骨髓造血功能障碍　如再生障碍性贫血（原发性及继发性），单纯红细胞再生障碍性贫血。

（3）其他　如慢性感染、炎症、肾脏病、铅中毒、恶性肿瘤等伴发的贫血。

2. 溶血性贫血　可由红细胞内在异常或外在因素导致红细胞破坏过多。

（1）红细胞内在因素　遗传性球形细胞增多症、葡萄糖-6-磷酸脱氢酶缺乏症、地中海贫血等。

（2）红细胞外在因素　如新生儿溶血病、自身免疫性溶血性贫血及感染、物理、化学因素、药物等引起的贫血。

3. 失血性贫血

（1）急性失血　如外伤性失血、出血性疾病等。

（2）慢性失血　如钩虫病、溃疡病、肠息肉等。

（二）形态学分类

根据红细胞平均容积（MCV）、红细胞平均血红蛋白量（MCH）和红细胞平均血红蛋白浓度（MCHC），将贫血分为4类（表12-1）。

表12-1　贫血的细胞形态学分类

比较项	MCV（fl）	MCH（pg）	MCHC（%）
正常值	80～94	28～32	32～38
大细胞性贫血	＞94	＞32	32～38
正细胞性贫血	80～94	28～32	32～38
单纯小细胞性贫血	＜80	＜28	32～38
小细胞低色素性贫血	＜80	＜28	＜32

二、贫血的分度

根据血红蛋白量或红细胞数可将贫血分为四度（表12-2）。

表12-2　贫血的分度

比较项		轻度	中度	重度	极重度
新生儿	血红蛋白（g/L）	120～144	90～120	60～90	＜60
儿童	血红蛋白（g/L）	90～120	60～90	30～60	＜30
	红细胞（$\times10^{12}$/L）	3～4	2～3	1～2	＜1

第3节　营养性缺铁性贫血

案例12-1

患儿，女，14个月，长期单纯以牛乳喂养，未及时正确添加辅助食品。近1个月来家长发现患儿面色渐苍白，不爱活动，无发热、皮肤黏膜无黄染，无呕血、便血及皮肤出血，遂到门诊就诊。

问题： 1. 患儿可能患了什么疾病？

2. 对患儿进行护理评估，护士需要搜集哪些资料？

一、概　　述

（一）概念

营养性缺铁性贫血（nutritional iron deficiency anemia，NIDA）又称营养性小细胞性贫血，是由于体内铁缺乏引起血红蛋白合成减少所致的一种小细胞低色素性贫血。以6个月至2岁发病率最高，是儿童贫血中最常见类型，为我国儿科重点防治的“四病”之一。

（二）病因

1. 先天储铁不足　胎儿在孕后期的3个月从母体获得的铁最多，以满足其出生后4～5个月造血的需要。如因早产、双胎、多胎、胎儿失血、孕母患严重缺铁性贫血等可使胎儿储存铁减少。

2. 铁摄入量不足　是本病的主要原因。婴儿单纯母乳、牛乳及谷类等低铁食品喂养而未及时添加换乳期食物，如蛋黄、动物肝脏、瘦肉、鱼、木耳等含铁丰富的辅食，则易发生营养性缺铁性贫血。

年长儿偏食、挑食等饮食习惯可导致铁摄入量不足。

3. 生长发育迅速　婴儿期、青春期生长发育迅速及血容量增加快，对铁的需要量增加，先天储铁用尽后则引起铁的缺乏，尤其是早产儿、极低出生体重儿生长发育更快，对铁的需要量更多，不及时补充含铁丰富的辅食，更容易发生缺铁。

4. 铁的吸收障碍　食物搭配不合理可影响铁的吸收，儿童患有急、慢性感染、长期腹泻、呕吐等疾病时，可影响铁的吸收与利用。

5. 铁的丢失过多　长期慢性失血如溃疡病、肠息肉、钩虫病、膈疝等可造成肠道慢性失血；儿童对鲜牛奶中蛋白过敏也可引起肠出血。

（三）发病机制

铁是合成血红蛋白的主要原料之一。铁由血循环运送至骨髓后，即进入幼红细胞内与原卟啉结合成血红素，血红素再与珠蛋白结合形成血红蛋白。缺铁时血红蛋白合成减少，而对细胞的分裂、增殖影响较小，故红细胞数量减少不如血红蛋白减少明显，形成小细胞低色素性贫血；缺铁可使肌红蛋白合成减少及某些含铁酶的活性降低，细胞功能紊乱而出现非血液系统表现，如胃肠功能紊乱、反甲、舌炎、免疫力下降等。

二、护理评估

（一）健康史

1. 对营养性缺铁性贫血的患儿，应注意评估母亲的妊娠史，母亲妊娠期间有无贫血，有无早产、多胎、脐带结扎过早等引起先天储铁不足的因素。

2. 全面了解患儿的喂养方式和饮食习惯，是否长期乳类喂养而未及时添加含铁丰富的辅食，有无挑食、偏食等不良饮食习惯，导致铁的摄入不足。

3. 了解儿童生长发育的情况，判断是否有铁的需要量增加；以及有无慢性腹泻、肠道寄生虫等疾病而造成铁的吸收利用障碍。

（二）身心状况

1. 症状、体征

（1）一般表现　皮肤黏膜逐渐苍白为突出表现，以唇、口腔黏膜及甲床最为明显。易疲乏无力，不爱活动，常有烦躁不安或精神不振。年长儿常出现学习和劳作不能持久，可诉头晕、耳鸣、眼前发黑等。

（2）骨髓外造血表现　由于骨髓外造血反应，肝、脾、淋巴结可肿大。年龄越小、病程越久、贫血越重，肝、脾、淋巴结肿大越明显。

（3）非造血系统表现

1）消化系统：常有食欲减退、呕吐、腹泻，可出现口腔炎、舌炎或舌乳头萎缩，少数有异食癖，如喜食泥土、墙皮、煤渣等。重者可出现萎缩性胃炎或吸收不良综合征等。

2）神经系统：常有烦躁不安或精神萎靡不振，易激动，年长儿注意力不集中、理解力降低、记忆力减退，智力可低于同龄儿。

3）心血管系统：贫血明显时心率增快，严重者心脏扩大，心前区可闻及吹风样收缩期杂音，重者可发生心力衰竭。

4）其他：皮肤干燥，毛发枯黄，易脱落。因细胞免疫功能低下，常合并感染。也可因上皮组织异常而出现反甲。

2. 心理、社会状况　评估家长对本病病因及防治、护理知识的了解程度，评估年长儿是否因贫血导致精神不集中、记忆力减退、学习成绩下降而引起自卑、焦虑、恐惧、厌学等心理。

（三）辅助检查

1. 血常规 呈小细胞低色素性贫血。红细胞和血红蛋白均减少，以血红蛋白减少为主。血涂片可见红细胞大小不等，以小细胞为多，中央淡染区扩大。网织红细胞数正常或轻度减少。白细胞、血小板一般无明显异常。

2. 骨髓象 红细胞系增生活跃，以中、晚幼红细胞增生为主。各期红细胞体积均较小，胞质少，边缘不规则，染色偏蓝，胞质成熟度落后于胞核。粒细胞系和巨核细胞系一般无明显异常。

3. 铁代谢检查 以下结果均提示缺铁：①血清铁蛋白（SF）＜12μg/L；②红细胞内游离原卟啉（FEP）＞0.9μmol/L；③血清铁（SI）＜10.7μmol/L；④总铁结合力（TIBC）＞62.7μmol/L；⑤转铁蛋白饱和度（TS）＜15%。

三、治疗要点

治疗要点主要是去除病因和补充铁剂。合理喂养，及时添加含铁丰富的食物，纠正不良饮食习惯。首选口服铁剂治疗，选择易吸收的硫酸亚铁、富马酸亚铁、葡萄糖酸亚铁等二价铁。如不能耐受口服铁剂、依从性差或口服铁剂治疗效果不佳，需采用静脉铁剂治疗。影响生理功能的急性或贫血症状严重时可采用红细胞输注治疗。

四、主要护理诊断/问题

1. 活动无耐力 与贫血致组织器官缺氧有关。

2. 营养失调：低于机体的需要量 与铁的供应不足、先天储铁不足、吸收不良、丢失过多或消耗增加有关。

3. 有感染的危险 与机体免疫功能下降有关。

4. 知识缺乏：家长及年长患儿缺乏营养知识及本病的防护知识。

五、护理措施

1. 一般护理

（1）合理安排休息与活动 根据患儿贫血程度、活动能力安排力所能及的活动。居住的环境应阳光充足、空气清新、安静整洁。根据患儿活动耐受情况制订休息方式、活动强度及持续时间。

1）轻、中度贫血的患儿，一般不需要卧床休息，可适当参加一些活动，但要避免劳累和参加剧烈运动，生活要有规律，睡眠要充足。

2）重症患儿应限制其活动量，并协助患儿的日常生活，减少机体耗氧量，必要时吸氧、卧床休息，以减轻心脏负担，防止发生心力衰竭。对于易烦躁激动的患儿，护理时要耐心细致，使其保持安静，避免加重病情。

（2）饮食护理

1）贫血的患儿多有食欲不振，喂养时要有耐心，创造良好的进食环境，食物应新鲜，注意食物的色、香、味，可采用少量多餐，根据医嘱给患儿服用消化酶类，促进消化，增进食欲。

2）补充含铁丰富且易吸收的食物，如动物肝、血、瘦肉、鱼类、蛋黄；豆类、黑木耳、紫菜、海带及绿叶蔬菜等。合理搭配饮食，如含维生素C、氨基酸、果糖丰富的食物有利于铁的吸收，可与铁剂或含铁食品同时进食。牛奶、茶、咖啡、钙剂、麦麸、植物纤维、抗酸药物可抑制铁的吸收，应避免与铁剂或含铁食品同服。鲜牛奶必须加热处理后再喂养婴儿，以减少因过敏而致肠出血。

3）养成均衡饮食习惯，纠正偏食、挑食、零食过多的不良饮食习惯。

（3）预防感染 注意保暖、隔离，尽量不到人群集中的公共场所去，不要与感染患儿同居一室，避免交叉感染。鼓励患儿多饮水，保持口腔清洁。保持皮肤清洁，勤洗澡及更换内衣。

2. 应用铁剂的护理

（1）补充铁剂　治疗缺铁性贫血的特效药是铁剂。通常选择容易吸收的二价铁，常用制剂有硫酸亚铁（含铁20%）、富马酸亚铁（含铁30%）、葡萄糖酸亚铁（含铁12%）等。口服剂量以元素铁计算，5岁以下儿童每日3～6mg/kg，分3次口服。口服铁剂不能耐受或吸收不良者可采用注射铁剂（如右旋糖酐铁）。

（2）口服铁剂的注意事项

1）应从小剂量开始，逐渐加至足量，并在两餐之间服用，以减少对胃肠道的刺激，同时亦有利于吸收。

2）铁剂可与维生素C、果汁、稀盐酸等同服，以利于吸收。

3）避免与牛奶、茶水、咖啡、钙剂等同时服用，以免影响铁的吸收。

4）液体铁剂可使牙齿黑染，可用吸管或滴管服药；服用铁剂后，大便可呈黑色或柏油样，停药后恢复。

（3）注射铁剂　应深部肌内注射，每次更换注射部位，减少局部刺激，并观察有无不良反应。

（4）疗效观察　判断铁剂治疗有效的主要指标是网织红细胞升高。治疗2～3d后网织红细胞开始上升，5～7d达高峰，2～3周后降至正常。治疗1～2周后血红蛋白逐渐上升，于3～4周达到正常。若治疗3～4周仍无效，应查找原因。铁剂应用至血红蛋白恢复正常后6～8周，以增加铁的储存。

3. 心理护理　关心患儿，向家长及年长患儿介绍本病的病因、临床表现、预后等知识，让他们了解诊疗方法、护理措施，使他们能够减少焦虑、恐惧，树立信心，主动配合检查、治疗和护理。

4. 健康教育

（1）做好母亲的保健工作　孕妇及乳母应多食含铁丰富的食物，及时发现和治疗贫血。

（2）合理喂养　提倡母乳喂养，及时添加含铁丰富的辅食。年长儿要养成良好的饮食习惯，避免挑食、偏食和食用过多的零食。

（3）早产儿、多胞胎及低出生体重儿，应从出生后2个月左右给予铁剂（元素铁每日2mg/kg，最大不能超过15mg/d）预防。

（4）宣传贫血的危害性，定期对儿童体检，做到早发现、早治疗。

第4节　营养性巨幼细胞贫血

一、概　　述

（一）概念

营养性巨幼细胞贫血（nutritional megaloblastic anemia，NMA）是由于维生素B_{12}和（或）叶酸缺乏所致的一种大细胞性贫血，以6个月至2岁的婴幼儿多见，起病缓慢。主要临床特点是贫血、神经精神症状、红细胞的胞体变大及骨髓中出现巨幼红细胞，用维生素B_{12}和（或）叶酸治疗有效。

（二）病因

1. 储存不足　胎儿可从母体获得维生素B_{12}，并储存于肝脏，供出生后造血所需。如孕母缺乏维生素B_{12}，可致胎儿维生素B_{12}储存不足。

2. 摄入不足　单纯母乳喂养未及时添加辅食、人工喂养不当及严重偏食者，饮食中缺乏肉类、动物肝、肾及绿色蔬菜者等，均可致维生素B_{12}和叶酸致乏。单纯羊乳喂养者可致叶酸缺乏。

3. 需要量增加　婴儿生长发育迅速，对维生素B_{12}和叶酸需要量增加；严重感染者维生素B_{12}消耗量增加。

4. 吸收或代谢障碍 食物中的维生素B_{12}与胃底部壁细胞分泌的糖蛋白结合成复合物，才能在回肠末端黏膜吸收入血，再与转钴蛋白结合运送到肝脏储存。以上任何环节出现异常均可致维生素B_{12}缺乏。慢性腹泻可致叶酸吸收减少，先天性叶酸代谢障碍也可致叶酸缺乏。

5. 药物影响 长期或大量应用广谱抗生素可抑制肠道细菌合成叶酸，抗叶酸制剂（如甲氨蝶呤）及某些抗癫痫药（如苯妥英钠）可致叶酸缺乏。

（三）发病机制

其机制为维生素B_{12}或叶酸缺乏使DNA合成减少，红细胞的分裂和增殖时间延长。其特点为：各期红细胞大于正常，红细胞数比血红蛋白减少更明显，粒细胞和血小板减少，粒细胞核右移，骨髓出现巨幼红细胞等造血特点，经维生素B_{12}及叶酸治疗有效。另外，维生素B_{12}与神经髓鞘中脂蛋白的形成有关，能保持中枢和外周有髓鞘的神经纤维的完整功能。维生素B_{12}缺乏时，上述神经纤维发生病变，因而出现神经精神症状。

链 接　维生素B_{12}和叶酸的代谢

人体所需的维生素B_{12}主要来自于动物性食物，如肝、肾、肉类、蛋类等，乳类中含量少，羊乳中几乎不含维生素B_{12}和叶酸，植物性食物中含量甚微。食物中维生素B_{12}进入胃内后，与内因子结合成复合物在回肠末端被吸收入血，然后与转钴蛋白结合运送至肝脏储存。体内贮存量可供数年之需。

人体内的叶酸来自于食物，部分由肠道细胞合成，但吸收甚少。新鲜绿色蔬菜、水果、酵母、谷类、动物肝肾等含叶酸丰富，但经加热易被破坏。食物中叶酸主要在十二指肠及空肠被吸收入血，随血流分布于全身各组织中，主要贮存在肝脏。儿童体内贮存的叶酸可供1～3个月生理需要。

二、护理评估

（一）健康史

1. 了解儿童的喂养方式及饮食习惯，是否长期单纯乳类喂养尤其是羊乳喂养而未及时添加富含叶酸、维生素B_{12}的辅食，年长儿有无偏食、挑食等不良饮食习惯，致使叶酸和维生素B_{12}摄入不足。

2. 有无胃肠道疾病、肝脏疾病等造成叶酸和维生素B_{12}吸收障碍。

3. 有无生长发育速度过快导致维生素B_{12}和叶酸的需要量增加等因素。

（二）身心状况

1. 症状、体征

（1）一般表现　多呈虚胖或伴轻度水肿，毛发稀疏，皮肤可见出血点或瘀斑。

（2）贫血表现　患儿面色蜡黄，疲乏无力。常伴有肝、脾、淋巴结肿大。

（3）神经精神症状　表情呆滞、嗜睡，对外界反应迟钝，少哭不笑，智力、动作发育落后，甚至出现倒退现象，严重者可出现头部、肢体、躯干和全身震颤，甚至抽搐，肌张力增强，腱反射亢进，踝阵挛阳性。单纯叶酸缺乏者不发生神经系统症状，但可导致神经精神异常。

（4）其他　多有食欲不振、腹泻、呕吐和舌炎等。重症患儿可有心脏扩大、心前区听到收缩期杂音、心力衰竭等。易发生感染和出血。

2. 心理、社会状况 评估患儿及家长对本病的病因及预防知识的了解程度，以及对健康的需求及家庭背景等。年长儿是否因贫血导致肢体震颤，以及精神不集中、记忆力减退导致学习成绩下降，从而引起自卑、焦虑、恐惧心理。家长由于缺乏本病的相关知识，担心患儿的病情会对儿童今后造成影响，从而产生歉疚、担忧、焦虑心理。

（三）辅助检查

1. 血常规 呈大细胞性贫血，红细胞数的减少比血红蛋白量的减少更为明显。涂片中红细胞胞体变大，染色加深，中央淡染区不明显。网织红细胞数正常或减少。白细胞数减少，可见巨大幼稚粒细胞和中性粒细胞分叶过多现象。血小板数减少。

2. 骨髓象 骨髓增生明显活跃，以红细胞系增生为主，原红细胞及早幼红细胞增加明显，各期幼红细胞均出现巨幼变，胞体增大，胞核发育落后于胞质。粒细胞系和巨核细胞系均出现“巨幼变”，细胞核分叶过多。

3. 血清维生素 B_{12} 和叶酸的测定 血清维生素 B_{12} 正常值是200～800ng/L，叶酸正常值是5～6μg/L，如维生素 B_{12}＜100ng/L、叶酸＜3μg/L，提示缺乏，为确诊本病的主要依据。

三、治疗要点

1. 去除病因 加强营养，及时添加辅食，防治感染；去除导致维生素 B_{12} 和叶酸缺乏的病因。

2. 维生素 B_{12} 和叶酸治疗 有神经精神症状者，应以维生素 B_{12} 治疗为主，如单用叶酸治疗有可能加重症状。维生素 B_{12} 每次100μg肌内注射，每周2～3次，连续数周，至患儿临床症状明显好转，血常规恢复正常为止。叶酸每次5mg口服，每日3次，连用数周至临床症状好转、血常规恢复正常为止。

3. 其他治疗 严重贫血者可少量输血，肌肉震颤者可给予镇静剂。

四、主要护理诊断/问题

1. 活动无耐力 与贫血导致组织缺氧有关。

2. 营养失调：低于机体的需要量 与维生素 B_{12} 和（或）叶酸摄入不足，以及吸收不良等有关。

3. 生长发育障碍 与营养不足、贫血及维生素 B_{12} 缺乏影响生长发育有关。

4. 知识缺乏：家长缺乏本病护理知识。

五、护理措施

1. 一般护理

（1）休息 一般不需严格卧床休息，根据患儿的活动耐受情况安排其活动，避免过度劳累。严重贫血者适当限制活动，协助满足其日常生活所需。有明显震颤者要加强护理，避免受到损伤，可遵医嘱用镇静剂。

（2）饮食护理 改善营养状况，合理喂养。婴幼儿应及时添加富含维生素 B_{12} 和叶酸的辅食，如动物肝脏、肾、肉类、蛋黄及海产品含维生素 B_{12} 较多，新鲜蔬菜、水果、谷类、酵母等含叶酸较多；乳母也应摄入含维生素 B_{12} 和叶酸丰富的食物；年长儿要有良好饮食习惯，纠正偏食；贫血患儿要注意食物的色、香、味的调配，增加患儿的食欲，喂养要耐心，鼓励患儿进食，保证机体对营养物质的摄入。

（3）监测生长发育 定期体格检查，评估患儿的体格发育、智力、运动功能发育等情况，对发育落后者加强训练和教育。

2. 用药护理

（1）遵医嘱用维生素 B_{12} 和叶酸 有明显神经精神症状者，以给予维生素 B_{12} 为主。无明显神经精神症状者，以口服叶酸为主。同时加服维生素C有助于叶酸的吸收。单纯维生素 B_{12} 缺乏者，不宜加用叶酸，以免加重神经精神症状。

（2）其他药物的应用 维生素 B_6 有助于神经系统症状的恢复；肌肉震颤可用镇静剂治疗；重症贫血者可予以输血；恢复期加服铁剂。

3. 健康教育

（1）让家长了解按时添加辅食的重要性，婴幼儿应及时添加富含维生素 B_{12} 和叶酸的辅食，年长儿注意纠正不良饮食习惯，改善和纠正乳母的营养状况。

（2）家长学会护理本病的知识，指导合理用药。

医者仁心

中国儿童血液肿瘤学开创者

胡亚美院士是新中国儿科医学事业奠基人之一，北京儿童医院院长。20世纪50年代，胡亚美院士研究制定了适合中国国情的儿童营养性贫血治疗和预防方案。70年代末，她带领儿童医院血液病专业组攻克严重危害儿童健康的白血病，五年以上无病存活率达到74.4%，挽救了无数危重病儿的生命，居国际先进水平，为世界所瞩目。胡亚美院士90岁后，饱受阿尔茨海默病折磨，失去了大部分记忆。每天只会喃喃地重复一句话：你到我们儿童医院来工作吧。她忘记了家人、学生，甚至忘记了自己，但忘不掉的唯有她自己奉献一生的事业——儿童血液肿瘤医学。

自 测 题

A_1型题

1. 胎儿后期主要的造血器官是（　　）
   A. 肝脏　B. 脾脏
   C. 卵黄囊　D. 骨髓
   E. 胸腺
2. 儿童淋巴细胞与粒细胞比例的两次交叉时间是（　　）
   A. 生后4～6d及4～6周
   B. 生后4～6周及4～6个月
   C. 生后4～6个月及4～6岁
   D. 生后4～6d及4～6岁
   E. 生后4～6周及4～6岁
3. 根据世界卫生组织标准，6～14岁儿童贫血的定义是血红蛋白数值低于（　　）
   A. 140g/L　B. 130g/L
   C. 120g/L　D. 110g/L
   E. 100g/L
4. 婴幼儿最常见的贫血是（　　）
   A. 营养性巨幼细胞贫血
   B. 再生障碍性贫血
   C. 感染性贫血
   D. 溶血性贫血
   E. 营养性缺铁性贫血
5. 营养性缺铁性贫血儿童口服铁剂的最佳方案是（　　）
   A. 10%枸橼酸铁铵、维生素C、添加牛奶
   B. 叶酸、维生素B_{12}
   C. 10%枸橼酸铁铵、维生素B_{12}、添加鸡蛋
   D. 硫酸亚铁、维生素C
   E. 硫酸亚铁、添加维生素B_{12}、鸡蛋
6. 儿童营养性缺铁性贫血最主要的病因是（　　）
   A. 先天储铁不足　B. 铁丢失过多
   C. 生长发育快　D. 铁吸收障碍
   E. 铁摄入不足
7. 营养性巨幼细胞贫血特有的临床表现是（　　）
   A. 心脏有收缩期杂音　B. 肝脾轻度增大
   C. 口唇苍白　D. 手足及头不自主震颤
   E. 疲乏无力，食欲减退
8. 营养性巨幼细胞贫血出现明显精神神经症状时，首先应用（　　）
   A. 叶酸、输血　B. 维生素B_{12}
   C. 叶酸、维生素C　D. 叶酸、维生素B_6
   E. 叶酸、铁剂
9. 儿童出现骨髓外造血时，末梢血中可出现（　　）
   A. 巨大血小板　B. 幼单核细胞
   C. 幼淋巴细胞　D. 幼中性粒细胞
   E. 幼嗜酸性粒细胞
10. 生理性贫血一般发生在生后（　　）
    A. 2～3个月　B. 4～6个月
    C. 2～3岁　D. 4～6岁
    E. 11～13岁
11. 无明显神经精神症状的营养性巨幼细胞贫血，首选的治疗是（　　）
    A. 叶酸　B. 铁剂
    C. 维生素B_{12}　D. 铁剂加维生素C
    E. 叶酸加维生素C

A_2型题

12. 患儿，女，13个月。纯母乳喂养，一直未添加辅食（生后有窒息史），智力发育呈倒退现象，四肢轻度颤抖。实验室检查：血红蛋白89g/L。为明确诊断病因，

应再做哪项辅助检查（　　）

A. 骨髓象

B. 血清叶酸、维生素B_{12}测定

C. 血常规

D. 血涂片

E. 以上均不是

13. 患儿，男，9个月。因长期腹泻导致缺铁性贫血，今日开始用硫酸亚铁治疗，在3～5d后判断治疗效果最合适的指标是（　　）

A. 红细胞计数　　B. 血红蛋白量

C. 网织红细胞　　D. 血清铁蛋白

E. 红细胞游离原卟啉

A_3/A_4型题

（14～16题共用题干）

6个月婴儿，足月顺产，出生体重2600g，单纯母乳喂养，未添加辅食。查体：皮肤巩膜无黄染，前囟平软，口唇较苍白，心肺无异常，肝右肋下3cm，脾左肋下2cm，Hb80g/L，WBC8.5×10^9/L，N0.38，L0.65，RC0.05，MCV70fl，MCH25pg，MCHC26%，HbF7%。

14. 最可能的医疗诊断是（　　）

A. 生理性贫血　　B. 地中海贫血

C. 再生障碍性贫血　　D. 营养性缺铁性贫血

E. 营养性巨幼细胞贫血

15. 引起贫血的原因最可能是缺乏（　　）

A. 铁　　B. 叶酸

C. 维生素C　　D. 维生素B_2

E. 维生素B_{12}

16. 最主要的护理措施为（　　）

A. 注意休息　　B. 补充铁剂

C. 加强教育与训练　　D. 纠正不良饮食习惯

E. 注意饮食搭配合理

（周　密）

第13章 神经系统疾病患儿的护理

第1节　儿童神经系统解剖生理特点

（一）脑和脊髓

脑和脊髓的解剖生理特点参见第2章第3节。

（二）脑脊液

正常儿童脑脊液外观清亮透明，随着年龄的增长和脑室的发育，其量和压力逐渐增加，生化值也有所不同（表13-1）。脑脊液检查是诊断颅内感染和蛛网膜下腔出血的重要依据。

表13-1　各年龄期儿童脑脊液正常值

项目	年龄	正常值	项目	年龄	正常值
总量（ml）	新生儿	50	蛋白质（g/L）	新生儿	0.2～1.2
	儿童	100～150		儿童	0.2～0.4
压力（kPa）	新生儿	0.29～0.78	糖（mmol/L）	婴儿	3.9～5.0
	儿童	0.69～1.96		儿童	2.8～4.5
白细胞（$\times10^6$/L）	婴儿	0～20	氯化物（mmol/L）	婴儿	110～122
	儿童	0～10		儿童	117～127

（三）神经反射

儿童神经系统发育不成熟，神经反射有其特点（表13-2）。

表13-2　儿童神经反射特点

反射类型	反射内容	反射特点及意义
出生时已存在以后逐渐消失的反射	觅食反射、吸吮反射、握持反射、拥抱反射、颈肢反射	于生后3～6个月消失；若生后缺乏、短期存在后又消失或应消失时仍存在则为异常
出生时已存在并终生不消失的反射	角膜反射、结膜反射、瞳孔对光反射、吞咽反射	反射减弱或消失提示神经系统有病变
出生时不存在以后逐渐出现并终身存在的反射	腹壁反射、提睾反射、腱反射	新生儿期不易引出，至1岁时才稳定；反射减弱或消失提示神经系统有病变
病理反射	巴宾斯基（Babinski）征、戈登（Gordon）征、奥本海姆（Oppenheim）征等	<2岁Babinski征阳性可为生理现象，单侧阳性或>2岁仍出现为病理现象
脑膜刺激征	颈项强直、克尼格（Kernig）征、布鲁津斯基（Brudzinski）征	<4个月的婴儿因屈肌张力高，Kernig、Brudzinski征可呈阳性；婴儿颅缝和囟门未闭可缓解颅内压，故脑膜刺激征不明显或出现较晚

第2节 化脓性脑膜炎

案例13-1

患儿，男，7个月。因发热、咳嗽、流涕4d，抽搐2次入院。患儿为足月顺产，Apgar评分10分。查体：体温39.7℃，心率110次/分，烦躁不安，前囟隆起，颈强直，巴宾斯基征阳性，双肺呼吸音粗，可闻及少许干啰音，其他未见异常。辅助检查：脑脊液外观浑浊，压力高，白细胞计数1500×10^6/L，中性粒细胞为主，糖含量降低，蛋白质含量增高；血常规示白细胞15×10^9/L。

问题：1. 该患儿最可能的临床诊断是什么？

2. 若护士巡视时发现患儿两侧瞳孔不等大、对光反射迟钝提示出现什么并发症？

3. 护士应该采取哪些护理措施？

一、概　　述

（一）概念

化脓性脑膜炎（purulent meningitis，PM），简称化脑，是由各种化脓性细菌感染引起的急性脑膜炎症。本病是小儿，尤其是婴幼儿时期常见的中枢神经系统感染性疾病，临床上以急性发热、惊厥、意识障碍、颅内压增高和脑膜刺激征阳性及脑脊液脓性改变为特征，如不及时治疗可遗留各种神经系统后遗症。化脓性脑膜炎患儿多为5岁以下儿童。

（二）病因及发病机制

1. 致病菌　化脑可由多种化脓性细菌引起，但致病菌种类因儿童的年龄而异。1～3月龄，常见病原体为大肠埃希菌、乙型溶血性链球菌、肺炎链球菌；大于3月龄，肺炎链球菌最为常见，且随年龄增大所占比例逐渐增高，其他病原体如流感嗜血杆菌和金黄色葡萄球菌常见于3～6岁儿童，脑膜炎奈瑟菌和李斯特菌则多见于6岁以上儿童。

链 接　化脓性脑膜炎的流行特征

新生儿化脓性脑膜炎多与机体免疫力低、解剖缺陷、医源性感染等因素有关，其发生没有明显的季节特点；B型流感嗜血杆菌、肺炎链球菌引起的化脓性脑膜炎常呈亚急性起病，发病前多有上呼吸道炎症或胃肠道症状，好发于冬季。脑膜炎球菌所致者多发生在冬春季节，常骤然起病，病情危重，A群、C群感染常造成流行，称为流行性脑脊髓膜炎（简称流脑），尤以家庭成员、日托机构儿童间易传播，因此，我国已将A群、C群流脑疫苗列入儿童计划免疫程序，以提高儿童群体防病能力。

2. 机体免疫状态　机体感染的严重程度与免疫状态密切相关，儿童机体免疫能力较弱，血脑屏障功能较差，致病菌容易侵入机体引起化脓性脑膜炎。尤其新生儿血清中的IgM含量低，故易患革兰氏阴性杆菌感染，尤其是易患大肠埃希菌败血症。

3. 入侵途径　致病菌可通过血行播散、邻近组织炎症蔓延、直接感染等途径侵入脑膜。其中，最常见的途径是通过血行播散，致病菌通过体内感染灶（上呼吸道、胃肠道黏膜、皮肤、脐部等）侵入，经过血流、血脑屏障后到达脑膜；部分患儿可通过邻近组织器官感染（鼻窦炎、中耳炎、乳突炎等），再扩散波及脑膜；部分患儿因颅腔存在与外界的直接通道（颅骨骨折、皮肤窦道、脑脊液膨出等），细菌直接侵入脑脊髓膜引起感染。

4. 发病机制　化脓性脑膜炎发生时，在细菌毒素和多种炎症相关细胞因子作用下，形成以软脑膜、蛛网膜和表层脑组织为主的炎症反应，表现为广泛性血管充血、大量中性粒细胞浸润和纤维蛋白渗出，伴有弥漫性血管源性和细胞毒性脑水肿。早期或轻型病例，炎性渗出物覆盖在大脑顶部表面，逐渐蔓延至大脑基底部和脊髓表面。严重者可有血管壁坏死和灶性出血，或发生闭塞型小血管炎而致灶性脑梗死。并可发生脑室管膜炎，导致硬脑膜下积液和（或）积脓、脑积水。炎症还可损害脑实质、脑神经、运动神经和感觉神经而产生相应的临床神经系统体征。

二、护理评估

（一）健康史

评估患儿发病前有无呼吸道、消化道或皮肤感染史；评估患儿是否患过中耳炎、鼻窦炎、乳突炎、颅骨骨折等；评估新生儿的出生史，有无脐部感染。

（二）身心状况

1. 症状、体征

（1）典型表现

1）感染中毒症状：表现为发热、面色苍白、烦躁不安。若出现皮疹、瘀斑和紫癜提示脑膜炎球菌感染。

2）急性脑功能障碍症状：表现为进行性加重的意识障碍，随病情加重，患儿逐渐从精神萎靡、嗜睡、昏睡、昏迷到深度昏迷，部分患儿有反复的全身或局限性惊厥发作。

3）颅内压增高表现：年长儿表现为持续性剧烈头痛、频繁呕吐、畏光等，婴儿表现为易激惹、尖声哭叫、前囟饱满、张力增高、颅骨缝增宽、头围增大等。严重时可合并脑疝，常出现呼吸不规则、突然意识障碍加重、两侧瞳孔大小不等、对光反射减弱或消失。

4）脑膜刺激征：年长儿以颈项强直最常见，Kernig征、Brudzinski征呈阳性。

（2）非典型表现　新生儿和3个月以内婴儿表现多不典型，主要为：①发热可有可无，甚至体温不升。②惊厥可不典型，仅见面部、肢体轻微抽搐，或呈发作性眨眼、呼吸不规则、屏气等。③颅内压增高表现多不明显，表现为前囟饱满紧张、吐奶、尖叫。④脑膜刺激征常缺失。

2. 并发症

（1）硬脑膜下积液　发病率高，多见于1岁以下婴儿。经48～72h治疗发热不退或退后复升，病情不见好转或病情反复的，首先应考虑并发硬脑膜下积液的可能。头颅透光检查和CT扫描可协助诊断，硬膜下穿刺可确诊，同时达到治疗目的。

（2）脑室管膜炎　主要见于治疗延误的婴儿。表现为治疗过程中出现高热不退、前囟饱满、惊厥频繁、呼吸衰竭等病情加重的症状，脑脊液检查始终异常，CT检查见脑室扩大，需考虑本症，确诊依赖脑室穿刺检查。治疗大多困难，病死率和致残率高。

（3）脑积水　由于脑膜炎症导致脑脊液循环障碍所致，可见婴儿头围迅速增大，颅骨缝裂开、头皮变薄、静脉扩张，患儿额大面小。严重的脑积水由于颅内压增高压迫眼球，形成双目下视、巩膜外露的特殊表情，称“落日眼”。头颅叩诊可呈“破壶音”。

（4）神经功能障碍　不同部位的脑神经或脑实质受损，可引起相应的功能受损，如听力丧失、视力损伤、面瘫、智力障碍、癫痫、脑性瘫痪和行为异常等表现。

3. 心理、社会状况　本病起病急、症状重，会给患儿及家长带来极大的焦虑、恐惧和不安。因此，应注意评估家长对本病相关知识的认知及掌握程度、心理状况、经济承受能力和社会支持水平。

（三）辅助检查

1. 脑脊液　脑脊液检查为确诊本病的重要依据。表现为压力增高，外观浑浊似米汤样，白细胞计数明显增多，常高于1000×10^6/L，分类以中性粒细胞为主，糖和氯化物含量显著下降，蛋白质水平显著增高。脑脊液涂片检查和培养可进一步明确致病菌。三种常见脑膜炎的脑脊液比较见表13-3。

表13-3　三种常见脑膜炎的脑脊液改变

分类	压力	外观	白细胞计数（×10^6/L）	蛋白质	糖	氯化物	其他
化脓性脑膜炎	增高	浑浊	＞1000，中性粒细胞为主	明显增高	明显降低	减少	培养可见致病菌
病毒性脑膜炎	正常或增高	清亮	＜300，早期以中性粒细胞为主，晚期以淋巴细胞为主	正常或轻度增高	正常	正常	病毒抗体阳性
结核性脑膜炎	增高	毛玻璃样	＜500，以淋巴细胞为主	增高	降低	减少	抗酸染色见结核杆菌

2. 血液检查

（1）血常规　白细胞计数明显增高，可达（20～40）×10^9/L，中性粒细胞占80%以上。

（2）血培养　所有疑似病例均应做血培养，可帮助寻找致病菌，血培养标本采集应在病程早期未使用抗生素时，以提高阳性检出率。

3. 头颅影像学检查　头颅MRI较CT更能清晰地反映脑实质病变，可确定脑水肿、脑膜炎、脑室扩大、硬脑膜下积液等病理改变。

三、治疗要点

1. 抗生素治疗　选用对病原菌敏感、易透过血脑屏障、毒性低的抗生素，早期、联合、足量、足疗程静脉给药，力求用药24h内杀灭脑脊液中的致病菌。推荐三代头孢菌素加万古霉素为初始经验治疗方案。用药疗程按照病原菌种类及有无并发症综合考虑，当致病菌不明确时，结合临床疗效建议至少治疗2周。

2. 激素治疗　肾上腺皮质激素可抑制多种炎症因子的产生，降低血管通透性，减轻脑水肿及颅内高压症状。常用地塞米松0.15mg/（kg·d），6h一次，一般连用2～4d。

3. 对症与支持治疗　密切观察生命体征、意识状态、电解质浓度等，及时处理高热、惊厥，颅内压增高应给予20%甘露醇降颅压。注意保证能量摄入，维持水、电解质及酸碱平衡。

4. 并发症治疗　硬膜下积液量少时无需处理，多时行穿刺抽液（每次放出积液量为每侧15ml以内）或外科手术引流（图13-1）；脑室管膜炎抗菌药物疗程程需延长至6～8周，必要时可行侧脑室穿刺引流；脑积水可行脑室腹腔、脑室心房分流手术等。

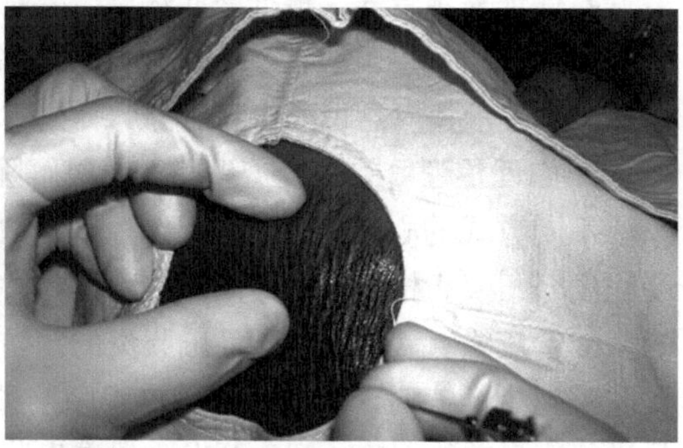

图13-1　硬膜下积液经前囟穿刺引流术

四、主要护理诊断/问题

1. 体温过高　与细菌感染有关。

2. 潜在并发症：颅内压增高。

3. 有受伤的危险　与惊厥发作有关。

4. 营养失调：低于机体需要量　与摄入不足、机体消耗增多有关。

5. 焦虑　与疾病预后不良有关。

五、护理措施

1. 维持正常体温

（1）保持环境舒适　保持病室安静清洁、空气新鲜，维持病室温度18～20℃，湿度50%～60%。

（2）监测体温　高热者每4h测体温1次，注意观察热型及伴随症状。

（3）及时降温　体温超过38.5℃时，及时给予物理降温或药物降温，观察并记录用药效果，注意观察药物副作用。鼓励患儿多饮水，热退出汗时应及时更换衣服，注意保暖，保持皮肤及口腔护理，保持床单位清洁干燥，及时记录降温效果。

2. 密切观察病情

（1）避免加重颅内压增高的因素　抬高床头30°左右，使头部处于正中位以利于颅内血液回流。保持患儿安静，避免躁动、剧烈咳嗽，治疗和护理集中进行，动作轻柔。

（2）监测生命体征　密切监测体温、脉搏、呼吸、血压等生命体征，观察患儿的意识状态、面色、神志、瞳孔、囟门等变化，早期预测病情变化。若患儿出现意识障碍、囟门隆起或张力增高、瞳孔改变、躁动不安、频繁呕吐、四肢肌张力增强，提示可能出现脑水肿、颅内压增高；若呼吸节律不规则，瞳孔忽大忽小或两侧不等大，对光反应迟钝，血压升高，应警惕脑疝及呼吸衰竭的发生，及时告知医生并配合医生，给予急救处理。

（3）观察并发症　若婴儿经48～72h治疗后发热不退或退后复升，并伴有前囟隆起、头围增大、意识改变、惊厥、颅内高压等表现，首先应考虑并发硬脑膜下积液。若高热不退、反复惊厥发作、前囟饱满、颅缝裂开、频繁呕吐、出现“落日眼”提示脑积水。

3. 防止受伤及意外

（1）加强生活护理　保持环境和患儿安静，护理操作动作轻柔，修剪患儿指甲以防抓伤，保证专人陪护患儿。

（2）预防窒息和外伤　对呕吐频繁患儿应使其头偏向一侧，呕吐后要及时清除呕吐物，保持呼吸道通畅，防止窒息。患儿惊厥发作时应使其头偏向一侧，可将纱布包裹的压舌板或开口器放于上下门齿之间以防舌咬伤，拉好床挡，避免惊厥时受伤或坠床。

4. 保证充足营养　根据患儿热量需要制订合理的饮食计划，给予患儿高热量、高蛋白、高维生素、易消化的流质或半流质饮食。对频繁呕吐者，需耐心喂养，少量多餐，防止呕吐发生，必要时给予鼻饲或静脉输液；对意识障碍者应静脉补充营养。定期测量患儿体重，了解营养状况。

5. 心理护理　关心爱护患儿，及时解除患儿不适，取得患儿及家长的信任，针对不同年龄的患儿采取不同方式的心理护理，并给予家长心理疏导，消除焦虑、恐惧情绪。根据患儿及家长对疾病的接受程度介绍疾病相关知识，使其主动配合，增强战胜疾病的信心。

6. 健康教育　宣传化脓性脑膜炎的预防知识，预防新生儿脐炎，积极防治小儿上呼吸道、消化道、皮肤等感染性疾病，按照计划免疫程序接种疫苗。对恢复期伴有神经系统后遗症的患儿，指导家长尽早进行康复功能训练、智力开发，促进患儿身心康复。

第3节　病毒性脑炎、脑膜炎

案例 13-2

患儿，男，9个月。因发热5d、频繁抽搐伴意识不清1d入院。G2P2，足月顺产，无窒息抢救史。查体：体温38.7℃，心率117次/分，呼吸24次/分，血压92/60mmHg。神志不清，双肺呼吸音粗，四肢肌张力低下，格拉斯哥昏迷量表评分：8分（睁眼4分＋运动反应3分＋言语反应1分）。辅助检查：脑脊液透明清亮，白细胞计数100×10^6/L，糖含量正常，蛋白质含量增高。

问题： 1. 该患儿最可能的临床诊断是什么？

2. 引起该患儿疾病的主要病原体是什么？

3. 护士应该采取哪些护理措施？

一、概　述

（一）概念

病毒性脑炎（viral encephalitis）是指由多种病毒引起的颅内脑实质炎症。由于病原体致病性和宿主反应过程的差异，可形成不同类型的表现，若病变主要累及脑膜，则称为病毒性脑膜炎，若病变主要影响大脑实质，则称为病毒性脑炎。由于解剖上两者相邻近，若脑膜和脑实质同时受累，此时称为病毒性脑膜脑炎。大多数患儿病程呈自限性。

（二）病因及发病机制

1. 病毒感染　目前仅能在1/4～1/3的中枢神经病毒感染病例中确定其致病病毒，其中80%为肠道病毒（柯萨奇病毒、埃可病毒等），其次为虫媒病毒（如乙型脑炎病毒）、腺病毒、单纯疱疹病毒、腮腺炎病毒等。

链接　虫媒病毒

虫媒病毒包括乙型脑炎病毒、登革病毒、西尼罗病毒、雪靴野兔病毒、圣路易脑炎病毒、东方马脑炎病毒、西方马脑炎病毒等，其传播方式为昆虫或节肢动物的叮咬。乙型脑炎病毒是一种嗜神经性病毒，易造成中枢神经系统疾病及并发症。携带病毒的蚊虫叮咬人体后，病毒释放入皮下组织，在体内扩增后，进入血液循环形成病毒血症，突破血脑屏障侵入中枢神经系统而致病。

2. 发病机制　病毒经肠道（如肠道病毒）或呼吸道（如腺病毒）进入淋巴系统繁殖，然后经血流感染颅外某些脏器，此时患儿可出现发热等全身症状。若病毒在定居脏器内进一步繁殖，即可通过血脑屏障入侵脑实质或脑膜组织，其病理改变主要是大量病毒对脑组织的直接入侵和破坏，如宿主对病毒抗原发生强烈免疫反应，将进一步导致神经脱髓鞘病变、血管和血管周围脑组织的损伤。

二、护理评估

（一）健康史

评估患儿发病前1～2周有无呼吸道、消化道感染史；有无接触动物、昆虫叮咬史；有无传染病疫区旅居史等。

（二）身心状况

1. 症状、体征　病情轻重差别很大，大多数呈自限性。一般病毒性脑炎较脑膜炎严重，重者易发生急性期死亡或留有后遗症。

（1）病毒性脑膜炎　急性起病，先有上呼吸道感染或前驱传染性疾病，主要表现为发热、呕吐、嗜睡，年长儿可自诉头痛，婴儿则烦躁不安、易激惹，可有颈项强直等脑膜刺激征。很少有严重意识障碍、惊厥及局限性神经系统体征。病程大多1～2周。

（2）病毒性脑炎　起病急，其症状、体征因脑实质受损部位的病理改变、范围和严重程度而有所不同。①大多患儿表现为弥漫性大脑病变，出现发热、反复惊厥发作、不同程度的意识障碍和颅内压增高症状，患儿可有嗜睡、昏睡、昏迷、甚至去大脑皮质状态等不同程度的意识改变。②有的患儿主要累及额叶皮质运动区，常以反复惊厥发作为主要表现。③如病变主要累及额叶底部和颞叶边缘系统，表现为精神情绪异常，如躁狂、幻觉、失语及定向力障碍等。其中以单纯疱疹病毒引起者最严重，常合并惊厥和昏迷，病死率高。④也有以偏瘫、单瘫、四肢瘫或各种不自主运动为主要表现者。不少患儿可同时兼有上述多种类型的表现。病程一般2～3周，多数患儿可完全恢复，少数遗留癫痫、肢体瘫痪、智力倒退等后遗症。

2. 心理、社会状况 评估家长对疾病相关知识的认知程度；评估家长的心理状况，尤其因担心后遗症而出现紧张、焦虑和恐惧等心理反应；评估家庭经济状况和社会支持水平。

（三）辅助检查

1. 脑脊液检查 外观清亮，压力正常或增高，白细胞数正常或轻度增多，一般少于300×10^6/L，早期以中性粒细胞为主，后期以淋巴细胞为主，蛋白质含量正常或轻度增高，糖和氯化物含量正常。涂片和培养无细菌发现。

2. 病毒学检查 部分患儿脑脊液病毒培养及特异性抗体检测阳性。

3. 脑电图 以弥漫性或局限性异常慢波背景活动为特征。但脑电图变化是非特异性的，只能提示脑功能异常。

4. 影像学检查 头部MRI、CT检查有助于发现弥漫性脑水肿，皮质、基底节脑桥、小脑的局灶性异常。

三、治疗要点

本病病程呈自限性，无特异性治疗。急性期及时正确的支持和对症治疗是保证病情恢复、降低病死率和致残率的关键。

1. 对症与支持治疗 卧床休息，维持体温正常，保证水、电解质平衡及营养供给，营养状况不良者需给予静脉营养剂或白蛋白。

2. 控制脑水肿和颅内高压 严格限制液体入量，静脉注射20%甘露醇降颅压。

3. 控制惊厥发作 惊厥发作时，可给予地西泮、苯巴比妥等止惊剂。

4. 抗病毒治疗 推荐使用阿昔洛韦治疗，也可使用更昔洛韦或膦甲酸钠。

5. 免疫治疗 静脉注射免疫球蛋白。

6. 抗生素应用 对于重症婴幼儿或继发细菌感染者，适当给予抗生素。

四、主要护理诊断/问题

1. 体温过高 与病毒血症有关。

2. 急性意识障碍 与脑实质炎症有关。

3. 躯体活动障碍 与昏迷、瘫痪有关。

4. 潜在并发症：颅内压增高。

5. 营养失调：低于机体需要量 与摄入不足有关。

五、护理措施

1. 维持正常体温 监测患儿的体温、热型及伴随症状，给予物理降温，必要时药物降温。

2. 促进脑功能恢复 卧床休息，保持安静，减少刺激，为患儿提供保护性看护和日常生活护理。必要时给予吸氧，以减轻脑缺氧。遵医嘱应用抗病毒药物、镇静剂、脱水剂等，恢复期遵医嘱给予营养神经药物，如胞二磷胆碱、维生素B_6等，促进脑功能恢复。

3. 促进肢体功能恢复

（1）保持瘫痪肢体呈功能位，病情稳定后，及早督促或帮助患儿进行肢体的被动和主动功能锻炼，促进肢体功能的恢复，并采取保护措施，防止受伤。

（2）做好昏迷患儿的日常生活护理及个人卫生，取平卧位时，头偏向一侧，以利于分泌物排出。每2h翻身拍背1次，促进排痰，预防坠积性肺炎。适当使用气垫或海绵垫等，预防压疮。尿潴留时可留置导尿管，并定时冲洗膀胱。

4. 密切观察病情 观察瞳孔及呼吸变化，如发现呼吸节律不规则、两侧瞳孔不等大、对光反应迟钝，多提示有脑疝及中枢性呼吸衰竭发生。观察意识变化，如患儿出现烦躁不安、意识障碍，应警惕是否存在脑水肿。

5. 提供充足营养 评估患儿有无脱水症状，保证摄入足够的液体量，必要时给予鼻饲或静脉营养。

6. 健康教育 主动宣传病毒性脑炎的疾病防治知识，介绍治疗、预后、日常护理知识。鼓励家长多与患儿进行交流，促进其语言功能的恢复。对存在后遗症的患儿，指导并鼓励家长恢复期尽早理疗，坚持进行智力训练和肢体运动功能锻炼等，康复训练时应循序渐进、注意安全、防止外伤。对于继发癫痫的患儿要告知其家长定期随访，坚持按医嘱服药是癫痫治疗的关键。

第4节 惊　厥

案例 13-3

患儿，女，2岁。因间断咳嗽3d，发热1d伴抽搐2次入院。G1P1，足月顺产，无窒息抢救史。入院前6h抽搐1次，表现为双眼上翻，咬牙，四肢发硬、抽动，呼之不应，持续约2min缓解，缓解后入睡，醒后精神欠佳。既往有类似发作史。查体：体温39.2℃，心率120次/分，呼吸30次/分。咽红，气促，其他无特殊。辅助检查：血常规示白细胞7.6×10^9/L，胸片示双肺纹理增粗。

问题： 1. 该患儿最可能发生了什么？

2. 引起该患儿这种情况的原因是什么？

3. 当患儿出现抽搐时，护士应该采取哪些护理措施？

一、概　述

（一）概念

惊厥（convulsion）是神经元功能紊乱引起脑细胞突然异常放电所致的全身或局部肌肉不自主收缩，以强直性或阵挛性运动发作为主要表现，常伴有意识障碍。惊厥是儿科常见急症，发生率为4%～6%，较成人高10～15倍，以婴幼儿多见。

（二）病因及发病机制

1. 病因

（1）感染性疾病

1）颅内感染：由细菌、病毒、原虫、真菌等引起的脑膜炎、脑炎及脑脓肿。

2）颅外感染：各种感染造成的热性惊厥、中毒性脑病、破伤风、Reye综合征等，以热性惊厥最常见。

（2）非感染性疾病

1）颅内疾病：新生儿窒息、缺氧缺血性脑病、颅脑损伤与出血、癫痫、先天性颅脑畸形、颅内占位性病变等。

2）颅外（全身性）疾病：营养性疾病（如维生素D缺乏性手足搐搦症）、代谢性疾病（如水、电解质代谢紊乱）、遗传代谢性疾病（如苯丙酮尿症）、中毒（如灭鼠药、农药、中枢神经兴奋药中毒等）、心源性疾病（如急性心源性脑缺氧综合征、法洛四联症）、肾源性疾病（如尿毒症、肾性高血压脑病）等。

2. 发病机制 儿童大脑皮质发育不完善，表现为以兴奋性活动为主，分析鉴别及抑制功能较差，神经纤维轴突髓鞘未完全形成，绝缘和保护作用差，较弱刺激即能在大脑皮质形成强烈兴奋灶，使神经细胞突然异常放电并迅速扩散引发惊厥。

二、护理评估

（一）健康史

评估患儿的出生史，是否有窒息、产伤、缺氧缺血性脑病等；评估患儿有无发热及呼吸道、消化道等感染史，有无脑外伤、癫痫史，有无热性惊厥家族史。

（二）身心状况

1. 症状、体征

（1）典型表现 患儿突然出现全身或局部肌群呈强直性或阵挛性抽动，眼球固定、斜视或上翻，口吐白沫，牙关紧闭，面色发青，部分患儿有大小便失禁，伴有不同程度的意识障碍，发作停止后多入睡。发作大多在数秒或几分钟内停止，严重者可持续数十分钟或反复发作。

（2）不典型表现 新生儿和小婴儿惊厥发作不典型，称为轻微发作，表现为呼吸暂停、双眼凝视、斜视、反复眨眼、咀嚼、面部或肢体局部抽动等。

（3）惊厥持续状态 一次惊厥发作持续30min以上，或反复多次发作持续＞30min，且发作间期意识不恢复至发作前的基线状态，称为惊厥持续状态。由于惊厥时间长，可引起缺氧性脑损害、脑水肿甚至死亡。

（4）热性惊厥（febrile seizures，FS） 发病年龄为6个月至5岁，发热24h内或体温快速上升期出现惊厥，排除颅内感染和其他引起惊厥的原因，既往没有无热惊厥的病史，即可诊断热性惊厥。70%以上发生于上呼吸道感染患儿，是儿童最常见的惊厥性疾病。其发病机制与儿童大脑发育未成熟、发热及遗传易感性等有关。热性惊厥多短暂且为自限性，发作超过10min应送急诊。热性惊厥可分为单纯性和复杂性（表13-4）。

表13-4 单纯性热性惊厥与复杂性热性惊厥的临床特点

比较项	单纯性热性惊厥	复杂性热性惊厥
占FS的比例	70%～80%	20%～30%
起病年龄	6个月至5岁	＜6个月，＞5岁
发作形式	全面性发作	局灶性或全面性发作
持续时间	多短暂，＜15min	时间长，≥15min
发作次数	一次热程仅1次	一次热程中≥2次
神经系统体征	阴性	可阳性
惊厥持续状态	少有	可常见

2. 心理、社会状况 评估年长患儿心理变化，有无担心惊厥再次发作的恐惧心理。评估家长在患儿发作时有无恐惧，病情缓解后有无焦虑、紧张等情绪。

（三）辅助检查

1. 实验室检查 血、尿、大便常规检查，血液生化检查，如血糖、血钙、血镁、血钠、肌酐及尿素氮等。怀疑颅内感染者需做脑脊液常规、生化及病原学检查。

2. 影像学检查 所有惊厥患儿应做脑电图检查。怀疑颅内出血、占位性病变和颅脑畸形者可做头颅CT及MRI检查。头颅B超适用于前囟未闭的婴儿，对脑室内出血、脑积水有诊断价值。

三、治疗要点

治疗要点为稳定生命体征，控制惊厥发作，治疗惊厥病因，预防惊厥复发。

1. 镇静止惊

（1）苯二氮䓬类 控制惊厥的首选药。常用地西泮及咪达唑仑。地西泮0.3～0.5mg/kg（≤10mg/次）缓慢静脉注射，推注速度1～2mg/min。必要时5～10min后可重复应用。推注速度过快可致呼吸抑制、血压降低。

（2）苯巴比妥 新生儿惊厥发作的一线药物。负荷剂量为20mg/kg，缓慢静脉注射，15min以上。维持剂量为5mg/（kg·d），分两次使用，每12h 1次。

（3）10%水合氯醛 每次0.5ml/kg（50mg/kg），稀释至3%灌肠。

2. 病因治疗 尽快查明病因，针对病因治疗是控制惊厥的关键。

3. 对症支持治疗 保持呼吸道通畅、吸氧、维持水电解质平衡等，发热者给予物理降温或药物降温，颅内压增高者给予20%甘露醇降颅压。

四、主要护理诊断/问题

1. 有窒息的危险 与意识障碍、咳嗽反射减弱有关。

2. 有受伤的危险 与意识障碍、惊厥导致不能自主控制有关。

3. 焦虑恐惧 与家长担心患儿病情、无法应对惊厥发作有关。

五、护理措施

1. 预防窒息 惊厥发作时就地抢救，勿搬动患儿。将患儿平卧，头偏向一侧（呕吐者可侧卧），解开衣领，及时清除呼吸道分泌物及呕吐物。必要时给予氧气吸入。遵医嘱及时给予抗惊厥药物。若惊厥停止后自主呼吸未恢复，应实施人工呼吸。备好吸引器、气管插管等急救用物。

2. 防止受伤 专人守护，拉起床挡，避免坠床或受伤。移开周围可能伤害患儿的物品，不可移动患儿或强力按压及约束肢体，不可将物品塞入患儿口中或强力撬开紧闭的牙关，惊厥发作未超过5min可任其自行停止。注意观察生命体征、意识、行为、瞳孔、面色、惊厥发作类型及持续时间等。指导患儿及家长避免诱发惊厥的因素，如噪声、闪烁的灯光、睡眠不足、活动过度等。

3. 心理护理 患儿惊厥发作时允许家长陪伴。指导患儿家长惊厥发作的急救处理（如体位、安全、保持气道通畅等）。讲解惊厥的病因、治疗、预后等知识。评估患儿家长焦虑及恐惧的程度，指导其减轻焦虑、获取支持和资源的方法。

4. 健康教育 指导家长掌握儿童惊厥的急救措施。惊厥发作时，不要用力摇动患儿或抱起患儿赶往医院，应就地抢救，立刻拨打120急救电话，发作缓解后迅速送往医院及时救治。热性惊厥患儿应指导家长采取降温的方法，预防惊厥复发。惊厥持续时间长或反复发作者，告知家长病愈后要定期随访，并教会家长观察病情，以便发现异常和及时就医。

自 测 题

A_1型题

1. 小儿出生时即存在且终生不消失的反射是（　　）

A. 觅食反射　　B. 角膜反射
C. 腹壁反射　　D. 提睾反射
E. 吸吮反射

2. 1～3月龄儿童化脓性脑膜炎常见的病原体是（　　）

A. 水痘病毒　　B. 脑膜炎球菌
C. 大肠埃希菌　　D. 李斯特菌
E. 轮状病毒

3. 婴幼儿惊厥最常见的原因是（　　）

A. 颅内感染　　B. 热性惊厥
C. 中毒性脑病　　D. 低钙血症
E. 癫痫

A_2型题

4. 患儿，男，10个月。因呕吐1d来院就诊，考虑病毒性脑炎，导致该病最可能的病原体是（　　）

A. 虫媒病毒　B. 疱疹病毒
C. 呼吸道合胞病毒　D. 肠道病毒
E. 麻疹病毒

5. 患儿，男，4岁。因病毒性脑膜炎入院。经积极治疗，除右侧肢体仍活动不利，其他临床症状明显好转，家长要求回家休养，护士为其进行出院指导，不妥的是（　）
A. 给予高热量、高蛋白、高维生素饮食
B. 患侧肢体保持功能位，尽量减少活动
C. 保持患儿心情舒畅
D. 进行肢体的功能锻炼
E. 指导定期随访

6. 患儿，女，2岁。诊断为“化脓性脑膜炎”，突然出现烦躁不安，频繁呕吐，四肢肌张力明显增高，双侧瞳孔大小不等、对光反射迟钝，应高度警惕患儿出现（　）
A. 惊厥　B. 脱水
C. 脑疝　D. 呼吸衰竭
E. 代谢性酸中毒

7. 患儿，男，45d。患儿4d前出现嗜睡、拒奶、易激惹，面色青灰，前囟紧张，躯干可见散在的脓疱疮。该患儿最关键的检查应为（　）
A. 血培养　B. 脓疱液培养
C. 头颅CT　D. 脑脊液检查
E. 血常规

8. 患儿，男，7个月。因高热惊厥入院。经治疗痊愈，准备出院，对其家长健康指导的重点是（　）
A. 合理喂养的方法　B. 体格锻炼的方法
C. 惊厥预防及急救措施　D. 预防接种的时间
E. 儿童体检的时间

A_3/A_4型题

（9、10题共用题干）

患儿，女，10个月。因化脓性脑膜炎入院，经抗感染治疗6d，体温恢复正常，精神好转。近1d再次出现发热，高达41℃，前囟隆起，张力高。

9. 该患儿目前发生了什么情况（　）
A. 脑膜炎复发　B. 硬膜下积液
C. 脑脓肿　D. 脑积水
E. 脑水肿

10. 此时应该采取什么措施（　）
A. 硬膜下穿刺引流　B. 加大脱水剂剂量
C. 加大抗生素剂量　D. 硬膜下注射抗生素
E. 腰椎穿刺持续引流

（徐淑芹）

第14章 传染病患儿的护理

第1节 麻　疹

案例 14-1

患儿，男，4 岁。因"发现皮疹 2d，发热 5d"就诊。2d 前患儿无明显诱因于耳后、头面部、颈部出现皮疹，迅速蔓延至全身，患儿约 1 周前有上呼吸道感染史，约 5d 前出现发热，最高 39.4℃。伴流涕、咳嗽、畏光、流泪、眼分泌物增多。按"感冒"治疗，症状无缓解。体格检查：体温 40℃，脉搏 110 次 / 分，呼吸 24 次 / 分。神清，呈发热面容，颜面、耳后、颈部及躯干部可见红色斑丘疹，疹间皮肤正常，颊黏膜可见灰白色点状疹。双肺呼吸音粗，心音可，余正常。

问题：1. 患儿初步诊断为何病？

2. 请写出该患儿的护理措施？

一、概　　述

（一）概念

麻疹是由麻疹病毒引起的急性出疹性呼吸道传染病，以发热、咳嗽、流涕、结膜炎、口腔麻疹黏膜斑（又称柯氏斑，Koplik spot）、全身斑丘疹及疹退后遗留色素沉着伴糠麸样脱屑为特征。本病传染性强，儿童是主要易感人群，病后大多可获得终身免疫。我国广泛使用麻疹减毒活疫苗后，麻疹的发病率及死亡率已显著下降。

（二）病原学

麻疹病毒为RNA病毒，属于副黏病毒科的麻疹病毒属，球形颗粒，有6种结构蛋白，仅存在一种血清型，抗原性稳定。人是唯一宿主。麻疹病毒在外界生存力弱，不耐热，对紫外线和消毒剂均敏感。随飞沫排出的病毒在室内可存活至少32h，但在流通的空气中或阳光下半小时即失去活力。

（三）流行病学

麻疹患者是唯一的传染源。感染早期病毒在患者呼吸道大量繁殖，通过患者咳嗽、喷嚏或大声说话时产生的飞沫排出体外，经呼吸道进行传播。密切接触者或直接接触患者的鼻咽分泌物亦可传播。麻疹患者出疹前、后的5d均有传染性，有并发症者传染性可延长至出疹后10d。6个月至5岁儿童的发病率最高。四季均可发病，以冬春季多见。

（四）发病机制

麻疹病毒侵入人体2～3d后在呼吸道上皮细胞和附近的淋巴结内复制，随着网状内皮组织系统感染出现首次病毒血症，5～7d后，更多的病毒复制发生在局部和末梢网状内皮组织，并发生第二次病毒血症。引起全身广泛性损害而出现一系列临床表现。

二、护理评估

（一）健康史

询问患儿有无与麻疹患儿的接触史；是否接种过麻疹疫苗；既往有无患麻疹或其他慢性疾病史，当地麻疹流行情况，发热及出疹的时间。

（二）身心状况

1. 典型麻疹

（1）潜伏期　7～21d，平均10d，可有低热、乏力及全身不适等症状。

（2）前驱期　一般为3～4d。主要表现为：①发热：多为中度以上，热型不一；②上呼吸道炎：打喷嚏、流涕、咳嗽、咽部充血等；③结膜炎：眼睑水肿、结膜充血、畏光流泪等；④柯氏斑（麻疹黏膜斑）：是麻疹早期的特异性体征，常于出疹前1～2d出现，在两侧第二磨牙相对的颊黏膜上出现直径0.5～1mm的灰白色小点，周围有红晕，常在1～2d内迅速增多，可累及整个颊黏膜，于出疹后1～2d迅速消失；⑤其他表现：精神不振、全身不适、食欲减退、呕吐、腹泻等。

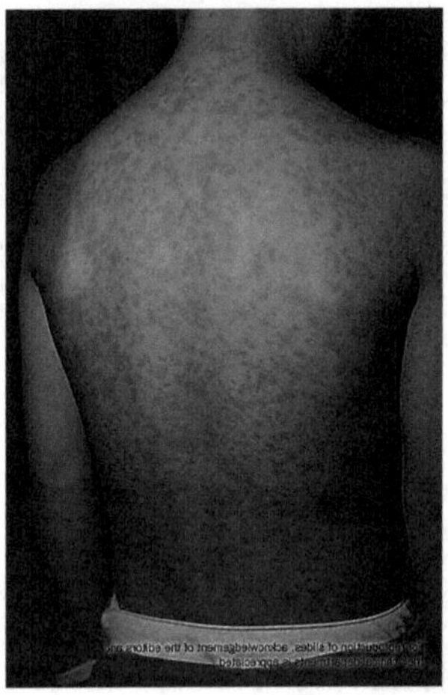

图14-1　麻疹皮疹

（3）出疹期　多在发热后3～4d出现皮疹，体温一般大于38℃。皮疹初见于耳后发际，渐延及面部、颈部、躯干（图14-1）、四肢及手心、足底。皮疹初为红色斑丘疹，略高于皮面，疹间皮肤正常，可融合成片。此期全身中毒症状重，咳嗽加剧，肺部可闻及少量啰音。

（4）恢复期　一般为3～5d。若无并发症发生，出疹3～4d后皮疹按出疹顺序开始消退。随着皮疹隐退，体温逐渐降至正常，全身症状改善。疹退后皮肤有棕色色素沉着伴糠麸样脱屑，一般7～10d痊愈。

2. 非典型麻疹　①轻型麻疹：主要见于有一定免疫力者，如潜伏期内接受过丙种球蛋白或＜8个月有母亲被动抗体的婴儿。症状轻，常无麻疹黏膜斑，皮疹稀疏色淡，无并发症，疹退后无色素沉着和脱屑；②重型麻疹：主要见于营养不良、免疫力低下继发严重感染者。体温持续40℃以上，中毒症状重，伴惊厥、昏迷，皮疹密集融合，可有皮疹骤退、四肢冰冷、血压下降等循环衰竭表现，常并发肺炎、心力衰竭，死亡率高；③异型麻疹：主要见于接种过麻疹减毒活疫苗而再次感染者。持续高热、乏力、肌肉痛、头痛或伴四肢水肿，皮疹不典型，易并发肺炎。

3. 并发症　肺炎为最常见并发症，其次为喉炎、心肌炎、脑炎等。

4. 心理、社会状况　麻疹传染性极强，患儿须隔离治疗，患儿活动受到限制会有孤独感、恐惧心理，评估家长对麻疹相关知识了解程度及心理反应。患儿出现高热、皮疹及色素沉着，家长会出现紧张、焦虑和恐惧等心理反应。

（三）辅助检查

1. 血常规　白细胞总数正常或减少，淋巴细胞相对增多。

2. 病原学检查　在鼻咽部分离到麻疹病毒或查到麻疹病毒抗原具有早期诊断价值。

3. 血清学检查　采用酶联免疫吸附试验测定血清中麻疹IgM抗体。出疹早期即可出现阳性。

三、治疗要点

1. 一般治疗　卧床休息，保持室内适当的温湿度。保持水、电解质及酸碱平衡，必要时静脉补液。

2. 对症治疗　高热时可酌情使用少量退热剂，但应避免急骤退热。出疹期可用中药清热、解毒、透疹，如用鲜芫荽煎水服用并抹身，有利于透疹。烦躁者可适当给予镇静剂。频繁剧咳者可用镇咳祛痰剂或雾化吸入。继发细菌感染者可用抗生素治疗。

3. 并发症治疗　有并发症者给予相应治疗。

四、主要护理诊断/问题

1. 体温过高 与病毒血症、继发感染有关。

2. 皮肤完整性受损 与麻疹病毒引起的皮疹有关。

3. 营养失调：低于机体需要量 与食欲低下、高热消耗增加有关。

4. 有感染传播的危险 与麻疹病毒可经呼吸道或直接接触传播有关。

5. 潜在并发症：肺炎、喉炎、脑炎。

五、护理措施

1. 高热的护理 密切监测体温变化，处理麻疹高热时需兼顾透疹。不宜用药物及物理方法强行降温，尤其禁用冷敷、乙醇擦浴。如体温升至40℃以上，可用小剂量退热剂。

2. 保持皮肤黏膜的完整性

（1）皮肤护理 勤换内衣，在保温的情况下温水擦浴（忌用肥皂），保持皮肤清洁、干燥。剪短指甲，避免患儿抓伤皮肤引起继发感染。

（2）口、眼、耳、鼻部的护理 常用生理盐水或漱口液洗漱口腔；眼部避免强光刺激；眼痂应用生理盐水洗净后，再滴入抗生素眼药水或眼膏，一天数次，可遵医嘱加服鱼肝油预防干眼症；防止眼泪及呕吐物流入耳道，引起中耳炎；鼻腔分泌物多时易形成鼻痂，可用生理盐水将棉签润湿后，轻轻拭除以保持鼻腔通畅。

3. 保持营养摄入 给予清淡、易消化、营养丰富的流质、半流质饮食，少量多餐。鼓励多饮水，以利于排毒、退热、透疹。恢复期应添加高蛋白、高能量、高维生素的食物。

4. 预防感染传播

（1）控制传染源 隔离患儿至出疹后5d，并发肺炎者延长至出疹后10d。对接触麻疹的易感儿应隔离观察3周，并给予被动免疫。

（2）切断传播途径 患儿居室通风换气每天2次并消毒，病房保持通风并用紫外线照射消毒；患儿衣物应在阳光下暴晒2h；减少不必要的探视；接触者离开后立即在阳光下或流动空气中停留30min；医护人员接触患儿前后应洗手、更换隔离衣。

（3）保护易感儿 流行期间易感儿应避免去公共场所。8个月以上未患过麻疹者均应接种麻疹减毒活疫苗，18～24月龄时进行复种。

5. 密切观察病情 如患儿出现持续高热、咳嗽加剧、肺部湿啰音增多等为并发肺炎的表现；出现声音嘶哑、犬吠样咳嗽、吸气性呼吸困难及三凹征等为并发喉炎的表现；出现抽搐、意识障碍、脑膜刺激征等为并发脑炎的表现。

6. 健康教育 由于麻疹传染性极强，应向患儿及家长介绍麻疹的病程、隔离时间、并发症和预后，使其有充分的心理准备，积极配合治疗和护理。无并发症的患儿可在家中隔离治疗。指导家长做好消毒隔离、皮肤护理、病情观察等。

第2节 水 痘

案例 14-2

患儿，男，6岁。发热1d后出现皮疹，躯干多，四肢末端少，为红色斑丘疹，数小时后变成小水疱，痒感重。诊断为水痘。

问题：1. 目前该患儿最主要的护理问题有哪些？

2. 护士应该实施哪些护理措施？

一、概　述

（一）概念

水痘是由水痘-带状疱疹病毒引起的传染性很强的出疹性疾病。临床以皮肤黏膜相继出现斑疹、丘疹、疱疹和结痂并存为特点，全身中毒症状轻。原发感染表现为水痘，一般预后良好，病后可获得持久免疫。成年以后再次发病时表现为带状疱疹。

（二）病原学

水痘-带状疱疹病毒属人类疱疹病毒α亚科，为双链DNA病毒，仅有一种血清型。人是该病毒唯一的宿主。水痘-带状疱疹病毒在体外抵抗力弱，不耐酸和热，对乙醚敏感，不能在痂皮中存活。

（三）流行病学

水痘患者是唯一的传染源，病毒存在于患者上呼吸道鼻咽分泌物及疱疹液中，主要通过空气飞沫经呼吸道传染，也可通过直接接触患者疱疹液或被污染的用具而感染。从出疹前1～2d至病损结痂为止，均有很强的传染性。人群普遍易感，主要见于儿童，以2～6岁为高峰。病后可获得持久免疫力，一般不再发生水痘，但病毒可以长期潜伏在体内，多年后仍可发生带状疱疹。四季均可发病，以冬春季多见。

（四）发病机制

病毒侵入机体后在呼吸道黏膜细胞中复制，然后进入血流，形成病毒血症。在单核-巨噬细胞系统内再次增殖后释放入血，形成第二次病毒血症。由于病毒入血往往是间歇性的，导致患儿皮疹分批出现，且不同性状皮疹同时存在。皮肤病变仅限于表皮棘状细胞层，故脱屑后不留瘢痕。部分患儿痊愈后，病毒潜伏于脊髓后跟神经节及脑神经节内，当人体免疫力下降或某些诱因（药物、肿瘤、创伤等）激活病毒时，可再次发病，表现为带状疱疹。

二、护理评估

（一）健康史

询问患儿有无水痘或带状疱疹患者接触史，有无糖皮质激素和免疫抑制剂等药物服用史，有无水痘-带状疱疹病毒减毒活疫苗接种史。

（二）身心状况

1. 前驱症状　可有轻度乏力、低热、食欲不振等全身症状，患处皮肤自觉灼热感或神经痛，触之有明显的痛觉敏感，也可无前驱症状。1～2d后出现皮疹（图14-2）。

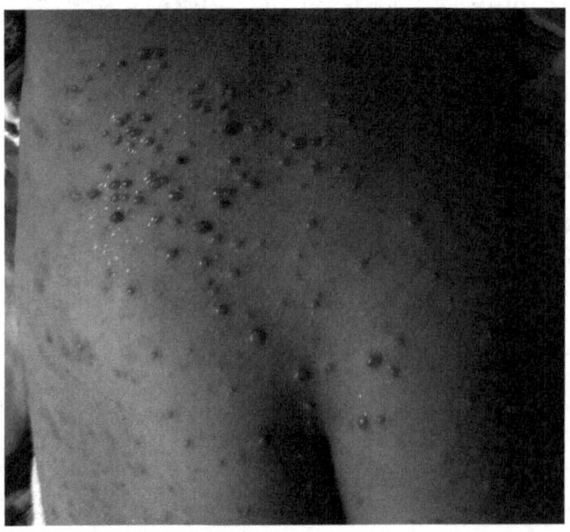

图14-2　水痘皮疹

2. 皮损特点　①首发于头部和躯干，继而扩展到四肢，皮疹躯干多、四肢少，呈向心性分布；②开始为红色斑疹，很快出现粟粒至黄豆大小丘疹，呈簇状分布而不融合，继而发展为清亮、椭圆形水疱，周围有红晕，疱液先透明后浑浊，水疱易破溃，2～3d迅速结痂，因皮疹仅限于表皮，脱痂后一般不留瘢痕；③皮疹陆续分批出现，在疾病高峰期可见斑疹、丘疹、疱疹及结痂同时并存，伴明显瘙痒感；④黏膜皮疹还可出现在口腔、眼结膜、生殖器等处，易破溃形成浅溃疡。水痘为自限性疾病，全身症状较轻，10d左右痊愈，皮疹结痂后一般不留瘢痕。

3. 重症水痘　多发生于恶性疾病或免疫功能低下患儿，表现为持续高热及全身中毒症状明显，皮疹多且易融合成大疱型或呈出血性，可继发感染或因伴血小板减少而发生暴发性紫癜。

4. 并发症 以皮肤继发性细菌感染最常见，其次为脑炎、肺炎、心肌炎等。

5. 心理、社会状况 水痘疱疹痒感明显，影响患儿的睡眠，患儿出现烦躁、焦虑等心理反应。评估家长、保育人员在水痘预防、护理和隔离消毒方面的知识水平。

（三）辅助检查

1. 血常规 白细胞总数多正常或稍低。

2. 疱疹刮片 发现细胞核内包涵体。

3. 血清学检查 血清水痘病毒特异性抗体IgM检测，可早期帮助诊断，双份血清特异性抗体IgG滴度4倍以上增高有助于诊断。

三、治疗要点

本病为自限性疾病，无并发症时主要是一般治疗和对症处理。

1. 一般治疗 隔离患者，加强护理，减少继发感染等。

2. 对症治疗 皮肤瘙痒可局部使用炉甘石洗剂，必要时可给予少量镇静剂。

3. 抗病毒治疗 抗病毒药物首选阿昔洛韦，尽早使用。糖皮质激素有可能导致病毒播散，不宜使用。

四、主要护理诊断/问题

1. 皮肤完整性受损 与水痘-带状疱疹病毒引起的皮疹、瘙痒及继发感染有关。

2. 有感染传播的危险 与水痘-带状疱疹病毒可经呼吸道或直接接触传播有关。

3. 体温过高 与毒血症、感染有关。

4. 潜在并发症：肺炎、脑炎、败血症。

五、护理措施

1. 保持皮肤黏膜的完整性

（1）及时更换汗湿衣服，勤换内衣，保持皮肤清洁、干燥。

（2）剪短指甲，小婴儿可戴连指手套，避免搔破皮疹，引起继发感染或留下瘢痕。

（3）为减少皮疹瘙痒，可在疱疹未破溃处涂炉甘石洗剂或5%碳酸氢钠溶液；疱疹已破溃，有继发感染者，局部用抗生素软膏，或遵医嘱口服抗生素控制感染。

2. 预防感染传播

（1）控制传染源 隔离患儿至疱疹全部结痂或出疹后7d为止。接触水痘患儿的易感儿，接触后应检疫3周。

（2）切断传播途径 保持室内空气新鲜，定时紫外线消毒。

（3）保护易感儿 对正在使用大剂量激素或免疫缺陷者，在接触水痘患者72h内肌内注射水痘-带状疱疹免疫球蛋白，可起到预防或减轻症状的作用。

3. 维持正常体温 可用物理降温，忌用阿司匹林，以免增加瑞氏综合征的危险。

4. 密切观察病情 水痘是自限性疾病，偶可发生播散性水痘，并发肺炎、心肌炎，应注意观察，及早发现，并予以相应的治疗和护理。

5. 健康教育 向家长介绍水痘的相关知识，强调患儿隔离治疗的重要性，使其能积极配合；无并发症的患儿可在家中隔离治疗，指导家长进行皮肤护理，防止继发感染，并给予患儿足够的水分和营养；对社区人群进行预防宣教，如对易感儿接种水痘减毒活疫苗，流行期间避免易感儿去人多密集的公共场所；强调糖皮质激素可导致水痘病毒播散，应禁止使用。

第3节　流行性腮腺炎

案例 14-3

患儿，男，6岁，发热伴右耳下疼痛2d入院。体格检查：体温39℃，咽部充血，右腮腺明显肿大，腮腺导管开口处肿胀。

问题：1. 该患儿的初步诊断是什么？

2. 护士应该实施哪些护理措施？

一、概　　述

（一）概念

流行性腮腺炎是由腮腺炎病毒引起的急性呼吸道传染病，临床表现以腮腺非化脓性肿痛为特征。大多有发热、咀嚼受限，可累及其他腺体及脏器。本病传染性强，常在幼儿园和学校中流行，以5～15岁患者多见。一次感染后可获得终身免疫。

（二）病原学

腮腺炎病毒属副黏病毒科副黏病毒属的单链RNA病毒，该病毒对物理和化学因素敏感，甲酚皂溶液、甲醛溶液（福尔马林）等均能在2～5min内将其灭活，紫外线照射也可将其杀灭，加热至56℃ 20min即失去活力。人是该病毒唯一宿主。

（三）流行病学

腮腺炎患者和健康带病毒者是本病的传染源，患者在腮腺肿大前6d到发病后9d内均可从唾液中分离出腮腺炎病毒。主要传播途径为呼吸道飞沫传播，或直接接触经唾液污染的食具和玩具传播。全年均可发生感染流行，但以冬春季发病较多。

（四）发病机制

病毒通过口、鼻侵入人体后，在上呼吸道黏膜上皮细胞和淋巴组织中增殖，导致局部炎症和免疫反应，并进入血液引起病毒血症，进而扩散到腮腺和全身各器官，亦可经口腔沿腮腺管传播至腮腺。由于病毒对腺体组织和神经组织具有高度亲和性，可使腮腺、舌下腺、颌下腺、胰腺、生殖腺等发生炎症改变，如侵犯神经系统，可导致脑膜脑炎等严重病变。

二、护理评估

（一）健康史

了解患儿发病前有无腮腺炎患者的接触史、腮腺炎疫苗的接种史，既往有无本病的发作史。

（二）身心状况

1. 症状、体征　潜伏期14～25d，平均18d。

（1）腮腺肿胀　腮腺肿大、疼痛常为首发体征和症状。常先见于一侧，继之对侧也肿大，位于下颌骨后方和乳突之间，以耳垂为中心，向前、后、下发展；边缘不清，表面发热但多不红，触之有弹性感并有触痛，1～3d内达高峰；面部一侧或双侧因肿大而变形；局部疼痛，开口咀嚼或吃酸性食物时胀痛加剧。腮腺肿大可持续5d左右，以后逐渐消退。腮腺管口（位于上颌第二磨牙相对的颊黏膜上）在早期可见红肿，有助于诊断。

（2）颈前下颌下腺和舌下腺肿胀　在腮腺肿胀时，可见颈前下颌下腺和舌下腺明显肿胀，可触及椭圆形腺体。

（3）发热　可有不同程度发热，持续时间不一，短者1～2d，多则5～7d，亦有体温始终正常者。可伴有头痛、乏力、食欲减退等。

2. 并发症

（1）脑膜炎和脑炎　常在腮腺炎高峰时出现，也可出现在腮腺肿大前或腮腺肿大消失以后。表现为发热、头痛、呕吐、颈项强直等，脑脊液呈无菌性脑膜炎样改变。预后大多良好，常在2周内恢复正常。

（2）睾丸炎　是青少年男性常见的并发症，多为单侧。睾丸局部明显疼痛和压痛、阴囊水肿，大部分患者有严重的全身反应，如高热、寒战等。一般10d左右消退，1/3～1/2的病例发生不同程度的睾丸萎缩，如双侧受累可导致不育症。

（3）卵巢炎　5%～7%的青春期女孩可并发卵巢炎。卵巢区疼痛，症状多较轻，可出现下腹疼痛及压痛、月经不调等，一般不影响受孕。

（4）其他并发症　部分患者有上腹部轻度疼痛，可能与病毒累及胰腺有关。部分病例可并发心肌炎、肾炎等。

3. 心理、社会状况　患儿由于进食困难、咀嚼受限、外形改变等，容易出现焦虑、烦躁、抑郁等心理变化。评估家长对本病的病因、预防知识的了解程度。

（三）辅助检查

外周血白细胞数正常或稍降低，淋巴细胞相对增多。病程早期血清和尿液淀粉酶增高，并发胰腺炎者显著增高，且脂肪酶也增高。血清或脑脊液中特异性IgM抗体增高。

三、治疗要点

无特殊治疗，以对症处理为主。对高热、头痛和并发睾丸炎者给予解热止痛药物。睾丸肿痛时可局部冷敷并用丁字带托起以减轻疼痛。发病早期可使用利巴韦林10～15mg/（kg・d）静脉滴注，疗程5～7d。重症患儿可短期使用肾上腺糖皮质激素治疗，疗程3～5d。中药治疗多用清热解毒、软坚消痛方法。

四、主要护理诊断/问题

1. 疼痛　与腮腺非化脓性炎症有关。

2. 体温过高　与病毒感染有关。

3. 有感染传播的危险　与腮腺炎病毒可经呼吸道或直接接触传播有关。

4. 潜在并发症：脑膜脑炎、睾丸炎、胰腺炎等。

五、护理措施

1. 减轻疼痛

（1）给予清淡、易消化的半流质饮食或软食，忌酸、硬、辣等刺激性食物，以免因唾液分泌及咀嚼使疼痛加剧。注意保持口腔清洁，进食后用生理盐水或4%硼酸溶液漱口，鼓励患儿多饮水，防止继发感染。

（2）腮腺肿胀处可局部冷敷，以减轻炎症充血及疼痛。亦可用中药湿敷，可用醋调如意金黄散外敷。发生睾丸炎时可用丁字带托起阴囊，局部间歇冷敷以减轻疼痛。

2. 维持正常体温　发热有并发症者建议卧床休息至体温正常。高热者遵医嘱药物降温。

3. 密切观察病情　注意有无脑膜炎、脑炎、睾丸炎、急性胰腺炎等临床征象，予以相应治疗和护理。

4. 预防感染传播

（1）控制传染源　隔离患儿至腮腺肿大完全消退后3d。易感儿接触患儿后应隔离观察3周。

（2）切断传播途径　居室定时通风并进行消毒；患儿物品暴晒2h；限制探视；接触患儿前后应洗手；流行期间不带易感儿去人多密集的公共场所；发生疫情的学校、幼托机构暂不接纳新生。

（3）保护易感儿　易感儿可接种腮腺炎减毒活疫苗，接种麻腮风疫苗也具有良好的保护作用。流行期间应加强托幼机构的晨检。

5. 健康教育　向家长介绍腮腺炎的相关知识，强调患儿隔离治疗的重要性，使其能积极配合；无并发症的患儿可在家中隔离治疗，指导家长做好隔离、疼痛、发热、饮食、口腔、用药等护理，学会观察病情，有并发症时应及时送医院就诊；对社区人群进行预防宣教，如对易感儿接种腮腺炎减毒活疫苗、流行期间避免易感儿去人多密集的公共场所。

第4节　猩　红　热

案例 14-4

患儿，女，6岁，因发热，咽痛2d，全身皮疹1d入院。2d前患儿突发高热，体温39℃，并伴有咽痛。1d前发现耳后、颈部及上胸部充血性针尖大小的丘疹，疹间无正常皮肤，口唇周围较苍白，舌头肿胀，呈杨梅舌。

问题： 1. 该患儿最可能的诊断是什么？

2. 该患儿主要的护理措施有哪些？

一、概　　述

（一）概念

猩红热是一种由A群乙型溶血性链球菌所致的急性呼吸道传染病，临床以发热、咽峡炎、全身弥漫性红色皮疹及疹退后皮肤脱屑为特征。多见于3～7岁儿童。

（二）病原学

A群乙型溶血性链球菌对热和干燥抵抗力不强，56℃经30min和一般消毒剂均可将其杀灭，但在0℃环境中可存活几个月。

（三）流行病学

患儿及带菌者为主要传染源，主要通过空气飞沫传播，人群普遍易感，冬春季为发病高峰。

（四）发病机制

溶血性链球菌及其毒素侵入机体后，主要产生3种病变。①化脓性病变：引起咽峡炎、化脓性扁桃体炎等；②中毒性病变：引起发热等全身中毒症状及猩红热皮疹；③变态反应性病变：病后2～3周，少数患儿出现肾脏、心脏及关节的非化脓性炎症，引起急性肾小球肾炎、风湿热。

二、护理评估

（一）健康史

评估患儿发病情况，有无与猩红热患者接触史，居住环境是否阴暗潮湿、空气不流通、居住拥挤等。

（二）身心状况

1. 症状、体征

（1）潜伏期　一般为2～3d。

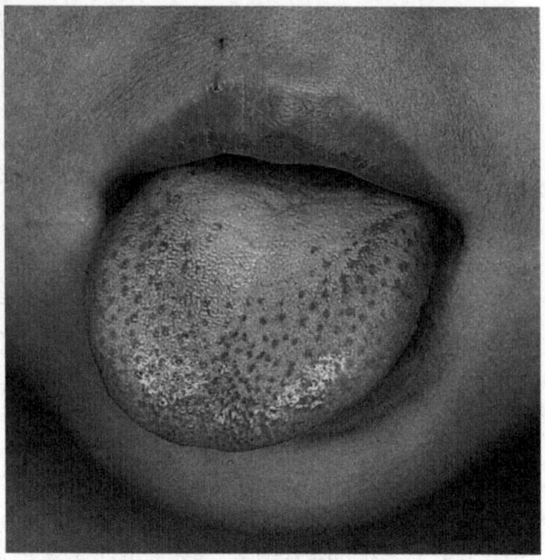
图14-3　杨梅舌

（2）前驱期　一般不超过24h。起病急，畏寒，高热，多为持续性，常伴头痛、恶心呕吐、全身不适、咽部红肿，扁桃体呈化脓性改变。

（3）出疹期　发病后1～2d出疹。①出疹顺序：耳后、颈部、上胸部→躯干、上肢→下肢；②皮疹特点：为全身皮肤弥漫性发红，其上有分布均匀、密集的点状红色皮疹，高出皮面，扪之粗糙，压之褪色，疹间无正常皮肤，伴瘙痒；③贫血性皮肤划痕：疹间皮肤用手按压，红色可暂时消退数秒钟，出现苍白的手印，为猩红热特征之一；④帕氏线：在肘窝、腋窝、腹股沟等皮肤皱褶处，皮疹密集，形成紫红色线，压之不退，为猩红热特征之二；⑤杨梅舌（图14-3）：病初舌面有灰白苔，边缘充血水肿，2～3d后白苔脱落，舌面呈牛肉样深红色，舌乳头红肿突起，称杨梅舌，为猩红热特征之三；⑥口周苍白圈：口周皮肤与面颊部发红的皮肤比较相对苍白。

（4）恢复期　为1周左右。皮疹于3～5d后颜色转暗，逐渐隐退，并按出疹先后顺序脱皮。皮疹越多，脱屑越明显。轻症者呈细屑状或片状屑，重症者有时呈大片脱皮，以指、趾部明显。全身中毒症状及局部炎症也很快消退。

（5）并发症　多为变态反应性疾病，多在病程的2～3周发生，主要有急性肾小球肾炎、风湿热等。

2. 心理、社会状况　该病主要发生在年长儿，大多数能正确认识疾病，积极配合治疗和护理。评估家长对本病的认知程度。

（三）辅助检查

1. 血常规　白细胞总数增加，以中性粒细胞为主，严重者可出现中毒颗粒。

2. 血清学检查　可用免疫荧光法检测咽拭子涂片进行快速诊断。

3. 细菌培养　从咽拭子或其他病灶内取标本作细菌培养。

三、治疗要点

1. 一般治疗　供给充分的营养、热量。发热、咽痛期间可给予流质或半流质饮食，保持口腔清洁，较大儿童可用温盐水漱口。高热患儿应使用物理降温或药物降温。

2. 抗菌治疗　青霉素是治疗猩红热的首选药物，早期应用可缩短病程，减少并发症的发生。青霉素过敏者可选用红霉素或头孢菌素。

四、主要护理诊断/问题

1. 体温过高　与毒血症有关。

2. 疼痛　与咽峡炎有关。

3. 皮肤完整性受损　与猩红热皮疹及瘙痒有关。

4. 潜在并发症：肾小球肾炎、风湿热等。

五、护理措施

1. 维持正常体温　监测体温变化，必要时遵医嘱使用退热剂，及时更换汗湿衣物。保持室内空气流通，温湿度适宜。

2. 减轻疼痛 保持口腔清洁，鼓励患儿多饮水或用温盐水漱口；咽部疼痛明显时，进行疼痛评估，必要时采取措施缓解疼痛；给予富有营养、易消化的流质、半流质或软食，忌酸、辣、干、硬食物。保证患儿有足够休息时间，可指导患儿通过分散注意力的方式缓解疼痛，如听音乐、看电视等。

3. 皮肤护理 及时评估患儿出疹情况，保持皮肤清洁，勤换衣服。告知患儿尽量避免抓挠皮肤，勤剪指甲，避免患儿抓伤皮肤引起继发感染。沐浴时避免水温过高，避免使用刺激性强的肥皂或沐浴液，以免加重皮肤瘙痒感。向患儿及家长讲解疾病的一般临床表现及病程；告知患儿在恢复期脱皮时，应待皮屑自然脱落，不宜人为剥离，以免损伤皮肤。

4. 密切观察病情 注意观察血压变化。有无眼睑水肿、尿量减少及血尿等。每周送尿常规检查2次。

5. 预防感染传播

（1）控制传染源 呼吸道隔离至症状消失后1周、咽拭子培养连续3次阴性。有化脓性并发症者应隔离至治愈为止。密切接触的易感儿隔离观察7d。

（2）切断传播途径 室内通风换气并用紫外线消毒，对患儿呼吸道分泌物及其污染物进行消毒。

（3）保护易感儿 流行期间避免易感儿去公共场所。

6. 健康教育 向家长介绍猩红热的相关知识，强调患儿隔离治疗的重要性，使其能积极配合；轻症患儿可在家中隔离治疗，指导家长做好隔离、疼痛、发热、饮食、皮肤等护理；对社区人群进行预防宣教，如流行期间避免易感儿去公共场所。

第5节 结 核 病

案例 14-5

患儿，男，2岁。因发热4周，咳嗽6d入院。发热午后明显，精神萎靡，盗汗，食欲减退，呼吸稍促，颈部淋巴结肿大，右肺可闻及干啰音，胸片提示右侧肺门淋巴结肿大，结核菌素试验为强阳性反应。

问题： 1. 该患儿初步诊断为何病？应实施哪些护理措施？

2. 该患儿出院后应进行哪些健康指导？

一、概 述

（一）概念

结核病（tuberculosis）是由结核杆菌引起的慢性感染性疾病。全身各个脏器均可受累，儿童以原发性肺结核最常见，严重病例可通过血行播散而引起粟粒性肺结核或结核性脑膜炎。近年来，结核病的发病率有上升趋势。

原发性肺结核（primary pulmonary tuberculosis）是结核杆菌初次侵入肺部后发生的原发感染，包括原发综合征和胸内淋巴结结核，前者由肺原发病灶、引流淋巴管炎和肿大的肺门淋巴结组成，后者以胸腔内肿大的淋巴结为主。急性血行播散性肺结核又称急性粟粒性肺结核（acute military tuberculosis of the lungs），是结核杆菌经血行播散而引起的肺结核，常是原发综合征发展的结果。结核性脑膜炎（tuberculous meningitis）简称结脑，是结核杆菌经血行播散侵犯脑膜所引起的炎症，是小儿结核病最严重的类型和致死的主要原因，在初染结核3～6个月最易发生。

（二）病原学

结核菌属于分枝杆菌属，具抗酸性，为需氧菌，革兰氏染色阳性，抗酸染色呈红色。其分为4

型：人型、牛型、鸟型和鼠型，其中人型是人类结核病的主要病原体。结核杆菌的抵抗力较强，在外界环境中可长期存活并保持致病力。在阳光直射下1～2h死亡；紫外线照射仅需10min死亡；湿热68℃ 20min可灭活；干热100℃则需20min以上才能杀死。痰液中的结核杆菌用5%苯酚或20%漂白粉须经24h处理才能被杀灭。

（三）流行病学

1. 传染源 结核病的传染源主要是肺结核痰菌阳性的患者。传染性的大小取决于痰内结核菌数量的多少。直接涂片法检出结核菌者排菌量较大，直接涂片法检查阴性而仅培养阳性者排菌量较小。

2. 传播途径 结核菌主要通过咳嗽、喷嚏、大笑、大声谈话等方式把含有结核菌的微粒排到空气中而传播。飞沫传播是肺结核最重要的传播途径，经消化道和皮肤等其他传播途径现已罕见。

3. 易感人群 儿童普遍易感，年龄越小患病率越高，生活贫困、居住拥挤及营养不良等是结核病高发的诱因。

（四）发病机制

儿童初次感染结核杆菌后是否发病，主要与机体的免疫力、结核杆菌的数量和毒力有关，尤其与细胞免疫力强弱相关。若机体免疫力较强，感染的结核杆菌数量较少、毒力较弱，可不发病；若机体免疫力低下，感染的结核杆菌数量较多、毒力较强则可致病。机体感染结核杆菌4～8周后，通过致敏T淋巴细胞产生迟发型变态反应，同时获得一定的免疫力，是同一细胞免疫过程中的两种不同表现。

二、护理评估

（一）健康史

询问患儿有无与开放性肺结核患者接触史，是否接种过卡介苗，家庭中有无肺结核患者；有无生活贫困、居住拥挤、营养不良等情况；既往健康状况，近期有无患麻疹、百日咳等急性传染病。

（二）身心状况

1. 原发性肺结核 症状轻重不一，轻者可无症状。年长儿童一般起病缓慢，可有低热、食欲减退、体重减轻、疲乏、盗汗等结核中毒症状。婴幼儿及症状较重者可急性起病，高热可达39～40℃，持续2～3周后转为低热，并伴结核中毒症状，干咳和轻度呼吸困难是最常见的症状。当胸内淋巴结高度肿大时，可产生类似百日咳样痉挛性咳嗽、喘鸣、声音嘶哑、胸部静脉怒张等压迫症状。部分患儿可有疱疹性结膜炎、皮肤结节性红斑、一过性多发性关节炎等结核变态反应表现。体检可见周围淋巴结不同程度肿大，肺部体征不明显，与肺内病变不一致。

2. 急性粟粒性肺结核 起病多急骤，婴幼儿多突然高热达39～40℃，呈稽留热或弛张热，部分病例体温可不太高，呈规则或不规则发热，常持续数周或数月，多伴有寒战、盗汗、食欲减退、面色苍白、咳嗽、气促、发绀等。肺部可闻及细湿啰音而被误诊为肺炎；部分患儿可伴肝、脾、淋巴结肿大，临床上易与伤寒、败血症等混淆。

3. 结核性脑膜炎 典型结脑起病缓慢，根据临床表现，病程分为3期。

（1）早期（前驱期） 1～2周。主要症状为性格改变，如少言、懒惰、易倦、烦躁、易怒等。可有发热、纳差、消瘦、盗汗、呕吐、便秘等，年长儿可自诉头痛。

（2）中期（脑膜刺激期） 1～2周。因颅内压增高出现剧烈头痛、喷射性呕吐、嗜睡、惊厥等，出现明显脑膜刺激征。小婴儿则表现为前囟饱满、颅缝裂开。可出现脑神经障碍，以面神经瘫痪最常见，其次为动眼神经和展神经瘫痪。

（3）晚期（昏迷期） 1～3周。上述症状逐渐加重，由意识模糊、浅昏迷继而昏迷，阵挛性或强直性惊厥频繁发作。患儿极度消瘦呈舟状腹，常伴水、电解质紊乱。最终可因颅内压急剧增高导致脑疝而死亡。

4. 心理、社会状况 评估患儿及家长的心理状态，对病情、隔离方法、服药注意事项等知识的了解程度；评估家长对患儿的关心程度、家庭的经济承受能力和社会支持系统。

（三）辅助检查

1. 结核菌素试验 儿童受感染4～8周后，结核菌素试验即呈阳性反应。

（1）试验方法 常用的结核菌素试验为皮内注射0.1ml含5个结核菌素单位的纯蛋白衍生物（protein purified derivative，PPD）。一般在左前臂掌侧面中下1/3交界处行皮内注射，使之形成直径为7～8mm的皮丘。

（2）结果判定 48～72h后观察反应结果，一般以72h为准。测定局部硬结的直径，取横、纵两径的平均值来判断反应强度（表14-1）。

表14-1 结核菌素试验结果判断

局部反应	表示符号	判断结果
无反应或硬结平均直径＜5mm	−	阴性
硬结平均直径5～9mm	+	一般阳性
硬结平均直径10～14mm	++	中度阳性
硬结平均直径≥15mm或局部双圈、水疱、坏死及淋巴管炎	+++	强阳性

（3）临床意义

1）阳性反应：①接种卡介苗后；②年长儿无明显临床症状，仅呈一般阳性反应者，表示曾感染过结核杆菌；③婴幼儿，尤其是未接种过卡介苗者，阳性反应多表示体内有新的结核病灶，年龄越小，活动性结核可能性越大；④强阳性反应者，表示体内有活动性结核病；⑤由阴性反应转为阳性反应，或反应强度由原来小于10mm增至大于10mm，且增幅超过6mm，表示新近有感染。

2）阴性反应：①未感染过结核；②结核迟发性变态反应前期（初次感染后4～8周内）；③假阴性反应：因机体免疫功能低下或受抑制所致，如部分危重结核病、急性传染病（如麻疹、水痘、百日咳等）、体质极度衰弱者（如重度营养不良、重度脱水、重度水肿等）、原发或继发免疫缺陷病、应用糖皮质激素或其他免疫抑制剂治疗时；④技术误差或结核菌素失效。

2. 实验室检查

（1）结核杆菌检查 从痰液、胃液、脑脊液、浆膜腔液等找到结核杆菌是重要的确诊手段。

（2）免疫学诊断及分子生物学诊断 如酶联免疫吸附试验（ELISA）、酶联免疫电泳技术（ELIEP）检测抗结核杆菌抗体；DNA探针、聚合酶链反应（PCR）快速检测结核杆菌。

3. 影像学检查 胸部X线检查是筛查小儿结核病的重要手段，可检出结核病灶的范围、性质、类型、活动或进展情况。胸部CT检查有助于发现隐蔽区病灶，必要时可作高分辨率肺部CT扫描。

4. 其他辅助检查 纤维支气管镜检有助于支气管内膜结核及支气管淋巴结结核的诊断；周围淋巴结穿刺液涂片检查，可发现特异性结核改变；肺穿刺活检或胸腔镜下肺活检对特殊疑难病例确诊有帮助。

三、治疗要点

（一）预防

1. 控制传染源 结核分枝杆菌涂片阳性患者是小儿结核病的主要传染源，早期发现，合理治疗结核分枝杆菌涂片阳性的患者，是预防小儿结核病的根本措施。

2. 普及卡介苗接种 接种卡介苗是预防小儿结核病的有效措施。下列情况禁止接种卡介苗：①先天性胸腺发育不全或严重联合免疫缺陷病患儿；②急性传染病恢复期者；③注射局部有湿疹或患全身性皮肤病者；④结核菌素试验阳性者。

3. 预防性抗结核治疗

（1）目的 ①预防儿童活动性肺结核；②预防肺外结核病发生；③预防青春期结核病复燃。

（2）适应证 ①密切接触家庭内开放性肺结核者；②3岁以下婴幼儿未接种卡介苗而结核菌素试验阳性者；③结核菌素试验阳性伴结核中毒症状者；④结核菌素试验新近由阴性转为阳性者；⑤结核菌素试验阳性，新患麻疹或百日咳儿童；⑥结核菌素试验阳性患儿需较长期使用糖皮质激素或其他免疫抑制剂者。

（3）预防性抗结核治疗 异烟肼（INH）每日10mg/kg，疗程为6～9个月；或异烟肼每日10mg/kg，联合利福平（RFP）10mg/kg，疗程为3个月。

（二）治疗

1. 一般治疗 注意营养，选用富含蛋白质和维生素的食物；有明显结核中毒症状及高度衰弱者应卧床休息；居住环境应阳光充足，空气流通；避免传染麻疹、百日咳等疾病。

2. 抗结核药物治疗 治疗目的是杀灭病灶中的结核杆菌，防止血行播散，治疗原则为早期、适量、联合、规律、全程、分段治疗。

（1）常用的抗结核药物 可分为杀菌药和抑菌药两类。

1）杀菌药物：①全杀菌药：如异烟肼和利福平；②半杀菌药：如链霉素（SM）和吡嗪酰胺（PZA）。

2）抑菌药物：常用乙胺丁醇（EMB）和乙硫异烟胺（ETH）。

（2）儿童抗结核药物的使用（表14-2）

表14-2 小儿抗结核药物的使用

药物	剂量[mg/(kg·d)]	给药途径	主要副作用	注意事项
异烟肼（INH或H）	5～10（≤300mg/d）	口服、肌内注射、静脉滴注	肝毒性、末梢神经炎、过敏、皮疹和发热	加服维生素B_6预防末梢神经炎，定期查肝功能
利福平（RFP或R）	10～20	口服	肝毒性、恶心、呕吐和流感样症状	定期查肝功能
链霉素（SM或S）	20～30（≤0.75g/d）	肌内注射	第Ⅷ对脑神经损害、肾毒性、过敏、皮疹和发热	需做皮试，定期查听力功能、尿常规及肾功能
吡嗪酰胺（PZA或Z）	30～40	口服	肝毒性、高尿酸血症、关节痛、过敏和发热	定期查肝功能及血尿酸
乙胺丁醇（EMB或E）	15～25	口服	视神经炎、皮疹	定期查视力、视野及辨色力
乙硫异烟胺（ETH）	10～15	口服	胃肠道反应、肝毒性、末梢神经炎、过敏、皮疹和发热	定期查肝功能

（3）抗结核治疗方案

1）标准疗法：用于无明显自觉症状的原发性肺结核。每日服用INH、RFP和（或）EMB，疗程为9～12个月。

2）两阶段疗法：用于活动性原发性肺结核、急性粟粒性肺结核及结核性脑膜炎（表14-3）。①强化治疗阶段：联用3～4种杀菌药物，长程疗法时此阶段一般需3～4个月，短程疗法时一般为2个月；②巩固治疗阶段：联用2种抗结核药物，长程疗法时此阶段可长达12～18个月，短程疗法时一般为4个月。

表14-3　儿童抗结核药物的两阶段疗法

类型	强化治疗阶段	巩固治疗阶段
活动性原发性肺结核	联用INH、RFP、PZA或SM	联用INH、RFP或EMB
急性粟粒性肺结核	联用INH、RFP、PZA和SM	联用INH、RFP或EMB
结核性脑膜炎	联用INH、RFP、PZA和SM	联用INH、RFP或EMB

3）短程疗法：为结核病现代疗法的重大进展。可选用以下几种6～9个月短程化疗方案：①2HRZ/4HR（活动性原发性肺结核常用）；②2SHRZ/4HR；③2EHRZ/4HR。若无PZA则将疗程延长至9个月。

四、主要护理诊断/问题

1. 营养失调：低于机体需要量　与食欲减退、摄入不足及消耗增多有关。

2. 活动无耐力　与结核杆菌感染、消耗增多有关。

3. 体温过高　与结核杆菌感染、血行播散有关。

4. 潜在并发症：抗结核药物副作用、颅内压增高。

5. 有皮肤完整性受损的危险　与结脑患儿长期卧床、排泄物刺激有关。

6. 焦虑　与结脑病情重、病程长、预后差有关。

7. 有感染传播的危险　与结核杆菌主要经飞沫传播或消化道传播有关。

五、护理措施

1. 保证营养摄入　鼓励进食，给予高热量、高蛋白、高维生素、易消化饮食，如牛奶、鸡蛋、瘦肉、鱼、新鲜水果、蔬菜等，以增强机体抵抗力，促进机体修复和病灶愈合；尽量供给患儿喜爱的食品，注意食物的制作，以增进食欲；对结脑昏迷者可行鼻饲和静脉补充营养，维持水、电解质平衡。

2. 建立合理生活制度　保持室内空气流通，阳光充足；注意休息，保证充足的睡眠时间，减少体力消耗，促进活动耐力恢复；根据病情适当进行户外活动，增强机体抵抗力；结核患儿出汗多，应及时更换汗湿衣服，保持皮肤清洁。

3. 降低体温　监测体温变化，体温过高时给予物理降温，必要时药物降温；因发热是由于结核杆菌毒素的作用，应遵医嘱正确使用抗结核药物，一般1～2周后体温即可控制。

4. 密切观察病情，防治并发症

（1）观察药物副作用　部分抗结核药物有肝、肾毒性，应指导患儿定期检查肝功能、尿常规及肾功能等；使用链霉素患儿，需注意有无听神经损害的表现。发现异常及时报告医生，以决定是否停药。

（2）降低颅内压　对结脑患儿应密切观察病情，采取有效措施防治颅内高压。

1）保持室内安静，避免患儿哭闹、用力及一切不必要刺激，治疗及护理操作尽量集中进行。

2）卧床休息，取头肩抬高侧卧体位，以利于头部血液回流，降低颅内压力，同时可避免呕吐造成窒息。

3）反复惊厥会使脑水肿加重，故发作时应遵医嘱用止惊药，并在上下齿之间放置牙垫，以防舌被咬伤。

4）密切观察生命体征、前囟、神志、瞳孔大小及对光反射等变化，及时发现颅内高压或脑疝，一旦发生，遵医嘱给予脱水剂、利尿剂、糖皮质激素等降颅压。

5）必要时配合医生行腰穿术、侧脑室引流术，并做好术后护理，腰穿术后去枕平卧4～6h，以减轻头痛。

5. 维持皮肤黏膜的完整性　及时清除呕吐物和大小便，保持皮肤清洁干燥和床单位整洁；对昏迷和瘫痪患儿，每2h翻身和拍背1次，卧气垫床，以防压疮；昏迷不能闭眼患儿，可涂眼药膏并用生理盐水纱布覆盖，以保护角膜；每日口腔护理2～3次，以防口炎发生。

6. 心理护理　多与患儿及家长沟通，讲解疾病相关知识，评估其心理状态和需求，给予耐心解释和心理支持，使其克服焦虑心理、树立战胜疾病的信心、积极配合治疗和护理。

7. 预防感染传播

（1）控制传染源　隔离患儿至结核杆菌涂片连续3次阴性。

（2）切断传播途径　室内通风换气并用紫外线消毒，对患儿呼吸道分泌物、痰杯、餐具及污染的衣物等进行消毒处理。

（3）保护易感人群　避免易感儿与开放性结核病患者接触。

8. 健康教育

（1）向患儿和家长介绍结核病的流行病学特点及消毒隔离措施，指导家长对患儿居室、痰液、痰杯、食具等进行消毒处理。

（2）指导坚持化疗是治愈结核病的关键，强调出院后坚持服药、定期到医院复查的重要性；指导观察药物疗效及副作用，嘱定期复查肝功能、尿常规及肾功能等。

（3）指导日常生活护理和饮食护理，保证足够的营养和休息，适当进行户外活动。

（4）对留有后遗症的结脑患儿，指导家长对瘫痪肢体进行理疗、针灸、被动活动等功能锻炼，以促进肢体功能恢复；对失语和智力障碍者，进行语音训练和适当教育。

第6节　手足口病

案例 14-6

患儿，女，2岁。因发热、流涎1d，口腔内出现疱疹入院。患儿1d前出现发热，体温37.8～38.4℃，烦躁哭闹，流涎，拒食。查体：体温38.2℃，心率110次/分，呼吸30次/分。口腔内颊黏膜、硬腭可见多处水疱，周围有红晕，手掌和足底可见多个斑丘疹，呼吸平稳、肌张力正常。辅助检查：血常规示白细胞8×10^9/L。

问题：1. 该患儿最可能的医疗诊断是什么？

2. 引起该患儿这种情况的原因是什么？

3. 护士应该如何指导家长预防该疾病？

一、概　　述

（一）概念

手足口病（hand，foot and mouth disease，HFMD）是由多种肠道病毒感染引起的急性传染病，临床表现以手、足、口腔等部位皮肤黏膜的皮疹、疱疹、溃疡为典型表现，多数症状轻，病程自限，1周左右自愈，少数可出现无菌性脑膜炎、脑干脑炎、脑脊髓炎、心肌炎、循环障碍等严重并发症导致死亡。手足口病为国家法定丙类传染病。

（二）病因及发病机制

1. 病原体　手足口病的病原体多样，均为肠道病毒，其中以柯萨奇病毒A16（CoxA16）和肠道病毒71型（EV71）最为常见。手足口病的病毒对外界环境抵抗力较强，对紫外线及干燥敏感，对高锰酸钾、含氯消毒液、1%过氧化氢溶液、碘酊等也较敏感。

2. 流行病学 手足口病患者和隐性感染者均为传染源，一般发病后1周内传染性较强。本病主要经密切接触、粪-口途径、呼吸道飞沫途径传播。婴幼儿和儿童普遍易感，以5岁以下儿童为主。感染后可获得免疫力。一年四季均可发生，以夏秋季节最多。常可发生托幼机构集体感染和家庭聚集发病。

3. 发病机制 肠道病毒由消化道或呼吸道侵入人体，在局部黏膜上皮细胞或淋巴组织中繁殖，并从口咽部的分泌物或粪便排出。继而病毒侵入局部淋巴结，并进入血液导致第一次病毒血症。随后病毒经血液循环侵犯各靶器官，如网状内皮组织、深层淋巴结、肝、脾、骨髓等处并大量复制，再次入血导致第二次病毒血症。最终病毒随血液播散到全身各器官，如皮肤黏膜、中枢神经系统、心脏、肺、肝、脾等处，进一步复制并引起病变而出现相应临床症状。一般情况下，人体的正常防御机制能控制感染而成为无症状感染或轻症患者，仅少数患者由于病毒引起细胞病变而成为重症患者。

二、护理评估

（一）健康史

评估患儿饮食卫生及居住环境情况，有无与手足口病患儿接触，托幼机构是否发生同类病例。

（二）身心状况

潜伏期多为2～10d，平均3～5d。

1. 症状、体征

（1）普通病例 急性起病，主要表现为发热，手、足、口、臀等部位出疹，可伴有咳嗽、流涕、食欲不振等症状。部分病例仅表现为皮疹或疱疹性咽峡炎，个别病例可无皮疹。典型皮疹表现为斑丘疹、丘疹、疱疹（图14-4）。皮疹周围有炎性红晕，疱疹内液体较少，不疼不痒，皮疹恢复后不结痂、不留瘢痕。不典型皮疹通常小、厚、硬、少，有时可见瘀点、瘀斑。

（2）重症病例 少数病例（尤其是小于3岁者）病情进展迅速，可出现肌阵挛、脑炎、急性弛缓性麻痹、心肺功能衰竭、肺水肿等，极少数病例病情危重，可致死亡，存活者可留有后遗症。

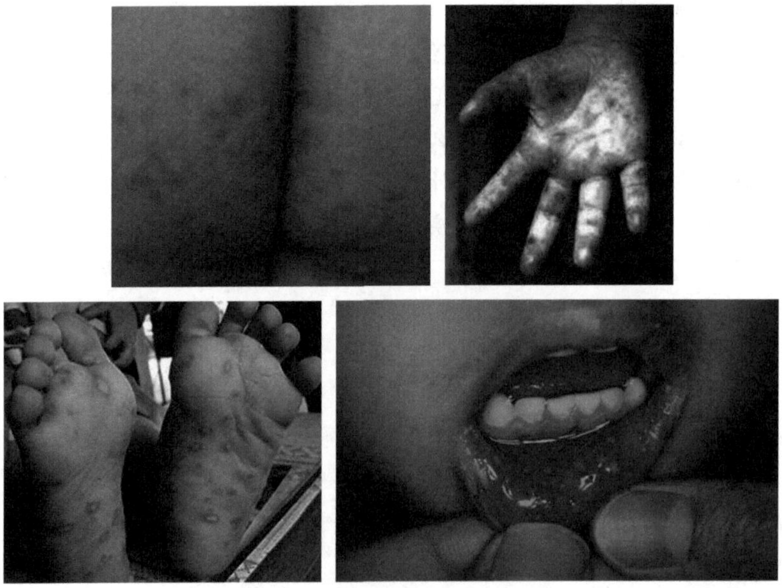

图14-4 手足口病的皮疹

2. 心理、社会状况　评估患儿家长对疾病相关知识的知晓程度，本病需隔离治疗，评估儿童的孤独和恐惧感，了解家长的心理状况，尤其患严重并发症，如脑膜炎、脑炎、心肌炎等时，患儿及其家长可产生紧张、焦虑等心理反应。

（三）辅助检查

1. 血常规　白细胞计数正常、降低或轻度增高，病情危重者白细胞计数可明显升高或显著降低。

2. 病原学检查　咽拭子、肛拭子或粪便、血液等标本肠道病毒特异性核酸阳性或分离到肠道病毒。

三、治疗要点

1. 普通病例　目前尚无特异性治疗措施，主要为做好消毒隔离，避免交叉感染。对症支持治疗，降温、缓解局部疼痛等。手足口病可采用广谱抗病毒药物治疗，如利巴韦林、干扰素等。

2. 重症病例　根据重症病例各系统受累情况采取相应的对症治疗，并严密观察病情变化。

四、主要护理诊断/问题

1. 体温过高　与病毒感染有关。

2. 皮肤完整性受损　与病毒引起的皮肤黏膜损伤有关。

3. 有感染传播的危险　与肠道病毒可经消化道、呼吸道或直接接触传播有关。

4. 潜在并发症：病毒性脑炎、脑膜炎、呼吸衰竭、心力衰竭等。

五、护理措施

1. 维持正常体温

（1）密切监测体温　高热者每4h测量1次体温。

（2）合理降温　给予物理降温，必要时遵医嘱使用退热剂，尤其对有热性惊厥史患儿加强病情监测，预防惊厥发作。

2. 皮肤及口腔护理

（1）皮肤护理　环境温湿度适宜，及时更换汗湿衣被，保持衣被清洁。避免用肥皂、沐浴露清洁皮肤，以免刺激皮肤。剪短指甲，以免抓破皮疹。手足部疱疹未破溃处涂炉甘石洗剂、冰硼散、金黄散等，疱疹破溃、有继发感染者，局部用抗生素软膏。臀部有皮疹者，保持臀部清洁干燥，及时清理大小便。

（2）口腔护理　保持口腔清洁，进食前后用温水或生理盐水漱口，对不会漱口的患儿，可用棉棒蘸生理盐水轻轻地清洁口腔。有溃疡者涂金霉素鱼肝油、西瓜霜、冰硼散等可促进溃疡面愈合，预防继发感染。

（3）饮食护理　给予营养丰富、易消化、流质或半流质饮食，如牛奶、粥类等。饮食定时定量，少食零食，避免辛辣等刺激性食物，以减少对口腔黏膜的刺激。因口腔溃疡疼痛拒食、拒水者应给予静脉补液。

3. 消毒隔离　住院患儿进行床边隔离，轻症患儿居家隔离，隔离至体温正常、皮疹消退，一般2周左右。尽量减少陪护及探视人员，并做好陪护宣教，要求勤洗手、戴口罩等。房间每天开窗通风2次，并定时空气消毒。接触患儿前后均要消毒双手。患儿使用的物品应彻底消毒，患儿的呕吐物及粪便用含氯消毒液处理2h后倾倒。

4. 密切观察病情　尤其是重症患儿。若出现烦躁不安、嗜睡、肢体抖动、呼吸及心率增快等表现时，提示有神经系统受累或心肺功能衰竭，应立即通知医生，并积极配合治疗，给予相应护理。保持呼吸道通畅，积极控制颅内压。使用脱水剂等药物治疗时，应观察药物的作用及不良反应。

5. 健康教育 向家长、托幼机构介绍手足口病的流行特点、临床表现、护理及预防的相关知识。培养儿童养成良好的卫生习惯，饭前、便后洗手，玩具、餐具定期清洗消毒等。确诊者需立即隔离，其中不需住院治疗者可居家隔离，流行期间不要带孩子到公共场所。疾病恢复后注意加强儿童营养，体育锻炼，增强机体抵抗力。必要时可接种疫苗。

第 7 节　中毒型细菌性痢疾

案例 14-7

患儿，男，5 岁。因发热 1d，抽搐 1 次入院。患儿 1d 前腹部不适，无呕吐、咳嗽、皮疹等，有不洁饮食史。查体：体温 39.5℃，心率 130 次 / 分，呼吸 28 次 / 分。神志尚清楚，热性面容，颈软，肺部无异常，腹平软，下腹部有压痛，肠鸣音活跃，肌张力正常。辅助检查：血常规示白细胞 18×10^9/L，中性粒细胞 89%。

问题：1. 该患儿最可能的医疗诊断是什么？

2. 引起该患儿这种情况的原因是什么？

3. 护士应该提供哪些护理措施？

一、概　述

（一）概念

细菌性痢疾（bacillary dysentery）简称菌痢，是由志贺菌属引起的肠道传染病，以发热、腹痛、腹泻、里急后重及黏液脓血便为主要表现。而中毒型细菌性痢疾（bacillary dysentery，toxic type），是细菌性痢疾的一种严重类型，临床特征为急性起病、畏寒高热、反复惊厥、嗜睡、昏迷，迅速发展为循环和（或）呼吸衰竭。本病多见于2～7岁体质较好的儿童，病死率高。

（二）病因及发病机制

1. 病原体 为痢疾杆菌，属肠杆菌科志贺菌属。痢疾杆菌对理化因素敏感，经照射30min即死亡，60℃加热10min可被灭活，对酸和一般消毒剂敏感，在粪便中数小时内死亡，在污染物品及瓜果、蔬菜上可存活10～20d。

链 接　志贺菌属

志贺菌血清型繁多，根据生化反应和 O 抗原的不同，将志贺菌属分为 4 个血清群（即痢疾志贺菌、福氏志贺菌、鲍氏志贺菌、宋内志贺菌，又依次称为 A、B、C、D 群），共 47 个血清型或亚型（其中 A 群 15 个、B 群 13 个、C 群 18 个、D 群 1 个）。我国以福氏和宋内志贺菌占优势。福氏志贺菌感染易转为慢性；宋内志贺菌感染引起症状轻，多呈不典型发作；痢疾志贺菌的毒力最强，可引起严重症状。

2. 流行病学 急、慢性菌痢患者和带菌者是本病主要传染源，主要经粪-口途径传播。病菌随粪便排出，通过生活接触、污染的手、食物、水或经苍蝇传播，经口感染。人群普遍易感，多见于2～7岁儿童。病后可获得一定免疫力，但持续时间短，不同菌群及血清型间无交叉保护性免疫，易反复感染。菌痢主要集中发生在发展中国家，尤其是医疗条件差且水源不安全的地区。全年均可发病，有明显的季节性，夏秋季高发。

3. 发病机制 志贺菌经口进入消化道，侵袭肠黏膜上皮细胞并在其中繁殖、释放毒素，引起炎症反应和微循环障碍，导致肠黏膜炎症、坏死、溃疡，形成黏液脓血便，并引起脏器功能改变。志贺菌释放内毒素入血后，引起发热、毒血症及急性微循环衰竭，进而引起感染性休克、DIC及重要脏器功能衰竭，临床表现为中毒性菌痢。

二、护理评估

（一）健康史

评估患儿发病前有无不洁饮食史，有无高热、抽搐等表现。发病前有无与细菌性痢疾患儿接触史，既往健康状况等。

（二）身心状况

1. 症状、体征　潜伏期多数为1～3d，短者数小时。起病急，发展快，突然高热，体温可达40℃以上（少数不高），病势凶险，全身中毒症状严重，临床以严重毒血症状、休克和（或）中毒性脑病为主，而肠道症状不明显，甚至无腹痛、腹泻。根据临床表现可分为以下4型。

（1）休克型（周围循环衰竭型）　以感染性休克为主要表现。表现为烦躁、精神萎靡，面色灰白，四肢厥冷，皮肤花斑，脉细速，心率增快，血压明显下降或测不出，可同时伴心脏、肺、肾等多器官功能不全的表现，危及生命。

（2）脑型（脑微循环障碍型）　以中枢神经系统症状为主要临床表现。由于脑血管痉挛，引起脑缺血、缺氧，导致脑水肿、颅内压增高，甚至脑疝。患者可出现剧烈头痛、频繁呕吐、烦躁、惊厥、昏迷、瞳孔不等大、对光反射消失等，严重者可出现中枢性呼吸衰竭等临床表现。此型较为严重，病死率高。

（3）肺型（肺微循环障碍型）　又称呼吸窘迫综合征，以肺微循环障碍为主，常在中毒型细菌性痢疾脑型或休克型基础上发展而来，病情危重，病死率高。

（4）混合型　以上两型或三型同时或先后出现为混合型，是最为凶险的一种，病死率很高。

2. 心理、社会状况　评估患儿及家长对疾病的心理反应及应对方式，对疾病的防治是否有积极的态度；评估患儿家庭居住环境、卫生习惯等，以及家庭和社区对疾病的认知程度、防治态度及条件等。

（三）辅助检查

1. 血常规　白细胞总数大多增高，以中性粒细胞为主。

2. 大便常规　大便外观为黏液脓血便，镜检可见较多白细胞、红细胞和吞噬细胞。尚无腹泻的早期病例，可用生理盐水灌肠后做粪便检查，必要时复查。

3. 大便培养　大便培养出痢疾杆菌可以确诊。在抗菌药物使用前采集新鲜标本，取脓血部分及时送检和早期多次送检有助于提高细菌培养的阳性率。

4. 免疫学检测　可早期快速诊断，但特异性有待提高。

5. 特异性核酸检测　直接检查粪便中的痢疾杆菌核酸，临床较少使用。

三、治疗要点

中毒型细菌性痢疾病情凶险，早期及时抢救是提高存活率的关键。

1. 降温止惊　可采用物理、药物降温或亚冬眠疗法。持续惊厥者，可用地西泮0.3mg/kg肌内注射或静脉注射（每次最大剂量≤10mg）或用水合氯醛40～60mg/kg保留灌肠或苯巴比妥钠肌内注射。

2. 抗休克治疗　扩充血容量，纠正酸中毒，维持水、电解质酸碱平衡；在充分扩容的基础上应用血管活性药物，如山莨菪碱（654-2）、多巴胺等，以改善微循环；保护心、脑、肾等重要脏器功能；可应用糖皮质激素。

3. 控制脑水肿 可给予20%甘露醇降低颅内压，快速静脉滴注，以减轻脑水肿；应用血管活性药物改善脑部微循环，同时可用肾上腺皮质激素改善病情。保持呼吸道通畅，吸氧，若出现呼吸衰竭应及早使用呼吸中枢兴奋剂，如洛贝林等，必要时应用呼吸机。

4. 控制感染 可先采用静脉给药，可选用环丙沙星、左旋氧氟沙星等喹诺酮类或第三代头孢菌素等药物。病情好转后改为口服。

四、主要护理诊断/问题

1. 体温过高 与毒血症有关。

2. 组织灌注量不足 与微循环障碍有关。

3. 潜在并发症：脑水肿、呼吸衰竭等。

4. 有感染传播的危险 与肠道排出致病菌有关。

5. 焦虑（家长） 与病情危重有关。

五、护理措施

1. 维持正常体温 保持室内空气流通，温湿度适宜。监测体温变化，必要时遵医嘱药物降温或亚冬眠疗法，维持体温在37℃左右，遵医嘱使用抗菌药物。

2. 维持有效血液循环 密切监测生命体征、神志、面色、肢端温度、尿量等变化。迅速建立并维持静脉通道，遵医嘱给药扩容，改善微循环等。记录每日出入量。患儿取平卧位或头高足低位，适当保暖，积极配合抗休克治疗。

3. 密切观察病情 防治脑水肿和呼吸衰竭等。保持室内安静，减少刺激。抽搐患儿做好安全保护，防止外伤。保持呼吸道通畅，遵医嘱予以氧气吸入，配合医生做好抢救。

4. 预防感染传播

（1）管理传染源 对患儿采取消化道隔离至临床症状消失后1周、大便培养连续3次阴性。

（2）切断传播途径 做好消毒隔离，加强患儿粪便、便器、尿布等的消毒及工作人员手的消毒。加强饮食、个人及环境卫生管理，培养良好的卫生习惯，如饭前便后洗手，不饮生水，不吃不洁和变质食物等。

（3）保护易感儿 疾病流行期间，易感儿口服多价痢疾减毒活菌苗，免疫期可维持6～12个月。

5. 心理护理 评估患儿及家长的心理状态，多与家长沟通，提供心理支持。

6. 健康教育 向患儿及家长讲解疾病的防治知识，如疾病的传播方式、如何预防等。加强卫生宣教，如定期对饮食行业和托幼机构员工进行大便培养，及早发现带菌者并予以治疗。改善环境卫生，加强水源、饮食及粪便管理，积极灭蝇等。

自 测 题

A_1型题

1. 关于麻疹的流行病学正确的是（ ）
   A. 患者是唯一的传染源
   B. 以消化道传播为主
   C. 病后可获暂时性免疫力
   D. 发病以夏季为主
   E. 恢复期患者存在携带病毒现象
2. 无并发症麻疹患儿具有传染性的时段为（ ）
   A. 出疹期
   B. 出疹前10d至出疹后5d
   C. 出疹前5d至出疹后5d
   D. 出疹前10d至出疹后10d
   E. 出疹前5d至出疹后10d
3. 下列表现中对麻疹具有早期诊断意义的是（ ）
   A. 发热　B. 麻疹黏膜斑
   C. 典型皮疹　D. 淋巴结肿大

E. 检测到麻疹IgG型抗体

4. 水痘皮肤病变的病理特征是（ ）

A. 仅限黏膜　B. 仅限表皮

C. 仅限真皮　D. 可侵及皮下组织

E. 可侵及肌层

5. 水痘患儿具有传染性的时段是（ ）

A. 出疹期

B. 潜伏期

C. 出疹前1～2d至全部疱疹结痂

D. 出疹后1～2d至全部疱疹结痂

E. 出疹前10d至出疹后5d

6. 关于流行性腮腺炎的说法，错误的是（ ）

A. 由腮腺炎病毒引起

B. 腮腺以耳垂为中心，呈弥漫性肿胀

C. 腮腺部位面部皮肤发红

D. 患病后可获终身免疫

E. 患者及隐性感染者均有传染性

7. 患有流行性腮腺炎患儿具有传染性的时段为（ ）

A. 腮腺肿大前1d至消肿后3d

B. 腮腺肿大前1d至出疹后5d

C. 腮腺肿大前2d至出疹后5d

D. 腮腺肿大前3d至出疹后9d

E. 腮腺肿大期

8. 引起猩红热的病原体是（ ）

A. 金黄色葡萄球菌　B. A群链球菌

C. B群链球菌　D. C群链球菌

E. 肺炎链球菌

9. 猩红热患儿特有的体征是（ ）

A. 口周苍白圈　B. 躯干糠皮样脱屑

C. 疹间无正常皮肤　D. 皮疹多在发热2d后出现

E. 多为持续性高热

10. 肺结核最主要的传播途径是（ ）

A. 飞沫　B. 尘埃

C. 食物和水　D. 皮肤接触

E. 毛巾或餐具

11. 肺结核诊断最可靠的依据是（ ）

A. 结核菌素试验　B. 红细胞沉降率

C. 胸部X线片　D. 痰结核菌检查

E. 肺部CT检查

12. 结核菌素试验注射后，观察结果的时间为（ ）

A. 12～24h　B. 12h

C. 24～48h　D. 48～72h

E. 96h后

13. 儿童肺结核的主要类型是（ ）

A. 急性粟粒性肺结核

B. 纤维空洞型肺结核

C. 原发性肺结核

D. 结核性脑膜炎

E. 肠结核

A_2型题

14. 患儿被诊断为麻疹，护士做健康教育时，错误的指导是（ ）

A. 多饮开水

B. 勤剪指甲，防止抓伤皮肤

C. 病房通风换气进行空气消毒

D. 及时清除鼻痂，保持呼吸道通畅

E. 发热时可应用物理或药物方法为患儿迅速降温

15. 患儿，男，2岁。麻疹恢复期，体温突然再次升高，出现嗜睡、惊厥等症状。护士考虑该患儿可能并发了（ ）

A. 肺炎　B. 喉炎

C. 脑炎　D. 心肌炎

E. 支气管炎

16. 患儿，男，4岁。出水痘后其母亲非常担心患儿病情和预后。护士对家长的健康指导，不正确的是（ ）

A. 康复后不用接种水痘疫苗

B. 高热时使用阿司匹林降温

C. 3周内不能上学

D. 室内适当通风

E. 不能和其他孩子玩耍

17. 患儿，女，2岁。诊断为水痘，在家隔离治疗，因皮疹痒，哭闹不安。针对该患儿采取的皮肤护理措施，错误的是（ ）

A. 保持皮肤清洁，防止继发感染

B. 皮肤瘙痒时，局部可涂炉甘石洗剂

C. 疱疹破溃时涂1%甲紫

D. 继发感染者用抗生素软膏

E. 皮肤瘙痒时，可指导患儿隔衣挠抓皮疹处

18. 患儿，女，6岁。因腮腺肿大伴发热、腹痛3d入院，入院后诊断为急性腮腺炎。为了查明患儿腹痛的原因，应做下列哪项检查（ ）

A. 血糖

B. 血及尿淀粉酶检查

C. 肝功能检查

D. 腹腔穿刺

E. 腮腺炎

19. 患儿，男，7岁。诊断为流行性腮腺炎。针对该患儿的护理措施，错误的是（ ）

A. 肿胀处可冷敷

B. 腺肿处可用醋调如意金黄散外敷

C. 宜进易消化和清淡的软食

D. 易并发病毒性脑膜炎

E. 可进食水果、果汁和补充维生素C

20. 患儿，女，5岁。发热2d，体温达39.5℃，咽痛，咽部有脓性分泌物，周身可见针尖大小的皮疹，压之褪色，

触之有砂纸感。应考虑为（　　）

A. 麻疹　B. 水痘

C. 猩红热　D. 乙型脑炎

E. 腮腺炎

21. 患儿，男，2岁。患猩红热入院治疗。现患儿处于脱屑期，躯干呈糠皮样脱屑，手足为大片状脱皮。针对患儿该阶段的皮肤护理指导，错误的是（　　）

A. 观察脱皮进展情况

B. 勤换衣服，勤晒衣被

C. 用温水清洗皮肤，以免感染

D. 脱皮大时可用手轻轻撕掉

E. 剪短患儿指甲，避免抓破皮肤

22. 患儿，女，2岁。因高热、烦躁1d入院，考虑中毒型细菌性痢疾，确诊该病最直接的证据为（　　）

A. 黏液脓血便

B. 有相关接触史

C. 血常规检查白细胞升高

D. 大便标本培养出痢疾杆菌

E. 大便镜检可见大量脓细胞

23. 患儿，男，1岁半。PPD试验硬结直径13mm，未接种过卡介苗。护士考虑该患儿可能是（　　）

A. 免疫功能低下

B. 体内有新的结核病灶

C. 非典型结核分枝杆菌感染

D. 原发免疫缺陷病

E. 既往有结核感染

A_3/A_4 型题

（24、25题共用题干）

患儿，男，1岁。发热、流涕、咳嗽4d就诊。查体：体温39.5℃，耳后发际处可见红色斑疹，疹间皮肤正常，2d前在第一磨牙相对应的颊黏膜处可见灰白色点。

24. 考虑该患儿为麻疹，早期最重要的体征是（　　）

A. 高热

B. 疹间皮肤正常

C. 皮疹为红色斑疹

D. 皮疹从耳后发际处开始出现

E. 在第一磨牙相对应的颊黏膜处可见灰白色点

25. 护士指导家长采取的隔离措施中正确的是（　　）

A. 对患儿宜采取呼吸道隔离至出疹后3d

B. 对患儿宜采取呼吸道隔离至出疹后5d

C. 如有并发症，隔离至出疹后15d

D. 患儿的玩具应清洁后再保管起来

E. 患儿的衣被应暴晒1h

（26、27题共用题干）

3岁儿童，男。不规则发热、咳嗽2周，伴食欲减退、盗汗，出生时未接种过卡介苗。外周血WBC8.0×10^9/L，胸片示哑铃状“双极影”。

26. 最可能的诊断是（　　）

A. 支气管炎　B. 支气管肺炎

C. 原发性肺结核　D. 风湿热

E. 以上都不是

27. 治疗首选（　　）

A. 青霉素　B. 异烟肼

C. 红霉素　D. 利福平

E. 先锋霉素

（28～30题共用题干）

患儿，男，5岁。因突然高热、惊厥1次入院。体温39.5℃，面色苍白，四肢厥冷，意识模糊。

28. 为明确诊断，医生让护士为患儿留取大便，护士正确的做法是（　　）

A. 患儿无大便时，口服致泻剂留取大便

B. 标本多次采集，集中送检

C. 如标本难以采集，可取其隔日大便送检

D. 可用开塞露灌肠取便

E. 选取大便黏液脓血部分送检

29. 如粪检结果为脓细胞8～10个/HP。护士考虑该患儿是（　　）

A. 中毒型细菌性痢疾　B. 水痘并发脑炎

C. 腮腺炎脑炎　D. 麻疹脑炎

E. 高热惊厥

30. 目前患儿临床症状好转出院，解除隔离返回幼儿园的时间为（　　）

A. 目前即可　B. 临床症状消失

C. 1次大便培养阴性　D. 2次大便培养阴性

E. 3次大便培养阴性

（毛　霞　徐淑芹）

第15章
内分泌系统疾病患儿的护理

第1节　先天性甲状腺功能减退症

案例 15-1

患儿，女，2岁，因身材矮小，反应迟钝就诊。体查：头大颈短，眼裂小、眼距宽，鼻梁宽平。T35.5℃，智力发育落后。

问题：1. 该患儿最可能患何种疾病？

2. 对该患儿应制订何种护理计划，提供怎样的护理措施？

一、概　　述

（一）概念

先天性甲状腺功能减退症（congenital hypothyroidism），简称先天性甲减，是由于甲状腺素合成不足或受体缺陷而引起的一种儿童最常见的内分泌疾病，又称呆小病、克汀病。本病可分为散发性和地方性两类。散发性系由先天缺陷引起，如合成甲状腺激素的酶缺乏或甲状腺自身异常发育等。地方性多见于甲状腺肿流行的山区，多是由于当地的饮食、水和土壤中缺碘造成，但随着我国加碘食盐的广泛使用，发生率已明显下降。

（二）病因

1. 散发性先天性甲状腺功能减退症

（1）甲状腺不发育、发育不全或异位　是引起先天性甲减的最主要原因，约占90%，女孩多见。病因尚不明确，可能与免疫机制和遗传因素有关。

（2）甲状腺激素合成障碍　由于甲状腺激素合成和分泌过程中酶的缺陷，造成甲状腺素不足，多数为常染色体隐性遗传病。

（3）促甲状腺激素（TSH）缺乏　因垂体分泌TSH障碍而引起甲状腺功能低下。

（4）母亲因素　母亲在妊娠期服用抗甲状腺药物或母亲患有自身免疫性疾病，存在抗甲状腺抗体，可透过胎盘影响胎儿，造成胎儿甲状腺功能低下，通常于3个月内消失。

（5）甲状腺或靶器官的反应低下　均为罕见病。

2. 地方性先天性甲状腺功能减退症　多见于甲状腺肿流行地区，主要是由于该地区的饮食、水或土壤中缺碘导致胎儿在胚胎期因碘缺乏而致甲状腺功能低下。

（三）发病机制

甲状腺激素以碘和酪氨酸为原料，经过一系列反应后，合成三碘甲腺原氨酸（T_3）和甲状腺素（T_4）。甲状腺素的合成与释放受促甲状腺激素释放激素（TRH）和促甲状腺激素（TSH）的控制。其主要作用是加速细胞内的氧化过程；增加酶的活性；促进新陈代谢；加速脂肪分解和利用；提高基础代谢率；促进蛋白质的合成；促进糖的吸收、利用；促进中枢神经系统发育，尤其是在胎儿期。

二、护理评估

（一）健康史

评估患儿的出生史、家族史；询问当地有无流行情况存在；评估母亲的妊娠史、服药史；评估患儿的精神状态、体格发育和智力发育情况等。

（二）身心状况

症状出现的早晚、轻重与甲状腺功能低下的程度密切相关。无甲状腺组织的患儿可在婴儿早期出现症状，腺体发育不良者多在生后3～6个月出现症状，有少量腺体者多在6个月后出现症状，偶有在数年后才出现症状者。主要表现为智能低下，生长发育迟缓，基础代谢率降低。

1. 新生儿期 多为过期产儿。早期表现为生理性黄疸时间延长（＞2周）。同时有喂养困难，胎粪排泄迟缓，腹胀、便秘、反应迟钝、体温低、四肢冷、皮肤发花。前囟大，后囟未闭，有脐疝，常处于睡眠状态，哭声弱。

2. 典型症状

（1）特殊面容 表现为头大而颈短，眼裂小，眼距宽，身材矮小，舌大而厚，常伸出口外，面色苍黄、皮肤粗糙，毛发稀疏，鼻梁宽平。

（2）神经系统发育落后 反应迟钝，表情淡漠，记忆力下降，智能发育低下，运动发育落后。

（3）生理功能低下 嗜睡，少动，体温低，脉搏缓慢，心音低钝，怕冷少汗，血压低，心电图呈低电压，T波低平，肠蠕动减慢，腹胀、便秘。

3. 地方性甲状腺功能减退症 临床表现为两种不同的类型，当两者症状交叉重叠时称混合型。

（1）神经型 以痉挛性瘫痪、共济失调、智力低下和聋哑为特征，而身材正常。

（2）黏液性水肿型 以黏液性水肿、生长发育和性发育落后及智力低下为特征，血清T_4降低，TSH增高，约25%伴有甲状腺肿大。

4. 心理、社会状况 评估家长是否掌握本病的有关护理知识和正确的智力、体能训练的方法等；评估患儿及家长是否存在恐惧、焦虑的情绪及自卑感等。

（三）辅助检查

1. 新生儿筛查 目前多采用生后2～3d的新生儿干血滴纸片检测TSH浓度作为初筛，结果＞15mU/L时，再进一步检测血清T_4、TSH浓度以确诊。

2. 血清T_3、T_4、TSH测定 若血清T_4降低、TSH明显增高即可确诊。

3. X线检查 骨龄常明显落后于实际年龄。

4. 其他 如放射性核素检查、基础代谢率测定、TSH激发试验等。

三、治疗要点

早诊断、早治疗，终生替代治疗，常用*L*-甲状腺素钠（优甲乐）。注意监测体格及智力发育情况，定期复查。

四、主要护理诊断/问题

1. 体温过低 与代谢率低下有关。

2. 营养失调：低于机体需要量 与喂养困难、食欲下降有关。

3. 便秘 与肠蠕动减慢、肌张力下降有关。

4. 生长发育迟缓 与甲状腺素功能减退有关。

5. 知识缺乏：患儿父母缺乏本病的相关知识。

五、护理措施

1. 保暖　注意室内温度，适时增减衣服，防止患儿受凉。

2. 保证充足的营养供给　给予高蛋白、高维生素、含铁、钙丰富的易消化食物；耐心喂养，避免呛咳，保证充足的进餐时间，必要时可用滴管喂养或给予鼻饲，以保证营养的需要。

3. 保持大便通畅　多饮水，保证充足的液体入量；每日按顺时针方向按摩腹部数次，适当引导患儿增加活动量，促进肠蠕动，养成定时排便的习惯；必要时可用大便软化药，缓泻剂或灌肠。

4. 加强行为训练，促进智力发育　加强患儿智力、体能训练，以促进生长发育，使其掌握基本生活技能，提高自我照护能力，防止意外伤害发生。

5. 用药护理　告知家长终生服药的重要性、必要性，指导家长严格遵守药物的使用原则，用药后应密切观察患儿的智商、骨龄、生命体征、生长曲线及血T_3、T_4的变化等；治疗过程中应遵医嘱定期随访复查。

6. 健康教育　向患儿及家长强调终生服药的重要性和必要性，教会其掌握正确的服药方法，以及如何观察药物的疗效和副作用；与家长一起为患儿制订合适的康复训练方案，给予心理安慰，增强其战胜疾病的信心，积极配合治疗。

第2节　儿童糖尿病

案例 15-2

患儿，男，5岁，1周前出现恶心、呕吐、流涕、咳嗽。近期多饮，小便次数及尿量增加，体重下降明显，家长带其来院就诊。测空腹静脉血糖为8.5mmol/L。

问题：1. 该患儿考虑可能发生了何种疾病？

2. 该患儿的健康教育包括哪些？

一、概　　述

（一）概念

糖尿病（diabetes mellitus，DM）是由于胰岛素分泌绝对或相对缺乏引起的糖、脂肪、蛋白质代谢紊乱，导致血糖增高、尿糖增加的一种病症。糖尿病可分为：①1型糖尿病，也称胰岛素依赖性糖尿病（IDDM），90%的儿童期糖尿病属此类型，必须使用胰岛素治疗；②2型糖尿病，也称非胰岛素依赖性糖尿病（NIDDM）；③特殊类型糖尿病；④妊娠期糖尿病。儿童糖尿病易并发酮症酸中毒而成为急症之一，其后期常伴发累及眼和肾脏的血管病变。我国属低发病区，但近年的流行病学研究表明，儿童糖尿病发病率逐年增高是全球的总趋势。本节重点叙述1型糖尿病。

（二）病因及发病机制

1型糖尿病的发病机制目前尚未完全阐明，目前认为，是在遗传易感基因的基础上由外界环境因素的作用引起的自身免疫反应，造成了胰岛β细胞的损伤和破坏。当胰岛素分泌减少至正常的10%时即可出现临床症状。

1. 遗传易感性　1型糖尿病属多基因遗传病。但遗传易感基因在不同种族间存在一定的差别，提示和遗传的多态性有关。

2. 自身免疫因素　约90%的1型糖尿病患儿在初次诊断时血中出现多种胰岛细胞自身抗体，并且这些抗体在补体和T淋巴细胞的协同作用下具有对胰岛细胞的毒性作用。细胞免疫异常在1型糖尿病的发病中有重要作用，最终导致胰岛β细胞的损伤和破坏。

3. 环境因素 1型糖尿病的发病与化学毒物、病毒感染、食物中某些成分（如牛奶蛋白）、胰腺遭到缺血损伤等因素有关。这些因素可能会使易感性基因者体内免疫功能发生变化，产生β细胞毒性作用，最终形成1型糖尿病。

二、护理评估

（一）健康史

评估患儿体重变化、饮食改变情况和呼出的气味等情况，询问有无家族遗传史。

（二）身心状况

1型糖尿病起病较急骤，多数常有感染、饮食不当或情绪激惹等诱因。典型症状表现为多饮、多尿、多食和体重下降，即“三多一少”。但婴儿多饮、多尿不易被发现，很快便可发生脱水和酮症酸中毒。儿童可因夜尿增多出现遗尿而就诊。年长儿表现为疲乏无力、精神不振、体重逐渐下降等症状。约40%患儿初次就诊即表现为糖尿病酮症酸中毒。酮症酸中毒患儿除多饮、多尿、体重减轻以外，还有恶心、呕吐、食欲缺乏、腹痛，皮肤黏膜干燥、呼吸深长、呼气有酮味，体温不升、血压下降、脉搏细速，甚至出现嗜睡、昏迷。

若病程较长，血糖控制不佳，则可出现生长落后，智力发育迟缓、肝大，称为糖尿病性假性侏儒（Mauriac综合征）。晚期可出现蛋白尿、高血压等糖尿病肾病表现，最后导致肾衰竭，还可引起白内障和视网膜病变，导致视力障碍甚至失明。

（三）辅助检查

1. 尿液检查 尿糖定性阳性，尿糖可间接反映出患者血糖控制的情况。尿酮体阳性提示有糖尿病伴酮症酸中毒，尿蛋白阳性提示可能并发了肾脏的继发性损害。

2. 血糖 ①空腹时静脉血糖≥7.0mmol/L；②随机的静脉血糖≥11.1mmol/L，符合其中一个标准，即可诊断为糖尿病。

3. 糖耐量试验（OGTT） 本方法仅用于空腹血糖正常或正常高限，餐后血糖高于正常而尿糖偶尔呈阳性的患儿。患儿2h血糖＞11.1mol/L即可诊断为糖尿病。

4. 糖化血红蛋白（HbA1c）**检测** HbA1c是血红蛋白与血液中葡萄糖非酶化结合的产物，其量与血糖水平呈正相关。因此，HbA1c可作为患儿以往2～3个月期间血糖控制是否满意的指标。正常人HbA1c＜7%，治疗良好的糖尿病患儿应HbA1c＜7.5%。

5. 血气分析 当pH＜7.30，HCO_3^-＜15mmol/L时，说明有代谢性酸中毒存在。

6. 其他 定期检测胆固醇、甘油三酯及游离脂肪酸，有助于判断病情的控制情况。

三、治疗要点

胰岛素治疗、饮食管理、运动、血糖监测和健康教育是1型糖尿病治疗的基石。胰岛素是治疗1型糖尿病最主要的药物。新诊断的患儿，每日胰岛素用量为0.5～1.0U/（kg·d），但3岁以下患儿建议从0.5U/（kg·d）起始；青春期前（部分缓解期外）患儿为0.7～1.0U/（kg·d）；青春期患儿为1.0～1.5U/（kg·d），个别可达2U/（kg·d）。起始的药物治疗可以为单一的二甲双胍或胰岛素，或者两者联合使用，但10岁以下儿童避免使用二甲双胍。

四、主要护理问题/诊断

1. 营养失调：低于机体需要量 与胰岛素缺乏导致的代谢紊乱有关。

2. 潜在并发症：低血糖、酮症酸中毒。

3. 有感染的危险 与机体抵抗力低下有关。

4. 知识缺乏： 患儿及家长缺乏控制糖尿病的相关知识和技能。

五、护理措施

1. 饮食控制 食物的能量根据患儿的年龄、生长发育和日常活动的需要制订。饮食成分的分配比例为：蛋白质15%～20%、脂肪25%～35%、糖类50%～55%。全日热量早、中、晚餐分别占1/5、2/5、2/5，每餐留少量食物作餐间点心。当患儿运动量增加时可加餐或适当减少胰岛素用量。以富含蛋白质和纤维素的食物为主，限制纯糖和饱和脂肪酸。每日进食应定时、定量。饮食控制以能维持正常体重、正常血脂、减少血糖波动为原则。

2. 胰岛素的使用

（1）胰岛素的注射 胰岛素注射可采用注射针、注射笔、胰岛素泵等，目前多数1型糖尿病患儿均采用胰岛素泵进行治疗，可以有效、平稳地控制血糖。如采用胰岛素注射治疗，尽量使用同一型号的注射器，以保证注射剂量的绝对准确。每次注射需更换部位，以免造成局部皮下脂肪萎缩、硬化。

（2）监测血糖变化 指导患儿及其家长独立进行血糖和尿糖监测，教会其正确使用血糖测量仪测量血糖的方法，根据监测结果，每2～3d调整胰岛素剂量1次，直至尿糖低于“++”。

（3）胰岛素治疗的注意事项

1）防止胰岛素过量：若胰岛素过量会导致索莫吉（Somogyi）反应，即在午夜至凌晨时发生低血糖，在反调节激素作用下，血糖骤升，导致清晨血糖异常升高，如未及时明确诊断，可因日间血糖增高而盲目增加胰岛素剂量，形成恶性循环。

2）防止胰岛素不足：当胰岛素用量不足时可发生黎明现象（dawn phenomenon），是由于晚间胰岛素不足，在清晨5～9时出现血糖和尿糖增高，加大晚间胰岛素注射剂量或将注射时间稍往后移即可。

链接 胰岛素泵

胰岛素泵由泵、小注射器和与之相连的输液管组成，是按照人体需要的剂量将胰岛素持续地推注到使用者皮下的装置。是通过持续皮下输注胰岛素的方式，模拟胰岛素的生理性分泌模式从而控制高血糖的一种方法。其内装有一个短效或速效胰岛素储药器，外有一个显示屏及一些按钮，用于设置泵的程序，灵敏的驱动马达缓慢地推动胰岛素从储药器经输注导管进入皮下。输注导管长度不同，牢固地将泵与身体连接起来，胰岛素泵有“人工胰腺”之称。

---

3. 运动锻炼 糖尿病患儿应根据年龄和运动能力每天坚持做适当运动，运动时间以进餐1h后、2～3h以内为宜，不要空腹时运动，运动前减少胰岛素用量，运动后有低血糖表现时可适量加餐。

4. 防治糖尿病酮症酸中毒

（1）密切观察患儿病情变化，监测血气、电解质及血和尿液中糖的变化。

（2）协助胰岛素治疗，严密监测血糖变化情况。

（3）纠正水、电解质、酸碱平衡紊乱，保证出入液量的平衡。

5. 防止感染 养成良好的卫生习惯，保持皮肤完整，维持良好的血糖水平，定期进行身体检查。

6. 预防并发症 坚持按时进行血糖、尿糖测定，根据检测结果调整胰岛素的注射剂量、饮食量及运动量。

7. 健康教育

（1）合理膳食 饮食控制是糖尿病患者最基本的一项治疗措施。多吃蔬菜，粗细搭配。不吃油炸食品和含糖量高的水果。

（2）适量运动　这是防止糖尿病的重要方法。运动可提高机体免疫力，强身健体，增加胰岛素的敏感性，减少胰岛素抵抗。

（3）遵医嘱用药　遵医嘱坚持按时按量用药，切勿随意增减药物或停药。

（4）定期复查　定期回院复查，检测血脂、糖化血红蛋白，以及心、肝、肾、眼底等重要器官的功能，有无并发症发生等。

（5）指导家长和患儿学习糖尿病有关知识，接受防治糖尿病的有关知识和技能的教育。

自 测 题

A_1型题

1. 甲状腺素的主要作用不包括（　　）
   A. 促进新陈代谢　B. 加速脂肪分解和利用
   C. 增加酶的活性　D. 降低基础代谢率
   E. 促进组织、细胞的生长
2. 散发性先天性甲状腺功能减退症的病因不包括（　　）
   A. 甲状腺不发育　B. 甲状腺激素合成障碍
   C. 促甲状腺激素缺乏　D. 母亲患有妊娠期高血压
   E. 靶器官反应低下
3. 先天性甲状腺功能减退症的表现不包括（　　）
   A. 眼距宽、眼裂小　B. 头大颈短
   C. 鼻梁宽平、舌厚　D. 黏液性水肿
   E. 凹陷性水肿
4. 新生儿期甲状腺功能减退症多发生于（　　）
   A. 足月儿　B. 早产儿
   C. 过期产儿　D. 巨大儿
   E. 足月小样儿
5. 甲状腺体发育不良者出现先天性甲状腺功能减退症症状的时间是（　　）
   A. 出生时　B. 新生儿期
   C. 3～6个月　D. 6～12个月
   E. 1岁以后
6. 下列关于儿童糖尿病的叙述，错误的是（　　）
   A. 儿童糖尿病多为2型
   B. 细胞免疫常导致胰岛β细胞损伤或破坏
   C. 典型表现称“三多一少”
   D. 须用胰岛素终生治疗
   E. 可有酮症酸中毒
7. 关于胰岛素治疗糖尿病使用过量造成的不良反应，下列正确的是（　　）
   A. 过敏反应　B. 皮下组织增生
   C. 低血糖　D. 感染
   E. 肥胖
8. 糖尿病酮症酸中毒的临床表现不包括（　　）
   A. 多饮、多尿、体重减轻
   B. 食欲缺乏、腹痛
   C. 呼气有酮味
   D. 血压下降、脉搏细速
   E. 体温升高

A_2型题

9. 患儿，女，2岁。说话不清，不太会走路。查体：眼距宽，鼻梁宽平，舌大唇厚，皮肤粗糙，躯干长，四肢短。为进一步确诊，应做下列哪项检查（　　）
   A. 生长激素刺激试验　B. 查血清T_3、T_4、TSH
   C. CT检查　D. MRI
   E. X线检查
10. 某山区，小儿出生后多身材矮小、智力落后，出牙延迟，头发苍黄，诊断为地方性甲状腺功能减退症。导致本病最主要的原因可能是（　　）
    A. 甲状腺素合成障碍
    B. 甲状腺反应低下
    C. 当地饮食、水或土壤中缺碘
    D. 垂体分泌功能障碍
    E. 甲状腺发育不良
11. 患儿，男，生后15d，过期产儿。出生体重3.5kg。胎粪排泄迟缓，腹胀、反应迟钝、体温低。前囟大、后囟未闭、有脐疝，常处于睡眠状态。其最可能的诊断是（　　）
    A. 生长激素缺乏症　B. 先天性甲状腺功能减低症
    C. 21-三体综合征　D. 黏多糖病
    E. 苯丙酮尿症
12. 患儿，女，6个月。因安静少动，体温低，身材较同龄儿童矮小，而来院检查，怀疑先天性甲状腺功能减退症。如需确诊，下列检查无意义的是（　　）
    A. TRH刺激试验　B. 脑电图
    C. 甲状腺功能检查　D. 骨龄测定
    E. 基础代谢率测定
13. 患儿，女，8个月。生后母乳喂养，吃奶差，近来发现其头发稀少，头大颈短，面色苍黄、四肢短小，反应迟钝，软弱无力，智能发育低下，怕冷少汗，腹胀、

便秘。对该患儿治疗应选择（　　）

A. 蓝光治疗　B. 生长激素替代治疗
C. 不需治疗　D. 保暖、通便
E. 服用优甲乐

14. 患儿，男，7岁，近日来食欲不佳，伴有咽痛、流涕等症状，同时出现遗尿而就诊。多饮、多尿、体重减轻，随机静脉血糖12.5mmol/L。该患儿最可能的诊断是（　　）

A. 上呼吸道感染　B. 营养不良
C. 糖尿病　D. 泌尿道感染
E. 以上都不是

15. 患儿，男，10岁。1年前因多饮、多尿、体重下降来院就诊，诊断为儿童1型糖尿病。对于该患儿的治疗方法中，不恰当的是（　　）

A. 控制饮食
B. 遵医嘱使用胰岛素
C. 尽量不要运动
D. 按时进行血糖、尿糖测定
E. 定期复查

A_3/A_4型题

（16、17题共用题干）

患儿，1个月，过期产儿。出生体重4.3kg，皮肤黄染，嗜睡，反应迟钝，喂养困难，经常便秘，皮肤偶有硬肿出现。

16. 该患儿最可能患的是哪种疾病（　　）

A. 佝偻病
B. 新生儿败血症
C. 先天性甲状腺功能减退症
D. 先天性巨结肠
E. 新生儿黄疸

17. 该患儿的护理措施不恰当的是（　　）

A. 保持大便通畅　B. 注意监测体温
C. 加强皮肤护理　D. 适时增减衣物
E. 与其他病种患儿共处一室

（18、19题共用题干）

患儿，女，10岁。近日感觉疲乏无力、精神不振，体重逐渐下降，并伴有多饮、多尿等表现。之后出现恶心、呕吐、腹痛，呼吸深长、呼气有酮味，急诊入院。诊断为“儿童糖尿病”。

18. 该患儿目前最主要的护理问题是（　　）

A. 营养失调：低于机体需要量
B. 潜在并发症：酮症酸中毒
C. 焦虑或恐惧
D. 有感染的危险
E. 知识缺乏

19. 对于上述护理问题的处理方法正确的是（　　）

A. 纠正脱水及电解质紊乱
B. 小剂量胰岛素持续静脉滴注
C. 控制感染
D. 密切观察患儿病情变化
E. 以上都是

（蒙　娟）

第16章 免疫性疾病患儿的护理

第1节 风 湿 热

案例 16-1

患儿，女，6岁，因“发热2周，双膝关节痛1周”入院。查体：T38℃，P101次/分，咽稍充血，心肺（–），双膝关节红肿，活动受限。辅助检查：WBC13×10^9/L，N0.72，L0.28，血沉98mm/h，CRP（+），抗链球菌溶血素O（ASO）800U。

问题： 1. 该患儿可能的临床诊断是什么？

2. 该患儿目前主要的护理诊断/问题是什么？应采取哪些护理措施？

一、概　　述

（一）概念

风湿热（rheumatic fever）是由咽喉部A群乙型溶血性链球菌感染后发生的急性或慢性风湿性疾病。主要表现为发热、心脏炎、关节炎、舞蹈症、皮下结节及环形红斑。心脏炎是本病最严重的表现，急性期可危及生命，反复发作可致慢性风湿性心瓣膜病。发病年龄以5～15岁多见，无明显性别差异。一年四季均可发生，以冬春季多见。潮湿、寒冷地区发病率高。

（二）病因与发病机制

风湿热发生与A群乙型溶血性链球菌感染后的免疫反应有关，链球菌咽部感染是本病发病的必要条件。①变态反应：A群乙型溶血性链球菌抗原性复杂，其分子结构与机体器官抗原存在同源性，抗链球菌免疫反应可与人体产生免疫交叉反应，导致Ⅱ型变态反应性组织损伤，是风湿热发病的主要机制。②自身免疫反应：风湿性心脏炎患儿可出现抗心肌抗体，损伤心肌组织，引起心肌炎。③遗传背景：风湿热的发病存在遗传易感性，同一家族成员发病率较无风湿热家族史者为高，单卵双胎同时患风湿热者较双卵双胎为高。

二、护理评估

（一）健康史

询问患儿发病前1～4周有无上呼吸道感染史。有无发热、关节疼痛，是否伴有皮疹等，关节疼痛的性质及部位、有无活动受限，有无情绪异常或不自主的动作表现。以往有无心脏病、关节炎病史。家庭居住条件、生活环境如何，家族成员有无类似的疾病。

（二）身心状况

1. 症状、体征

（1）一般表现　起病时一般均有发热，热型不定，少数短期高热后再转为低热，可持续数周。伴有精神不振、食欲减退、体重减轻、面色苍白、疲倦、多汗及鼻出血，有时可伴腹痛。

（2）心脏炎 占风湿热患儿的40%～50%。以心肌炎、心内膜炎多见，亦可发生全心炎。轻者可无明显症状，仅心率增快和轻度的心电图变化，重者可导致心力衰竭。

1）心肌炎：轻者可无症状，重者可致不同程度的心力衰竭。常表现为心率增快与体温升高不成比例；心脏扩大，心尖搏动弥散，第一心音减弱，严重时出现奔马律，亦可出现过早搏动或心动过缓等心律失常；心尖区可闻及收缩期吹风样杂音。心电图常见为P-R间期延长，ST段异常及T波低平。

2）心内膜炎：以二尖瓣受累最常见，主动脉瓣次之，其他瓣膜少见。二尖瓣关闭不全时心尖区可闻及全收缩期吹风样杂音，主动脉瓣关闭不全时胸骨左缘第3肋间可闻及舒张期杂音。急性期瓣膜受损可为充血水肿，不一定表示瓣膜发生不可逆的器质性损害，风湿性心内膜炎反复发作可造成瓣膜变形，形成慢性风湿性心瓣膜病。

3）心包炎：可有心前区疼痛，早期心包积液量少时，可于心底部听到心包摩擦音，当积液量较多时，心包摩擦音消失，可出现心界扩大、心音遥远及肝大、颈静脉怒张等心脏压塞表现。

（3）关节炎 是最常见的临床表现，占风湿热患儿的50%～60%。典型病例，出现游走性、多发性大关节（膝、踝、肩、肘、腕关节）受累的表现，关节局部出现红、肿、热、痛及功能障碍。经治疗后关节功能可完全恢复，不遗留畸形。

（4）舞蹈症 系由风湿病变累及锥体外系所致。可单独存在或与其他症状并存。起病缓慢，早期以情绪不稳、易激动、喜怒无常、神经过敏等精神症状为主，以后出现全身或局部肌肉不自主的无意识运动，如扭头缩颈、挤眉弄眼、歪嘴伸舌、手舞足蹈等动作，致使不能持物、解扣、进食，影响写字和说话等，在兴奋或注意力集中时加剧，入睡后即消失。病程呈自限性，轻者可在数周内症状消失，偶尔可持续6～12个月。

（5）皮肤损害

1）皮下结节：是风湿活动的显著标志。位于肘、腕、膝、踝等关节伸面，骨隆起处或肌腱附着处皮下，呈圆形，粟粒至豌豆大小，无压痛，质硬，不与皮肤粘连。

2）环形红斑：也是风湿活动的表现。多分布于躯干及四肢屈侧，呈环形或半环形，色淡红，环内肤色苍白，边缘可轻度隆起。红斑出现迅速，且常于数小时或1～2d内消失，可反复出现，不留痕迹。

2. 心理、社会状况 本病易反复，产生心脏损害，严重影响患儿生命质量，评估家长有无焦虑及对该病预后的认识程度。对年长儿还需评估有无因长期休学带来的担忧，舞蹈症的患儿是否因不自主动作而产生自卑、孤僻等不良情绪。

（三）辅助检查

1. 风湿热活动指标 周围血白细胞总数和中性粒细胞增多，ESR增快，CRP阳性，α2球蛋白和黏蛋白增高，以上为风湿活动的重要标志，但对诊断本病无特异性。

2. 链球菌感染证据 20%～25%患儿的咽拭子培养可发现A群乙型溶血性链球菌。50%～80%风湿热患儿ASO升高。同时测定抗脱氧核糖核酸酶B、抗链球菌激酶（ASK）和抗透明质酸酶（AH）可使阳性率提高到95%。

链 接 **风湿热Jones诊断标准**

1. 主要表现 心脏炎，多关节炎，舞蹈症，环形红斑，皮下结节。

2. 次要表现 关节痛，发热，急性期ESR、CRP增高，心电图P-R间期延长。

3. 链球菌感染证据 咽拭子培养或快速链球菌抗原试验阳性，或链球菌抗体效价升高。

有链球菌感染证据，并且有两项主要表现或一项主要表现加两项次要表现者，可诊断为典型的急性风湿热。注：关节炎作为一项主要表现，关节痛就不能作为次要表现；心脏炎作为一项主要表现，心电图异常就不能作为次要表现。

三、治疗要点

1. 一般治疗 卧床休息，加强营养，补充维生素等。

2. 抗链球菌感染 首选青霉素治疗，疗程不少于2周。青霉素过敏者可改用红霉素。

3. 抗风湿治疗 心脏炎早期用糖皮质激素治疗，总疗程8～12周，无心脏炎症者使用阿司匹林，总疗程4～8周。

4. 对症治疗 舞蹈症可用镇静剂，如苯巴比妥、氯丙嗪和地西泮等；关节肿痛时给予制动；充血性心力衰竭时给予大剂量糖皮质激素静脉注射，可加用洋地黄，但剂量要小，并注意其毒性反应。

四、主要护理诊断/问题

1. 心排血量减少 与心脏受损有关。

2. 疼痛 与关节受累有关。

3. 体温过高 与病原体感染有关。

4. 焦虑 与心脏损害有关。

5. 潜在并发症： 药物不良反应。

五、护理措施

1. 防止发生严重心功能损害

（1）限制活动 无心脏炎患儿急性期至少卧床休息2周，至急性症状完全消失，方可逐渐起床活动；有心脏炎者，急性期绝对卧床休息，轻者4周，重者6～12周。一般恢复至正常活动量所需时间：无心脏受累者1个月，轻度心脏受累者2～3个月，严重心脏炎伴心力衰竭者6个月。

（2）饮食护理 给予易消化、富含蛋白质、维生素的饮食。有心力衰竭者适当限制盐和水，注意少量多餐，保持大便通畅，并详细记录液体出入量。

（3）密切观察病情 注意患儿面色、呼吸、心率、心律及心音的变化，如有烦躁不安、面色苍白、多汗、气急等心力衰竭的表现，应及时处理。

（4）按医嘱抗风湿治疗 心力衰竭患儿加用洋地黄制剂，同时配合吸氧、利尿、维持水电解质平衡等治疗。

2. 缓解关节疼痛 可嘱其保持舒适体位，避免痛肢受压，移动肢体时动作应轻柔。也可用热水袋热敷关节局部止痛。注意患肢保暖，避免寒冷受潮，并做好皮肤护理。

3. 维持正常体温 密切观察体温变化，注意热型。按医嘱给予抗感染及抗风湿治疗。

4. 用药护理 服药期间应观察药物副作用。阿司匹林可引起胃肠道反应、肝功能损害及出血，饭后服用或同服氢氧化铝可减少对胃黏膜的刺激，加用维生素K防止出血。使用泼尼松可引起满月脸、肥胖、消化道溃疡、肾上腺皮质功能不全、精神症状、血压增高、电解质紊乱、免疫抑制等副作用。心肌炎时对洋地黄敏感易出现中毒，每次服药前要测量脉率或心率，用药期间应观察有无恶心、呕吐、心律不齐、心动过缓等不良反应。

5. 心理护理 关爱患儿，多与患儿及家长沟通，耐心解释各项检查、治疗和护理措施的意义，并给予精神安慰。及时解除患儿的不适感，增强其战胜疾病的信心。

6. 健康教育

（1）加强锻炼，增强体质，预防上呼吸道感染。发生链球菌感染时，应及时彻底治疗。

（2）向患儿及家长讲解该病的相关知识及护理要点，教会家长观察病情。合理安排患儿的日常生活，不参加剧烈活动，防止受凉，定期复查。

（3）强调预防复发的重要性，预防药物首选长效青霉素，每次120万单位，肌内注射，每3～4周1次，至少持续5年，最好持续到25岁，有风湿性心脏病者，应终身药物预防。青霉素过敏者改为红霉素类药物口服，每月口服6～7d，持续时间同前。

第2节　过敏性紫癜

案例16-2

患儿，男，12岁，因"双下肢暗红色瘀点3d，腹痛1h"入院。检查：患儿双下肢和臀部散在斑丘疹，紫红色，高出皮面，压之不褪色；大便隐血试验呈阳性。

问题：1. 该患儿可能的诊断是什么？

2. 护士对该患儿应采取哪些护理措施？

一、概　　述

（一）概念

过敏性紫癜（anaphylactoid purpura）又称亨-舒综合征（Henoch–Schönlein syndrome），是以小血管炎为主要病变的系统性血管炎。临床特点为皮肤紫癜，常伴有关节肿痛、腹痛、便血、血尿和蛋白尿。本病多见于学龄期儿童，男孩多于女孩，一年四季均可发病，以春秋两季居多。本病预后多数良好，少数患儿病情迁延反复。

（二）病因及发病机制

病因不明，目前认为与某种致敏因素引起的自身免疫反应有关，变应原包括食物（鱼、虾、蟹、蛋及乳类等）、药物（水杨酸类、抗生素等）、病原体（细菌、病毒、寄生虫等）、免疫接种、麻醉及恶性病变等。

本病的发病机制为各种变应原作为刺激因子作用于具有遗传背景的个体，激发B淋巴细胞克隆扩增，引发异常免疫反应，导致IgA介导的系统性血管炎。

二、护理评估

（一）健康史

询问患儿皮肤紫癜出现的时间、部位、特点，有无腹痛、呕吐及关节痛；了解患儿的粪便及尿液有无改变；询问患儿有无过敏原接触史。

（二）身心状况

1. 症状、体征　多为急性起病，发病前1～3周常有上呼吸道感染病史，可伴有低热、食欲缺乏、乏力等全身症状。首发症状以皮肤紫癜为主，少数患儿以腹痛、关节炎或肾脏症状首发。

（1）皮肤紫癜　反复出现皮肤紫癜为本病特征，多见于下肢远端和臀部，对称分布，面部及躯干较少。紫癜大小不一，常分批出现，起初为紫红色斑丘疹，高出皮面，压之不褪色，数日后变为暗紫色，最后呈棕褐色消退。严重紫癜可融合成大血疱，中心呈出血性坏死，部分患儿出现血管神经性水肿。皮肤紫癜一般在1～2周内消退，也可迁延数周或数月。

（2）胃肠道症状　约见于2/3的患儿，由于肠壁水肿、出血、坏死而出现腹痛，伴恶心、呕吐、腹泻及血便等症状，腹痛常位于脐周或下腹部。少数病情严重者可并发肠套叠、肠梗阻或肠穿孔。

（3）关节症状　少数患儿出现膝、踝、肘、腕等大关节肿胀、疼痛及功能障碍，关节腔有浆液性积液，可在数日内消退，不留畸形。

（4）肾脏症状　30%～60%的患儿累及肾脏，症状多于紫癜后2～4周出现，也可在其他症状消失后出现，症状轻重不一。多数患儿表现为紫癜性肾炎，出现血尿、蛋白尿和管型尿，伴血压升高及水肿。半数以上患儿的肾脏损害可以临床自行痊愈，但少数患儿的血尿、蛋白尿及高血压可持续很久。

（5）其他表现　偶可发生颅内出血，导致失语、瘫痪、昏迷、惊厥等。也可发生鼻腔出血、牙龈出血、肺出血及心肌炎、心包炎等。

2. 心理、社会状况　评估患儿及家长对本病的认识程度。对病程迁延和合并有严重肾损害者，可影响到患儿的学习，给家庭带来较重的负担，故应评估患儿及家属是否产生焦虑、恐惧等不良情绪。

（三）辅助检查

1. 血常规　白细胞计数正常或增加，中性粒细胞和嗜酸性粒细胞可增加。血小板计数正常甚至升高，血块退缩试验正常，出血和凝血时间正常。部分患儿毛细血管脆性试验阳性。

2. 其他　肾功能受损可有血尿、蛋白尿、管型尿；大便隐血试验可呈阳性；血清IgA常增高，IgG和IgM正常或轻度升高。

三、治疗要点

本病尚无特效疗法，主要采取支持和对症治疗。急性发作期应卧床休息，积极寻找和去除致病因素。有荨麻疹或血管神经性水肿时，用抗组胺药和钙剂；腹痛时用解痉剂；消化道出血时禁食；给予大量维生素C改善血管通透性；应用阿司匹林等阻止血小板凝集和血栓形成；应用肾上腺皮质激素缓解腹痛和关节疼痛，重症可加用免疫抑制剂。

四、主要护理诊断/问题

1. 皮肤完整性受损　与变态反应性血管炎有关。

2. 疼痛　与关节、肠道变态反应性炎症有关。

3. 潜在并发症：消化道出血、紫癜性肾炎。

五、护理措施

1. 皮肤护理

（1）观察紫癜形态、颜色、数量、部位，是否反复出现，可绘人体图形记录皮疹逐日变化情况。

（2）保持皮肤清洁，剪短患儿指甲，防抓伤，如有破溃，及时处理，防止出血和感染。

（3）患儿衣物应柔软、透气性良好、宽松，并保持清洁、干燥。

（4）避免接触可能的致敏原，并按医嘱使用止血药、脱敏药等。

2. 关节肿痛及腹痛护理　观察关节疼痛及肿胀情况，保持患肢功能位置，协助患儿选择舒适体位，尽量减少活动，做好日常生活护理。腹痛患儿应卧床休息，注意观察患儿大便次数及性状，禁止腹部热敷，以防肠出血，给予无动物蛋白、无渣的流质饮食，严重者禁食。遵医嘱使用糖皮质激素可以缓解关节疼痛及痉挛性腹痛。

3. 密切观察病情

（1）密切观察腹痛的部位、性质、程度、持续时间及有无伴随症状。观察大便的颜色，及时测量血压、脉搏，听肠鸣音。如大便呈柏油样、暗红色或鲜红色，应迅速通知医生。同时注意观察患儿是否有面色苍白、出冷汗、烦躁不安等出血性休克症状。

（2）注意观察尿量及颜色的变化，定时做尿常规检查，如有血尿和蛋白尿，提示为紫癜性肾炎，按肾炎护理。

4. 健康教育　避免摄入能引起过敏反应的食物、药物；避免接触花粉和蚊虫叮咬；预防各种感染。定期到医院复查，及时发现肾损害。坚持按医嘱用药，不可随意停药。指导家长和患儿学会观察病情，发现症状及时就诊。过敏性紫癜可反复发作或并发肾损害等，给患儿及家属带来不安和痛苦，鼓励患儿及家长树立战胜疾病的信心。

第3节 川 崎 病

案例 16-3

患儿，男，2岁，因“发热6d，出现荨麻疹样皮疹1d”入院，服用抗生素和退热药无效。查体：体温39.2℃，胸腹及背部散在斑丘疹，双眼球结膜充血、口唇干裂、草莓舌，手足皮肤硬性水肿。

问题： 1. 该患儿可能的诊断是什么？

2. 护士对该患儿的护理重点是什么？

一、概 述

（一）概念

川崎病（Kawasaki disease，KD）又称黏膜皮肤淋巴结综合征（mucocutaneous lymph node syndrome，MCLS），是一种以急性发热、皮肤黏膜损害和淋巴结肿大为特点的全身性血管炎，15%～25%未经治疗的患儿发生冠状动脉损害。四季均可发病，婴幼儿多见，男孩多于女孩。

（二）病因及发病机制

本病病因不明。流行病学资料提示葡萄球菌、链球菌、丙酸杆菌、反转录病毒、立克次体及支原体感染为其病因，但尚未被证实。

本病的发病机制尚不清楚，有人认为病原体的特殊成分微生物超抗原（包括葡萄球菌肠毒素、链球菌红斑毒素、中毒性休克综合征毒素-1等）激活具有遗传易感性的T细胞，引发异常免疫反应，导致免疫学损伤，发生全身性血管炎。

二、护理评估

（一）健康史

询问患儿有无细菌、病毒、支原体等感染病史。询问患儿高热出现的时间、特点、诱发因素及抗生素治疗是否有效；了解皮疹出现的时间、特点，眼、口腔、手足有无改变。

（二）身心状况

1. 症状、体征

（1）主要表现

1）发热：最先出现的症状，体温在39～40℃以上，呈稽留热或弛张热，常持续1～2周或更久，抗生素治疗无效。

2）皮肤表现：发热或发热后不久出现多形性红斑和猩红热样皮疹，无疱疹及结痂，向心性分布，持续4～5d后消退。发病初期手足皮肤呈广泛性硬性水肿，掌跖潮红，恢复期指/趾端膜状脱皮，重者指/趾甲亦可脱落，此为本病的特征表现。部分患儿有肛周皮肤发红、脱皮。

3）黏膜表现：常于起病后3～4d出现结合膜充血，以球结合膜明显，但无脓性分泌物和流泪，热退后消退。口唇红肿、干燥和皲裂，甚至有出血，口腔黏膜弥漫性充血，舌乳头突起、充血呈草莓舌。

4）颈部淋巴结肿大：病初出现，单侧或双侧，质硬有触痛，非化脓性，热退后消散。

（2）心脏表现　常于病后1～6周出现心肌炎、心内膜炎、心包炎，冠状动脉损害常发生在病程2～4周，出现冠状动脉瘤或狭窄，心肌梗死及冠状动脉瘤破裂可导致心源性休克甚至猝死。

（3）其他　可有间质性肺炎、无菌性脑膜炎、消化系统症状及关节炎等。

2. 心理、社会状况　了解患儿有无因皮疹、手足脱皮、口唇皲裂及草莓舌等出现情绪波动。了解家长有无因本病可能导致心源性休克甚至猝死产生紧张、焦虑心理，以及患儿对住院、治疗有无恐惧。

（三）辅助检查

1. 血液检查　轻度贫血，周围血白细胞增高，以中性粒细胞为主，血小板早期正常，第2～3周时增多；红细胞沉降率增快，C反应蛋白增高。

2. 免疫学检查　血清IgG、IgM、IgE和免疫复合物增高，总补体和C3正常或升高。

3. 影像学检查　X线检查可有肺纹理增粗、模糊或片状阴影，心影可扩大；超声心动图显示冠状动脉异常；冠状动脉造影可观察冠状动脉病变程度。

4. 心电图检查　早期显示非特异性ST-T变化，心包炎时可有广泛的ST段抬高和低电压，心肌梗死时有ST段明显抬高、T波倒置及异常Q波。

三、治疗要点

尽早应用阿司匹林和丙种球蛋白进行治疗，以控制炎症及预防或减轻冠状动脉病变发生，病情严重者可考虑使用糖皮质激素；血小板显著增多或冠状动脉病变、血栓形成者同时加用双嘧达莫。根据病情给予对症和支持治疗。

四、主要护理诊断/问题

1. 体温过高　与感染、免疫反应等因素有关。

2. 皮肤完整性受损　与小血管炎有关。

3. 潜在并发症：心脏受损。

五、护理措施

1. 维持正常体温

（1）急性期患儿需绝对卧床休息，保证病室适宜的温湿度，监测体温变化，观察热型及伴随症状，警惕高热惊厥的发生；退热期患儿出汗多，要及时更换衣服，避免受凉。

（2）给予清淡的高热量、高维生素、高蛋白质的流质或半流质饮食，鼓励患儿多饮水，必要时静脉补液。

（3）遵医嘱用药，注意观察阿司匹林的出血倾向和丙种球蛋白的过敏反应，一旦发生及时处理。

2. 皮肤护理　保持皮肤清洁，衣被柔软、清洁，以减少对皮肤的刺激，每次便后清洗臀部；勤剪指甲，以免抓伤和擦伤皮肤；对半脱的痂皮用干净剪刀剪除，不要强行撕脱，防止出血和感染。

3. 黏膜护理　每日口腔护理2～3次，晨起、睡前、餐前、餐后漱口，以保持口腔清洁。口唇干裂时涂润唇油，口腔溃疡时涂碘甘油。每日用生理盐水洗眼1～2次，也可涂眼膏，以保持眼的清洁。

4. 密切观察病情　密切监测患儿有无心血管系统损害的表现，如面色、精神状态、心率、心律、心音、心电图等改变，一旦发现异常立即进行处理。

5. 健康教育

（1）向患儿及家长讲解疾病的基本知识，给予心理支持，消除其焦虑和恐惧心理。

（2）强调应遵医嘱规律服用阿司匹林，定期复查血小板、红细胞沉降率直至正常。对有冠状动脉损害的患儿密切随访。

（3）应用过丙种球蛋白的患儿9个月内不宜接种麻疹、风疹、腮腺炎疫苗。

自　测　题

A_1型题

1. 与风湿热发病有关的病原菌是（　　）
   A. 肺炎链球菌　　B. 金黄色葡萄球菌
   C. 大肠埃希菌　　D. A群乙型溶血性链球菌
   E. A群甲型溶血性链球菌
2. 风湿热最严重的表现是（　　）
   A. 心脏炎　　B. 关节炎
   C. 舞蹈症　　D. 皮下结节
   E. 环形红斑
3. 预防风湿热复发最常用的药物是（　　）
   A. 红霉素　　B. 青霉素
   C. 泼尼松　　D. 地塞米松
   E. 阿司匹林
4. 下面哪项不是风湿性关节炎的特点（　　）
   A. 呈游走性和多发性
   B. 主要累及大关节
   C. 局部有肿痛和功能障碍
   D. 可致关节畸形改变
   E. 经治疗后关节功能可完全恢复
5. 过敏性紫癜的主要临床特点是（　　）
   A. 皮肤出血点　　B. 消化道出血
   C. 关节肿痛　　D. 血尿、蛋白尿
   E. 反复出现皮肤紫癜
6. 护士评估过敏性紫癜患儿的皮肤紫癜时，其特征不包括（　　）
   A. 反复分批出现
   B. 多见于四肢及臀部，对称分布
   C. 初起呈紫红色斑丘疹，高出皮面
   D. 压之不褪色
   E. 主要分布于面部及躯干
7. 川崎病最严重的表现是（　　）
   A. 发热　　B. 皮肤斑丘疹
   C. 颈部淋巴结肿大　　D. 心脏损害
   E. 指/趾端膜状脱皮

A_2型题

8. 患儿，女，7岁，因风湿热入院，目前使用青霉素加阿司匹林治疗，近日患儿出现食欲减退、恶心及胃部不适等症状，护士应正确指导她（　　）
   A. 饭后服用阿司匹林
   B. 空腹服用阿司匹林
   C. 阿司匹林与维生素C同服
   D. 停用阿司匹林
   E. 这是青霉素的不良反应

A_3/A_4型题

（9、10题共用题干）

患儿，男，13岁，发热2周余，双膝关节痛1周入院。实验室检查：血红蛋白100g/L，WBC13.6×10^9/L，N0.82，L0.17，ESR50mm/h，CRP（+），ASO500U，心电图正常。

9. 该患儿最可能的诊断是（　　）
   A. 类风湿关节炎　　B. 过敏性紫癜
   C. 风湿热　　D. 川崎病
   E. 幼年特发性关节炎
10. 治疗该患儿首选的药物是（　　）
   A. 青霉素　　B. 阿司匹林
   C. 青霉素+泼尼松　　D. 阿司匹林+泼尼松
   E. 青霉素+阿司匹林

（孙殿凤）

第17章 遗传性疾病患儿的护理

第1节 唐氏综合征

案例 17-1

女孩，2岁，不会独站，不会说话，身材矮，眼距宽，眼裂小，眼外眦上斜，鼻梁低，舌伸出口外，通贯手，腹胀，胸骨左缘2～3肋间可闻及明显收缩期杂音。

问题：1. 该患儿最可能的诊断是什么？为明确诊断，应首选什么检查？

2. 护士如何对患儿家长进行健康指导？

一、概　　述

（一）概念

唐氏综合征（Down syndrome）又称21-三体综合征（21-trisomy syndrome）或先天愚型，是人类最早发现且最常见的常染色体畸变疾病。在活产婴儿中发生率为1∶1000～1∶600。本病特征为智力低下、特殊面容、生长发育迟缓，特殊皮纹及多发畸形。

链 接　唐氏综合征名称由来

1866年，英国医生兰登·唐（Langdon Down）系统描述了唐氏综合征的临床特征，故该病被称为唐氏综合征（Down sydrome）。1959年，法国细胞遗传学家Lejeune证实此病的病因是多了一个小的G组染色体，后来确定为21号染色体，故此病又称为21-三体综合征。

（二）病因及发病机制

本病与孕母高龄、孕期接受放射线、应用某些致畸药物、病毒感染和遗传因素等有关。发病率随孕母年龄增大而增高，孕母年龄35岁及以上者，发病率明显增高，可能与卵子衰老有关。

本病的发生主要是由于亲代之一的生殖细胞在减数分裂形成配子时，或受精卵有丝分裂时，21号染色体发生不分离，致使胚胎体细胞内存在一条额外的21号染色体。根据核型的不同分为三种类型：标准型、易位型、嵌合型。

二、护理评估

（一）健康史

详细询问患儿家族史，了解其母是否高龄妊娠、多胎、多年不育后妊娠，以及孕早期是否使用致畸药物、接受放射线照射、病毒感染、营养缺乏等。

（二）身心状况

1. 症状、体征

（1）智力低下　为主要特征，绝大多数患儿都有不同程度的智力发育迟缓，年龄越大表现越明显，抽象思维能力受损最为明显。嵌合型患儿若正常细胞比例较大则智力障碍较轻。

（2）生长发育迟缓　患儿出生时即有嗜睡和喂养困难，身长和体重均低于正常儿，生后体格发育、动作发育均迟缓。身材矮小、骨龄落后，出牙延迟且顺序错乱，头发细而少，四肢短，手指粗短，韧带松弛，关节过度弯曲，小指向内弯曲。

（3）特殊面容　患儿短头型，表情呆滞，眼距宽，眼裂小，眼外眦上斜，内眦赘皮，鼻梁低平，耳郭小，唇厚舌大，张口伸舌，流涎不止。

（4）皮纹特征　手掌表现为通贯纹。

（5）其他　伴多发畸形，以先天性心脏病最为常见，其次是消化道畸形。患儿免疫力低，易患各种感染，白血病的发病率较正常增高10～30倍。如存活到成人期，则常在30岁以后出现老年性痴呆症状。

2. 心理、社会状况　评估家长是否有焦虑、沮丧、忧伤、自责等心理；评估家长对患儿的关心程度、父母角色是否称职、家庭的经济承受能力及社会支持系统等；评估家长对该病的认识程度和训练患儿的能力。

（三）辅助检查

1. 染色体核型分析　是确诊本病的依据。绝大多数患儿21号染色体呈三体型，细胞染色体总数为47条。

（1）标准型　患儿体细胞染色体为47条，有一个额外的21号染色体，核型为47，XX（或XY），+21，此型占全部病例的95%。

（2）易位型　占2.5%～5%，患儿的染色体总数为46条。一条常见为D/G易位，另一条为G/G易位。

（3）嵌合型　占2%～4%，患儿体内既有正常细胞株又有异常细胞株，两者的比例决定患儿的智力水平。

2. 荧光原位杂交　用荧光素标记的21号染色体相应片段序列作探针，与外周血中的淋巴细胞或羊水细胞进行荧光原位杂交（FISH技术），在患儿的细胞中呈现三个21号染色体的荧光信号。

三、治疗要点

本病尚无特殊有效的治疗方法。加强对患儿的训练和教育，提高其生活自理能力，注意预防感染。可试用γ-氨基酸、谷氨酸、维生素B_6、叶酸等，以改善患儿智力和体能。如伴有先天性心脏病、胃肠道或其他畸形，可考虑手术矫治。

四、主要护理诊断/问题

1. 自理缺陷　与智能低下有关。

2. 焦虑（家长）　与小儿患严重疾病及预后不良有关。

3. 知识缺乏：患儿家长缺乏本病相关知识。

4. 有社交隔离的危险　与患儿疾病引起的家长病耻感有关。

五、护理措施

1. 加强生活护理，培养自理能力　细心照顾患儿，协助患儿吃饭、穿衣，定期洗澡，防止意外伤害。由于患儿肌张力低下，吸吮无力易疲劳，哺乳时应少量多次，采取半卧位以防误吸。患儿长期流涎，应及时擦干，保持下颌及颈部清洁，局部涂油膏以防溃烂，有湿疹应及时处理。患儿免疫力低下，易患感染性疾病，平时注意个人卫生，根据气候变化适当增减衣服，防止受凉，避免与感染患者接触，以防感染。加强教养，帮助家长制订教育、训练方案，使患儿逐步做到生活能自理及进行简单劳动，也可送专门机构接受训练。

2. 心理护理　当家长得知孩子的病情时常常难以接受，会产生焦虑、忧伤、自责感，缺乏信心，护士应给予心理疏导和情感支持，必要时转介心理专业人员进行心理干预。

3. 家庭支持 帮助家长面对现实，增强心理承受能力，护士应理解家长的心情并予以耐心开导，提供有关孩子养育、照顾的知识，使他们尽快适应疾病带来的影响。

4. 健康教育

（1）向家长介绍遗传病的有关知识，帮助家长制订长期训练计划和方案，鼓励家长定期随访和进行遗传咨询。

（2）35岁以上妇女妊娠后应作羊水检查，注意发现易位染色体携带者。

（3）凡子代或姨表姐妹中有先天愚型患者，应及时进行亲代染色体核型检查。

（4）妊娠早期避免接受X线照射，勿滥用药物，预防感染，加强孕期营养。

第2节　苯丙酮尿症

案例17-2

2岁小儿，出生时正常，4个月后逐渐出现智力发育落后，曾有5次惊厥发作，皮肤白，头发色浅，尿液、汗液有鼠尿臭味。

问题： 1. 该患儿首先考虑诊断什么疾病？

2. 该病的病因是什么？主要护理措施是什么？

一、概　　述

（一）概念

苯丙酮尿症（phenylketonuria，PKU）是由于苯丙氨酸代谢途径中缺乏苯丙氨酸羟化酶，使得苯丙氨酸不能转变成为酪氨酸，导致苯丙氨酸及其酮酸蓄积，并从尿中大量排出的一种常见氨基酸代谢病，属常染色体隐性遗传病。PKU是先天性氨基酸代谢障碍中最常见的一种，主要临床特征为智力发育落后，皮肤、毛发色素浅和鼠尿样体味。我国发病率约为1/11 000。

（二）病因及发病机制

本病分典型及非典型两种。绝大多数为典型病例（约占99%），典型患儿由于肝细胞缺乏苯丙氨酸羟化酶（phenylalanine hydroxylase，PAH），使苯丙氨酸不能转化为酪氨酸，并在体内蓄积，导致苯丙氨酸在血液、脑脊液、各种组织和尿液中浓度极高，同时会产生大量苯丙酮酸、苯乙酸、苯乳酸等旁路代谢产物，从而引发一系列临床症状。①过量苯丙酮酸自尿中排出形成苯丙酮尿，尿中有特殊的鼠尿样臭味（苯乙酸所致）。②高浓度的苯丙氨酸不能氧化成酪氨酸，造成多巴胺、5-羟色胺等缺乏，使脑的发育和功能受到显著影响，表现为智力低下。③由于酪氨酸生成减少，且血中过量苯丙氨酸对酪氨酸羟化酶起抑制作用，使酪氨酸转变为黑色素的过程受阻，致使黑色素合成不足，患儿毛发、皮肤颜色变浅。

非典型PKU患儿由于四氢生物蝶呤（BH_4）缺乏，不仅使苯丙氨酸不能氧化成酪氨酸，而且造成多巴胺、5-羟色胺等重要神经递质的合成受阻，加重了神经系统的功能损害，故非典型PKU的临床症状更重，治疗亦不易。

二、护理评估

（一）健康史

了解家族中是否有类似疾病及父母是否近亲结婚；询问患儿智力发育情况，是否有智力低下及发育落后；了解喂养情况、饮食结构、小便气味等。

（二）身心状况

1. 症状、体征 患儿出生时正常，3～6个月开始出现症状并逐渐加重，1岁时症状明显。

（1）神经系统表现 以智能发育落后为主，智能低下是本病最主要症状。可有行为异常和抽搐等，少数呈肌张力增高和腱反射亢进，约80%患儿脑电图异常。BH_4缺乏型PKU患儿的神经系统症状出现较早且较严重，常见肌张力减低、嗜睡和惊厥，智能落后明显。

（2）外貌 患儿生后数月因黑色素合成不足，毛发、皮肤、虹膜颜色逐渐变浅。部分患儿皮肤干燥，常有湿疹。

（3）体味 汗液和尿液有鼠尿样臭味。

（4）其他 可有呕吐、喂养困难等。

2. 心理、社会状况 评估患儿家长是否了解与本病有关的知识，特别是饮食治疗的方法。了解家庭经济状况，能否为患儿长期治疗提供足够的经济保障。评估父母角色是否称职，是否有焦虑、不安等心理。

（三）辅助检查

1. 新生儿筛查 新生儿出生72h后（充分哺乳6～8次以上），采集足跟血液，滴于专用采血滤纸上，晾干后送筛查实验室，当结果异常时，应进一步检查和确诊。

2. 苯丙氨酸浓度测定 正常浓度＜120μmol/L（2mg/dl），典型苯丙酮尿症＞1200μmol/L，轻度苯丙酮尿症360～1200μmol/L，轻度高苯丙氨酸血症120～360μmol/L。

3. 尿蝶呤图谱分析和红细胞二氢蝶啶还原酶活性测定 主要用于BH_4缺乏症的鉴别诊断。

4. DNA分析 用DNA分析方法进行基因突变检测，用于基因诊断、产前诊断。

三、治疗要点

本病为少数可治性的遗传代谢病之一，应力求早诊断、早治疗。一经确诊，立即给予低苯丙氨酸饮食，以预防脑损害及智能低下的发生。BH_4缺乏型患儿应补充BH_4、5-羟色胺和左旋多巴。

四、主要护理诊断/问题

1. 生长发育迟缓 与高浓度的苯丙氨酸导致脑细胞受损有关。

2. 有皮肤完整性受损的危险 与皮肤受尿液、汗液异常分泌物刺激有关。

3. 焦虑（家长） 与担心患儿预后有关。

4. 知识缺乏： 家长缺乏本病相关知识。

五、护理措施

1. 饮食护理 低苯丙氨酸饮食为主要治疗手段，治疗越早，效果越好，治疗开始的理想时间为出生后1周内。苯丙氨酸为必需氨基酸，不可过度限制，摄入量要保证患儿生长发育和体内代谢的最低需要。对婴儿可给予特制的低苯丙氨酸奶粉，添加辅食时应以淀粉类、蔬菜和水果等低蛋白质食物为主，忌用肉、蛋、豆类等含蛋白质高的食物。控制饮食期间应定期检查血中苯丙氨酸浓度，注意生长发育情况，饮食控制应至少持续到青春期以后。

链 接 PKU血苯丙氨酸理想浓度范围

1岁以内，120～240μmol/L；1～12岁，120～360μmol/L；12岁以上，120～600μmol/L。女性孕前6个月及整个孕期需要饮食治疗，血苯丙氨酸控制在120～360μmol/L以下直至分娩。

---

2. 皮肤护理 由于高浓度的苯丙酮尿和汗液刺激，皮肤易受损害，特别是颈部、腋下、腹股沟、

臀部等处，做好护理，保持皮肤清洁、干燥。

3. 心理护理 向家长讲解本病的有关知识，强调本病为少数可治性遗传代谢病，治疗开始越早，效果越好。为家长提供情感支持和心理疏导，使其树立信心，担负起照顾患儿的责任。

4. 健康教育

（1）重视新生儿筛查，早发现、早诊断、早治疗，预防PKU引起的脑损伤。

（2）向家属强调饮食治疗成功与否直接影响到患儿智力和体格发育。协助他们制订饮食治疗方案，督促定期检测血中苯丙氨酸浓度：1岁内每周1次，1～12岁每月1～2次，12岁以后每1～3个月1次，孕期每周2次。

（3）提供遗传咨询。

（4）对有本病家族史者，可通过基因检测对胎儿进行产前诊断，预防PKU患儿出生。

自 测 题

A_1型题

1. 预防先天愚型不妥的做法是（　　）
A. 避免高龄生育
B. 孕母避免病毒感染
C. 妊娠前后避免X线
D. 有家族史的孕妇应终止妊娠
E. 孕母避免使用致畸药物

2. 下列哪项不符合先天愚型的临床特点（　　）
A. 肌张力增高，腱反射亢进
B. 通贯手
C. 体格发育落后
D. 常合并先天畸形
E. 智力低下

3. 苯丙酮尿症属于（　　）
A. 内分泌疾病　B. 染色体畸变
C. 免疫性疾病　D. 常染色体隐性遗传
E. 常染色体显性遗传

4. 典型苯丙酮尿症主要治疗方法是给予（　　）
A. 酪氨酸　B. 5-羟色胺
C. 左旋多巴　D. 四氢生物蝶呤
E. 低苯丙氨酸饮食

5. 苯丙酮尿症患儿，低苯丙氨酸饮食需用至（　　）
A. 3岁　B. 5岁
C. 10岁　D. 终生
E. 青春期后

A_2型题

6. 患儿，女，4岁，身高90cm，体重12kg，刚会走路，不会说话，表情呆滞，眼外眦上斜，鼻梁低，伸舌流涎，皮肤弹性差。最可能的临床诊断是（　　）
A. 佝偻病　B. 营养不良
C. 苯丙酮尿症　D. 21-三体综合征
E. 先天性甲状腺功能减低症

7. 患儿，男，2岁，生后4个月逐渐出现智力低下、毛发颜色变浅、皮肤白皙，抽搐发作3次。最可能的临床诊断是（　　）
A. 佝偻病　B. 营养不良
C. 苯丙酮尿症　D. 21-三体综合征
E. 先天性甲状腺功能减低症

A_3/A_4型题

（8～10题共用题干）

患儿，女，9岁，身高96cm，智能落后。体检：皮肤粗糙，眼距宽，鼻梁宽平，舌常伸于口外，毛发枯干。

8. 为确诊应做的检查是（　　）
A. 尿三氯化铁试验
B. 血清T_3、T_4、TSH的测定
C. Guthrie细菌生长抑制试验
D. 智能测定
E. 染色体核型分析

9. 该患儿最可能的诊断为（　　）
A. 先天性甲状腺功能减低症
B. 苯丙酮尿症
C. 21-三体综合征
D. 侏儒症
E. 软骨发育不良

10. 患者确诊后治疗应选用（　　）
A. 抗生素　B. 甲状腺素
C. 低苯丙氨酸饮食　D. 生长激素
E. 训练与教育

（孙殿凤）

实训指导

实训1　更换尿布法

【目的】 保持皮肤清洁、干燥、舒适，防止出现臀红。

【评估】 评估婴儿臀部皮肤情况，了解婴儿每日排尿、排便情况，以及尿布的质地。

【准备】

1. 环境准备　室内清洁明亮，温度26～28℃，湿度55%～65%。

2. 物品准备　型号适合的一次性纸尿裤，小盆及温水，湿纸巾、干纸巾、护臀膏（根据婴儿臀部皮肤情况准备鞣酸软膏或烤灯）、垃圾桶、笔、记录本。

3. 护士准备　着装整齐，取下饰物，修剪指甲，洗手，戴口罩。

4. 婴儿准备　婴儿排便后，向家长解释更换目的，取得合作。

【操作步骤】

1. 核对婴儿基本信息，将用物准备齐全，放至床旁，婴儿取仰卧位，解开包被、纸尿裤。用一手轻提婴儿双足，另一手将原纸尿裤的上端下拉对折，干净面垫于婴儿臀部下方。

2. 如有大便，观察大便性状，先用湿纸巾轻轻擦去粪便，再用温水从前向后清洗臀部，注意将腹股沟冲洗干净，用干纸巾轻轻擦干，涂护臀膏（必要时涂药），取下污湿的纸尿裤。

3. 如无大便，用干纸巾由前向后轻擦会阴部及臀部，取下污湿的纸尿裤。

4. 将清洁纸尿裤垫于婴儿臀下，用一手轻提婴儿双足，轻轻提起臀部，将有腰贴的部分垫于婴儿腰下，放下双足，另一头反折至婴儿脐下。平整粘贴两侧粘带并粘牢，将纸尿裤两侧边缘翻开整平。松紧度约为两指为宜。

5. 为婴儿穿好衣物，安置好婴儿，告知家长婴儿臀部皮肤情况。

6. 整理用物，垃圾分类处理。洗手，记录。

【注意事项】

1. 动作轻柔，注意婴儿安全。

2. 注意保暖，避免婴儿受凉。

实训2　婴儿沐浴法

【目的】 保持婴儿皮肤清洁，预防感染，使之感到舒适。协助皮肤排泄、散热。便于观察婴儿皮肤情况。

【评估】 评估婴儿病情、意识状态、全身皮肤情况、喂奶时间和睡眠情况等。

【准备】

1. 环境准备　室内干净整洁，关闭门窗，室温26～28℃，湿度55%～65%。操作台干净整洁。

2. 物品准备　大浴巾1块、大毛巾2块、小毛巾3块、婴儿洗发沐浴露、盆（一大二小）、温水、水温计、干净衣服、纸尿裤、消毒棉签、75%乙醇、护臀膏、记录本、笔。5%鞣酸软膏（按需准备）。

3. 护士准备　着装整齐，取下饰物，修剪指甲，洗手，戴口罩。

4. 婴儿准备　婴儿应情绪良好，在喂奶前或喂奶1h后沐浴，避免溢奶或吐奶。向家长解释沐浴的目的、时间和注意事项。

【操作步骤】

1. 浴盆中放好温水（1/3～1/2满），用水温计测量水温，水温应维持在38～41℃，大盆和小盆中各放置一块小毛巾。

2. 将婴儿置于操作台上，解开包被，再次核对婴儿基本信息。

3. 脱去婴儿衣服（保留纸尿裤），检查婴儿全身皮肤情况，注意有无红肿、糜烂、出血点等，然后用大毛巾包裹婴儿全身。

4. 洗面部　将小盆里打湿的小毛巾挤干，叠成方块状，先擦拭婴儿一侧眼睛，由内眦向外眦擦拭，更换毛巾清洁部位以同法擦另一侧眼睛，然后依次擦拭一侧额头、鼻翼、面部、下颏、外耳，更换小毛巾擦拭部位以同样的方法擦拭另一侧。

5. 洗头　用左手托住婴儿枕部，左手拇指与中指分别将婴儿双耳廓折向前方，堵住外耳道口，左臂及腋下夹住婴儿的躯干，将婴儿头移近小盆边，右手取少许洗发液，揉搓（实训图2-1），然后用清水冲洗，并用小毛巾擦干。

6. 洗躯干及四肢　浴盆底铺垫一条大毛巾，以防婴儿滑脱。除去包裹婴儿的大毛巾及纸尿裤，对能独坐的婴儿可协助入盆；对不能独坐的婴儿，以左手握住其左肩及腋窝处，使婴儿头枕于护士手腕处，右手握住婴儿左腿靠近腹股沟处，轻轻将婴儿放入盆中。松开右手，用小毛巾淋湿婴儿全身，取少许沐浴液擦拭后，按照颈下、胸部、腹部、腋下、手的顺序冲洗，帮助婴儿转体，换右手从婴儿前方握住其左肩及腋窝处，使婴儿头及下颏靠在护士右前臂上，同样的方法清洗后颈、背部，再转体，同样的方法按顺序清洗腹股沟、腿、脚、会阴、肛门（实训图2-2、实训图2-3）。女婴要用手分开大阴唇，自前向后清洗；男婴要将其包皮轻轻向上推，用清水洗净。

实训图2-1　婴儿洗头法

实训图2-2　婴儿入、出浴盆法

实训图2-3　洗婴儿背部的挟持

7. 洗毕，将婴儿抱起放于大浴巾中，迅速包裹擦干全身。如为新生儿应观察脐部情况，看脐带断端是否有出血、渗液等。脐部情况正常时用75%乙醇棉签消毒脐部两次（由内向外，直径＞5cm），如果有感染，遵医嘱选择相应的消毒剂处理。

8. 为婴儿穿好纸尿裤及衣服，裹好包被。将婴儿抱至家长处，告知婴儿沐浴的情况。

9. 整理用物，垃圾分类处理。洗手，记录。

【注意事项】

1. 沐浴时间应在婴儿进食前后1h进行。

2. 保护婴儿安全，严禁将婴儿单独放于操作台上，防止坠落。

3. 动作稳、准、轻、快，并注意保暖。

4. 沐浴过程中注意观察婴儿的面色及活动情况，如有异常，应立即停止操作。

5. 如新生儿的脐带残端未脱落，应注意防止脐带被浸湿，避免引起感染。

实训3　婴儿抚触法

【目的】促进婴儿身心发展，提高免疫力，有利于胃肠蠕动促进消化，促进母婴情感交流。

【评估】评估婴儿病情、精神状态、全身皮肤情况、喂奶时间和睡眠、沐浴情况等。

【准备】

1. 环境准备　室内宽敞明亮，关闭门窗，室温26～28℃，湿度55%～65%；播放舒缓的音乐；墙面上贴有色彩明亮的图片。

2. 物品准备　婴儿润肤油、垫巾、保暖巾、纸尿裤、室温计、干净衣物、笔、记录本。

3. 护士准备　着装整齐，取下饰物，修剪指甲，洗手，戴口罩。

4. 婴儿准备　情绪良好，餐后1h后、沐浴后进行。向家长解释操作目的。

【操作步骤】

1. 将婴儿仰卧位放置在垫巾上，再次核对婴儿基本信息。解开包被，脱去婴儿衣服及纸尿裤，检查全身情况，注意保暖。

2. 取少量润肤油于手掌内，涂抹均匀，搓暖双手。按头面部、胸部、腹部、四肢、手足、背部、臀部依次进行抚触。

3. 头面部抚触　两拇指从前额中心沿眉骨向外推至发际；双手拇指从婴儿下颌中央向外上滑动至耳前，呈“微笑”状；两手掌面从前额发际抚触向上、向后滑动，避开囟门，止于两乳突处，轻轻按压。

4. 胸部抚触　两手掌分别从胸部的两侧肋缘交替向对侧的外上方交叉推进滑动，止于对侧肩部，呈大交叉，注意避开乳头。

5. 腹部抚触　用手指腹从婴儿左上腹滑向左下腹（呈字母I形），再从右上腹滑动至左下腹（呈字母L形），最后从右下腹部向上经右上腹滑向左上腹，再平移手指到左下腹（呈字母倒U形），注意避开脐部。双手交替进行，呈顺时针方向。

6. 上肢抚触　双手交替，将手掌弯成圈状，先由上往下滑动婴儿手臂，再揉捏肌肉关节至手腕，后由上往下搓滚。托住婴儿的手腕，用拇指从婴儿的掌根部滑向指尖，四指抚摸手背，再从指根到指尖揉捏各手指关节。以同法抚触另一上肢。

7. 下肢抚触　双手交替，将手掌弯成圈状，先由上往下滑动婴儿腿部，再揉捏肌肉关节，后由上往下搓动。托住婴儿的脚踝，用拇指从婴儿的脚掌根部滑向脚尖，四指抚摸脚背，再从指根到指尖揉捏各脚趾关节。以同法抚触另一下肢。

8. 背臀部抚触　协助婴儿呈俯卧位，双手掌分别从脊柱两旁向两侧滑动，从肩部移至臀部，由上到下，由内向外；双手掌从头顶部沿脊柱从上往下交叉滑动至臀部，在臀部正上方的骶尾凹陷轻轻按压；双手掌指腹置于臀部上方，顺时针方向按摩数次。

9. 再次检查婴儿皮肤情况，穿好纸尿裤及衣服，裹好包被。将婴儿抱至家长处，告知婴儿抚触的情况。

10. 整理用物，垃圾分类处理。洗手，记录。

【注意事项】

1. 注意安全，防止跌落；注意保暖，避免受凉。

2. 抚触时力度适宜，每个部位的动作重复4～6次，抚触时间一般为10～15min。

3. 如婴儿出现哭闹不止、皮肤颜色改变等情况，立即暂停操作。

4. 抚触的过程中，应加强与婴儿进行交流。

实训4　约束保护法

【目的】

1. 限制患儿随意活动，保护躁动、神志不清的患儿，防止碰伤、坠床等。

2. 有利于诊疗与护理。

【评估】 评估患儿病情、精神状态、合作程度。

【准备】

1. 环境准备　室内整洁、安静，室温26～28℃，湿度55%～65%。

2. 物品准备　全身约束法：大毛巾或床单、布带；手足约束法：约束带；沙袋约束：2500g沙袋。另备患儿家属知情同意书。

3. 护士准备　着装整齐，取下饰物，修剪指甲，洗手，戴口罩。

4. 患儿准备　向患儿及家长解释操作目的、注意事项，取得合作。

实训图4-1　全身约束法

【操作步骤】

1. 全身约束法

（1）折叠大毛巾，宽度以能盖住患儿由肩至脚跟部为宜，长度以能包裹患儿两圈半为宜。

（2）将患儿置于大毛巾中间，以大毛巾一侧紧裹患儿上肢、躯干和下肢，经胸部、腹部至对侧腋窝下。

（3）用大毛巾另一边紧裹患儿另一侧手臂，经前胸压于患儿身下。若患儿过于躁动，可用布带系在大毛巾外围（实训图4-1）。

2. 手足约束法　将患儿手足置于约束带甲端中间，将乙、丙两端绕手腕或脚踝部对折后系好（实训图4-2），松紧度以手或足不易脱出且不影响血液循环为宜，再将丁端系于床沿上。

3. 沙袋约束法

（1）头部固定　用两个沙袋呈“人”字形摆放在患儿头部两侧。

（2）体位固定　患儿需侧卧位时，将沙袋置于其背后，避免翻身。

（3）需保暖、防踢被时　可将两个沙袋分别放在患儿两肩旁，压在棉被上。

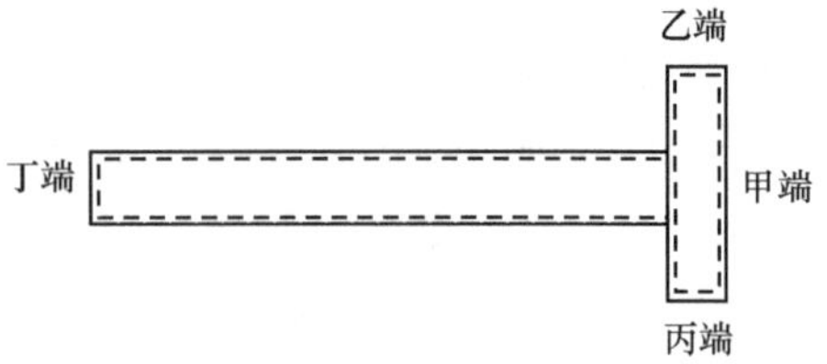

实训图4-2　手足约束带

【注意事项】

1. 严格掌握约束保护法的应用指征，向患儿及家属说明约束目的，取得知情同意，并在知情同意书上签字。

2. 注意松紧适宜（以容1～2指为宜），并将肢体置于功能位。

3. 定时观察患儿肢端血液循环情况，如皮肤颜色、温度、感觉等。

实训5　温箱使用法

【目的】为患儿提供一个温度和湿度均相适宜的环境，使患儿体温相对恒定。以提高未成熟儿的成活率。

【评估】评估患儿病情、胎龄、分娩方式、出生体重、Apgar评分结果及生命体征情况等。

【准备】

1. 环境准备　室内干净整洁、安静，温度24～26℃，湿度55%～65%，无阳光直射或风吹，避免靠近火炉或者暖气。

2. 物品准备　温箱、蒸馏水、床单、温湿度计、温水、盆、小毛巾、干净纸尿裤、0.1%苯扎溴铵（新洁尔灭）消毒液、手消毒剂等。

3. 护士准备　着装整齐，取下饰物，修剪指甲，洗手，戴口罩。

4. 患儿准备　患儿穿单衣、裹好尿布，先用被子包好，待入温箱。

【操作步骤】

1. 入箱前　清洁温箱，检查功能是否正常，温箱水槽内加蒸馏水至水位指示线，铺好箱内婴儿床的棉垫、床单。根据患儿体重及出生日龄设定温箱的温、湿度，将温箱预热，以达到所需的温、湿度。

温箱达预热温度，核对医嘱、患儿床号、姓名、手腕带信息。清洁患儿皮肤，穿好纸尿裤，将患儿放于箱内（实训图5-1），记录入箱时间。

实训图5-1　婴儿温箱

2. 入箱后

（1）测温探头置于患儿腹部平坦处，保持体温在36～36.5℃。密切观察患儿面色、呼吸、心率、体温变化，定时测体温。根据体温调节箱温，并作好记录，在患儿体温未升至正常之前应每小时监测一次，体温正常后每4h监测一次。

（2）各种操作尽量在箱内集中进行，尽量减少打开箱门，以免箱内温度波动，可通过边门或袖孔进行操作。

（3）保持温箱的清洁，每天用0.1%新洁尔灭消毒液将温箱内外擦拭干净，然后用清水再擦拭一遍。水槽内的蒸馏水需每日更换。每周更换温箱1次，以便清洁、消毒。

3. 出箱后　检查患儿全身情况，根据室温给患儿穿上适宜的衣物。密切注意体温、体重及吃奶等情况。温箱进行终末清洁消毒，消毒液擦拭温箱内外，在紫外线下照射30min后，留置备用。

4. 出箱条件

（1）体重已达2.0kg以上，室温维持在24～26℃时，能保持体温正常，一般情况良好者。

（2）患儿在暖箱内生活达1个月以上，体重虽不到2.0kg，但一般情况良好。

【注意事项】

1. 注意温箱保养，机箱下面的空气净化垫每月清洗1次，如有破损，及时更换。
2. 注意安全，如温箱报警，应查找原因并处理妥当。
3. 使用时的温箱，避免放在太阳光直射及冷风直吹之处，避免箱内温度波动。

实训6 光照疗法

【目的】 通过光照使血清间接胆红素经光氧化分解为水溶性异构体，从而易于从胆汁和尿液排出体外，达到降低血清胆红素的目的。

【评估】 评估患儿基本信息、日龄、出生体重、生命体征，黄疸情况，有无并发症等。

【准备】

1. 环境准备 室内整洁、安静，温度22～24℃、湿度55%～65%。

2. 物品准备 已消毒的黑色眼罩、光疗箱、温湿度计、体温计、纸尿裤、温水、盆、毛巾、手消毒剂。

3. 护士准备 着装整齐，取下饰物，修剪指甲，洗手，戴口罩。

4. 患儿准备 为患儿清洁皮肤，禁忌在皮肤上涂粉或油类；剪短指甲（以防抓伤）。

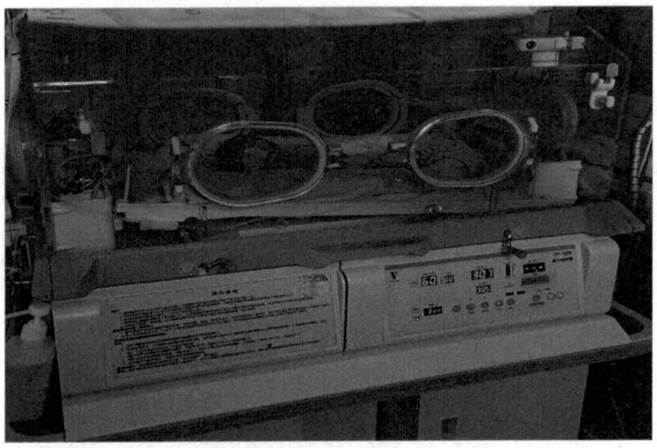

实训图6-1 光照疗法

【操作步骤】

1. 打开光疗箱，检查功能是否正常。根据患儿体重设定箱温，预热到适中温度。

2. 核对患儿基本信息，清洁患儿皮肤，戴上黑色眼罩，避免损伤视网膜，系上纸尿裤保护生殖器，裸露全身皮肤。将患儿置于光疗箱内（实训图6-1）。

3. 按医嘱执行光照疗程，若使用单面光疗箱每2h更换体位1次，俯卧时要有专人看管，以免窒息。

4. 光疗时应每4h测体温1次，体温应保持在36.5～37.2℃。同时观察箱温变化。

5. 光疗时注意保证水分和营养供给，遵医嘱静脉输液，观察和记录出入量。

6. 监测血清胆红素变化以判断疗效。观察患儿精神反应及生命体征；黄疸消退情况；皮肤有无发红、皮疹等。

7. 按时巡回，保持光疗箱的清洁。

8. 出箱后评估患儿情况，脱去眼罩，给患儿穿好衣服。洗手记录，关闭电源。

【注意事项】

1. 光疗时，如患儿体温高于37.8℃或低于35℃，应停止光疗。

2. 作好整机的清洁、消毒工作，有机玻璃制品忌用乙醇擦洗。灯管与患儿皮肤距离33～50cm。灯管经过1000h照射后，需要更换，以免影响疗效。

3. 在光疗过程中，应严密观察，如出现腹泻、一过性皮疹、发热、青铜症等副作用，应停止光疗。以上情况可随停止光疗及病情好转而消失。

实训7 头皮静脉输液法

【目的】 补充液体、营养，维持体内水和电解质平衡；使药物快速进入体内，有利于疾病治疗。

【评估】 评估患儿病情、年龄、体重、过敏史、用药史、局部皮肤和血管状态、合作程度。

【准备】

1. 环境准备 室内干净整洁，光线充足，温湿度适宜。

2. 物品准备 输液器、液体及药物、皮肤消毒液、棉签、弯盘、胶布、硅胶管头皮针、纱布、小枕头，必要时备剃刀、毛刷、肥皂、约束带。

3. 护士准备 着装整齐，取下饰物，修剪指甲，洗手，戴口罩。

4. 患儿准备 向患儿家长解释操作的目的，取得配合。

【操作步骤】

1. 备齐用物带至患儿床旁，进行三查八对。将输液瓶挂于输液架上，排尽空气，备好胶布。

2. 使患儿仰卧或侧卧，头垫于小枕头上，助手站在患儿脚端，固定其躯干、肢体及头部，必要时用全身约束法。

3. 操作者立于患儿头端，选择静脉（实训图7-1），如静脉在发内应剃净局部毛发。常选择额上静脉、颞浅静脉和耳后静脉等。常规消毒皮肤后，再次核对患儿信息，用注射器接头皮针，排空气后，以左手拇指、示指分别固定静脉两端皮肤，右手持针，在距静脉最清晰点向后0.3cm处，将针头近似平行刺入头皮（针头与皮肤成15°～20°角），再将针头沿血管推进少许。确定穿刺成功后，用胶布固定针头或硅胶管于适当位置。

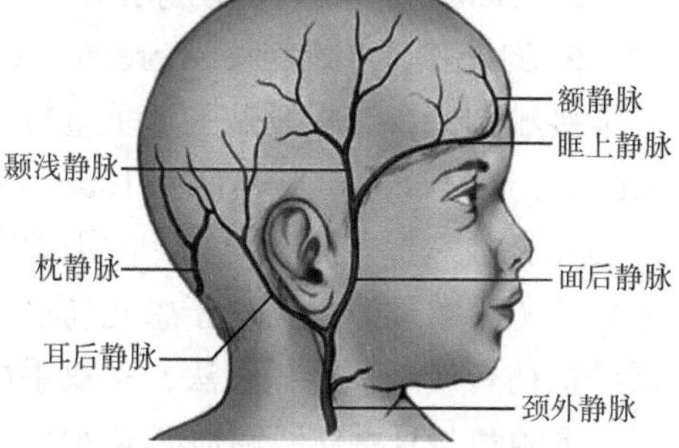

实训图7-1 头皮静脉示意图

4. 取下注射器，将头皮针与输液器相连接，调节滴速，并将输液皮条弯绕于患儿头上适当位置，胶布固定。

5. 注意调节输液速度，过快可能引起心力衰竭或肺水肿，过慢易发生针头阻塞。

6. 整理用物，记录输液时间、药物、输液量等。

7. 输液完毕，将针头拔出，用无菌棉球按压片刻后以胶布固定之。

【注意事项】

1. 操作过程严格遵守无菌技术。

2. 严格执行查对制度，并注意药物配伍禁忌。

3. 注意区分头皮动脉、静脉，严防误穿刺入动脉。

4. 加强巡视，密切观察输液是否通畅，局部有无肿胀，出现问题及时给予处理。

实训8 心肺复苏

【目的】 心肺复苏是对任何原因导致心搏、呼吸骤停所采取的一系列抢救措施，包括体外心脏按压、人工辅助呼吸，从而维持基本循环需求，挽救生命。

【评估】 评估患儿意识情况、颈动脉是否搏动、瞳孔对光反射情况、有无自主呼吸、面色嘴唇是否红润、生命体征是否平稳。

【准备】

1. 环境准备 评估周围环境，是否适合抢救。

2. 物品准备 清洁纱布，弯盘，必要时备硬木板。

3. 护士准备 仪表端庄，服装整洁，修剪指甲。

【操作步骤】 迅速判断病情，尽早实施心肺复苏术（CPR），婴儿和儿童CPR程序为C（胸外按压）-A（开放气道）-B（建立呼吸）方法，新生儿心搏骤停主要是呼吸因素所致，其CPR程序为A-B-C方法。

1. 判断意识 双手同时轻拍患儿肩部，呼叫患儿，1岁以下婴幼儿拍打脚底，确认患儿意识情况。

2. 寻求帮助 大声呼救，引起周围人群注意，寻求帮助。

3. 正确摆放体位 将患儿去枕平卧，双臂置于躯干两侧，解开衣领、腰带，充分暴露胸部，摆正复苏体位。

4. 判断大动脉搏动 1岁以上患儿检查颈动脉搏动，将示指和中指放于甲状软骨处，滑向操作者同侧气管与胸锁乳突肌之间；1岁以下婴幼儿，由于婴幼儿颈部短而胖，难以快速触及颈动脉搏动位置，可以触摸肱动脉或股动脉，肱动脉搏动位于上臂内侧，肩与肘之间；股动脉搏动位于腹股沟中点处。判断时间小于10s。

5. 判断呼吸 触摸大动脉搏动同时查看患儿胸腹部起伏情况来判断呼吸。

6. 胸外按压（chest compression/circulation，C） 双手掌根重叠，十指相扣，手指抬起，手掌翘起不接触胸壁，掌根紧贴胸壁垂直按压，按压深度至少为胸廓前后径的1/3（婴儿约为4cm，儿童约为5cm，不超过6cm），按压频率100～120次/分。每次按压后使胸廓充分回弹，注意保持按压连续性。

7. 开放气道（airway，A） 用纱布清除鼻、咽、口腔分泌物或呕吐物。采用抬头举颏法，用左手小鱼际（手掌外侧缘）置于患儿前额，另一手的示指和中指置于下颏将下颌骨上提，打开气道。疑有颈椎损伤者使用双手托颌法，将双手放置在患儿头部两侧，握住下颌角向上托起下颌，使头部后仰程度为下颌角与耳垂连线和地面成30°（婴儿）或60°（儿童）角。

8. 建立呼吸（breathing，B） 口对口人工呼吸适合急救状态。1岁以下婴幼儿采用口对口鼻，儿童采用口对口，拇指与示指紧捏住患儿的鼻子，保持患儿头后仰，有条件时可采取呼吸机辅助通气。观察患儿胸廓起伏运动。

【注意事项】

1. 婴儿和儿童心肺复苏时，单人操作胸外按压与人工呼吸比例为30∶2，双人操作为15∶2，按压放松时间比值为1∶1。
2. 缓慢平静吹气，吹气时长为1s。
3. 尽量减少按压中断，两次胸外按压周期之间的间隔应小于10s。
4. 操作5个循环后评估初步心肺复苏效果，包括大动脉搏动是否恢复、口唇及甲床颜色是否转红润、是否出现自主呼吸、扩大的瞳孔是否缩小及对光反射是否恢复。

（张　菡）

参考文献

崔琰，仰曙芬，2017. 儿科护理学. 6版. 北京：人民卫生出版社.

崔焱，张玉侠，2021. 儿科护理学. 7版. 北京：人民卫生出版社.

李兰娟，任红，2018. 传染病学. 9版. 北京：人民卫生出版社.

李砚池，2018. 儿科护理. 北京：人民卫生出版社.

刘奉，刘靖，魏映红，2015. 儿童护理. 2版. 武汉：华中科技大学出版社.

罗玉琳，熊杰平，2020. 儿童护理. 北京：人民卫生出版社.

潘建明，张玉琳，马仁海，2020. 幼儿照护职业技能教材（初级）. 长沙：湖南科学技术出版社.

全国护士执业资格考试用书编写专家委员会，2022. 2023全国护士执业资格考试指导. 北京：人民卫生出版社.

任钰雯，高海凤，2018. 母乳喂养理论与实践. 北京：人民卫生出版社.

史良俊，朱鹏云，2012. 儿科护理学. 2版. 西安：第四军医大学出版社.

苏成安，孙殿凤，2013. 儿童护理. 北京：高等教育出版社.

王朝晖，王玉香，2019. 儿童护理. 3版. 北京：高等教育出版社.

王和俊，杨红萍，2019. 儿科护理学. 北京：中国医药科技出版社.

王苏平，高凤，2021. 儿科护理学. 北京：人民卫生出版社.

王卫平，孙锟，常立文，2018. 儿科学. 9版. 北京：人民卫生出版社.

卫生部新生儿疾病重点实验室，复旦大学附属儿科医院，2011. 亚低温治疗新生儿缺氧缺血性脑病方案. 中国循证儿科杂志，6(5)：337-339.

熊杰平，2013. 儿科护理学. 南昌：江西科学技术出版社.

熊杰平，李素玲，2015. 儿科护理. 北京：人民卫生出版社.

阎雪，韩笑，张会丰，2016. 2016版."营养性佝偻病防治全球共识" 解读. 中华儿科杂志，54(12)：891-895.

张静芬，周琦，2013. 儿科护理学（案例版）. 2版. 北京：科学出版社.

张梅珍，王敬华，2018. 儿科护理. 2版. 北京：科学出版社.

张玉兰，王玉香，2022. 儿科护理学. 4版. 北京：人民卫生出版社.

中华人民共和国国家卫生健康委员会，2018. 手足口病诊疗指南（2018年版）. 中华临床感染病杂志，11(3)：161-166.

中华医学会儿科学分会内分泌遗传代谢学组，中华医学会儿科学分会儿童保健学组，中华医学会儿科学分会临床营养学组，等，2022. 中国儿童肥胖诊断评估与管理专家共识. 中华儿科杂志，60(6)：507-515.

中华医学会健康管理学分会，中国营养学会临床营养分会，全国卫生产业企业管理协会医学营养产业分会，等，2021. 超重或肥胖人群体重管理流程的专家共识（2021年）. 中华健康管理学杂志，5(4)：317-321.

周莉莉，2010. 儿科护理学. 2版. 北京：高等教育出版社.

自测题参考答案

第1章

1. C　2. B　3. B　4. A　5. B　6. C　7. C

第2章

1. A　2. C　3. B　4. E　5. D　6. C　7. A　8. B　9. B　10. A　11. E　12. C　13. E　14. A

第3章

1. A　2. B　3. B　4. A　5. E

第4章

1. B　2. A　3. C　4. B　5. A　6. D

第5章

1. E　2. E　3. B　4. E　5. B　6. E　7. C　8. A　9. B　10. D　11. E

第6章

1. D　2. A　3. C　4. E　5. E　6. E　7. C　8. A　9. B　10. A　11. E　12. C　13. C　14. B　15. E　16. E　17. E　18. C　19. C　20. B　21. E　22. E　23. C　24. E　25. D　26. B　27. E　28. C　29. A　30. E

第7章

1. C　2. B　3. C　4. C　5. D　6. C　7. B　8. D　9. B　10. C　11. B　12. A　13. C　14. C　15. A

第8章

1. B　2. E　3. C　4. D　5. D　6. E　7. A　8. E　9. C　10. B　11. C　12. D　13. D　14. B　15. B　16. B　17. C　18. C　19. A　20. D　21. E　22. D　23. B　24. E　25. B　26. D

第9章

1. C　2. A　3. E　4. D　5. D　6. E　7. B　8. D　9. C　10 E　11. D　12. C　13. D　14. E　15. C

第10章

1. A　2. D　3. B　4. A　5. E　6. C　7. A　8. C　9. D　10. D　11. A　12. A　13. C　14. C　15. A　16. A　17. C　18. D　19. C　20. C　21. E　22. B

第11章

1. A　2. D　3. A　4. A　5. D　6. B　7. C　8. E　9. E

第12章

1. D　2. D　3. C　4. E　5. D　6. E　7. D　8. B　9. D　10. A　11. E　12. B　13. C　14. D　15. A　16. B

第13章

1. B　2. C　3. B　4. D　5. B　6. C　7. D　8. C　9. B　10. A

第14章

1. A　2. C　3. B　4. A　5. C　6. C　7. A　8. B　9. A　10. A　11. D　12. D　13. C　14. E　15. C　16. B　17. E　18. B　19. E　20. C　21. D　22. D　23. B　24. E　25. B　26. C　27. B　28. E　29. A　30. E

第15章

1. D　2. D　3. E　4. C　5. C　6. A　7. C　8. E　9. B　10. C　11. B　12. B　13. E　14. C　15. C　16. C　17. E　18. B　19. E

第16章

1. D　2. A　3. B　4. D　5. E　6. E　7. D　8. A　9. C　10. E

第17章

1. D　2. A　3. D　4. E　5. E　6. D　7. C　8. E　9. C　10. E